Grundlagen des Strafrechts

Herausgegeben von
Prof. Dr. Susanne Beck, LL.M. (LSE), Universität Hannover
Prof. Dr. Katrin Höffler, Humboldt-Universität zu Berlin
Prof. Dr. Dr. h.c. Michael Kubiciel, Universität Augsburg
Prof. Dr. Martino Mona, Universität Bern
Prof. Dr. Georg Steinberg, Universität Potsdam
Prof. Dr. Benno Zabel, Universität Bonn

Band 16

Luka Breneselović | Arnd Koch [Hrsg.]

Die europäische Bedeutung der Internationalen Kriminalistischen Vereinigung (IKV) 1889–1919

DIKE

Nomos

Onlineversion
Inlibra

Die Deutsche Nationalbibliothek verzeichnet diese Publikation in der Deutschen Nationalbibliografie; detaillierte bibliografische Daten sind im Internet über http://dnb.d-nb.de abrufbar.

ISBN (Print) 978-3-7560-0794-3 (Nomos Verlagsgesellschaft mbH & Co. KG, Baden-Baden)
ISBN (ePDF) 978-3-7489-1551-5 (Nomos Verlagsgesellschaft mbH & Co. KG, Baden-Baden)

ISBN (Print) 978-3-03891-900-1 (Dike Verlag, Zürich/St. Gallen)

1. Auflage 2026

Vorwort

Die deutsche und ausländische Forschung über die Internationale Kriminalistische Vereinigung (IKV) kann auf eine beachtliche Tradition zurückblicken. Bereits in den 1950er Jahren, anlässlich des 100. Geburtstages von *Franz v. Liszt*, publizierte die „Revue internationale de droit pénal“ wichtige Beiträge, die auch die Verdienste von *G.A. van Hamel* (1842–1917) und *Émile Garçon* (1851–1922) sowie die italienischen und schweizerischen Beziehungen zur IKV erörtern.[1] In den 1990er Jahren erschienen die noch heute maßgeblichen monographischen Untersuchungen von *Radzinowicz* und *Bellmann*.[2] Die erste Studie zeichnet eine ausgeprägte vergleichende Perspektive aus, demgegenüber werden bei *Bellmann* – unter Berücksichtigung älterer Literatur und der Erschließung neuer Quellen – viele Details der Arbeitsweise der Vereinigung, insbesondere auch Inhalte von internationalen Kongressen der IKV, verhandelt. Ein nicht leicht greifbares, gehaltvolles Werk mit dogmatisch-strafrechtlichen Akzenten stellt schließlich die in Spanien veröffentlichte Monographie von *Berdugo Gómez de la Torre* dar.[3]

Während die bisherige Forschung in der Regel die Gesamtwirkung der IKV als transnationaler Verein untersuchte, thematisiert der vorliegende Sammelband schwerpunktmäßig die *nationalen Landesgruppen der IKV*. Die Landesgruppen stellten eine bisher wenig beachtete *dogmatische und kriminalpolitische Brücke* zwischen der zentralen Struktur der international organisierten Vereinigung und ihres Vorstands einerseits, und der nationalen Strafrechtswissenschaft und Reformgesetzgebung andererseits dar. In einigen Staaten, wie im Falle Österreichs sowie mehrfach in Skandina-

1 Vgl. *Maarten Pleun Vrij,* Pour commémorer le pionnier G.A. van Hamel, RIDP 22 (1951), 2–3, S. 361–392; *Donnedieu de Vabres,* Le professeur Emile Garçon (1851–1922) et l'Union Internationale de Droit Pénal, ebenda, S. 191–200; *Carlo Migliolo,* L'école positiviste italienne et l'œuvre de l'Union Internationale de Droit Pénal, ebenda, S. 331–337; *Jean Graven,* Franz van Liszt et le nouveau droit pénal Suisse, ebenda, S. 209–257.

2 *Leon Radzinowicz,* The Roots of the International Association of Criminal Law and their Significance, 1991; *Elisabeth Bellmann,* Die Internationale Kriminalistische Vereinigung (1889–1933), 1994.

3 *Ignacio Berdugo Gómez de la Torre*, La evolución del Derecho penal contemporáneo y la Unión Internacional de Derecho Penal, 1982.

vien, nahmen sich die Landesgruppen zugleich als nationale Juristenvereinigungen auf dem Gebiet des Strafrechts aus.

Der Sammelband vereint vierzehn Beiträge, die auf einer im Frühjahr 2023 an der Universität Augsburg veranstalteten Tagung präsentiert wurden. Die Tagung ermöglichte einen intensiven und fruchtbaren Austausch auf internationaler und interdisziplinärer Ebene. Insofern bemühten sich die Autorinnen und Autoren in den Endfassungen ihrer Beiträge, die während der Tagung vertieften oder neu aufgeworfenen Fragestellungen mitzuberücksichtigen.

Als Herausgeber möchten wir den Autorinnen und Autoren einen besonderen Dank für ihr Engagement und ihre Begeisterung für das Tagungsthema aussprechen sowie dem Nomos-Verlag für die Aufnahme in die Schriftenreihe „Grundlagen des Strafrechts“ und die gezeigte Geduld danken. Das internationale Format der Tagung, mit Gästen aus zehn verschiedenen Ländern, wurde durch die freundliche Unterstützung des Augsburg Center for Global Economic Law and Regulation (ACELR) ermöglicht.

Trotz vielfacher Bemühungen musste auf Referate zur Entwicklung der IKV-Landesgruppen im russischen Zarenreich sowie in Frankreich verzichtet werden. Wir hoffen jedoch, dass die hier veröffentlichten Studien weitere Forschungen anstoßen und zur Schließung der aufgezeigten Lücke beitragen werden.

Die Herausgeber
Augsburg, den 1. Juli 2025

Inhaltsverzeichnis

Die Bedeutung des Vereinswesens für Kriminalpolitik, Gesetzgebung und öffentliche Meinung. Englische und deutsche Perspektiven

Sabine Freitag

Bereits zwanzig Jahre vor der Gründung der IKV, im Jahr 1868, deutete der Rechtswissenschaftler und Rechtshistoriker *Otto v. Gierke* in seiner Abhandlung über das Genossenschaftsrecht das Vereinswesen als „das eigentlich positive, gestaltende Prinzip der neuen Epoche unserer Geschichte".[1] Auch sein Zeitgenosse, der Rechts- und Sozialwissenschaftler *Lorenz v. Stein,* erblickte im Vereinswesen „mit seinem gewaltigen Aufschwung den eigentlich spezifischen Charakter unserer Gegenwart".[2] Mit diesen sehr ähnlich lautenden Feststellungen verwiesen die beiden Gelehrten nicht nur auf den empirischen Befund eines immensen Ausbaus des Vereinswesens in allen Bereichen des gesellschaftlichen Lebens in der ersten Hälfte des 19. Jahrhunderts, sondern sie deuteten indirekt auch auf die besondere Funktion des Vereinswesens hin, das offensichtlich spezifische Bedürfnisse des sich emanzipierenden Bürgertums erfüllte. Welche Bedeutung dem gemeinsamen Austausch in solchen egalitär und auf die freiwillige Zugehörigkeit ausgerichteten Assoziationen im Unterschied zu den alten ständischen Korporationen für die Herausbildung einer (bürgerlichen) Öffentlichkeit zukam, ist inzwischen gut untersucht und vielfach beschrieben worden.[3]

1 *Otto v. Gierke,* Das deutsche Genossenschaftsrecht, Bd. 1, 1868, S. 652, hier zit. nach *Otto Dahn,* Vereinsbildung in Deutschland in historischer Perspektive, in: Heinrich Best (Hrsg.), Vereine in Deutschland. Vom Geheimbund zur freien gesellschaftlichen Organisation, 1993, S. 119–142, hier S. 119.

2 *Lorenz v. Stein,* Die Verwaltungslehre, Bd. I/3, Vorrede, hier zit. nach *Otto Dahn* (Fn. 1), S. 119.

3 Noch vor Jürgen Habermas und Thomas Nipperdey hat sich der deutsch-amerikanische Soziologe Ernst Mannheim in den späten 1920er und frühen 1930er Jahren mit dem Zusammenhang der frühneuzeitlichen Vereinigungen (Lese- und Geselligkeitsgesellschaften, Clubs, Patriotische Gesellschaften usw.) und dem Entstehen einer „öffentlichen Meinung" beschäftigt: „Die Sozietäten – so paradox es vorerst zu sein scheint – sind die Orte der öffentlichen Beratung, die Keime der künftigen transzendentalen Öffentlichkeit. Aber die Sozietäten, Sodalitäten, Fraternitäten sind nicht nur Träger, sondern auch Abbilder der werdenden Öffentlichkeit. Die Normen der Beratung

Und vor diesem Hintergrund lässt sich zunächst einmal festhalten, dass die drei Gründungsväter der IKV – *Prins, Liszt* und *van Hamel* – 1888/89 eine Organisationsform für ihre Vereinigung wählten, die sich bereits in vielen Bereichen bewährt hatte. Zeitlich vor der IKV, die ja in der Absicht gegründet worden war, Fragen einer neuen Kriminalpolitik und Strafrechtsreform unter Berücksichtigung moderner soziologischer und anthropologischer Erkenntnisse interdisziplinär und international zu verhandeln, hatte sich schon 1872 in London die International Prison Commission (IPC) als multinationale Gefängnisreformbewegung formiert, und 1882, also sechs Jahre vor der IKV, wurde auf Anregung des Turiner Arztes *Cesare Lombroso* der Internationale Kongress für Kriminalanthropologie ins Leben gerufen.

I. Zur Entwicklung des deutschen und britischen Vereinswesens

Bevor im Folgenden die besondere Bedeutung des Vereinswesens für Kriminalpolitik, Gesetzgebung und öffentliche Meinung in den Mittelpunkt gerückt wird, soll zunächst ein kurzer Blick auf die allgemeine Entwicklungsgeschichte des Vereinswesens geworfen werden, um einige Spezifika dieser freiwilligen Zusammenschlüsse vorzustellen. In den deutschen Geschichts- und Politikwissenschaften, aber auch in der Soziologie rückten die Besonderheiten bürgerlicher Vereinigungen erst in den 1970er Jahren verstärkt in den Fokus im Zuge einer neuen Sozial-, Struktur- und Bürgertumsforschung.[4] In Anlehnung an *Jürgen Habermas'* politikwissenschaftliche Arbeit „Strukturwandel der Öffentlichkeit" (1962) versuchten Historiker wie *Thomas Nipperdey* und *Otto Dahn* in ihren Untersuchungen zum Vereinswesen empirisch nachzuweisen, dass es sich bei der Bildung von bürgerlichen Vereinen im 19. Jahrhundert um ein dezidiertes Modernisierungsprojekt in Konkurrenz zu den exklusiven aristokratischen Salons und Geheimlogen der alten Ständegesellschaft handelte.[5] Vereine könnten, so

---

im Bund sind zugleich die Normen des transzendentalen Gesprächs im öffentlichen Raum". *Ernst Mannheim,* Die Träger der öffentlichen Meinung. Studien zur Soziologie der Öffentlichkeit, 1933, hier zit. nach *Ernst Mannheim,* Aufklärung und öffentliche Meinung. Studien zur Soziologie der Öffentlichkeit im 18. Jahrhundert, 1979, S. 78.

4 Zur sozial- und geschichtswissenschaftlichen Vereinsforschung im deutschsprachigen Raum siehe die integrierte Literatur- und Forschungsdokumentation von *Helmut M. Artus,* in: Heinrich Best (Hrsg.), Vereine in Deutschland, 1993, S. 249–564.

5 Thomas Nipperdeys zentraler Aufsatz „Verein als soziale Struktur in Deutschland im späten 18. und frühen 19. Jahrhundert. Eine Fallstudie zur Modernisierung" erschien

Nipperdeys These, geradezu als Ausdruck des sich vollziehenden Wandels vom Ständestaat zur bürgerlichen Gesellschaft gedeutet werden:

> „Im Ganzen: die Vereine haben am Prozess der Dekorporierung und Verbürgerlichung der Gesellschaft, ja, an der Konstituierung eines neuen Bürgertums wesentlich mitgewirkt. In und mit den Vereinen hat sich dann eine neue Differenzierung nach vornehmlich durch Bildung bestimmten Schichten durchgesetzt."[6]

In der deutschen historischen Forschung wurde das Assoziationswesen – der Begriff Assoziation wurde im Deutschen Bund erst im Laufe der 1830er Jahre gebräuchlicher[7] – besonders als Ausdruck der „Subjektwerdung des Bürgertums"[8] gedeutet. Der frühneuzeitlichen Ständeordnung mit ihrem korporativen Vereinigungs- oder Zugehörigkeitsprinzip wurde der auf Freiwilligkeit und prinzipieller Gleichheit basierende Verein entgegengesetzt: Während man eine korporative Zuordnung nicht aufkündigen konnte, kann man seine Mitgliedschaft in einem Verein bis heute sehr wohl kündigen.

> „Die Assoziation ergibt sich nicht wie die Korporation aus quasi natürlichen Ordnungen, sondern beruht auf der Freiheit des auf sich selbst gestellten Menschen. Für ihn soll die Assoziation an die Stelle der Korporation treten."[9]

1972 zunächst im Sammelband *Hartmut Boockman* et al. (Hrsg.), Geschichtswissenschaft und Vereinswesen im 19. Jahrhundert, 1972, S. 1–44 (wiederabgedruckt in: *Thomas Nipperdey,* Gesellschaft, Kultur, Theorie. Gesammelte Aufsätze zur neueren Geschichte, 1976, S. 174–205; siehe auch den Sammelband von *Otto Dann* (Hrsg.), Vereinswesen und bürgerliche Gesellschaft in Deutschland, 1984.

6 *Thomas Nipperdey* (Verein als soziale Struktur, Fn. 5), S. 190.

7 Zum Auftreten des Begriffs Assoziation ab Mitte der 1830er Jahre siehe den Artikel *Wolfgang Hardtwig*, Verein. Gesellschaft, Geheimgesellschaft, Assoziation, Genossenschaft, Gewerkschaft, in: Geschichtliche Grundbegriffe, Bd. 6, 2002, S. 789–829, hier S. 809–812; auch Hardtwig sieht die Vereinsentwicklung in den 1870er Jahren abgeschlossen: „Zwischen 1850 und 1873 setzte sich der Verein endgültig als die Gesellungsweise der bürgerlichen und entstehenden industriellen Gesellschaft durch und wurde seither zur selbstverständlichen, alltäglichen und nicht mehr eigens diskutierten Organisationsform gesellschaftlicher und politischer Aktivitäten" (ebd., S. 827); siehe auch *ders.,* Strukturmerkmale und Entwicklungstendenzen des Vereinswesens in Deutschland 1789–1848, in: Otto Dahn (Hrsg.), Vereinswesen und bürgerliche Gesellschaft in Deutschland, 1984, S. 11–50.

8 *Klaus Nathaus,* Organisierte Geselligkeit. Deutsche und britische Vereine im 19. und 20. Jahrhundert, 2009, S. 23.

9 *Thomas Nipperdey* (Verein als soziale Struktur, Fn. 5), S. 180.

Gegenüber dem deutschen Vereinswesen konnte sich das moderne britische Vereinigungswesen zeitlich früher und dadurch über einen längeren Zeitraum entwickeln. Dabei musste es sich weder gegen eine ältere Herrschaftsform in Stellung bringen noch sich gegen einen repressiven oder sogar intervenierenden Staat behaupten, während deutsche Vereine unter den Karlsbader Beschlüssen ihre politischen Ansprüche in unpolitische Geselligkeit kleiden mussten.[10] Die frühen britischen Assoziationen, etwa die *trade guilts,* dienten später als Vorbild für die modernen englischen Assoziationen, die die Geselligkeits- und Organisationsformen von ihnen übernahmen.[11] Die britische Vereinigungsfreiheit galt schon früh als politische Errungenschaft, die nicht zuletzt auch von den Parlamentsabgeordneten in Westminister geschätzt wurde, da viele von ihnen selbst Mitglieder von Assoziationen und Clubs waren. Das Bedürfnis nach neuen Formen geselliger Kommunikation war in Großbritannien stärker dem sozioökonomischen Wandel geschuldet, der nicht nur einer kapitalistischen Wirtschaftsordnung zum Durchbruch verhalf, sondern dabei auch früher als in Deutschland die Gesellschaft in Bewegung setzte, neue Berufsgruppen entstehen ließ und Reichtum und Besitz umverteilte. Gesellige Clubs boten Vertretern unterschiedlicher Schichten und Berufe die Möglichkeit, sich auf neutralem Boden wechselseitig auszutauschen. Das konnte nicht zuletzt gut fürs Geschäft sein. Diese Unterschiede hat *Klaus Nathaus* zusammengefasst:

> „Bestimmte in Großbritannien die wirtschaftliche Entwicklung das frühe Assoziationswesen, so gilt der Aufstieg des Vereins in Deutschland von der zweiten Hälfte des 18. Jahrhunderts bis in das frühe 19. Jahrhundert primär als Ausdruck eines ideengeschichtlichen Wandels. Es waren die aufklärerischen Überzeugungen von der gleichen Vernunftbegabung und der Denk- und Handlungsfreiheit der Individuen, die dazu inspirierten, sich aus freiem Willen mit prinzipiell Gleichen zu vereinen und selbst gewählte Zwecke zu verfolgen."[12]

10 Vgl. *Klaus Nathaus* (Fn. 8), S. 23.

11 Siehe dazu *Rebecca King,* The Sociability of the Trade Guilds of Newcastle and Durham, 1660–1750. The Urban Renaissance Revisited, in: Helen Berry/Jeremy Gregory (Hrsg.), Creating and Consuming Culture in North-East England, 1660–1830, 2002, S. 69–70.

12 *Klaus Nathaus* (Fn. 8), S. 31.

Ein gemeinsames Interesse an Bildung und Kultur ließ Vertreter des gebildeten Mittelstandes in Deutschland also vielfach eine Mitgliedschaft im Verein anstreben, ökonomische Motive spielten dagegen, wenn überhaupt, nur eine geringe Rolle. Doch auch wenn sich hinsichtlich der Motive zum Vereinsbeitritt Unterschiede ausmachen lassen, ein gemeinsames Merkmal aller Vereine war die in ihnen praktizierte Gleichberechtigung aller Mitglieder. Damit wurden bewusst, wie bereits ausgeführt, die durch die Ständeordnung vorgegebenen Umgangsformen durchbrochen und alternative Formen sozialer Kommunikation und Interaktion gegen das „Zeremoniell der Ränge"[13] erprobt. Der egalitäre Umgang der Vereinsmitglieder erleichterte den Meinungsaustausch und die sonst nur durch private Lektüre rezipierten Ideen konnten im Verein gemeinschaftlich diskutiert und auf den Prüfstand gestellt werden: „Daß die innerhalb eines Vereins praktizierte gesellschaftliche Gleichheit integrierend für die Gesamtgesellschaft, eben im Sinne einer neuen gemeinbürgerlichen Schicht wirkte", so betont *Thomas Nipperdey,* „ist nicht nur Feststellung des nachgeborenen Historikers, sondern war die Überzeugung schon der Zeitgenossen".[14] Menschen verschiedener Stände und Berufe, verschiedener sozialer Gruppen und Klassen, verschiedener Erfahrungen und Weltkenntnis kamen zusammen, um, wie es in einem Vereinsbericht heißt, „ein genaueres Band der Freundschaft", aber zugleich auch ein Band „der gegenseitigen Mitteilungen nützlicher Kenntnisse und Erfahrungen" zu knüpfen.[15]

Der spezielle Zweck des jeweiligen Vereins bestimmte in der Regel Struktur und Zusammensetzung seiner Mitglieder. So waren z.B. Sozial- und Wohlfahrtsvereine, die der Verelendung breiter Massen im Zuge der Industrialisierung und Urbanisierung begegnen wollten, abhängig von wohlhabenden Mitgliedern, die die Arbeit finanzierten, aber auch von einem gewissen Anteil an weiblichen Vereinsmitgliedern, die das soziale Engagement praktisch umsetzten. In England waren die Gesellschaften und Assoziationen rund um Gefängnisreform und Kriminalpolitik im 19. Jahrhundert vornehmlich auf die praktische Umsetzung sozialreformerischer Maß-

---

13 *Jürgen Habermas,* Strukturwandel der Öffentlichkeit, 8. Aufl. 1976 (Erstausgabe 1962), S. 52.

14 *Thomas Nipperdey* (Verein als soziale Struktur, Fn. 5), S. 185; zu den zeitgenössischen Diskussionen über Vereinsfreiheit und Vereinsfunktionen siehe die gute Sammlung der Argumente bei *Friedrich Müller,* Korporation und Assoziation. Eine Problemgeschichte der Vereinigungsfreiheit im deutschen Vormärz, 1965.

15 *Thomas Nipperdey* (Verein als soziale Struktur, Fn. 5), S. 185.

nahmen im Kampf gegen Pauperismus und Verelendung ausgerichtet.[16] Das kann vielleicht erklären, wie später noch ausgeführt wird, warum gegen Ende des 19. Jahrhunderts, überwiegend akademisch ausgerichtete Vereine wie die IKV auf die praxisorientierten Engländer keine große Anziehungskraft ausübten. Doch das hätte um die Mitte des 19. Jahrhunderts in gewisser Weise eben auch für die in Deutschland agierenden Wohlfahrts-, Sozial- und Unterstützungsvereine gelten können, die sich ebenfalls für Arbeiterbildung, Mäßigung des Alkoholkonsums, Alphabetisierung, Auswanderungsförderung oder Straffälligenfürsorge einsetzten und diese Arbeit durchaus als Kampf gegen Kriminalität verstanden.[17] Sie alle wollten auf ihre Weise, aber mit bislang noch unwissenschaftlichen Mitteln und Methoden zur Lösung der „sozialen Frage" und der sich daraus auch ergebenden kriminalpolitischen Probleme beitragen.

II. Spezialisierung und Internationalisierung des Vereinswesens. Gründung der IKV in Wien

Was sich ab der Jahrhundertmitte, besonders aber im letzten Drittel des 19. Jahrhunderts als ein auffallendes Phänomen in der Geschichte des Vereinswesens beobachten lässt, war ein „Prozeß der Spezialisierung, der wiederum für die Entfaltung der bürgerlichen Welt charakteristisch ist"; „Die wissenschaftlichen, die technischen, die volkspädagogischen, die sozialen, die reformerischen Interessen organisierten sich nicht mehr in allgemeinen, sondern in spezialisierten Vereinen, die sich entweder aus älteren Vereinen"[18] ausgliederten oder neu gegründet wurden. In diesem Prozess entwickelte sich auch der gelehrte Verein zu einem eigenen Typus: er wurde zum Wissenschaftsverein. Dieser entwickelte nun die für ihn fast „selbstverständliche Tendenz", bei einem größeren Publikum, einer wie auch immer bestimmten Öffentlichkeit, Interesse und Anteilnahme für seine Wissenschaft wecken zu wollen, sei es durch Vorträge oder eine bereits

16 Zur „philanthropischen Kriminologie" in England siehe *Sabine Freitag,* Kriminologie in der Zivilgesellschaft. Wissenschaftsdiskurse und die britische Öffentlichkeit, 1830–1945, 2014, S. 104–122.

17 Siehe dazu exemplarisch *Desirée Schauz,* Strafen als moralische Besserung. Eine Geschichte der Straffälligenfürsorge, 1777–1933, 2008.

18 *Thomas Nipperdey* (Verein als soziale Struktur, Fn. 5), S. 190 f.

„quasi-wissenschaftliche Tätigkeit“[19], wie z.B. die Herausgabe eigener Publikationen. Durch den allmählichen Wandel des allgemeinen gelehrten Vereins zum Wissenschaftsverein veränderte sich innerhalb der Organisation auch ihre Arbeitsweise und Zusammensetzung, die durch eine zunehmende Arbeitsteilung und Spezialisierung gekennzeichnet waren. Der Anteil an gebildeten „Laien und Dilettanten“, den ursprünglichen Repräsentanten des bürgerlich-gelehrten Vereins, wurde zugunsten der fachlich Spezialisierten zurückgedrängt.[20]

Begleitet wurden diese Entwicklungen von einer wachsenden Internationalisierung des Vereinswesens. Verbesserte Transport- und Kommunikationsmöglichkeiten erlaubten den Vereinsmitgliedern nicht nur ein höheres Maß an Binnenmobilität zu moderaten Preisen, sondern förderten auch den transnationalen Austausch.[21] Gerade an der internationalen Kongresskultur der kriminalistischen, kriminalanthropologischen und gefängniskundlichen Vereinigungen wird deutlich, welches hohe Maß an Mobilität und transnationaler Begegnung am Ende des 19. Jahrhunderts bereits erreicht worden war – die USA eingeschlossen. Gewerbefreiheit und die Gewährung von Vereinsfreiheit in den Einzelstaatsverfassungen des Deutschen Bundes nach 1848/49 führten jetzt verstärkt zur Gründung neuer wirtschaftlicher, wissenschaftlicher und spezieller Berufsvereinigungen. Die freiwillige Assoziation als Organisationsprinzip der mobilen bürgerlichen Gesellschaft hatte sich endgültig durchgesetzt. In Deutschland vereinheitlichte allerdings erst das Reichsvereinsgesetz vom 19. April 1908 das bis dahin rechtlich zersplitterte Vereinswesen im Deutschen Kaiserreich zu einem reichsweit geltenden Vereinsrecht. Die Gründung der IKV 1888/89 im habsburgischen Wien dürfte dem Umstand geschuldet sein, dass im Jahr des Ausgleichs mit Ungarn, 1867, in der neuen kaiserlichen und königlichen Doppelmonarchie Österreich-Ungarn ein liberales Versammlungsrecht ein-

---

19 Ausführlicher dazu *Thomas Nipperdey* (Verein als soziale Struktur, Fn. 5), S. 192, dort auch beide Zitate.

20 *Thomas Nipperdey* (Verein als soziale Struktur, Fn. 5), S. 444, Anm. 80, am Beispiel von Geschichtsvereinen.

21 Zum Prozess einer wachsenden Internationalisierung von Vereinigungen und Organisationen, siehe *Martin H. Geyer/Johannes Paulmann,* Introduction. The Mechanics of Internationalism, in: Martin H. Geyer/Johannes Paulmann (Hrsg.), The Mechanics of Internationalism. Culture, Society, and Politics from the 1840s to the First World War, 2001, S. 1–25; *Eckhardt Fuchs,* Wissenschaft, Kongreßbewegung und Weltausstellungen: Zu den Anfängen der Wissenschaftsinternationale vor dem Ersten Weltkrieg, Comparativ 6 (1996) 5–6, S. 156–177.

geführt worden war, welches die Gründung von Vereinen und Interessenvereinigungen – selbst politischer Natur – uneingeschränkt erlaubte.

III. Zur Verwissenschaftlichung des Verbrechens in Vereinen

In den Vereinen, die selbst Produkte eines politischen und ökonomischen Liberalisierungsprozesses waren, wurden innovative Impulse des 19. Jahrhunderts weiterentwickelt und popularisiert. Das Aufkommen der Wissensgesellschaft („knowledge society")[22] begleitete das Erscheinen der großen Vereinigungen rund um Fragen moderner Kriminalpolitik und Strafrechtsreform im letzten Drittel des 19. Jahrhunderts. Bekanntlich hat *Max Weber* mit dem Begriff der „Verwissenschaftlichung" den Teilprozess einer umfassenden Modernisierung westlicher Gesellschaften bezeichnet, der vom Glauben an die prinzipielle Berechenbarkeit und Beherrschbarkeit aller natürlichen und sozialen Phänomene getragen worden sei.[23] Der Historiker *Lutz Raphael* hat später diese Begriff zur „Verwissenschaftlichung des Sozialen" erweitert und darauf hingewiesen, dass damit ein Prozess beschrieben werden kann, in dem bislang nicht-wissenschaftlich behandelte Phänomene des Alltags, der Behörden oder der Kirchen (z.B. Kriminalität, Verelendung, Soziale Frage) zunehmend wissenschaftlich thematisiert, aufbereitet und erklärt werden.[24] Für diesen Übergang zu einer „Verwissenschaftlichung des Sozialen" wäre die 1857 in England gegründete National Association for the Promotion of Social Sciences ein gutes Beispiel, weil hier die Diskussion sozialer Phänomene und Probleme mit der Suche nach wissenschaftlich basierten Lösungen verbunden wurde. Auch die noch jun-

---

22 Zum Konzept der Wissensgesellschaft siehe u.a. *Gernot Böhme/Nico Stehr* (Hrsg.), The Knowledge Society. The Growing Impact of Scientific Knowledge on Social Relations, 1986; *Peter Weingart,* Verwissenschaftlichung der Gesellschaft – Politisierung der Wissenschaft, ZfS 12 (1983), S. 225–241; *Margit Szöllösi-Janze,* Wissensgesellschaft in Deutschland: Überlegungen zur Neubestimmung der deutschen Zeitgeschichte über Verwissenschaftlichungsprozesse, Geschichte und Gesellschaft 30 (2004) 2, S. 277–313; mit Bezug zur Kriminologie siehe *Silviana Galassi,* Kriminologie im Deutschen Kaiserreich. Geschichte einer gebrochenen Verwissenschaftlichung, 2004, S. 16–24.

23 Vgl. *Max Weber,* Wissenschaft als Beruf, in: *ders.,* Gesammelte Aufsätze zur Wissenschaftslehre, 7. Aufl. 1988, S. 582–613, hier S. 594–594.

24 *Lutz Raphael,* Die Verwissenschaftlichung des Sozialen als methodische und konzeptionelle Herausforderung für eine Sozialgeschichte des 20. Jahrhunderts, in: Geschichte und Gesellschaft 22 (1996), S. 163–193.

gen Statistischen Gesellschaften beschäftigten sich unter mathematischer Auswertung gerichtlicher oder polizeilicher Daten mit Kriminalität und Jugenddelinquenz.[25]

Mit dem Prozess einer „Verwissenschaftlichung des Sozialen" war häufig die Ausdifferenzierung neuer wissenschaftlicher Fachrichtungen und Disziplinen sowie deren Institutionalisierung verbunden.[26] Man könnte annehmen, dass es am Ende des 19. Jahrhunderts im Zuge dieses Prozesses zu einer immer deutlicheren Grenzziehung zwischen Experten und Laien kam, zur Etablierung einer exklusiven Fachsprache und zur Formierung einer anfangs über persönliche Kontakte geschaffene *scientific community*, die im Laufe der Jahre eine fortschreitende Formalisierung und Institutionalisierung erfuhr, z.B. durch die Einrichtung neuer Lehrstühle oder die Herausgabe spezieller Fachzeitschriften.[27] Doch Ausdifferenzierung und Spezialisierung mussten nicht zwangsläufig akademische Exklusivität und Ausschluss von Laien bedeuten – die Übergänge waren fließend und konnten durchlässig bleiben, was sich zumindest an der internationalen Gefängnisreformbewegung gut zeigen lässt.

Was sich aus dem Prozess einer „Verwissenschaftlichung des Sozialen" jedoch fraglos ergab, war die Diffusion und Distribution von wissenschaftlich generiertem Wissen aus dem Sozialsystem Wissenschaft heraus in andere Bereiche hinein, etwa in die Öffentlichkeit oder Gesellschaft. Mochten bestimmte Vereinigungen und internationale Kongresse zu Kriminalpolitik und Strafrechtsreform des späten 19. und frühen 20. Jahrhunderts auch in erster Linie den exklusiven Bereich der akademischen Wissensgenerierung gebildet und dem Austausch unter Fachleuten gedient haben, so übernahmen sie doch stets auch Aufgaben der Vermittlung und Popularisierung von kriminologischem und gefängniskundlichem Wissen.[28] Die Wirkmächtigkeit ihrer Vermittlungsfunktion hing dabei von verschiedenen Faktoren ab: (1.) von der Art und Weise der in den Vereinen selbst praktizierten Wissensgenerierung; (2.) von der in den Vereinigungen gepflegten Debatten- und Diskussionskultur; (3.) von den kriminalpolitischen Zielsetzungen der

25 Siehe dazu *Sabine Freitag* (Fn. 16), S. 70–78.

26 Vgl. dazu und zum folgenden *Silviana Galassi* (Fn. 22), S. 16–24 mit Bezug auf *Gernot Böhme,* Die Ausdifferenzierung wissenschaftlicher Diskurse, in: Nico Stehr/René König (Hrsg.), Wissenschaftssoziologie, 1975, S. 231–251.

27 *Silviana Galassi* (Fn. 22), S. 21.

28 Siehe dazu *Sabine Freitag/Monika Löscher,* Vereine als Vermittler zwischen Wissenschaft und Öffentlichkeit, in: Sybilla Nikolov/Arne Schirrmacher (Hrsg.), Wissenschaft und Öffentlichkeit als Ressource füreinander, 2007, S. 339–346.

Mitglieder; aber (4.) auch vom Stellenwert und der Akzeptanz nicht-akademischen Erfahrungswissens von Praktikern innerhalb der Vereinigungen.

IV. Zum Kontext der Vereinsgründungen zu Kriminalpolitik, Strafrechts- und Gefängnisreform

Die Gründung von Vereinigungen, die die Weiterentwicklung und Reform von Kriminalpolitik und Strafrecht zu ihrem Vereinszweck erklärten, erfolgte überall in Europa und den USA aus ähnlichen Motiven und Zielsetzungen. Ende des 19. Jahrhunderts standen die Gesellschaften Westeuropas und der USA vor gleichen Herausforderungen. Es waren vor allem die negativen Begleiterscheinungen von Industrialisierung und Verstädterung und die hohe Fluktuation und Mobilität großer Bevölkerungsgruppen – etwa die Abwanderung aus dem Süden in den Norden im gerade vereinigten Italien oder diverse nationale Binnenwanderungen vom Land in die Stadt –, die man für steigende Kriminalitätsraten verantwortlich machte. Bürgerliche Beobachter schrieben Kriminalität und abweichendes Verhalten nicht nur bevorzugt den sozial Schwachen und Unterschichten zu, sie interpretierten die Entwicklungen auch als ein Symptom für sich generell verschlechternde Verhältnisse: Slums, Verelendung, Angst vor Überfremdung, anarchistische Attentate, hohe Rückfallziffern sogenannter Gewohnheitsverbrecher, überfüllte Gefängnisse – diese als bedrückend und bedrohlich empfundenen Erscheinungen schienen die zuständigen Gefängnisverwaltungen, Polizeibehörden, Gerichte, Parlamente und Regierungen zu überfordern.[29] Die öffentliche Kritik an diesen Institutionen nahm beständig zu, und die Gründung von Vereinigungen zu Kriminalpolitik, Strafrechts- und Gefängnisreform lässt sich als Reaktion auf die wahrgenommenen Unzulänglichkeiten praktischer Kriminalpolitik deuten. In gewisser Weise wollten die neuen Vereinigungen auf ihre je eigene Weise Abhilfe schaffen, wissenschaftliche Ursachenforschung betreiben und dem Elend mit wissenschaftlichen Methoden und dem Erwerb verlässlicher Daten begegnen. Da auf beiden Seiten des Atlantiks das dringende Bedürfnis nach grundlegenden Reformen in Kriminalpolitik, Rechtsprechung und Strafpraxis wuchs, diskutierten Strafrechts- und Gefängnisreformer auf der Suche nach Lösungen die Ursachen der Kriminalität nicht nur auf nationaler, sondern immer

29 Zur bürgerlichen Wahrnehmung und Deutung sozialer Probleme siehe ausführlich das Kap. 2.3. bei *Silviana Galassi* (Fn. 22), S. 103–121.

häufiger auf internationaler Ebene innerhalb ihrer jeweils gut vernetzten Gemeinschaften.[30]

V. Beschleunigung – Lombroso und die Kriminalanthropologie

In den 1870er und frühen 1880er Jahren ließ sich eine Verdichtung kriminologischer Forschung beobachten. Debatten über die Ursachen des Verbrechens, aber auch Diskussionen über die besten Methoden zur Erforschung des Phänomens nahmen zu. Ein wichtiger Impuls für diese Entwicklungen kam aus Italien. Der italienische Arzt, Psychiater und Gerichtsmediziner *Cesare Lombroso* (1835–1909) hatte zwar bereits in den 1860er Jahren eine Reihe anschlussfähiger Publikationen u.a. über den Zusammenhang zwischen Geisteskrankheit und Verbrechen publiziert. Aber erst sein „L'uomo delinquente" aus dem Jahr 1876 und die darin aufgestellte These vom „geborenen Verbrecher", der körperliche Anomalien aufwies und atavistische Züge trug, beschleunigten den internationalen Austausch über Kriminalitätsgenese und Verbrechertypologie.[31] Es gab begeisterte Zustimmung, aber auch leidenschaftliche Ablehnung. So oder so trugen die intensiven Auseinandersetzungen über *Lombrosos* Werk zur Konturierung der neuen Wissenschaft Kriminologie bei.[32] Gleich in der ersten Ausgabe der von *Adolf Dochow* und *Franz v. Liszt* herausgegebenen „Zeitschrift für die Gesamte Strafrechtswissenschaft" im Jahr 1881 erhielt *Lombroso* Gelegenheit, nicht nur die Denk- und Vorgehensweise seiner neuen anthropologisch-kriminalistischen Schule vorzustellen, sondern sich zugleich schon mit den ersten Einwänden einer internationalen *scientific community*

30 Zum Überblick: *Benedict S. Alper/Jerry F. Boren,* Crime: International Agenda. Concern and Action in the Prevention of Crime and Treatment of Offenders, 1846–1972, 1972; *Leon Radzinowicz,* International Collaboration in Crime Science, in: ders./ J.W.C. Turner (Hrsg.), The Modern Approach to Crimianl Law, 1968 (Erstausgabe 1945), S. 467–497.

31 *Cesare Lombroso,* L'uomo delinquente. In rapporto all'antropologia, alla giurisprudenza ed alle discipline carcerarie, 1876.

32 Die Literatur zur Rezeption Lombrosos und zur Entwicklungsgeschichte der Kriminologie ist äußerst umfangreich, gute kurze Überblicke geben aus rechtshistorischer Perspektive mit Blick auf England: *David Garland,* The History of Crime and Criminals: The Development of Criminology in Britain, bes. The Emergence of a positive Science of Criminology. From Criminal Anthropology to the Science of Criminology, in: Mike Maguire, Rod Morgan, Robert Reiner (Hrsg.), The Oxford Handbook of Criminology, 1997, S. 11–56, hier S. 30–44; mit Blick auf Deutschland *Karl-Ludwig Kunz/Tobias Singelstein,* Kriminologie, 7. Aufl. 2016, S. 38–44.

auseinanderzusetzen, die sich bislang meistens nur in der Literatur dazu äußern konnte. *Lombroso* begrüßte bei dieser Gelegenheit die Idee internationaler Konferenzen, um sich künftig direkt und persönlich untereinander austauschen zu können. Die neue anthropologisch-kriminalistische Schule setze, so führt *Lombroso* aus:

> „an die Stelle des Syllogismus die Beobachtung (...), an die Stelle der Metaphysik die anatomische Anthropologie und die naturwissenschaftliche Psychologie, an die Stelle der hypothetischen, dem Kausalitätsgesetze widerstreitenden Lehre vom ‚freien Willen', die psychologische resp. organische Notwendigkeit der gegebenen Willensäußerungen der Menschen überhaupt und des Verbrechers insbesondere, woraus sich natürlicherweise für die menschliche Gesellschaft dem Verbrechen gegenüber die Notwendigkeit der Gegenwehr ableitet."[33]

Fast zeitgleich mit der einsetzenden *Lombroso*-Rezeption[34] formierte sich in Deutschland, aber auch in anderen Ländern wie zum Beispiel in der Schweiz[35], eine Strafrechtsreformbewegung, die nicht nur die Überarbeitung und Neugestaltung ihres jeweiligen nationalen Strafrechts anstrebte, sondern mit *Lombroso* zumindest die Überzeugung teilte, dass Kriminalität als Teil der Welt realer Erscheinungen empirisch erforscht werden konnte und folglich die gesamte Kriminalpolitik auf eine neue Grundlage, nämlich eine empirisch-wissenschaftliche gestellt werden müsse.[36] Die Gründung entsprechender Vereinigungen sollte der Durchsetzung dieses Vorhabens Nachdruck verleihen.[37] Darüber hinaus sollte die demonstrative Internatio-

---

33 *Cesare Lombroso,* Über den Ursprung, das Wesen und die Bestrebungen der neuen anthropologisch-kriminalistischen Schule in Italien, ZStW 1 (1881), S. 108–129, hier S. 127.

34 Zur Lombroso-Rezeption in Deutschland ausführlich *Mariacarla Gadebusch Bondio,* Die Rezeption der kriminalanthropologischen Theorien von Cesare Lombroso in Deutschland, 1995, S. 123–149; *Silviana Galassi* (Fn. 22), S. 164–225.

35 Vgl. dazu *Urs Germann,* Kampf dem Verbrechen. Kriminalpolitik und Strafrechtsreform in der Schweiz, 1870–1950, 2015; siehe auch den Beitrag von *Urs Germann* in diesem Sammelband.

36 Siehe dazu den programmatischen Vortrag aus dem Jahr 1882 von *Franz v. Liszt,* Der Zweckgedanke im Strafrecht, in: *ders.* Strafrechtliche Aufsätze und Vorträge, Bd. 1, 1905, S. 126–179.

37 *Sabine Freitag,* Reichweite und Grenzen einer Internationalisierung öffentlicher Debatten über Verbrechen und Strafe in England, ca. 1850–1935, in: Sylvia Kesper-Biermann/Petra Overath (Hrsg.), Die Internationalisierung von Strafrechtswissenschaft und Kriminalpolitik (1870–1930). Deutschland im Vergleich, 2007, S. 140–166, hier S. 142.

nalisierung der Vereinigungen – die Kongresse und ihre Publikationen wurden breit rezipiert – auch dazu beitragen, auf die neue Größenordnung der allerorten und über Ländergrenzen hinweg anzutreffenden, ungelösten Probleme in Kriminalpolitik und Strafrecht hinzuweisen.

Die auf den Kongressen oft praktizierte Rechtsvergleichung war besonders für diejenigen von Bedeutung, die auf der Suche nach neuen Ideen und Impulsen für funktionierende Lösungen im Strafvollzug waren. Doch auch wenn sich gerade im internationalen Austausch der diversen Fachleute aus der Gefängnisverwaltung, den Gerichten, den Krankenhäusern, der Polizeiarbeit, den Universitäten, statistischen oder philanthropischen Gesellschaften und Unterstützungsvereinen deutlich zeigte, wie ähnlich sich die Probleme in den einzelnen Ländern waren, so war doch auch klar, dass eine Umsetzung der angestrebten Strafrechts- und Gefängnisreformen immer nur im nationalen Rahmen stattfinden konnte. Bei der Formulierung konkreter politischer Forderungen mussten die Reformer stets auf die nationalen Rechtstraditionen und -kulturen und die politischen Ausgangslagen ihrer Heimatländer Rücksicht nehmen. Und selbst wenn die Berufung auf den internationalen Austausch und die neuen transnationalen Netzwerke dem Anliegen der Vereinsmitglieder scheinbar zusätzliche Legitimität verschaffte, so beschleunigte sie die erfolgreiche Implementierung neuer Reformvorschläge doch eher selten, denn die aus den Diskussionen und Resolutionen auf den Kongressen hervorgebrachten Beschlüsse hatten „keinerlei bindende Wirkung".[38]

VI. Vernetzung und Zusammenarbeit? Die internationalen Vereinigungen und ihre Mitglieder

Um die Jahrhundertwende existierten drei große internationale Vereinigungen bzw. Kongressbewegungen, die eine wichtige Rolle in den Diskussionen über Kriminalitätsgenese und Verbrechensbekämpfung spielten: neben der IKV und dem Internationalen Kongress für Kriminalanthropologie[39] noch

38 *Martina Henze*, „Important forums [...] among an increasingly international penological community": Die internationalen Gefängniskongresse 1872–1935, in: Sylvia Kesper-Biermann/Petra Overath (Hrsg.), Die Internationalisierung von Strafrechtswissenschaft und Kriminalpolitik (1870–1930). Deutschland im Vergleich, 2007, S. 60–84, hier S. 83.

39 Die Abkürzung des Internationalen Kongresses für Kriminalanthropologie, ICA, bezieht sich auf die englische Bezeichnung *Congress of Criminal Anthropology*; die

die 1872 gegründete International Penal Commission (IPC) mit ihren internationalen Gefängniskongressen, die für Großbritannien eine besondere Rolle spielten. Bis heute fehlt eine genaue Analyse der fachspezifischen Zusammensetzung dieser drei Vereinigungen. *David v. Mayenburg,* der stichprobenartig die fachliche Zusammensetzung der IKV untersucht hat, vermutet aber, dass in den internationalen und dabei „interdisziplinär ausgerichteten Vereinigungen die fachliche Verflechtung nicht so stark war, wie es die Programmatik dieser Institutionen glauben machen wollte."[40] Für die IKV hält er fest:

> „Die statistische Stichprobe zeigt die starke Dominanz der Juristen in der IKV, die damit bei aller programmatischer Verweisung auf die Einbeziehung anthropologischer, medizinischer und soziologischer Forschung eine (fast) reine Juristengesellschaft war."[41]

Als persönliche Mitglieder der IKV fehlten bestimmte Professionen vollständig: Gerichtsmediziner, Psychiater und andere Angehörige medizinischer Berufe blieben der IKV fern, aus dem medizinischen Bereich stellten lediglich Gefängnisärzte eine größere Zahl an Mitgliedern, während sich die Mitgliedszahlen von Vertretern aus Soziologie oder Theologie über die Jahre fast unverändert im einstelligen Bereich bewegten.[42] *Cesare Lombroso* wurde nie Mitglied in der IKV, und seine beiden Mitstreiter, die Juristen

---

französische Bezeichnung für den Kongress verweist zusätzlich auf die Soziologie: *Congrès International d'anthropologie et sociologie.* Der vom Bureau du Secrétariat, Institut de Médecine Légale in Turin betreute erste Tagungsband verweist noch auf die Soziologie (Actes du Premier Congrès International d'Anthropologie, Biologie et Sociologie, Turin, Rome, Florence 1886–1887), die weiteren Bände (als comptes-rendus) nicht mehr, vgl. z.B. den 6. Berichtband (Turin). Organisiert wurden die Kongresse 1885 in Rom, 1889 Paris (parallel zur Weltausstellung), 1893 Brüssel, 1896 Genf, 1901 Amsterdam, 1906 Turin, 1911 Köln. Seit 1880 gaben Lombroso und Ferri die Zeitschrift Archivio di psichiatria, antropologia criminale e scienze penali (Torino: Fratelli Bocca, ab 1880) heraus.

40 *David v. Mayenburg,* Kriminologie und Strafrecht zwischen Kaiserreich und Nationalsozialismus. Hans von Hentig (1887–1974), 2006, S. 122.

41 *David v. Mayenburg* (Fn. 40), S. 123; zum Stichtag 15.5.1889 hatte die IKV genau 200 persönliche Mitglieder aus 17 Ländern, darunter 91% Juristen (Rechtsgelehrte, Anwälte, Beamte und andere Staatsbedienstete mit juristischer Ausbildung) (vgl. Mitgliederverzeichnis, in: Mitteilungen der IKV 1 (1889), S. 7–16; 1906 war die Zahl der persönlichen Mitglieder auf 1347 aus 29 Ländern gestiegen (Mitgliederverzeichnis, in: Mitteilungen der IKV 13 (1906), V–LII; vgl. *David v. Mayenburg* (Fn. 40), S. 123–124; vgl. auch den Beitrag von *Sylvia Kesper-Bierman* in diesem Band.

42 Siehe *David v. Mayenburg* (Fn. 40), S. 123.

Enrico Ferri und *Raffaele Garofalo,* wurden zwar zu Beginn Mitglieder der IKV, traten aber kurze Zeit später schon wieder aus. 1906 war die kleine italienische Sektion auf fünf Mitglieder in der IKV zusammengeschrumpft.[43] Eine ähnliche Zurückhaltung ließ sich auch beim bekanntesten deutschen Verfechter der italienischen Kriminalanthropologie feststellen: *Hans Kurella* suchte keinen Anschluss an die IKV. Auch der gegenüber der Kriminalanthropologie kritische, aber an der Strafrechtsreform stark interessierte und wohl bekannteste Psychiater seiner Zeit, *Emil Kraepelin,* wurde kein Mitglied in der IKV.[44]

Blickt man auf die französische Beteiligung an der IKV, so war auch sie, wenn auch aus anderen Gründen, durch eine gewisse Zurückhaltung gekennzeichnet. 1889 zählte die IKV sieben französische Strafrechtsprofessoren. Anders als *Gabriel Tarde* (1843–1904), war ein weiterer Wortführer der kriminalsoziologischen Schule, *Alexandre Lacassagne* (1843–1924), nicht beteiligt.[45] Als Gerichtsmediziner und Sozialpsychologe übte *Lacassagne* durch die Gründung der später nach ihm benannten soziologischen Schule der Kriminalanthropologie in Lyon (1885–1914) großen Einfluss auf die Entwicklung der französischen Kriminologie aus. Da die französische Schule Umwelteinflüssen und Milieuaspekten bei der Kriminalitätsgenese den größeren Einfluss zusprach, waren die Spannungen zur *scuola positiva* vorprogrammiert.[46]

Wie sah es nun aber in dieser *scuola positiva* mit der internationalen Vernetzung und fachübergreifenden Zusammenarbeit im Unterschied zur IKV aus? Der 1882 von *Lombroso* zusammen mit *Garofalo* und *Ferri* ins Leben gerufene Kongress für Kriminalanthropologie tagte 1885 zum ersten Mal in Rom. Zu diesem Kongress, der nicht, wie die IKV, ein Netz nationaler Untergruppierungen aufbaute, „das eine kontinuierliche Arbeit zwischen den internationalen Versammlungen ermöglicht hätte“[47], reisten insgesamt

43 *David v. Mayenburg* (Fn. 40), S. 123.

44 Das Gleiche galt auch für die ältere Generation wie Julius Koch, Eugen Bleuler und Richard von Kraft-Ebing, allerdings kamen einige Mediziner der jüngeren Generation dazu, z.B. Gustav Aschaffenburg, siehe *David v. Mayenburg* (Fn. 40), S. 124.

45 *David v. Mayenburg* (Fn. 40), S. 123 bezieht sich hier auf *Karl-Heinz Hering,* Der Weg der Kriminologie zur selbständigen Wissenschaft. Ein Materialbeitrag zur Geschichte der Kriminologie, 1966, S. 97–101, der die Mitgliedsliste von 1906 analysiert hat.

46 Zu Lacassagne und seiner Schule vgl. u.a. *Christian Debuyst,* L'école française dite „du milieu social“, in: Christian Debuyst et al. (Hrsg.), Histoire 2, S. 301–356; *Martine Kaluszynski,* Das Bild des Verbrechers in Frankreich am Ende des 19. Jahrhunderts, Kriminologisches Journal 26 (1994), S. 13–35.

47 Vgl. *Silviana Galassi* (Fn. 22), S. 315.

133 Teilnehmer in die italienische Metropole, Juristen und Mediziner waren mit jeweils 51 Teilnehmern gleich stark vertreten.[48] Das reflektierte zunächst einmal die institutionelle Allianz unterschiedlicher Berufsgruppen, die man auch auf der Führungsebene des Kongresses vorfand, denn Mediziner und Juristen arbeiteten in der italienischen *scuola positiva* prominent zusammen.[49] Schaut man hingegen speziell auf die deutschsprachigen Tagungsteilnehmer der kriminalanthropologischen Kongresse zwischen 1885 und 1901, so überwogen klar die Naturwissenschaftler – in Erscheinung traten hier besonders praktische Ärzte mit wissenschaftlichen Neigungen.[50] Juristen wurden, so hält *Mayenburg* fest, zwar nicht in großer Anzahl, aber immerhin durch einige ihrer prominentesten Fachvertreter auf den Tagungen repräsentiert: *Liszt* nahm mit Ausnahme des Gründungskongresses 1885 an allen Kriminalanthropologischen Kongressen teil und wurde sogar zum Ehrenpräsident ernannt. Auch *van Hamel* und *Prins* reisten zu den Kongressen und hielten Vorträge, was aber nicht bedeuten musste, dass sie die Ansichten der italienischen Kriminalanthropologen teilten. Tatsächlich blieb man im Gespräch, hielt aber zugleich kritische Distanz. Die Berichte über die internationalen Kongresse für Kriminalanthropologie fielen in der von *Liszt* herausgegebenen „Zeitschrift für die gesamte Strafrechtswissenschaft" entsprechend aus. Während über die beiden ersten Kongresse

48 Von den 133 Teilnehmern waren 32 Beobachter; *David v. Mayenburg* (Fn. 40), S. 124; die Teilnehmerzahlen und die Professionen sind entnommen aus: Actes du Premier Congrès International d'Anthropologie Criminelle, Biologie et Sociologie, November 1885, erschienen 1886/87, S. 41–46.

49 1890 publizierte Lombroso zusammen mit dem sozialistischen Strafrechtler und Soziologen Rodolfo Laschi (1865–1905) einen Artikel über die europäischen Anarchisten, in dem sich strafrechtliche Fragen mit Täteranalysen kreuzten (siehe *Cesare Lombroso/Rodolfo Laschi,* Il delitto politico e le rivoluzioni in rapporto al diritto, all'antropologia criminale ed alla scienza di governo, 1890); auch Lombrosos engster Mitstreiter, Raffaele Garofalo (1851–1934), war ebenfalls Jurist, arbeitete als Richter und stieg bis zum Präsidenten des Kassationsgerichts in Neapel auf. Politisch waren die meisten Mitglieder der *scuola positiva* Sozialisten, doch einer ihrer prominentesten Mitglieder, Enrico Ferri, wechselte 1926 zu den Faschisten und durchlief damit die gleiche politische Karriere wie der Gründer der Bewegung, Benito Mussolini.

50 Vgl. dazu die Aufschlüsselung bei *David v. Mayenburg* (Fn. 40), 125, mit Bezug auf die bei Gadebusch Bondio aufgeführten Zahlen. Nach 1901 wurden die Kongressteilnehmer nicht mehr vollständig aufgeführt, so dass eine berufsspezifische Analyse schwierig ist; auf dem VII. und letzten Kongress für Kriminalanthropologie, der nach Lombrosos Tod 1909 in Köln 1911 unter der Leitung des Psychiaters Gustav Aschaffenburg stattfand, waren die deutschen Wissenschaftler und Praktiker deutlich in der Mehrheit. Unter ihnen überwogen aber wiederum Ärzte und Psychiater; zum VII. Kongress 1911 in Köln siehe *Silviana Galassi* (Fn. 22), S. 315–319.

in Rom 1885 und Paris 1889 gar keine Berichte erschienen, veröffentlichte *Liszts* Habilitand aus Halle, *Ernst Rosenfeld,* einen ausführlichen Bericht über den dritten Kongress in Brüssel von 1892.[51] Er hob darin hervor, dass von der Kriminalanthropologie italienischer Provenienz für die moderne deutsche Strafrechtswissenschaft keinerlei Bedrohung ausgehe, denn sie werde „vor dem anthropologischen Unwesen der ‚scuola positiva' geschützt"[52] durch eine Mehrheit – darunter auch *Liszt* –, die sich auf dem Kongress für eine soziologische Sichtweise ausgesprochen habe.

Die heute klassisch anmutende Auseinandersetzung über Anlage oder Umwelt, *nature* oder *nurture* (*Francis Galton*), bestimmte die Diskussionen auf den kriminalanthropologischen Kongressen bis zur Jahrhundertwende.[53] Eine mögliche Annäherung zwischen Anhängern kriminalanthropologischer Ansätze und solchen, die kriminalsoziologische Erklärungen favorisierten, wurde durch die Organisation der Sektionen nach Fachdisziplinen erschwert. Juristen und Mediziner verhandelten größtenteils getrennt, auch wenn es um übergreifende Themen ging.[54] Dass sich darüber Enttäuschung breit machte, zeigt auch der Bericht des Hubertusburger Anstaltsarztes und Psychiaters *Paul Adolf Näcke.* Er rekurrierte in seinem deutlich kürzer gefassten Bericht in der „ZStW" über den vierten Internationalen Kongress für Kriminalanthropologie in Genf 1896 auf den dort erneut ausgetragenen Streit zwischen Kriminalanthropologen und Soziologen:

> „Leider war der wissenschaftliche Erfolg ein relativ sehr geringer, wie fast von allen Seiten zugegeben wurde, trotzdem die Einzelvorträge meist recht interessant waren. Die großen Prinzipien blieben unentschieden, die Parteien verharrten auf ihrem Standpunkte, und Lombroso und die Italiener, insbesondere Ferri, beherrschten die Geister so, daß nur wenige Opposition wagten, trotzdem vielleicht kaum ein Dutzend Lombrosianer strenger Observanz vorhanden waren (...) Es ist ja bekannt, daß der wissenschaftliche Wert von Kongressen überhaupt ein sehr fragwürdiger

---

51 *Ernst Rosenfeld,* Der dritte internationalen Kriminalanthropologen-Kongreß (Brüssel, 7. bis 14. August 1892), ZStW 13 (1893), S. 161–205.

52 *Ernst Rosenfeld* (Fn. 51), S. 161 und S. 172.

53 *Martine Kaluszynski,* The International Congresses of Criminal Anthropology: Shaping the French and International Movement, 1886–1914, in: Peter Becker/Richard E. Wetzell (Hrsg.), Criminals and their Scientists. The History of Criminology in International Perspective, 2006, S. 301–316.

54 *David v. Mayenburg* (Fn. 40), S. 125.

ist, wenn nicht etwa Demonstrationen vorgeführt, Präparate gezeigt werden usw., die man sonst zu sehen nie Gelegenheit hat."[55]

Einen empirischen Nachweis seiner Thesen blieb *Lombroso* zeitlebens seinen Kongressteilnehmern schuldig, und da er kriminalsoziologische Einwände nicht wirklich entkräften konnte, inkorporierte er in seinen letzten Lebensjahren solche Erklärungsansätze immer stärker in sein eigenes Werk.[56]

VII. Britische Perspektiven auf Kriminalanthropologische Kongresse und IKV oder – Warum es keine englische Landesgruppe der IKV gab

Auffällig gering fiel die britische Beteiligung an den internationalen kriminalanthropologischen Kongressen und den Veranstaltungen der IKV aus. Am ersten und zweiten kriminalanthropologischen Kongress in Rom (1885) und Paris (1889) nahm kein einziger Engländer teil, und 1896 kehrte der offiziell vom *Home Office* als Beobachter entsandte Gefängnisverwalter und Autor von Kriminalromanen Major *Arthur Griffiths* enttäuscht vom vierten Kriminalanthropologischen Kongress in Genf zurück. Sein äußerst kritischer Bericht an das Innenministerium, und hier vor allem an die Mitglieder der *Prison Commission*, bestärkte die britischen Behörden einmal mehr in ihrer Annahme, die italienische *scuola positiva* treibe den kontinentaleuropäischen Extremismus auf die Spitze.[57] Zu den wenigen

---

55 *Paul Adolf Näcke*, Der vierte Internationalen Kongress für Kriminalanthropologie (Genf, 24. bis 29. August 1896), ZStW 17 (1897), S. 390–394, hier S. 390; siehe auch *ders.*, Bericht über den 4. Internationalen Kongress für Criminal-Anthropologie in Genf Ende August 1896, Zeitschrift für Criminal-Anthropologie 1 (1897), S. 85–88; und *ders.*, Bericht über den Verlauf des 5. Internationalen kriminalanthropologischen Congresses in Amsterdam vom 9. bis 14. September 1901, nebst wenigen darauf bezüglichen allgemeinen und speciellen Randglossen, ArchKrim 8 (1901), S. 91–104.

56 Dafür spricht die enorme Erweiterung des Umfangs seines Werkes „L'uomo delinquente" im Laufe zahlreicher Auflagen, vgl. dazu *Mary Gibson*, Born to Crime: Cesare Lombroso and the Origin of Biological Criminology, 2002; *Nicole Hahn Rafter*, The Criminal Brain: Understanding biological Theories of Crime, 2. Aufl. 2016.

57 Siehe Report to the Secretary of State for the Home Office Department on the Proceedings of the Fourth Congress of Criminal Anthropology, held at Geneva in 1896, by Major Arthur Griffiths, H.M. Inspector (H.M.S.O), 1896; vgl. dazu auch den *Griffith* Beitrag „Criminology" in: Encyclopaedia Britannica, 11. Aufl. London, 1910–1911, S. 464–465; ausführlicher dazu *Sabine Freitag* (Internationalisierung, Fn. 37), S. 142–147, mit weiteren Literaturangaben.

Engländern, die sich intensiv mit *Lombrosos* Thesen auseinandersetzten, gehörte der junge Medizinstudent *Havelock Ellis*. *Ellis* publizierte 1890 ein Buch mit dem Titel „The Criminal", in dem er die Kriminalanthropologie als exakte Wissenschaft verteidigte und eine ernsthafte Auseinandersetzung mit ihr seinen Landsleuten dringend empfahl.[58] Aber weder dieses Buch noch sein Inhalt fanden auf der Insel eine große Verbreitung. Zwar hatte es im Land von *Charles Darwin*, *Herbert Spencer* und *Francis Galton* schon vor *Lombroso* Versuche von schottischen und englischen Gefängnisärzten gegeben, Kriminalität auf ähnliche Weise biologistisch zu erklären wie der Turiner Arzt.[59] Doch solche Erklärungsversuche wurden in Großbritannien nie breitenwirksam, und spätestens ab 1890 ließ sich sogar eine gegenläufige Bewegung beobachten: *Lombrosos* „Aberglaube" sollte mit allen Mitteln bekämpft werden. Das Home Office gab 1913 dafür sogar eine eigene Studie in Auftrag, um mit einseitigen biologistischen Kriminalitätserklärungen endgültig aufzuräumen. Als aber *Charles Goring* seine Ergebnisse über „The English Convict" ein Jahr vor Ausbruch des Ersten Weltkriegs, 1913, der Öffentlichkeit präsentierte, waren sie zur Abwehr biologistischer Annahmen zur Kriminalitätsgenese schon nicht mehr notwendig.[60] In England hatte sich unter dem starken Einfluss sozialreformerischer Kräfte und Bewegungen eine gesellschaftliche Mehrheit längst für den starken Einfluss von Umweltfaktoren (*environmentalism*) zur Erklärung von Kriminalität und abweichendem Verhalten entschieden.[61]

Besonders der mit biologistischen Erklärungsansätzen verbundene Determinismus, der die Möglichkeiten von Erziehung und Rehabilitation enorm reduzierte, störte die Engländer. Sowohl die Beamten um die Prison Commission als auch die Mitglieder der zahlreichen *voluntary societies*, die sich für Arme und Straffällige einsetzten, fühlten ihre eigene Arbeit durch solche Perspektiven in Frage gestellt. In Großbritannien hatten diese

58 *Havelock Ellis*, The Criminal, London 1890; vgl. auch *ders.* The Study of the Criminal, The Journal of Mental Science, 36 (1890), S. 1–15.

59 Siehe dazu *Cleobis Hector Sirinaga Jayewardene*, English Precursors of Lombroso, in: British Journal of Criminology 4 (1963), S. 164–170; auch *David Garland* (Fn. 32), S. 45 ff.

60 *Charles Goring*, The English Convict. A Statistical Study, London 1913; ausführlich zur Debatte über Gorings Ergebnisse, siehe *Sabine Freitag* (Kriminologie, Fn. 16), S. 233–282.

61 Zur Ablehnung biologistischer Konzepte durch den Public Health Service siehe *Dorothy Porter*, Enemies of the Race: Biologism, Environmentalism, and Public Health in Edwardian England, in: Victorian Studies 34 (1991), S. 159–179.

Vereinigungen keinen geringen Einfluss, da sie die Nähe zur Öffentlichkeit ebenso suchten, wie zu Regierungsmitgliedern und Parlamentsabgeordneten. Im letzten Drittel des 19. Jahrhunderts gab es einen regelrechten Boom an neuen Reformgesellschaften und Vereinigungen, die sich explizit für Änderungen im Strafrecht, Strafverfahren und Strafvollzug einsetzen, darunter die Howard Association, die National Association for the Prevention of Cruelty to Children (NAPCC), die Penal Reform League, die Humanitarian League und die Reformatory and Refuge Union. Daneben agierten zahlreiche weitere Vereinigungen auf lokaler und regionaler Ebene für die Straffälligenfürsorge (*Prisoners' aid societies*) und für die privaten Gefängnisbesucher und -besucherinnen (*Prison visitors' societies*), die sich durch ihre regelmäßigen Besuche im Gefängnis darum kümmerten, dass die Gefängnisinsassen den Kontakt zur Außenwelt nicht verloren. Als während des Ersten Weltkriegs die Jugendkriminalität extrem zunahm, blieben Mitglieder dieser Vereinigungen bei der Annahme, dass es sich um ein vorübergehendes Phänomen handle, für das äußere Umstände, in erster Linie die abwesenden Väter, die fehlenden Lehrer und die arbeitenden Mütter verantwortlich gemacht werden müssten. Als nach Kriegsende die Jugendkriminalität wieder deutlich zurückging, fühlten sie sich in ihrer Verteidigung eines starken *environmentalism* bestätigt.[62]

Aber nicht nur in den freiwilligen Reformgesellschaften und Sozialvereinen, auch im öffentlichen Dienst, in den Jugendgerichten, Erziehungsanstalten, den medizinischen und psychiatrischen Fachgesellschaften und Assoziationen lehnte man die kriminalanthropologische Schule italienischer Provenienz als zu extrem und deterministisch ab. Vom Aussehen eines Menschen auf sein Verhalten zu schließen, erschien den meisten Medizinern vollkommen irreführend und purer Unsinn. So kommentierte der frühere Präsident der Medico-Psychological Association of Great Britain und Herausgeber des „Journal of Mental Science“, *Conolly Norman,* schon 1895 über *Lombrosos* Kriminalanthropologie:

> „If a man has not a perfectly-chiseled ear or a Grecian nose, if he learned, when a boy, to tattoo his arms, he is hopeless. Everything that evolution, culture training and education can do for him is of no avail, for behold his nose is a little crooked and the lobe of his ears is adherent to his

62 Zur Jugenddelinquenz in England während des Ersten Weltkriegs siehe *Sabine Freitag* (Kriminologie, Fn. 16), S. 308–321.

cheek! It is really astounding the vogue that this puerile nonsense has obtained."[63]

Die Ablehnung von *Lombrosos* „kindischem Unsinn" in England und folglich das geringe Interesse von englischen Medizinern und Psychiatern an den kriminalanthropologischen Kongressen hatte andere Gründe als die geringe britische Beteiligung an der IKV, die bereits von Zeitgenossen festgestellt wurde.[64] Ein Blick auf die Mitgliederliste der IKV zeigt: im Gründungsjahr der IKV, 1889, lassen sich lediglich drei englische Mitglieder ausmachen, darunter der englische Prison Commissioner *Edmund du Cane. Du Cane* nahm als offizieller Vertreter des Home Office ein einziges Mal an einer IKV-Konferenz teil, bevor er 1895 in den Ruhestand ging.[65] Die beiden anderen Mitglieder waren *Sir John Macdonnell,* ein englischer Professor für Rechtsvergleichung, und der Quäker *William Tallack,* der seit 1863 zunächst Sekretär der Society for the Abolition of Capital Punishment war und ab 1866 der von ihm gegründeten Howard League vorstand, die 1901 durch ihre Fusion mit der Penal Reform League zur weltweit größten Gefängnisreformgesellschaft, der Howard League for Penal Reform, aufsteigen sollte.[66] 1897 lassen sich 13 englische Mitglieder in der IKV nachweisen, darunter der bereits erwähnte *Havelock Ellis* und *Sir Howard Vincent,* Chef des Criminal Investigation Department bei Scotland Yard, dessen Behörde am Ende des Jahrhunderts stark ausgebaut wurde. Doch bereits 1905 lässt sich erneut kein einziges englisches Mitglied mehr nachweisen.

Zu diesem Zeitpunkt hatte Großbritannien bereits im Alleingang so viele neue Gesetze in Bezug auf Kriminalpolitik und Gefängnisreform

---

63 *Conolly Norman,* Diskussionsbeitrag zur Presidential Address von David Nicolson auf dem 54. Jahrestreffen der Medico-Psychological Association of Great Britain, 25–26 July 1895, in: Journal of Mental Science 41 (1895), S. 154.

64 So hieß es 1891 in den Mitteilungen der IKV 2 (1891), S. 10: „Geringes Interesse scheint England bisher unseren Arbeiten entgegengebracht zu haben". Zum Verhältnis der Briten zur IKV siehe *Leon Radzinowicz,* The Roots of the International Association of Criminal Law and their Significance. A Tribute and a Reassessment on the Centenary of the IKV, 1991; die folgenden Ausführungen basieren auf einer Zusammenfassung dieses Beitrags in *Sabine Freitag* (Internationalisierung, Fn. 37), S. 147–150.

65 Hier die Übernahme der Namen von *Leon Radzinowicz* (Fn. 64), S. 5 und S. 83, Anm. 144.

66 Die Howard Association bzw. später die Howard League for Penal Reform ist nach dem englischen Gefängnisreformer und Philanthrop John Howard (1726–1790) benannt.

verabschiedet,[67] dass sich bestätigte, was bereits 1895 vom Gladstone Committee festgehalten worden war: dass das Rechts- und Strafsystem je nach nationalem Temperament und nationalen Erfordernissen variiere und deshalb die eigenen nationalen Erfahrungen zum wichtigsten Maßstab für die Ausgestaltung neuer Gesetze und ihre Einführung genommen werden müssten.[68] 1913, ein Jahr vor Ausbruch des Ersten Weltkriegs und zugleich im letzten Jahr, in der die IKV eine echte internationale Zusammensetzung aufwies, ließ sich bei insgesamt 1.350 Mitgliedern nur noch ein einziges englisches Mitglied ausmachen. Es handelte sich um den Senior Partner einer Londoner Anwaltskanzlei, *Albert M. Oppenheimer.*

Angesichts dieser geringen Beteiligung englischer Fachleute an der IKV stellt sich die Frage nach den Gründen für ihre Zurückhaltung. Warum gab es kein Bestreben, eine englische Landesgruppe der IKV aufzubauen? Die Arbeit der IKV wurde ja durchaus zur Kenntnis genommen, und der englische Prison Commissioner *Sir Evelyn Ruggles-Brise* lobte in seinem 1921 publizierten Buch über das englische Gefängnissystem „the most distinguished founders“[69] *v. Liszt, van Hamel* und *Prins* in höchsten Tönen. *Ruggles-Brise* wusste auch, wie intensiv die Arbeiten dieser drei Männern in den USA rezipiert wurden und wie bedeutsam ihr Einfluss auf eine kleine Elite von Professoren und Publizisten war, „who contribute to form public opinion on prison questions in America“[70]. Nichtsdestotrotz hielt er die kontinentaleuropäischen, akademischen Theorien auf die englischen Verhältnisse kaum übertragbar, da sich der Generierungsprozess von kriminologischem und strafrechtlichem Wissen in England grundsätzlich vom kontinentaleuropäischen unterschied.

Die besonderen, über Jahrhunderte gewachsenen Rechtstraditionen, das Common Law, der hohe Laienanteil an der Rechtsprechung und das Jury-Verfahren – „a very English and time-honored institution“[71] – trennten nach seiner Auffassung die Insel ganz entschieden vom europäischen Festland. Den an pragmatischen und praktischen Lösungen interessierten Eng-

67 Siehe *Leon Radzinowicz* (Fn. 64), S. 78: „while the IKV was debating the English Parliament was legislating".

68 Vgl. dazu den Report of the Departmental Committee on Prisons (sog. „Gladstone Report“, 1895), Parliamentary Papers (C. 7702), S. 12.

69 *Evelyn Ruggles-Brise,* The English Prison System, London 1921, Preface, S. XV.

70 *Evelyn Ruggles-Brise,* Prison Reform at Home and Abroad. A Short History of the International Movement since the London Congress 1872, 1924, S. 153.

71 *Evelyn Ruggles-Brise* (Fn. 70), S. 145.

ländern war die Theorielastigkeit der „learned jurists"[72] mitunter zu ausgeprägt. Noch 30 Jahre nach der Gründung der IKV existierten im Königreich recht allgemeine Vorstellungen von der Arbeit und Zielsetzung der IKV. *Ruggles-Brise* sah 1925 die Hauptaufgabe der IKV in ihrer Vermittlungsarbeit

> „to reconcile the extreme views of the Italian School as to the predestination by atavistic or innate disposition to criminal acts with the theory that the causes of a crime are to be thought exclusively in social condition."[73]

Bereits Zeitgenossen haben im mangelnden Bedürfnis nach wissenschaftlicher Theoriebildung auf der Insel einen Grund dafür gesehen, warum sich in England keine „kriminologische Schule" entwickelt habe.[74] Die im britischen Staatsdienst angestellten Gefängnisärzte und Psychiater zeigten wenig Interesse an Grundlagenforschung, es ging ihnen weder darum, aus dem Kriminellen ein autonomes Wissenschaftsobjekt zu machen noch daraus eine eigene wissenschaftliche Disziplin hervorgehen zu lassen. Interessiert zeigten sie sich dagegen an der Wirkung des Gefängnisalltags auf Strafgefangene und an der Entwicklung entsprechender therapeutischer Maßnahmen. Hinzu kam, dass die traditionsbewusste englische Rechtsprechung, die seit jeher selbst keine Grundlagenforschung betrieb, nicht gewillt war, den deterministischen kriminalanthropologischen Erklärungen gegenüber den herkömmlichen Auffassungen von Verantwortung und freiem Willen einen größeren Stellenwert einzuräumen.

VIII. Das Netzwerk der internationalen Gefängniskongresse

Das geringe englische Interesse an der IKV lässt sich vermutlich noch auf einen anderen Grund zurückführen: die Briten haben sich intensiv in der dritten großen kriminalpolitischen Vereinigung, der Internationalen Gefängniskommission (IPC) und den von ihr organisierten internationa-

---

72 *Evelyn Ruggles-Brise* (Prison Reform, Fn. 70), S. 153.

73 *Evelyn Ruggles-Brise* (English Prison System, Fn. 69), S. XV.

74 Vgl. *Evelyn Ruggles-Brise* (English Prison System, Fn. 69), S. 16: „England has not participated to any great extent in these controversies of the criminological schools, which have been so active and have excited so much interest on the Continent of Europe, and in America, during the last fifty years. It may almost be said that *there is no school of criminology in England.*"

len Gefängniskongressen, engagiert.[75] Der britische Civil Service, vor allem aber die große Zahl der bereits erwähnten problemlösungsorientierten bürgerlichen Sozialreformer und -reformerinnen verwendeten kriminologische Theorien oder wissenschaftliche Daten in England vornehmlich als Mittel zum Zweck, um auf ihrer Basis effiziente Sozialreform durchsetzen zu können. Da ihnen nicht daran gelegen war, eine eigene Wissenschaft zu schaffen, entsprach eine Organisation wie die Internationale Gefängniskommission, die die Kongresse über ein eigenes Büro koordinierte, eher ihren Bedürfnissen und Erwartungen. Die Gründung dieser Kongressbewegung ging auf intensive Kontakte zwischen englischen und amerikanischen Gefängnisreformern seit den späten 1850er Jahren zurück, die Howard Association, die National Association for the Promotion of Social Science, aber auch die New York Prison Association waren beteiligt. Seit ihrer Gründung im Jahr 1872 organisierte die internationale Gefängniskommission alle fünf Jahre einen etwa 10-tägigen Kongress in verschiedenen Ländern. Die konstituierenden Kräfte der internationalen Gefängniskommission (IPC) rekrutierten sich auch in den folgenden Jahrzehnten vor allem aus England und Amerika, ab 1910 stand der englische Prison Commissioner *Sir Evelyn Ruggles-Brise* als Präsident der IPC vor. Für ihn waren die Kongresse „a sort of international debating society“, sie offerierten ein neutrales Forum, auf dem „experience and experiment“[76] gleichermaßen gefragt waren. Für die internationalen Gefängniskongresse sprach aus britischer Sicht vor allem ihre praktische Ausrichtung und die vielfältigere Zusammensetzung ihrer Kongressteilnehmer:

> „Zu nennen sind erstens Juristen verschiedener Ausprägung, also Strafrechtler, Kriminologen, Richter, Staatsanwälte und Verteidiger oder lei-

75 Zwischen 1872 und 1935 fanden insgesamt elf internationale Gefängniskongresse statt: London (1872), Stockholm (1878), Rom (1885), St. Petersburg (1890), Paris (1895), Brüssel (1900), Budapest (1905), Washington (1910), London (1925), Prag (1930) und Berlin (1935), der 12. Kongress 1950 und vier Nachfolgekongresse unter Leitung der Vereinten Nationen; neben der ständigen Kommission wurde 1926 auch ein ständiges Organisationsbüro in Bern eingerichtet; 1929 wurde der Name der Kongresse zu International Penal and Penitentiary Congresses (IPPC) erweitert. Ausführlich zur Geschichte der internationalen Gefängniskongresse siehe *Henze,* (Important forums, Fn. 38), S. 60–84; *dies.,* Netzwerk, Kongressbewegung, Stiftung: Zur Wissenschaftsgeschichte der internationalen Gefängniskunde 1827 bis 1951, in: Sabine Freitag/Désirée Schauz (Hrsg.), Verbrecher im Visier der Experten. Kriminalpolitik zwischen Wissenschaft und Praxis im 19. und frühen 20. Jahrhundert, 2007, S. 55–77.

76 Beide Zitate: *Evelyn Ruggles-Brise* (Prison Reform, Fn. 70), S. 11.

> tende Polizeibeamte, die im Rahmen ihrer Berufs- oder Lehrtätigkeit mit der Thematik (Gefängnis) befaßt waren. Zum zweiten handelte es sich um oft hochrangige Regierungs- und Verwaltungsbeamte, die führende Positionen im Vollzugswesen ihrer Heimatländer einnahmen, also etwa Ministerialbeamte der Ressorts Inneres und Justiz, Anstaltsleiter, -lehrer, -ärzte oder –geistliche. Eine dritte Gruppe bildeten Vertreter verschiedener privater, religiöser oder staatlicher Vereine und Organisationen, wie etwa Fürsorgevereine für einsitzende oder entlassene Strafgefangene und deren Familien. Wohlfahrtsverbände, Mäßigkeitsvereine, Waisen- und Erziehungshäuser, Schulen usw."[77]

Erstaunlich war der hohe Frauenanteil auf den Gefängniskongressen, der 1925 22,2% erreichte.[78] In den Augen des englischen *Prison Commissioner* handelte es sich damit fraglos um einen „very practical and instructed body of men and women, of different profession, thought, and training".[79]

Durch die Teilnahme an den internationalen Gefängniskongressen glaubten sich die Engländer über die laufenden kriminalpolitischen und strafrechtlichen Debatten ausreichend informiert, denn thematisch gab es zahlreiche Überschneidungen mit den Kongressen der IKV und der *scuola positiva*. „Wie schon die Gefängniskunde des Vorzeitraums", so schreibt *Martina Henze*, „beschäftigten sich auch die Kongresse ab 1872 inhaltlich mit Fragen, die weit über die Gestaltung des Strafvollzugs hinausreichten. Seit dem zweiten Kongreß 1878 gab es drei Sektionen zu den Themen Gesetzgebung, Strafvollzug und Prävention, zu denen ab 1895 als viertes Themengebiet Kinder und Jugendliche hinzu kam".[80] Tatsächlich beschäftigten sich nur die ersten fünf Kongresse bevorzugt mit Fragen des Strafvollzugs, bevor das Strafrecht dem gegenüber immer mehr an Bedeutung in den Diskussionen gewann, wofür schließlich auch die offizielle Namenserweiterung von 1929 zur Internationalen Strafrechts- und Gefängniskommission (International Penal and Penitentiary Commission) spricht. Die sich aus der Themenvielfalt der Gefängniskongresse ergebenden Überschneidungen führten offensichtlich nicht zu Konflikten oder zur Konkurrenz mit den anderen existierenden Vereinigungen, denn auch führende Kriminalanthropologen und vor allem Mitglieder der IKV waren in der Gefängnisbewe-

77 *Martina Henze,* (Important forums, Fn. 38), S. 72–73.
78 *Martina Henze,* (Important forums, Fn. 38), S. 73.
79 *Evelyn Ruggles-Brise* (Prison Reform, Fn. 70), S. 45.
80 *Martina Henze* (Important forums, Fn. 38), S. 77.

gung aktiv.[81] Bereits beim ersten Kongress 1872 erreichte der Umfang des Tagungsbandes 800 Seiten, bei den folgenden Kongressen wuchsen die Berichte bis auf fünf Tagungsbände mit jeweils rund 500 Seiten an.[82] Daneben gaben Kommission und Büro der internationalen Gefängniskongresse unabhängig von den Kongressberichten eigene Fachveröffentlichungen in Auftrag wie „Umfragen, Spezialstudien, Vorschläge, Entwürfe oder Denkschriften."[83] Zu ihnen zählten auch die Publikationen des englischen Prison Commissioner *Sir Evelyn Ruggles-Brise* aus den 1920er Jahren.

Nach Auffassung der Engländer konnte man vom Austausch mit anderen Nationen und von ihren Erfahrungen mit neuen Methoden im Strafvollzug und in der Kriminalitätsbekämpfung lernen. Zugleich blieb man sich der Besonderheiten der eigenen Rechtskultur bewusst, die eine grundsätzliche Orientierung an kontinentaleuropäischen Rechtssystemen eher ausschloss. Ein internationaler Vergleich ließ sich aber trotzdem auch zur eigenen Profilierung nutzen: vor allem die Neuerungen im englischen Strafvollzug weckten das Interesse kontinentaleuropäischer Fachleute. So reiste 1906 eine Abordnung der deutschen Landesgruppe der IKV nach Großbritannien, um sich über die neu eingerichteten Erziehungsanstalten für jugendliche Straftäter (*borstals*) zu informieren,[84] und aus ähnlichem Anlass besuchte 1913 der Kriminologe *Hans v. Hentig* Camp Hill, eine Anstalt für Gewohnheitsverbrecher auf der Isle of Wight.[85]

Da durch das englische Rechtssystem Strafrecht, Strafprozessrecht und der Strafvollzug flexibler und schneller als auf dem Kontinent neuen, aktuellen Bedürfnissen und Vorstellungen durch die Verabschiedung von Einzelgesetzen durch das Parlament (*statute law*) angepasst werden konnten,

---

81 Siehe dazu *Martina Henze* (Important forums, Fn. 38), S. 82, mit Bezug auf *Eberhard Schmidt,* Zum internationalen Kongreß für Strafrecht und Gefängniswesen. Die internationalen Gefängniskongresse. Ein Rückblick auf ihre Arbeit, ZStW 55 (1935), S. 177–200, hier S. 177.

82 *Martina Henze* (Important forums, Fn. 38), S. 69, Anm. 41.

83 *Martina Henze* (Important forums, Fn. 38), S. 69.

84 Vgl. dazu *Dietrich Oberwittler,* Von der Strafe zur Erziehung? Jugendkriminalität in England und Deutschland, 1850–1920, 2000, S. 73.

85 Siehe dazu den Bericht von *Hans von Hentig,* Ein Besuch in Camp Hill, der englischen Verwahrungsanstalt für gewohnheitsmässige Verbrecher, Schweizerische Zeitschrift für Strafrecht 26 (1913), S. 403–412; zum Gesamtkontext des Austausches zwischen Großbritannien und Deutschland in Bezug auf neue Modelle in der Kriminalpolitik siehe *Sabine Freitag,* „A perverse determination to break the law": Dealing with the Habitual Offender, in: Dominik Geppert/Robert Gerwarth (Hrsg.), Wilhelmine Germany and Edwardian Britain. Essays on Cultural Affinity, 2008, S. 219–245.

konnten die auf den internationalen Kongressen breit diskutierten Themen in England nach ihrer erfolgten länderspezifischen Ausgestaltung und Anpassung rasch implementiert werden. Bereits um die Jahrhundertwende wurde ein ganzes Bündel neuer Gesetze zu Strafvollzug und Kriminalpolitik verabschiedet, darunter solche zur Rehabilitierung und Wiedereingliederung von Strafgefangenen, zur Einführung produktiver Arbeit in Gefängnissen, zur Klassifizierung von Inhaftierten und zur Individualisierung der Strafe (*Prison Act*, 1898), zu Strafalternativen wie Geld- und Bewährungsstrafen (*Probation of Offenders Act*, 1907), zum Kinder- und Jugendschutz (*Children and Young Persons Act*, 1908) und zur Behandlung jugendlicher Straftäter und Gewohnheitsverbrecher (*Prevention of Crime Act*, 1908).[86]

Im Vorfeld dieser Gesetzesverabschiedungen durch das Parlament waren in altbewährter Weise Kommissionen gebildet, Fachleute aus der Praxis befragt und Kommissionsberichte angefertigt worden. Der Vorsitzende der Kommission zur Gefängnisreform in England und Wales, der spätere britische Innenminister *Herbert John Gladstone*, fasste 1895 in seinem Bericht zusammen, wodurch sich die Kommission in ihren Entscheidungen und Empfehlungen hatte leiten lassen. Dabei nahm er in erhellender Weise sowohl auf die zeitgenössischen kriminalanthropologischen Diskussionen als auch zugleich auf die englische Haltung zu diesen Diskussionen Bezug:

> „Criminal anthropology as a science is in an embryo stage, and while scientific and more medical observation and experience are of the most essential value (...) it would be a loss of time to search for a perfect system in learned but conflicting theories, when so much can be done by the recognition of the plain fact that the great majority of prisoners are ordinary men and women amenable, more or less, to all those influences which affect persons outside."[87]

Diese pragmatische Einstellung bestimmte letztlich die britische Haltung zu den internationalen Vereinigungen zu Kriminalpolitik, Strafrechts- und Gefängnisreform.

86 Der *Children und Young Persons Act* von 1908 stellte u.a. zum ersten Mal Inzest unter Strafe, verbot eine Inhaftierung von Jugendlichen unter 16 Jahren, schuf besondere Jugendgerichte, bei denen die Öffentlichkeit ausgeschlossen wurde, und beschränkte die Kinderarbeit.

87 Gladstone Report (Fn. 68), S. 12.

IX. Verbrechen und Verein – ein kurzes Fazit

Von Anfang an berührte die „soziale Frage" des 19. Jahrhunderts, die sich in England aufgrund der bereits ab Mitte des 18. Jahrhunderts einsetzenden Industrialisierung deutlich früher abzeichnete als in Deutschland, immer auch Fragen von Kriminalitätsgenese und Täterkonstitution. Die Gründung von bürgerlichen Fürsorge- und Sozialvereinen diente zunächst dazu, mit herkömmlichen, d.h. noch unwissenschaftlichen Mitteln und Methoden auf das soziale Elend und seine gesellschaftspolitischen Folgen, zu denen auch das Phänomen Kriminalität zählte, zu reagieren. Mit dem Aufkommen der Wissensgesellschaft und einer „Verwissenschaftlichung des Sozialen" (*Lutz Raphael*) veränderten sich Zusammensetzung und Arbeitsweise der bürgerlichen Vereine, aus gelehrten Vereinen wurden wissenschaftliche, deren Spezialisierung und Internationalisierung zunahm.

Die verschiedenen internationalen Vereinigungen und Kongresse zu Kriminalanthropologie, Strafrechts- und Gefängnisreform, die im letzten Drittel des 19. Jahrhunderts ihren Aufstieg erlebten, boten die Möglichkeit, die in den meisten europäischen Ländern ähnlich gelagerten Probleme eines beschleunigten sozioökonomischen Wandels ländervergleichend und methodenpluralistisch zu erörtern und nach Lösungskonzepten zu suchen. Während die unterschiedlichen nationalen Rechtssysteme in der Regel nur eine – wenn überhaupt – bedingte Übernahme der auf den Kongressen durchaus kontrovers diskutierten kriminalanthropologischen und -soziologischen Ansätze und Konzepte erlaubten, bildete das Gefängnis als primäre Strafinstitution, die sich im 19. Jahrhundert weltweit durchgesetzt hatte, unabhängig von den unterschiedlichen Rechtssystemen für alle Kongressteilnehmer einen gemeinsamen Nenner. Der starke Praxisbezug der internationalen Gefängniskongresse sorgte nicht nur für die größte Vielfalt an teilnehmenden Gruppierungen und Einzelvertretern, sondern scheint auch ein Grund dafür gewesen zu sein, warum sich der IPPC im Vergleich zur IKV und den kriminalanthropologischen Kongressen länger durch alle politischen Krisen hindurch erfolgreich behaupten konnte.[88]

---

88 Für die kriminalanthropologischen Kongresse und die IKV war der Erste Weltkrieg eine entscheidende Zäsur. Der letzte kriminalanthropologische Kongress fand zwei Jahre nach Lombrosos Tod 1911 in Köln statt. Die internationalen Gefängniskongresse nahmen 1925 ihre Arbeit wieder auf und kamen auch nach dem Zweiten Weltkrieg nochmals zusammen, bevor ihre Arbeit von den Vereinten Nationen übernommen wurde; zur Einschätzung als erfolgreichste Kongressbewegung siehe *Martina Hen-*

Durch die Internationalität aller hier in den Blick genommenen Vereinigungen zu Kriminalpolitik, Strafrecht und Gefängnisreform ließen sich die Anliegen der Reformer im eigenen Land in Bezug auf die angestrebte Modernisierung von Kriminal- und Strafrechtspolitik möglicherweise besser legitimieren, die Sozialreformer selbst gewannen als *pressure group* mehr Profil. Doch auch wenn auf den Kongressen intensiv diskutiert wurde und Resolutionen verabschiedet wurden, die Beschlüsse hatten keinerlei bindende Wirkung. Sie boten keine Garantie dafür, dass die Mitglieder der Vereinigungen, die Teilnehmer und Teilnehmerinnen der internationalen Kongresse, auf die nationale Gesetzgebung und Rechtsprechung, mithin auf die Politik ihrer jeweiligen Heimatländer tatsächlich Einfluss ausüben konnten. Die Überarbeitung entsprechender Strafgesetzbücher, die Veränderungen im Strafvollzug haben mitunter auf sich warten lassen. Unbestreitbar aber wurden die nationalen Diskurse über Verbrechen und Strafe durch den internationalen Austausch geschärft und bereichert und durch die Vermittlungsarbeit der Vereinigungen einer größeren Öffentlichkeit zur Kenntnis gebracht. Sie waren wichtige Foren, die nicht nur dazu beigetragen haben, eine *scientific community* jenseits nationaler Grenzen entstehen zu lassen, sondern auch das öffentliche Interesse an Kriminalpolitik und Strafvollzug zu steigern. Sie waren wichtige Foren und Multiplikatoren für die Verbreitung kriminalpolitischer, strafrechtlicher und gefängniskundlicher Ideen und Konzepte.

---

ze (Important forums, Fn. 38), S. 61 und 79, auch *Benedict S. Alper/Jerry F. Boren* (Fn. 30), S. 3.

Die Internationale Kriminalistische Vereinigung als transnationales Wissenschaftsnetzwerk. Organisation und Kongresstätigkeit am Beispiel der Hamburger Tagung 1905

Sylvia Kesper-Biermann

Im September 1905 fand ein nächtlicher Rundgang durch das „dunkle Hamburg", die „Stadt der düsteren und verfallenen Schlupfwinkel", kurz: durch eine von Kriminalität geprägte Metropole statt. Organisiert von der Polizeibehörde besuchten Teilnehmer:innen eines internationalen Wissenschaftskongresses „Kaschemmem" und „Verbrecherkeller" in der Hansestadt. „Offenbar", mutmaßten die „Hamburger Neuesten Nachrichten" am 27. September 1905, bezweckte man damit, „den Männern der Theorie und der wissenschaftlichen Kriminalistik auch einmal die Praxis in ihrer abschreckendsten Gestalt vor Augen zu führen und ihnen einen Einblick in das Wesen des Verbrechertums zu verschaffen, den nur eigene Anschauung zu geben vermag".[1] Für eine knappe Woche hatten sich nämlich mehr als 300 Personen in Hamburg zum zehnten Kongress der Internationalen Kriminalistischen Vereinigung (IKV) aufgehalten, um über Fragen des Strafrechts und der Kriminalpolitik zu diskutieren. Diese „hochansehnliche Versammlung von europäischem Ruf"[2] wird im Folgenden unter zwei Perspektiven näher betrachtet. Zunächst wird *erstens* die Internationale Kriminalistische Vereinigung im Hinblick auf ihre Entstehung, ihre Mitglieder und ihre Tätigkeit von der Gründung 1889 bis zum Ausbruch des Ersten Weltkriegs 1914 vorgestellt. Der grenzübergreifende Charakter der Organisation steht im Vordergrund; besondere Aufmerksamkeit gilt zudem den Landesgruppen. Die (rechts)historische Forschung hat sich bislang vor allem auf die inhaltlichen Schwerpunktsetzungen und Diskussionen der IKV konzentriert, denn sie bieten wertvolles Material zu zentralen Strafrechtsdebatten des späten 19. und frühen 20. Jahrhunderts. Aber auch

1 Aus dem dunkelsten Hamburg, Hamburger Neueste Nachrichten, Nr. 228 vom 27.9.1905, Sta HH 241-1 I Justizverwaltung, Nr. 285.

2 So die Einschätzung des Hamburgischen Correspondent, Nr. 464, Morgenausgabe vom 12.9.1905, S. 1.

die Organisation und der Ablauf der internationalen Kongresse, die gesellschaftlichen Angebote und Aktivitäten der Teilnehmer:innen abseits des wissenschaftlichen Programms bieten wichtige Einblicke in die Struktur und das Funktionieren transnationaler Netzwerke im Bereich von Kriminalität und Strafen um 1900. Das soll im *zweiten* Teil exemplarisch anhand der zehnten Tagung der Internationalen Kriminalistischen Vereinigung 1905 in Hamburg untersucht werden.

I. Die Internationale Kriminalistische Vereinigung

Die strafrechtrechtliche bzw. strafrechtswissenschaftliche Diskussion in Europa verfügte während des gesamten langen 19. Jahrhunderts über eine internationale Dimension.[3] Dazu gehörte die gegenseitige Rezeption von Publikationen, der Austausch über Zeitschriftenaufsätze und Rezensionen sowie persönliche Kontakte durch Briefe und Reisen. Seit dem ausgehenden 19. Jahrhundert bildeten institutionalisierte transnationale Netzwerke eine neue, zentrale Form grenzübergreifender Kommunikation über Verbrechen, Strafen und Kriminalpolitik. Sie knüpften an die älteren Traditionen an und ergänzten sie. Nicht Internationalisierung an sich bildete demnach ein neues Element kriminalrechtlicher Diskussionen in Europa während dieser Zeit, sondern deren Organisation in regelmäßig stattfindenden transnationalen Kongressen. Im Zuge der allgemeinen Expansion und der Ausdifferenzierung des internationalen Kongresswesens entstanden im letzten Drittel des 19. Jahrhunderts auf dem Feld von Verbrechen und Strafen mehrere Netzwerke mit unterschiedlichen inhaltlichen Schwerpunktsetzungen.[4] Dazu gehörte seit 1889 auch die Internationale Kriminalistische Vereinigung (IKV) bzw. Union Internationale de Droit Pénal (UIDP).[5]

---

3 Vgl. *Karl Härter/Valeria Vegh Weis,* Transnational Criminal Law in Transatlantic Perspective (1870–1945). Introductory Notes, Initial Results and Concepts, Rechtsgeschichte – Legal History 30 (2022), S. 84–94; *Sylvia Kesper-Biermann/Petra Overath* (Hrsg.), Die Internationalisierung von Strafrechtswissenschaft und Kriminalpolitik (1870–1930). Deutschland im Vergleich, 2007.

4 Vgl. *Martina Henze,* Crime on the Agenda. Transnational Organizations 1870–1955, Historisk Tidsskrift 109 (2009), 369–417; *Richard F. Wetzell,* Franz von Liszt und die internationale Strafrechtsreformbewegung, in: Arnd Koch/Martin Löhnig (Hrsg.), Die Schule Franz von Liszts. Sozialpräventive Kriminalpolitik und die Entstehung des modernen Strafrechts, 2016, S. 207–227.

5 Zur IKV: *Sylvia Kesper-Biermann,* Die Internationale Kriminalistische Vereinigung. Zum Verhältnis von Wissenschaftsbeziehungen und Politik im Strafrecht 1889–1932,

Ihre Gründer waren der niederländische Strafrechtsprofessor *Gerard Anton van Hamel* (1842–1917), der belgische Universitätslehrer und Generalinspektor der Gefängnisse *Benoit Adolphe Georges Prins* (1845–1919) und der deutsche Kriminalist *Franz v. Liszt* (1851–1919).[6] Das Trio war bereits über briefliche Kontakte und persönliche Bekanntschaft freundschaftlich miteinander verbunden, als es den Plan für einen Zusammenschluss von Strafrechtswissenschaftlern aus verschiedenen Staaten fasste. Initiator und treibende Kraft war *Franz v. Liszt*. Er gab seit 1881 die „Zeitschrift für die gesamte Strafrechtswissenschaft“ mit heraus, ein von Anfang an international orientiertes Organ und Forum zum Meinungsaustausch.[7] „Die redaktionelle Tätigkeit hatte mich mit einer ganzen Reihe führender Kriminalisten aller Länder in briefliche, teilweise auch in persönliche Berührung gebracht und die Überzeugung in mir immer tiefer befestigt, daß durch planmäßiges Zusammenarbeiten der deutschen und außerdeutschen Kollegen unsere Wissenschaft eine mächtige Förderung erfahren müsse“, erinnerte sich der Strafrechtsprofessor 1914.[8]

Die Organisation der IKV und ihre Ziele wurden durch eine Satzung aus dem Jahr 1889 geregelt, die 1897 grundlegend überarbeitet wurde und dann bis zum Ersten Weltkrieg bestehen blieb.[9] Das Zentrum und Leitungsgremium bildete der so genannte geschäftsführende Ausschuss, später als Gesamtvorstand bzw. *bureau central* bezeichnet. Er wurde auf den internationalen Kongressen gewählt und bestand zunächst aus drei Mitgliedern, nämlich den Gründern: *Prins* als Vorsitzendem, *Liszt* als Schriftführer

---

in: dies./Petra Overath (Fn. 1), S. 85–107; *dies.,* Wissenschaftlicher Ideenaustausch und „kriminalpolitische Propaganda“. Die Internationale Kriminalistische Vereinigung (1889–1937) und der Strafvollzug, in: Sabine Freitag/Désirée Schauz (Hrsg.), Verbrecher im Visier der Experten. Kriminalpolitik zwischen Wissenschaft und Praxis im 19. und frühen 20. Jahrhundert, 2007, S. 79–97; *Elisabeth Bellmann,* Die Internationale Kriminalistische Vereinigung (1889–1933), 1994; *Leon Radzinowicz,* The Roots of the International Association of Criminal Law and their Significance. A Tribute and a Re-Assessment on the Centenary of the IKV, 1991.

6 Zu den Gründern *Richard F. Wetzell,* About the concept of the „dangerous individual“ in turn-of-the-century penal reform. Debates on recidivism, état dangereux, indeterminate sentencing, and civil liberty in the International Union of Penal Law, 1889–1914, Glossae: European Journal of Legal History 17 (2020), S. 119–149, hier S. 123–125.

7 *Karl Härter,* Zweckgedanke, Social Defence and Transnational Criminal Law. Franz von Liszt and the Network of Positivist Criminology (1871–1918), Glossae: European Journal of Legal History 17 (2020), S. 150–175, hier S. 155.

8 *Franz v. Liszt,* Die Entstehung der Internationalen Kriminalistischen Vereinigung, Mitteilungen der IKV 21 (1914), S. 1–20, hier S. 2.

9 Die Satzungen sind abgedruckt bei *Elisabeth Bellmann* (Fn. 5), S. 216–219, S. 224.

und *van Hamel* als Schatzmeister. Diese zentralen Positionen hatten sie bis 1914 inne. Zusätzlich wählten die Versammlungen später ein viertes Vorstandsmitglied; 1913 wurde das *bureau central* noch einmal erweitert.[10] Mit dem zunehmenden Wachstum der IKV ordnete man ihm für einzelne Aufgaben, etwa für die Redaktion der Zeitschrift, den „Mitteilungen der Internationalen Kriminalistischen Vereinigung", weitere Sekretäre zu. Diese im Vergleich mit anderen internationalen Wissenschaftsorganisationen der Zeit professionalisierte Struktur mit einem dauerhaften Leitungsgremium, regelmäßigen jährlichen Treffen des Vorstands und langjähriger personeller Kontinuität trug nicht unwesentlich zur internationalen Sichtbarkeit und Bedeutung der IKV bei. Ab 1897 vergrößerte sich das *bureau central* weiter, weil die Vertreter der Landesgruppen hinzukamen. Die Mitglieder einzelner Staaten bzw. Nationen hatten nämlich schon bald nach der Gründung der Internationalen Kriminalistischen Vereinigung damit begonnen, sich in eigenen Sektionen zu organisieren. Sie wählten einen eigenen Vorstand und konnten eigene Versammlungen abhalten. Diese Struktur hatten die Gründer ursprünglich nicht vorgesehen, daher tauchten die Landesgruppen in der ersten Satzung von 1889 auch nicht auf.[11] Sie entstanden stattdessen von Anfang an ungeplant von der Basis aus, und zwar in Belgien, Dänemark, Deutschland, Frankreich, Griechenland, Kroatien, Norwegen, Österreich, Portugal, Rumänien, Russland, Schweden, der Schweiz, Ungarn und den USA.[12] Im Hinblick auf die Mitgliederzahlen, den Organisationsgrad und die Aktivitäten sowie die Dauer ihres Bestehens wiesen die einzelnen Landesgruppen große Unterschiede auf.[13] Bereits 1894 hob *Franz v. Liszt* die Vorteile des so gewachsenen Gefüges hervor: „Dabei wird die wechselseitige Anregung der allgemeinen Versammlungen und der einzelnen Landesgruppen nach wie vor für unsere Arbeiten von eigenartigem und ganz unschätzbarem Werte sein".[14] Erst mit der Änderung von 1897 trug

---

10 Vgl. *Elisabeth Bellmann* (Fn. 5), S. 29.

11 Vgl. Die Internationale kriminalistische Vereinigung und ihre Zielpunkte, ZStW 14 (1894), S. 611–622, hier S. 616. Anders *Leon Radzinowicz* (Fn. 5), S. 7, der „the formation of national groups" als wesentliche Aufgabe des Vorstands bezeichnet.

12 Eigene Zusammenstellung aus den „Mitteilungen der Internationalen Kriminalistischen Vereinigung"; in der Forschungsliteratur finden sich unterschiedliche Angaben zur Zahl der Landesgruppen und den dort vertretenen Staaten bzw. Nationen. Vgl. auch *Franz v. Liszt* (Entstehung, Fn. 8), S. 10. *Leon Radzinowicz* (Fn. 5), S. 7, unterscheidet nicht zwischen organisierten Landesgruppen und Mitgliedern einzelner Nationen.

13 Vgl. dazu die Länder-Beiträge in diesem Band.

14 Mitteilungen der IKV 4 (1894), S. 126.

man der faktischen Entwicklung auch in der Satzung Rechnung und nahm die Landesgruppen nicht nur explizit auf, sondern bezog sie zugleich in den Gesamtvorstand und damit das Leitungsgremium der IKV ein. Ein einheitliches Verfahren zur Gründung und Anerkennung solcher Sektionen wurde aber auch dann nicht festgelegt.

Diese Situation führte dazu, dass das Verhältnis zwischen Landesgruppen und Dachvereinigung in den ersten Jahren völlig ungeklärt war und auch nach der Satzungsänderung von 1897 unbestimmt blieb. Der Jurist *Melchior Stenglein* (1825–1903) thematisierte die dadurch hervorgerufenen Probleme, unter anderem mit Bezug auf die deutsche Landesgruppe, im Jahr 1894.[15] Man könne es „eigenthümlich finden", so sein Ausgangspunkt, dass „eine Vereinigung, die ihren internationalen Character so vorzugsweise hervorhebt, sich wieder in nationale Gruppen auflöst, die sich einer nationalen Einseitigkeit kaum entziehen können".[16] *Stenglein* konstatierte eine Arbeitsteilung zwischen der Dachorganisation, die sich mit allgemeineren, von Vertreter:innen unterschiedlicher Staaten zu diskutierender Fragen beschäftigte, und den Landesgruppen, bei denen die nationalen Besonderheiten und die nationale Gesetzgebung im Vordergrund stünden. Aus diesem Grund, fuhr er fort, würden die Treffen der Landesverbände von einem sehr viel breiteren Personenkreis mit einem deutlich heterogeneren Meinungsspektrum besucht als die internationalen Kongresse. In Dänemark beispielsweise gehörten nur etwas mehr als die Hälfte der Mitglieder der IKV-Landesgruppe auch der Dachorganisation an.[17] In vielen Ländern boten die Landesgruppen Räume, in denen Pläne zur Reform des geltenden (nationalen) Strafrechts besprochen werden konnten, ohne dass notwendigerweise ein enger Zusammenhang mit den Zielen der Internationalen Kriminalistischen Vereinigung bestehen musste. Insofern übernahmen beispielsweise die Tagungen der deutschen Landesgruppe in gewisser Weise, argumentierte *Stenglein,* die Funktion der Juristentage mit einem Fokus auf das Strafrecht. Auch in anderen nationalen Kontexten verfolgten die Landesgruppen eine eigene, an die jeweiligen Bedingungen und Bedürfnisse angepasste Agenda.[18] Das warf für *Melchior Stenglein* die

---

15 *Melchior Stenglein,* Die Internationale criminalistische Vereinigung und ihre Zielpuncte, Der Gerichtssaal 49 (1894), S. 139–156.

16 *Melchior Stenglein* (Fn. 15), S. 143.

17 Vgl. *Fridrich Kitzinger,* Die Internationale Kriminalistische Vereinigung: Betrachtungen über ihr Wesen und ihre bisherige Wirksamkeit, 1905, S. 5, Fn. 1.

18 Vgl. dazu die Beiträge in diesem Band.

generelle Frage auf, wie sich die Landesgruppen zu den auf den internationalen Kongressen gefassten Beschlüssen verhalten sollten: Haben sich „die Landesgruppen dem Ausspruche der Hauptversammlung zu unterwerfen, oder stehen dieselben völlig frei, so daß sie ihren neutralen Character bewahren, dann aber gelegentlich sich auch mit der Hauptversammlung in Widerspruch setzen können?".[19] Unterschiedliche Auffassungen zwischen Dachorganisation und Sektionen müssten seiner Meinung nach notwendig „zu einer Ablösung der Landesgruppe von der Vereinigung führen", würden also „den Keim der Auflösung" der gesamten Organisation in sich tragen.[20] Das spielte für ihn persönlich eine Rolle, weil er seine Position in strafrechtlichen Fragen auf den internationalen Versammlungen vielfach nicht repräsentiert fand und daraus die Konsequenz zog, aus der IKV auszutreten. Mit diesem Schritt blieb er jedoch eine Ausnahme und seine Prognose, die internationale Organisation müsse sich entweder zentralisieren oder sei aufgrund innerer Widersprüche bzw. Inkonsistenzen zum Scheitern verurteilt, bewahrheitete sich ebenfalls nicht. Im Gegenteil erwies sich die lockere Beziehung von Dachverband und Landesgruppen, die letzteren undogmatisch Spielräume für eigene Schwerpunktsetzungen und ein breites Meinungsspektrum einräumte, als wichtiger Faktor für die Stabilität der Internationalen Kriminalistischen Vereinigung bis 1914. So stellte der Schweizer Strafrechtler *Carl Stooss* (1849–1934) im Hinblick auf die dortige Sektion fest, sie habe „stets eine sehr selbständige Stellung eingenommen" und schon auf dem zweiten internationalen Kongress in Bern 1890 erklärt, die Ziele der Gesamtvereinigung zwar hochzuhalten, „sich aber überall und jederzeit ihre eigene Meinung ‚heiter vorbehalten'".[21] Über die Aufnahme in den Gesamtvorstand 1897 wurden die Landesgruppen zwar auf der Leitungsebene eingebunden, ohne sie jedoch zu sehr einzuschränken. Darüber hinaus zeichnete Flexibilität auch den Umgang mit denjenigen Nationen aus, die sich nicht formal organisierten. Das *bureau central* konnte sich nämlich laut der revidierten Satzung nach eigenem Ermessen durch „Mitglieder der Vereinigung aus jenen Ländern verstärken, in welchen eine Landesgruppe nicht gebildet ist".[22]

---

19 *Melchior Stenglein* (Fn. 15), S. 144.

20 *Melchior Stenglein* (Fn. 15), S. 144.

21 Die Internationale kriminalistische Vereinigung und ihre Zielpunkte, ZStW 14 (1894), S. 611–622, hier S. 612.

22 Art. 3 der Satzung von 1897, zit. nach *Elisabeth Bellmann* (Fn. 5), S. 224.

Die 1889 verabschiedeten Statuten steckten ferner den Rahmen ab, innerhalb dessen sich die Tätigkeit der Vereinigung bewegen sollte. Artikel 1 formulierte die Überzeugung, dass „Verbrechen und Strafe ebensosehr vom soziologischen wie vom juristischen Standpunkte ins Auge gefaßt werden müßten". Aufgabe der IKV sei es, „diese Ansicht und die sich aus ihr ergebenden Folgerungen in Wissenschaft und Gesetzgebung zur Anerkennung zu bringen".[23] Dann folgte eine Aufzählung von neun Grundsätzen, unter anderem über Strafen, Strafarten und Strafvollzug sowie über die Unterscheidung von „Gelegenheits-" und „Gewohnheitsverbrechern", die als „Grundlage für die Bestimmungen der Strafgesetzgebung" dienen sollten (Art. 2).[24] Die Zustimmung der Mitglieder zu diesen „kriminalpolitische(n) Dogmen"[25] wurde laut Artikel 3 vorausgesetzt. Das rief Kritik hervor und schränkte insbesondere die Möglichkeiten der Landesgruppen ein, als Sammelbecken für Reformwillige unterschiedlicher strafrechtlicher Richtungen zu dienen. Ein wesentliches Motiv für die Neufassung der Statuten im Jahr 1897 bestand dementsprechend darin, so der Vorstand der deutschen Landesgruppe 1899, die Zusammenarbeit von „Männern verschiedenen wissenschaftlichen Glaubensbekenntnisses" zu ermöglichen.[26] Die Aufzählung einzelner Grundsätze fiel daher ersatzlos weg; die einstimmig revidierten Statuten legten als gemeinsame Arbeitsgrundlage lediglich, in leichter Abwandlung der Fassung von 1889, fest: „Die Internationale Kriminalistische Vereinigung vertritt die Ansicht, daß sowohl das Verbrechen als auch die Mittel zu seiner Bekämpfung nicht nur vom juristischen, sondern auch vom anthropologischen und soziologischen Standpunkt aus betrachtet werden müssen" (Art. 1).

Ihrem Selbstverständnis nach war die IKV eine wissenschaftliche Organisation, die sich laut Artikel 1 der Satzung von 1897 die „Erforschung des Verbrechens, seiner Ursachen und der Mittel zu ihrer Bekämpfung" zur Aufgabe machte. Gleichzeitig verstand sie sich insbesondere in der Anfangsphase, wie es der niederländische Jurist *Joost Adriaan van Hamel* (1880–1964), Sohn eines der Gründer, formulierte, als „a fighting body composed of criminalists from different European countries, who wanted

23 Zit. nach *Elisabeth Bellmann* (Fn. 5), S. 216.

24 Vgl. *Richard F. Wetzell* (About the concept, Fn. 6), S. 122 f.

25 *Friedrich Kitzinger* (Fn. 17), S. 9.

26 Brief der deutschen Landesgruppe der IKV vom Februar 1899, zit. nach *Elisabeth Bellmann* (Fn. 5), S. 225. Vgl. auch *Arnd Koch*, „v. Liszt-Schule" – Personen, Institutionen, Gegner, in: ders./Martin Löhnig (Hrsg.), Die Schule Franz von Liszts, 2016, S. 34–36.

to give a new impulse to their branch of investigation, and to profess a new creed in penal science".[27] Das heißt, sie diente als Mittel in den von den Beteiligten als „Kampf" empfundenen Auseinandersetzungen zwischen unterschiedlichen wissenschaftlichen Auffassungen im Strafrecht. In Deutschland wurden sie unter der Bezeichnung „Schulenstreit"[28] mit großer Heftigkeit geführt. Mit der Formulierung ihrer Ziele und Aufgaben bezog die IKV klar Stellung für die sogenannte moderne und gegen die sogenannte klassische Schule. Teilweise wird ihre Gründung als Beginn oder zumindest Instrument dieser Konfrontation angesehen.[29] Wie an der Revision der Statuten bereits deutlich wurde, trat an die Stelle eines stark kämpferischen Auftretens, das Gegensätze betonte, bereits nach kurzer Zeit eine eher integrative Haltung, vor allem in bzw. gegenüber den Landesgruppen. So betonten *v. Liszt* und andere wiederholt, „rein theoretische Schulstreitigkeiten" seien für die Arbeit der IKV ohne Bedeutung.[30] Tatsächlich führte 1905 laut Einschätzung des Strafrechtlers *Friedrich Kitzinger* (1872–1943), zu diesem Zeitpunkt selbst noch nicht Mitglied, auf dem Gebiet des Kriminalrechts kein Weg mehr an der Internationalen Kriminalistischen Vereinigung vorbei. Sie sei „zu einer Erscheinung von solcher Bedeutung für die Strafrechtspflege geworden, daß sie das Interesse aller Fachgenossen, ob innerhalb oder außerhalb der Vereinigung, in Anspruch nimmt".[31] Im deutschen Kontext ist die IKV auch als Ausdruck eines (wissenschaftlichen) Generationenkonflikts interpretiert worden. *Melchior Stenglein,* Jahrgang 1825, stellte 1894 fast siebzigjährig das „Vorwiegen der juridischen Jugend" fest, andere sprachen von einer „jungdeutschen Schule".[32] Folgt man dieser Argumentation, wäre die Zurücknahme eines stark konfrontativen, gegen die ältere Strafrechtswissenschaftsgeneration gerichteten Verhaltens damit zu erklären, dass dies mit der eigenen beruflichen Etablierung immer weniger notwendig erschien. Allerdings würde es ebenfalls zu weit gehen, die Internationale Kriminalistische Vereinigung als „äußerlich neutral"[33] zu bezeichnen, denn die Ausrichtung an den Themen und Reformideen

27 *Joost Adriaan van Hamel,* International Union of Criminal Law, Journal of Criminal Law and Criminology 2 (1911) 1, S. 22–27, hier S. 22.
28 Vgl. *Arnd Koch/Martin Löhnig* (Hrsg.), Die Schule Franz von Liszts, 2016, dort auch bei *Koch* (Fn. 26), S. 45–48, eine Problematisierung des Schulenbegriffs.
29 Vgl. *Karl Härter* (Fn. 7), S. 156.
30 Vgl. *Sylvia Kesper-Biermann* (Internationale, Fn. 5), S. 95.
31 *Friedrich Kitzinger* (Fn. 17), S. 2.
32 *Melchior Stenglein* (Fn. 15), S. 144; vgl. auch *Arnd Koch* (Fn. 26), S. 45.
33 So *Elisabeth Bellmann* (Fn. 5), S. 29.

der so genannten modernen Schule blieb nach wir vor bestehen, auch wenn, so *Friedrich Kitzinger*, die plurale internationale Zusammensetzung vor zu radikalen und einseitigen Positionen schützte.[34] (Strafrechts-)Wissenschaft und politische Praxis gehörten im Verständnis der Organisation von Anfang an eng zusammen. Ihre Mitglieder wollten nämlich nicht bei der wissenschaftlichen Diskussion stehen bleiben, sondern verfolgten in den Worten *Franz v. Liszts* „ein durchaus *praktisches Ziel*: die allmähliche Umwandlung des geltenden Rechts". Demnach bildete die Kriminalpolitik, gemäß seiner Definition „die geordnete Zusammenfassung der Grundsätze (...), nach welchen der Kampf in der Rechtsordnung gegen das Verbrechen zu führen ist", „*die eigentliche Aufgabe für die Arbeit unserer Vereinigung*". Ihre Bemühungen richteten sich also darauf, „auf wissenschaftlicher Grundlage eine Änderung der Gesetzgebung" anzustreben und auf diesem Weg strafrechtswissenschaftliche und kriminalpolitische Vorstellungen der so genannten modernen Schule in die Praxis umzusetzen.[35]

Im Hinblick auf die Zahl ihrer Mitglieder zeigte die Internationale Kriminalistische Vereinigung ein beeindruckendes Wachstum. Sie begann mit einer Gesamtzahl von 75 im Dezember 1888; am Vorabend des Ersten Weltkriegs gehörten ihr dann mehr als 1.100 Personen an. Diese Entwicklung verlief nicht linear, sondern war durch zwei Phasen starker Zuwächse gekennzeichnet: Der erste erfolgte unmittelbar nach der Gründung der Vereinigung, als die Mitgliederlisten, unter anderem durch intensive Werbeaktivitäten, in den 1890er Jahren auf etwa 600 Einträge anstiegen. Der zweite Schub erfolgte kurz nach der Wende zum 20. Jahrhundert, als sich die Mitgliedszahlen auf mehr als 1.000 fast verdoppelten. Bis zum Ersten Weltkrieg blieben sie in dieser Größenordnung; 1913 beispielsweise gehörten der IKV 1.150 Personen an.[36] Betrachtet man die berufliche Zusammensetzung, so war die Internationale Kriminalistische Vereinigung durch „eine absolute Dominanz von Fachjuristen" gekennzeichnet.[37] Die Angehörigen dieser mit Abstand größten Gruppe waren als Richter, Rechtsanwälte, Staatsanwälte, Professoren oder in anderen Bereichen des Staatsdienstes tätig. Besondere Bedeutung kam den Juraprofessoren zu, aus deren Reihen auch die Grün-

---

34 Vgl. *Friedrich Kitzinger* (Fn. 17), S. 145, 148. Dem folgt auch *Leon Radzinowicz* (Fn. 5), S. 9.

35 Zit. nach *Sylvia Kesper-Biermann* (Wissenschaftlicher Ideenaustausch, Fn. 5), S. 89 (Hervorhebungen im Original).

36 Vgl. *Sylvia Kesper-Biermann* (Internationale, Fn. 5), S. 90.

37 *Sylvia Kesper-Biermann* (Wissenschaftlicher Ideenaustausch, Fn. 5), S. 83. Vgl. auch *Sylvia Kesper-Biermann* (Internationale, Fn. 5), S. 89 f.

der stammten. In den Anfangsjahren der Organisation war etwa ein Drittel (32 Prozent) der Mitglieder in diesem Beruf tätig. Ihr Anteil ging jedoch stetig zurück und lag 1902 bei 17 Prozent und 1912 bei 14,5 Prozent. Ferner gehörten Strafvollzugsexperten der Organisation an; im Jahr 1889 betrug ihr Anteil 6,5 Prozent, 1902 waren es 6,7 Prozent und 1912 etwa 3 Prozent. Mediziner stellten insgesamt vier bis fünf Prozent der Vereinsmitglieder, andere Berufsgruppen wie Geistliche, Statistiker und Polizisten waren in noch geringerem Umfang vertreten. Der Frauenanteil war durchweg sehr klein und lag bei weniger als fünf Prozent.

Wendet man sich der Frage zu, woher die Mitglieder kamen, so lassen sich den Mitgliedsverzeichnissen insgesamt 37 Herkunftsstaaten bzw. -regionen entnehmen.[38] Es gab also bei weitem nicht überall eine Landesgruppe, auch deshalb, weil einige Nationen nur über ein oder zwei Vertreter verfügten. Im Jahr 1906, als die IKV mit 1.356 ihre höchste absolute Mitgliederzahl erreichte, waren 27 Herkunftsregionen vertreten. Elf davon hatten sich als Landesgruppen organisiert (Belgien, Dänemark, Deutschland, Frankreich, Griechenland, Kroatien, Norwegen, Portugal, Russland, Schweiz, Ungarn) und fast genauso viele, nämlich zehn, wiesen weniger als fünf Personen auf. Dabei handelte es sich um Ägypten, Argentinien, Australien, Bosnien, Brasilien, Bulgarien, Finnland, Japan, Serbien und Venezuela.[39] Insgesamt bildeten die Deutschen mit knapp einem Drittel (1892) bis einem Viertel (1912) der Mitglieder eine bedeutende und lange die dominierende Nation. *Van Hamel* bezeichnete Deutschland 1905 als „Seele der Vereinigung und ihre Heimat".[40] Daneben stellte Russland das zahlenmäßig bedeutendste Kontingent. Sein Anteil wuchs mit anfangs drei über 15 (1902) bis auf 33 Prozent der Mitglieder (1912). Alle anderen Nationen folgten mit großem Abstand und lagen meistens deutlich unter zehn Prozent. Eine Ausnahme bildete die Schweiz im Jahr 1891 mit fast 18 Prozent, Dänemark kam 1902 auf gut 11 Prozent. Zu den anteilsmäßig stärker vertretenen Staaten gehörten außer den genannten noch Österreich und Ungarn (1912: 5,9 bzw. 7,3 Prozent) sowie Frankreich (3–7 Prozent), zeitweise auch Portugal (1902: 6 Prozent) oder Schweden (1912: 5,2 Prozent). Auch die Zusammensetzung der einzelnen Landesgruppen im Hinblick auf die dort vertretenen Berufe war sehr unterschiedlich. So reichte die

38 Eigene Zusammenstellung. Die vollständigen Mitgliederverzeichnisse sind jeweils in den Mitteilungen der IKV abgedruckt.

39 Vgl. das Mitgliederverzeichnis in Mitteilungen der IKV 13 (1906), S. I–LII.

40 Mitteilungen der IKV 13 (1906), S. 620.

Zahl medizinischer Vertreter von den Niederlanden oder Russland mit einer Quote zwischen null und zwei Prozent bis zu Anteilen von 11 bis über 14 Prozent in den nordischen Ländern Dänemark und Schweden sowie Portugal. Die Mehrheit der russischen Mitglieder übte den Beruf des Rechtsanwalts aus, während der schweizerischen Landesgruppe – zumindest in den Anfangsjahren – überdurchschnittlich viele Professoren angehörten. Bei diesen Angaben handelt es sich um Durchschnittswerte, denn die Gewichtungen veränderten sich im Laufe der Zeit. Die Mitgliedszahlen der meisten Nationen unterlagen prozentual, aber auch gemessen an den absoluten Zahlen, deutlichen Schwankungen. Sie hingen vor allem von zwei Faktoren ab. Zum einen führte die Veranstaltung eines internationalen Kongresses in dem gastgebenden Land fast ausnahmslos zu einem deutlichen Mitgliederzuwachs. Dieser Effekt war allerdings in der Regel nur kurzfristig wirksam. Zum anderen spielten die jeweils spezifischen Bedingungen und Verhältnisse in den einzelnen Ländern eine Rolle.[41] Insgesamt lässt sich die Internationale Kriminalistische Vereinigung als eine im wesentlichen kontinental-, und zwar mittel- und nordeuropäische Angelegenheit charakterisieren. Großbritannien und die USA waren nur marginal vertreten; Personen außereuropäischer Regionen Asiens und Südamerikas, etwa aus Ägypten, Japan, Argentinien oder Brasilien, machten insgesamt nur etwa zwei Prozent der Mitglieder aus. Der Globale Süden war also kaum repräsentiert – was jedoch nicht bedeutet, dass die Diskussionen und Vorschläge der IKV dort nicht wahrgenommen wurden oder keinen Einfluss auf die Gesetzgebung ausübten.[42] Das zusammengenommen mit der gehobenen sozialen Zusammensetzung ließ den englischen Kriminologen *Leon Radzinowicz* die IKV zusammenfassend als „a kind of a comfortable established élitist European club“ bezeichnen.[43]

Die länderübergreifende Zusammensetzung der Internationalen Kriminalistischen Vereinigung bot sehr gute Voraussetzungen für ein weiteres wichtiges Arbeitsfeld, die Strafrechtsvergleichung.[44] *Ernst Rosenfeld* (1869–1952), Jurist und Sekretär des Gesamtvorstands, begründete das Anliegen 1892 folgendermaßen: „Das Bedürfnis des Menschen, einen möglichst klaren Überblick über alle Dinge dieser Welt in ihrem Werden und Vergehen

41 Vgl. *Sylvia Kesper-Biermann* (Internationale, Fn. 5), S. 90 f.; *Leon Radzinowicz* (Fn. 5), S. 3–6.

42 Vgl. z.B. zu Lateinamerika *Karl Härter/Valeria Vegh Weis* (Fn. 3).

43 *Leon Radzinowicz* (Fn. 5), S. 9.

44 Vgl. *Leon Radzinowicz* (Fn. 5), S. 22–25.

zu gewinnen, und das Bestreben nach möglichster Vollständigkeit in diesen Kenntnissen werden durch vergleichende Forschungen in eigenstem Maße befriedigt".[45] *Franz v. Liszt* sah als Zweck der Strafrechtsvergleichung vor allem die „Gewinnung einheitlicher Grundgedanken für eine den Forderungen der Kriminalpolitik Rechnung tragende Strafgesetzgebung der Zukunft". Seiner Meinung nach standen die europäischen Staaten angesichts des „international gleichen Charakter(s) unseres Verbrechertums" vor ähnlichen Herausforderungen. Um diese bewältigen zu können, war das Zusammenwirken und der Austausch von Angehörigen vieler Nationen unabdingbar, denn „die Wissenschaft des Strafrechts (...) ist notwendig international".[46] Nach dem Beschluss des zweiten IKV-Kongresses in Bern 1890 nahm ein professoral besetztes Gremium, bestehend aus den drei Gründern *Hamel, Prins* und *Liszt* sowie dem Franzosen *Edouard Philippe Gauckler* (1858–1905), dem Österreicher *Heinrich Lammasch* (1853–1920) und dem Schweizer *Carl Stooss* die Arbeit auf. 1894 bzw. 1899 konnte die „Strafgesetzgebung der Gegenwart in rechtsvergleichender Darstellung" in zwei Bänden gedruckt der Öffentlichkeit vorgelegt werden.[47] Sie sollte nicht nur geltende rechtliche Normen sammeln, sondern die Grundlagen und Prinzipien, eine „systematische Einführung in die Strafgesetzgebung der einzelnen Staaten", von Personen aus dem jeweiligen Land, bei denen man die beste Kenntnis der einheimischen Kriminalrechtsordnung vermutete, vorlegen.[48] Damit wollte die IKV die Grundlage für rechtsvergleichende Studien einzelner Materien des allgemeinen Teils sowie einzelner strafbarer Handlungen schaffen. Dieses Projekt wurde dann jedoch nicht mehr in der Regie der Vereinigung, sondern im Rahmen der Strafrechtsreformarbeiten

45 *Ernst Rosenfeld,* Bedeutung und Aufgabe einer „Strafgesetzgebung der Gegenwart in rechtsvergleichender Darstellung", Mitteilungen der IKV 3 (1892), S. 380–387, hier S. 381.

46 *Franz v. Liszt,* Zur Einführung. Rückblick und Zukunftspläne, in: Die Strafgesetzgebung der Gegenwart in rechtsvergleichender Darstellung, Bd. 1, 1894, S. XI–XXVII, Zitate S. XXI, XXIV.

47 Die Strafgesetzgebung der Gegenwart in rechtsvergleichender Darstellung, hrsg. von der Internationalen Kriminalistischen Vereinigung, Bd. 1: Das Strafrecht der Staaten Europas, hrsg. von Franz v. Liszt, 1894; Bd. 2: Das Strafrecht der außereuropäischen Staaten, hrsg. von Franz v. Liszt, 1899; vgl. auch Mitteilungen der IKV 3 (1892), S. 387–391. Zur Entstehungsgeschichte *Franz v. Liszt* (Einführung, Fn. 46), S. XI–XXVII.

48 Vgl. *Franz v. Liszt,* Vorwort, in: Die Strafgesetzgebung der Gegenwart in rechtsvergleichender Darstellung, Bd. 2, 1899, S. XIII–XV, Zitat S. XIII.

des Deutschen Reichs umgesetzt.[49] Doch kam den Mitgliedern der Internationalen Kriminalistischen Vereinigung, vor allem der deutschen Landesgruppe, nach Ansicht *Radzinowicz'* eine Schlüsselrolle bei der Schaffung des 16-bändigen „*magnum opus* of criminal science" zu.[50] Die ursprüngliche Beschränkung der „Strafgesetzgebung der Gegenwart" auf Europa wurde zwar schnell aufgegeben, doch schlug sie sich in der Einteilung der beiden Bände in das Strafrecht Europas sowie das außereuropäischer Staaten nieder. Dies macht gleichzeitig zeitgenössische eurozentristische und koloniale Denkmuster deutlich, die auch die wissenschaftliche Beschäftigung mit dem Kriminalrecht prägten. Denn die IKV interessierte sich ausschließlich für die Gesetzgebung sogenannter „Kulturvölker" oder „Kulturnationen". *Ernst Rosenfeld* etwa nahm bei der Vorstellung des Projekts in den *Mitteilungen* eine Unterteilung in das Recht der „gesitteten", „halbgesitteten" und „ungesitteten Völker" vor;[51] allein auf ersteres richtete sich das Interesse der Vereinigung. Es sei nicht das Ziel, erklärte *Franz v. Liszt* 1894 im Vorwort des ersten Bandes, sich mit „ethnologische(r) Jurisprudenz" zu beschäftigen: „Nur das entwickelte Recht der Kulturvölker kann Gegenstand rechtsvergleichender Behandlung sein". Gleichwohl musste er zugeben, dass jede Definition von „Kulturvölkern" willkürlich blieb und er das Kriterium der nationalen Souveränität anwandte.[52] In diesem Zusammenhang, gewissermaßen als Teil der „Kulturstaaten", war auch das Strafrecht in den Kolonialgebieten der (europäischen) Mächte von Interesse.

II. Internationale Kongresse: Hamburg 1905

Die Hauptaufgabe der Internationalen Kriminalistischen Vereinigung bildete die Veranstaltung internationaler Kongresse. Zwischen 1889 und 1913 fanden insgesamt zwölf solcher Veranstaltungen in ein- bis vierjährigem Abstand vornehmlich in europäischen Hauptstädten statt. Hamburg, vom 11. bis 15. September 1905 Gastgeber der zehnten Versammlung, bildete

49 Vergleichende Darstellung des deutschen und ausländischen Strafrechts. Vorarbeiten zur deutschen Strafrechtsreform, hrsg. auf Anregung des Reichs-Justizamtes von den Professoren Karl Birkmeyer et al., 16 Bände, 1905–1909.

50 *Leon Radzinowicz* (Fn. 5), S. 24 (Hervorhebung im Original).

51 Vgl. *Ernst Rosenfeld* (Fn. 45).

52 *Franz v. Liszt* (Einführung, Fn. 46), S. XIV.

in dieser Hinsicht eine Ausnahme. Denn der Gesamtvorstand wählte als Ort für den ersten (und einzigen) Kongress in Deutschland nicht Berlin oder eine andere Universitätsstadt. Strafrechtliche oder (strafrechts-)wissenschaftliche Gründe spielten bei der Entscheidung insgesamt offenbar nur eine untergeordnete Rolle. Wie *Franz v. Liszt* im Juni 1904 dem Senat der Hansestadt erläuterte, könne man „nirgends besser als in HAMBURG den ausserdeutschen Mitgliedern der Vereinigung ein Bild deutscher Tatkraft und Unternehmungslust vorführen" und „die ganze Tüchtigkeit unseres deutschen Bürgertums" zeigen.[53] Neben der Ortswahl war das *bureau central* für die inhaltliche Vorbereitung des jeweiligen Kongresses zuständig, indem es mehrere, teils in Frageform formulierte Themen auswählte und in der Regel mindestens zwei Referenten damit beauftragte, Gutachten anzufertigen, die als Grundlage für die nachfolgende Aussprache dienen sollten. Das Programm für Hamburg wurde auf der Vorstandssitzung in Paris am 26. März 1905 festgelegt.[54] Neben dem Eröffnungsvortrag von *Prins* über „Die Schwierigkeiten des Strafproblems in der Gegenwart" standen insgesamt sechs Themen auf der Tagesordnung. Dabei ging es um das „internationale Verbrechertum und seine Bekämpfung", die „Behandlung der vermindert Zurechnungsfähigen", „die Rehabilitation", die „Konzentration der vergleichenden internationalen Kriminalstatistik", die „Aufhebung der strafrechtlichen Folgen des Rückfalls infolge von Zeitablauf, tätiger Reue und ähnlichen Ursachen" sowie die Frage „Wie kann für bestimmte Kategorien von Rückfälligen der Begriff der Gemeingefährlichkeit des Täters an die Stelle des heute zu ausschließlich angewandten Begriffs der verbrecherischen Tat gesetzt werden?". Die dafür vorgesehenen Berichterstatter bestätigen sowohl die herausgehobene Rolle der Gründer als auch die Konzentration der IKV auf Kontinentaleuropa. *Hamel, v. Liszt* und *Prins* erstatteten jeweils ein Gutachten; über das „internationale Verbrechertum und seine Bekämpfung" referierten zwei deutsche Juristen und Polizeiexperten, der im Berliner Polizeipräsidium tätige *Heinrich Lindenau* (1872–1942) sowie *Albert Hopff* (1868–1926), Rat bei der Polizei Hamburg.[55] Ferner sollten der französische Untersuchungsrichter *Gustave le Pottevin* (1856–1930) sowie der russische Rechtsprofessor *Foinitzky* aus St. Petersburg referieren –

---

53 Schreiben *v. Liszts* an den Hamburger Senat vom 16. und 22.6.1904, Sta HH 241-1 I Justizverwaltung I, Nr. 285 (Hervorhebung im Original).

54 Vgl. Mitteilungen der IKV 13 (1906), S. 3–7; 75–77.

55 Vgl. *Jens Jäger*, Verfolgung durch Verwaltung. Internationales Verbrechen und internationale Polizeikooperation 1880–1933, 2006, S. 232–235.

beide kamen jedoch nicht nach Hamburg und legten schriftliche Berichte vor[56]. Die Gutachten sowie die stenografierten Verhandlungen auf den internationalen Kongressen wurden in der Vereinszeitschrift, den zwischen 1889 und 1914 in 21 Bänden erschienenen „Mitteilungen der Internationalen Kriminalistischen Vereinigung", publiziert. Daneben bot das Organ Raum für weitere Berichte, etwa über die Tätigkeit der einzelnen Landesgruppen.

Insgesamt wurden auf den zwölf internationalen Kongressen etwa 45 Themen diskutiert. Um das internationale Strafrecht im engeren Sinne ging es dabei in den wenigsten Fällen, etwa bei der Behandlung des „Mädchenhandels" oder der Regelung der Auslieferung. Auch Strafrechtsdogmatik und Strafprozess spielten praktisch keine Rolle. Die überwiegende Mehrheit der Themen beschäftigte sich mit Gegenständen der Kriminalpolitik; sie machten einen Anteil von vier Fünfteln aus und werden von der Forschung unterschiedlich systematisiert.[57] Dazu gehörten die Bereiche Jugendkriminalität und Jugendgerichtsbarkeit, die Notwendigkeit bzw. Umgestaltung der kurzfristigen Freiheitsstrafe, bedingte Verurteilung, (verminderte) Zurechnungsfähigkeit, die Behandlung von Rückfälligen bzw. „unverbesserlichen Gewohnheitsverbrechern" und unbestimmte Strafurteile. Diese Zusammenstellung macht deutlich, dass keine systematische, auf mehrere Jahre angelegte Agenda verfolgt, sondern jeweils von Kongress zu Kongress entschieden wurde. Vertagte Punkte wurden dementsprechend auch nicht konsequent wieder aufgegriffen.[58] Erst zum 25-jährigen Bestehen der Internationalen Kriminalistischen Vereinigung stellte der Vorstand im Januar 1914 ein neues Arbeitsprogramm „für die nächsten Jahrzehnte" auf und beschloss, bislang wenig beachteten Bereichen mehr Aufmerksamkeit zu schenken.[59] Das galt unter anderem für den „etwas stiefmütterlich" behandelten Strafvollzug[60] sowie das Strafverfahren, das an die bereits erfolgten oder geplanten Reformen im Sinne des so genannten modernen Strafrechts angepasst werden sollte.

56 Vgl. Mitteilungen der IKV 13 (1906), S. 370, 547.

57 Vgl. *Richard F. Wetzell* (Franz von Liszt, Fn. 4), S. 212–215, sowie die ausführliche Darstellung bei *Elisabeth Bellmann* (Fn. 5), S. 32–114; *Leon Radzinowicz* (Fn. 6), S. 13 f.

58 Vgl. *Leon Radzinowicz* (Fn. 5), S. 10.

59 Vgl. Das neue Arbeitsprogramm der IKV, Mitteilungen der IKV 21 (1914), S. 447–452, Zitat S. 447.

60 Vgl. Die Feier des 25jährigen Bestehens der IKV, Mitteilungen der IKV 21 (1914), S. 459–470, Zitat S. 465.

Die IKV war eine zivilgesellschaftliche Organisation und konnte deshalb unabhängig von den Positionen oder Wünschen der jeweiligen Regierungen bzw. Verwaltungen agieren. Das bedeutete jedoch nicht, dass keine Verbindungen zu staatlichen bzw. Regierungsvertretern bestanden hätten. Im Gegenteil: Gerade weil man auf Gesetzgebung und Kriminalpolitik Einfluss nehmen wollte, suchte man gezielt den Kontakt zu Entscheidungsträgern in Politik und Justiz.[61] Zudem waren viele Fachjuristen aufgrund ihrer Berufstätigkeit in Universitäten, Gerichten oder der Bürokratie direkt in staatliche Strukturen eingebunden. Diesen Verflechtungen verlieh man auch auf den internationalen Kongressen Ausdruck. „Die IKV hat sich bereits ein derartiges offizielles Ansehen zu erwerben vermocht, daß Vertreter der Regierungen an ihren Versammlungen teilzunehmen pflegen", erläuterte *Friedrich Kitzinger* 1905.[62] In Hamburg unterstützte der Senat die Abhaltung der Tagung nicht nur finanziell mit der nicht unbeträchtlichen Summe von 8.000 Mark, sondern lud die (männlichen) Teilnehmer zu einem feierlichen Empfang ins Rathaus ein.[63] Die regierenden Bürgermeister *Johann Georg Mönckeberg* (1839–1908) und *Johannes Heinrich Burchard* (1852–1912) sowie der Chef der Justizverwaltung *Friedrich Alfred Lappenberg* (1836–1916) wurden ferner als Kongressteilnehmer geführt. *Lappenberg* begrüßte die Anwesenden bei der Eröffnung des wissenschaftlichen Programms und wurde per Akklamation zum Ehrenpräsidenten ernannt. Auch die Regierungen weiterer deutscher Staaten und das Reich hatten Vertreter entsandt. Auf Anregung des Ortsausschusses hatte der Senat diejenigen deutschen Bundesstaaten eingeladen, die über Universitäten verfügten, sowie die benachbarten Hansestädte Bremen und Lübeck.[64] Das Teilnehmer:innenverzeichnis führte insgesamt 19 amtliche sowie Vertreter von Polizeipräsidien auf.[65]

Die Organisation eines Kongresses vor Ort übernahm ein lokales Komitee, das sich in Hamburg aus einem Presseausschuss, einem wissenschaftlichen Ausschuss, einem Empfangs- und einem Festausschuss sowie einem „Damenkomitee" zusammensetzte. Es kümmerte sich vorwiegend um das fachliche sowie gesellige Rahmenprogramm und sollte möglichst alle kri-

---

61 Vgl. *Martina Henze* (Fn. 4), S. 385 f.

62 *Friedrich Kitzinger* (Fn. 17), S. 157.

63 Der Rechenschaftsbericht über die Finanzen befindet sich in der Akte Sta HH 241-1 I Justizverwaltung I, Nr. 285.

64 Vgl. die Anfragen und Antworten in der Akte Sta HH 241-1 I Justizverwaltung I, Nr. 285.

65 Mitteilungen der IKV 13 (1906), S. 337, 339 f.

minalrechtlich und -politisch relevanten Berufsgruppen und Tätigkeitsbereiche der Hansestadt hochrangig repräsentieren, also Richter, Rechtsanwälte, Ärzte, Polizei- und Strafvollzugsbeamte.[66] Den Vorsitz übernahm Landgerichtspräsident *Julius Engel* (1842–1926). Eine Tagung der IKV dauerte in der Regel fünf Tage; sie begann mit einem Abendempfang, dann folgten drei Tage mit wissenschaftlichem Programm und am Ende stand ein Tagesausflug. So verhielt es sich auch in Hamburg.[67] Am Montag gab es den Abendempfang; von Dienstag bis Donnerstag fand die „ernste Geistesarbeit der Beratungen"[68] statt, das heißt die Teilnehmenden hörten und diskutierten Gutachten im Gebäude der Patriotischen Gesellschaft. Parallel fanden, als integraler Bestandteil der Veranstaltung, Ausflüge zu kriminal- und sozialpolitisch interessanten Orten in der Umgebung statt. In und um Hamburg fand sich ein breites Spektrum an modernen Einrichtungen. Dazu gehörte die 1893 eröffnete psychiatrische Klinik („Irrenkolonie") in Langenhorn mit einer Abteilung für „geisteskranke Verbrecher" sowie der seit 1879 in mehreren Schritten errichtete Gefängniskomplex in Fuhlsbüttel. Der panoptisch angelegte, später als „Santa Fu" bekannte Bau II stand zu diesem Zeitpunkt kurz vor der Fertigstellung, er sollte 1906 in Betrieb genommen werden.[69] Den Ausflug nach Fuhlsbüttel und Langenhorn unternahmen etwa 110 Personen, also etwa ein Drittel aller Teilnehmenden.[70] Ferner standen Besichtigungen des Untersuchungsgefängnisses, des Leichenschauhauses, des Kriminalmuseums und des „Rauhen Hauses", einer privaten Einrichtung der Kinder- und Jugendfürsorge, auf dem Pro-

66 Die Protokolle des Ortsausschusses sind gesammelt in der Akte Sta HH 331-1 I Polizeibehörde I, Nr. 424. Zur personellen Zusammensetzung Mitteilungen der IKV 13 (1906), S. 337 f.

67 Der Ablauf ist abgedruckt in den Mitteilungen der IKV 13 (1906), S. 3–8.

68 X. Versammlung der Internationalen Kriminalistischen Vereinigung vom 11. bis 15. September in Hamburg, Hamburgischer Correspondent o.D., Sta HH 111-1 Senat, Nr. Cl. VII Lit. Rf. Nr. 29 vol 82b.

69 Vgl. *Monika Ankele,* Innerhalb und außerhalb der Anstalt. Zu den Dynamiken von Arbeit als Therapie in der Weimarer Zeit: Das Beispiel der Staatskrankenanstalt Hamburg-Langenhorn, Medizinhistorisches Journal 48 (2023), S. 241–272, hier S. 247–250; *Klaus Neuenhüsges,* „Niemanden aufgeben..." – eine kurze Geschichte des Hamburger Strafvollzuges von seinen Anfängen bis zur Gegenwart, 2016, S. 30–39.

70 Vgl. den ausführlichen Bericht: X. Versammlung der Internationalen Kriminalistischen Vereinigung vom 11. bis 15. September in Hamburg, Hamburgischer Correspondent Nr. 468, Morgenausgabe vom 14.9.1905, Sta HH 111-1 Senat, Nr. Cl. VII Lit. Rf. Nr. 29 vol 82b.

gramm.[71] Das „*Asyl für Obdachlose*, die *Kaschemmen* und *Verbrecherkeller*" konnten, wie eingangs geschildert, auf Anfrage mit Führung besucht werden.[72] Der Tagesausflug am Freitag bestand aus einer Fahrt auf der Elbe nach Blankenese, die von mehr als 200 Kongressteilnehmer:innen wahrgenommen wurde.[73]

Die Zusammensetzung der Teilnehmer:innen an den internationalen Kongressen änderte sich jedes Mal und hing von unterschiedlichen Faktoren ab. Dazu gehörte unter anderem der Veranstaltungsort, denn aus dem gastgebenden Land kamen regelmäßig sehr viele Interessierte. Aber auch andere Umstände innerhalb und außerhalb der IKV spielten eine Rolle. Über die Zusammensetzung der Hamburger Tagung berichtete die „Kölnische Zeitung" in ihrer Abendausgabe vom 18. September 1905, die meisten Angemeldeten aus Frankreich hätten wegen eines „recht törichten Artikels über die Cholera in Deutschland" in einer französischen Zeitung kurzfristig abgesagt, während die russische Gruppe „über einen Streit wegen der Einführung einer russischen Verfassung in die Brüche gegangen" und deswegen kaum vertreten sei.[74] An den Kongressen nahmen bei weitem nicht alle IKV-Mitglieder teil, sondern nur eine Minderheit; bis 1905 waren es durchschnittlich 200 Personen. Die Teilnehmer:innenliste der Hamburger Veranstaltung führte insgesamt 313 Personen auf. Die überwiegende Mehrheit, nämlich 85 Prozent, stammten aus Deutschland; fast die Hälfte der Deutschen, das entsprach rund 42 Prozent der Gesamtteilnehmer:innenzahl, kamen aus dem Großraum Hamburg.[75] Das hing damit zusammen, dass auch Nicht-Mitglieder gegen eine Gebühr an den Kongressen teilnehmen konnten, etwa Geistliche, Lehrer oder Mitglieder von Fürsorgevereinen. An der Tagung 1905 nahm beispielsweise *Heinrich Kielhorn* (1847–1934) als Vertreter des Verbands der Hilfsschulen Deutschlands teil. Bezüglich der nach Hamburg gereisten „Ausländer" berichtete die „Kölnische Zeitung", sie

71 Vgl. *Erik Eichholz,* Wie macht man bessere Menschen? Die Reform des hamburgischen Strafvollzuges in der Weimarer Republik, Diss. phil. 2008, S. 27 f.; *Hans-Walter Schmuhl,* Senfkorn und Sauerteig. Die Geschichte des Rauhen Hauses zu Hamburg 1833–2008, 2008.

72 Mitteilungen der IKV 13 (1906), S. 6 (Hervorhebung im Original).

73 Mitteilungen der IKV 13 (1906), S. 621.

74 Die Internationale Kriminalistische Vereinigung, Kölnische Zeitung vom 18.9.1905, Abendausgabe, Nr. 974, S. 1.

75 Eigene Berechnungen auf der Basis des Teilnahmeverzeichnisses in den Mitteilungen der IKV 13 (1906), S. 339–346.

stammten zum größten Teil aus Österreich, Belgien und Holland.[76] Dazu kam eine vergleichsweise große Delegation aus dem nicht weit entfernten Dänemark. Insgesamt führte das Teilnehmer:innenverzeichnis 47 Personen nicht-deutscher Nationalität auf, das entsprach 15 Prozent. Betrachtet man den Frauenanteil, so lag dieser mit 17 Prozent mehr als dreimal so hoch wie unter den Mitgliedern der IKV. Der Vorsitzende der deutschen Landesgruppe, der Münchener Statistikprofessor *Georg v. Mayr* (1841–1925), hob zum Abschluss der Tagung die Anwesenheit der weiblichen Mitglieder besonders hervor; sie hätten „als Anziehungspunkte hier in zweckmässiger Weise sich in der Versammlung verteilt und durch die Anziehungskraft, die sie ausüben, auch in erheblichem Masse zur Füllung des Saales beigetragen".[77] Offensichtlich ging es nicht um die Wertschätzung der fachlichen Expertise der Frauen, sondern gemäß der zeitgenössischen Geschlechterbilder um deren Funktion als schmückendes Beiwerk. Diese Wahrnehmung hing wohl auch damit zusammen, dass es sich beim überwiegenden Anteil der mehr als 50 zur Tagung in der Hansestadt angemeldeten Frauen um die begleitenden Ehefrauen der Kongressteilnehmer handelte. *Franz v. Liszt* beispielsweise reiste mit seiner ganzen Familie, also der Ehefrau und den beiden Töchtern, aus Berlin an. Vermutlich werden nur wenige Frauen bei den wissenschaftlichen Diskussionen anwesend gewesen sein; zu Wort gemeldet hat sich keine einzige. Zudem wurden für die „Damen" in dieser Zeit Besichtigungen von Sehenswürdigkeiten organisiert.[78] Frauen mussten eine im Vergleich zu den Männern ermäßigte Kongressgebühr entrichten; die „Damenkarte" berechtigte dann zur Teilnahme an einigen Terminen des Gesellschafts- sowie Besichtigungsprogramms. Von den vorgesehenen kriminal- und sozialpolitischen Ausflugszielen erschienen dem Ortsausschuss nicht alle für Frauen geeignet. Einigkeit bestand etwa darüber, „mit Rücksicht auf die Gefangenen und Irren wie mit Rücksicht auf die Damen selbst"[79] den Besuch von Fuhlsbüttel und Langenhorn nicht zu erlauben. Teilweise wurden auch nach Geschlechtern getrennte Besichtigungen, unter anderem im Kriminalmuseum, angeboten. Wie das Hamburger Beispiel

---

76 Die Internationale Kriminalistische Vereinigung, Kölnische Zeitung vom 18.9.1905, Abendausgabe, Nr. 974, S. 1.

77 Mitteilungen der IKV 13 (1906), S. 605.

78 So wurde für die Zeit nach der Eröffnung des wissenschaftlichen Programms eine Stadtrundfahrt für die Frauen organisiert. Vgl. das Protokoll der 8. Sitzung des Ortsausschusses vom 4.9.1905, Sta HH 241-1 I Justizverwaltung I, Nr. 285.

79 Protokoll der 1. Sitzung des wissenschaftlichen Ausschusses vom 29.12.1904, Sta HH 241-1 I Justizverwaltung I, Nr. 285.

zeigt, waren die Kongresse der Internationalen Kriminalistischen Vereinigung nicht nur wissenschaftliche, sondern auch gesellschaftliche Großereignisse. Empfänge und Ausflüge bildeten einen integralen Bestandteil der Veranstaltungen; sie boten dem gastgebenden Land und der gastgebenden Stadt die Möglichkeit, sich einem internationalen Publikum möglichst vorteilhaft zu präsentieren. Teilweise wurde sogar das wissenschaftliche Programm umgestaltet, damit möglichst viele an touristischen Aktivitäten teilnehmen konnten. So wurde das eigentlich für Mittwochnachmittag vorgesehene Referat *Franz v. Liszts* auf Donnerstagvormittag verschoben, weil die meisten Kongressteilnehmer:innen an der für den Nachmittag vorgesehenen Hafenrundfahrt teilnehmen wollten.[80] Ferner war den Tagungen breite mediale Aufmerksamkeit sicher. Zahlreiche Fachzeitschriften berichteten über die inhaltlichen Diskussionen und Ergebnisse, wichtige deutsche Zeitungen wie die „Kölnische Zeitung", die „Frankfurter Zeitung" und die „Vossische Zeitung" entsandten Vertreter nach Hamburg und die Blätter der Hansestadt brachten täglich ausführliche Schilderungen des Verlaufs.[81] Dabei wurden sowohl Grußworte und Ansprachen als auch die wissenschaftlichen Vorträge und die anschließenden Diskussionen wiedergegeben.

Die strafrechtlichen Debatten verliefen oft kontrovers, von einer einheitlichen Ansicht der IKV-Mitglieder konnte man im allgemeinen nicht ausgehen *Radzinowicz* spricht in diesem Zusammenhang von einem Feuerwerk des Meinungsaustauschs.[82] Es konzentrierte sich bei der Hamburger Tagung auf die beiden im Kernbereich des eigenen Interesses liegenden Themen der „Gemeingefährlichkeit" und der verminderten Zurechnungsfähigkeit. An diesen Debatten beteiligten sich jeweils mehr als zehn Personen mit ausführlichen, aufeinander bezogenen Beiträgen. Die Rednerliste des Kongresses zeigt zudem die herausgehobene Rolle der drei Gründer, die sich bei allen Themen zu Wort meldeten, und, trotz zahlenmäßiger Dominanz der Deutschen, eine Berücksichtigung unterschiedlicher internationaler Perspektiven. Schließlich wurden im Sinne der gesamten Strafrechtswissenschaft auch Standpunkte aus der Medizin und dem Strafvollzug geäußert. Wenn die Positionen nicht zu weit auseinandergingen, stimm-

---

80 Vgl. Mitteilungen der IKV 13 (1906), S. 425.

81 Eine Sammlung v. a. der Hamburger Presseberichterstattung befindet sich in der Akte Sta HH 111-1 Senat, Nr. Cl. VII Lit. Rf. Nr. 29 vol 82b. Auszüge der Artikel aus den Hamburger Nachrichten sind in den Mitteilungen der IKV 13 (1906), S. 606–624, abgedruckt.

82 *Leon Radzinowicz* (Fn. 5), S. 20; vgl. auch u.a. *Richard F. Wetzell,* Franz v. Liszt (Fn. 4).

ten die Kongresse über Resolutionen ab. Zeichnete sich ein grundsätzlicher Dissens ab, wurde, auch in Hamburg, über einzelne Thesen nicht abgestimmt oder man formulierte den Beschlusstext im Plenum um. Die Resolutionen konnten zur Legitimation der eigenen Tätigkeit sowie der eigenen Ansichten dienen und ihnen Nachdruck verleihen. Im Hinblick auf die internationale Kriminalstatistik erklärte *v. Mayr* etwa: „Es handelt sich nicht darum, dass jeder einzelne Herr und jede einzelne Dame sich speziell zu diesem statistischen Detail persönlich bekennt, sondern darum, dass die Versammlung jetzt der Vorarbeit der Statistischen Kommission, an der Herr *van Hamel* die größten Verdienste hat, die Weihe erteilt".[83] Als Adressaten hatte die IKV in erster Linie die Regierungen im Blick. Dementsprechend, so *v. Mayr*, seien die Verhandlungen des Kongresses in der Hansestadt vor allem als Saatkörner zu betrachten, „die in den Erdboden der legislativen Erwägungen gelegt worden sind".[84] Die Grundzüge eines an den so genannten modernen Ideen orientierten Strafrechts könnten übereinstimmend sofort überall in Europa Anwendung finden, meinte *Franz v. Liszt*. Die konkrete gesetzgeberische Umsetzung hatte dann jedes Land für sich vorzunehmen, weil die jeweils spezifischen Bedingungen etwa in Politik, Gesellschaft und Wirtschaft dabei zu berücksichtigen seien, so der Berliner Professor bereits 1889: „Jede Strafgesetzgebung muß *nationalen* Charakter tragen", „sie muß den Eigenarten des Staates sich anpassen, für dessen Volk sie bestimmt ist".[85] *Ernst Rosenfeld* sprach 1892 von der „*Persönlichkeit*, die jedes Volk dem andern gegenüber darstellt", und die in der Rechtsordnung nicht aufgegeben werden solle.[86] Das spiegelte sich beispielhaft in der Resolution des ersten IKV-Kongresses in Brüssel 1889 über die im Jahr zuvor in Belgien eingeführte bedingte Verurteilung wider. Darin empfahl die Vereinigung den „Gesetzgebern aller Länder" die Annahme des Prinzips einer Aussetzung des Strafvollzugs zur Bewährung, nicht ohne gleichzeitig darauf hinzuweisen, dass auf die jeweiligen regionalen bzw. nationalen Verhältnisse sowie „auf das Gefühl und den Kulturzustand jedes Volkes Rücksicht zu nehmen" sei.[87] Die Praxis, auf internationalen Kongressen Beschlüsse zu fassen, stieß nicht nur in Bezug auf die Internationale Krimi-

83 Mitteilungen der IKV 13 (1906), S. 599 (Hervorhebung im Original).
84 Mitteilungen der IKV 13 (1906), S. 604.
85 Zit. nach *Sylvia Kesper-Biermann* (Internationale, Fn. 5), S. 96.
86 *Ernst Rosenfeld* (Fn. 45), Zitat S. 385 (Hervorhebung im Original).
87 Zit. nach Mitteilungen der IKV 13 (1906), S. 19. Ebd. (S. 19–45) findet sich je eine chronologisch sowie systematisch geordnete Zusammenstellung der Beschlüsse der bisherigen neuen internationalen Kongresse.

nalistische Vereinigung auf Kritik, denn zum einen handelte es sich, wie am Hamburger Beispiel gezeigt, oft um einen eher zufällig und jedes Mal anders zusammengesetzten Teilnehmer:innenkreis. Zum anderen führten die Meinungsverschiedenheiten teilweise zu starken Verallgemeinerungen und weitgehenden Kompromissen in den Formulierungen. Damit könne ein Gesetzgeber dann nicht viel anfangen, bemerkte die „Kölnische Zeitung" in ihrem Bericht von 1905. Sie sah jedoch darin kein grundsätzliches Problem, weil die Diskussion in Hamburg den „Kriminalisten der verschiedenen Länder eine reiche Anregung" gegeben habe.[88] In der Tat sahen die Zeitgenossen im grenzübergreifenden (wissenschaftlichen) Austausch die wesentliche und wichtigste Funktion der Veranstaltungen. „Der große Nutzen der Kongresse sei die gegenseitige Belehrung und der Meinungsaustausch, die Anregung und die Aufnahme neuer Ideen", meinte *Friedrich Kitzinger* in seiner Bilanz über Tätigkeit der IKV von 1905.[89] Dem stimmt auch die aktuelle Forschung zu. Die Rolle der Internationalen Kriminalistischen Vereinigung „als Forum und Netzwerk der transnationalen Strafrechtsreformbewegung (…) ist kaum zu überschätzen", urteilt etwa *Richard Wetzell*.[90] Die eigentliche wissenschaftliche Arbeit musste dann jeder einzelne für sich „im Kämmerlein zuhause", abseits der Versammlungen leisten.[91]

III. Schluss

1914 begann der Erste Weltkrieg und unterbrach die internationale wissenschaftliche Zusammenarbeit. Für die Internationale Kriminalistische Vereinigung bedeutete er das Ende als transnationales Wissenschaftsnetzwerk; staatenübergreifende Kongresse unter ihrer Regie fanden nach 1918 nicht mehr statt. An ihre Stelle trat 1924 unter französischer Führung die bis heute bestehende Association Internationale de Droit Pénal (AIDP). Einige Landesgruppen bestanden fort und konzentrierten sich auf nationale Themen.[92] In der Vorkriegszeit hatte sich die Internationale Kriminalistische Vereinigung zu einem zentralen Forum für die grenzübergreifende Diskus-

---

88 Die Internationale Kriminalistische Vereinigung, Kölnische Zeitung vom 18.9.1905, Abendausgabe, Nr. 974, S. 1.

89 *Friedrich Kitzinger* (Fn. 17), S. 159. Er bezog sich dabei auf einen Redebeitrag von van Hamel auf dem Budapester Kongress.

90 *Richard F. Wetzell* (Franz v. Liszt, Fn. 4), S. 225.

91 *Georg v. Mayr* zum Abschluss der Hamburger Tagung, Mitteilungen der IKV 13 (1906), S. 605.

92 Vgl. dazu *Sylvia Kesper-Biermann* (Internationale, Fn. 5), S. 97–106.

sion von Fragen des Strafrechts und der Kriminalpolitik entwickelt. Wie das Beispiel des Kongresses in Hamburg 1905 zeigt, lässt sich die Tagungstätigkeit nicht auf den inhaltlichen Austausch beschränken, weil das Rahmenprogramm und die geselligen Aktivitäten wesentliche Funktionen sowohl für die Teilnehmer:innen, die Organisation als auch die gastgebende Stadt bzw. das gastgebende Land erfüllten. Sämtliche Aspekte des Kongressverlaufs waren, auch aufgrund der beruflichen Zusammensetzung, durch die unhinterfragte Dominanz des bürgerlichen Geschlechtermodells charakterisiert und wiesen Frauen nur eingeschränkte, vor allem repräsentative Handlungsspielräume zu. Die IKV war ferner in erster Linie, auch in ihrem Selbstverständnis, kontinentaleuropäisch geprägt und blieb bei aller prinzipiellen Offenheit zeitgenössischen, kolonial grundierten Vorstellungen von „Zivilisation“ und „Kultur“ verhaftet. Das wenig formalisierte Gefüge von transnationaler Dachorganisation und national verfassten Landesgruppen erwies sich als integratives Erfolgsmodell, um Räume für einen breiten Dialog zwischen Vertreter:innen unterschiedlicher strafrechtswissenschaftlicher Positionen zu schaffen. Damit verbunden wurde als Ziel verfolgt, die nationale Gesetzgebung einzelner Staaten zu beeinflussen sowie internationale Übereinkünfte zu befördern.

Die Internationale Kriminalistische Vereinigung und der Methodenpluralismus in der Reform des Strafrechts

Luka Breneselović

Die Internationale Kriminalistische Vereinigung war – wie in allen Beiträgen in diesem Sammelband detailreich ausgeführt wird – eine erfolgreiche Vereinsgründung der Belle Époque. Die Vereinigung wurde, wegen eines dort blühenden, liberalen Vereinswesens, in Wien am 1. Januar 1889 ins Leben gerufen.[1] Sie glänzte und bestimmte das reformpolitische und dogmatische Verständnis von europäischen Strafjuristen 25 Jahre lang, und erlosch – ähnlich wie viele europäische Projekte – sodann in den Grauen des Ersten Weltkriegs.[2] Gleichzeitig mit dem Verein in seinem internationalen Gewand verließen die Welt auch seine drei Gründer, *Gerard Anton van*

1 Über die Zusammenarbeit im Vorfeld der Gründung von IKV berichtete zuerst *Franz v. Liszt,* Literaturbesprechungen, ZStW 5 (1885), S. 243 f. Vgl. ferner *ders.,* Die Entstehung der Internationalen Kriminalistischen Vereinigung, Mitteilungen der IKV 21 (1914), S. 1–20; *ders.,* G.A. van Hamel. Ein Nachruf, ZStW 38 (1917), S. 553–569; *Joost Adriaan van Hamel,* International Union of Criminal Law, Journal of Criminal Law & Criminology 2 (1911) 2, S. 22–27. Zur Vereinsgründung in Wien vgl. den Beitrag *Sabine Freitag,* Die Bedeutung des Vereinswesens für Kriminalpolitik, Gesetzgebung und öffentliche Meinung, im vorliegenden Sammelband („Die europäische Bedeutung der IKV").

2 Die Geschichte und Arbeitsweise des Vereins werden systematisch geschildert bei *Leon Radzinowicz,* The Roots of the International Association of Criminal Law and their Significance, 1991; *Elisabeth Bellmann,* Die Internationale Kriminalistische Vereinigung (1889–1933), 1994. Vgl. ferner insb. *Reinhard Moos,* Die Reformbewegung des Strafrechts, in: Festschrift für Wilburg, 1975, S. 253–288; *Monika Frommel,* Internationale Reformbewegung zwischen 1880 und 1920, in: Jörg Schönert (Hrsg.), Erzählte Kriminalität, 1991, 467–495; *Urs Germann,* Psychiatrie und Strafjustiz, 2004, S. 96 ff.; *Sylvia Kesper-Biermann,* Wissenschaftlicher Ideenaustausch und „kriminalpolitische Propaganda", in: Désirée Schauz/Sabine Freitag (Hrsg.), Verbrecher im Visier der Experten, 2007, S. 79–97; *dies./Petra Overath,* Internationalisierungsprozesse in der Geschichte von Strafrechtswissenschaft und Kriminalpolitik (1870–1930), in: dies. (Hrsg.), Die Internationalisierung von Strafrechtswissenschaft und Kriminalpolitik, 2007, S. 3–16; *Michele Pifferi,* Reinventing the Punishment, 2016, S. 46 ff.; *Benno Zabel,* Franz von Liszt und die Reformbewegung des Strafrechts, in: Arnd Koch/Martin Löhnig (Hrsg.), Die Schule Franz von Liszts, 2016, S. 87–118; *Richard F. Wetzell,* Franz v. Liszt und die internationale Strafrechtsreformbewegung, in gleichem Sammelband (2016), S. 207–227; *ders,* About the Concept of the „dangerous individual" in Turn-of-the-Cen-

Hamel, Adolphe Prins und *Franz v. Liszt.* Zuerst verstarb *van Hamel* (1842–1917), mit welchem *Liszt* noch während des Kriegs mittelbar eine Verbindung aufrechterhielt. Daraufhin starben *Liszt* (1851–1919) und zuletzt *Prins* (1845–1919), deren Kontakt bereits nach dem Ausbruch des Weltkriegs abgebrochen war.[3]

Von der IKV blieb jedoch in der Folgezeit mehr als die bloße Erinnerung. *Liszt* träumte während des Kriegs davon, dass die IKV zu Friedenszeiten von einer Zentrale in einem neutralen Staat – wohl in der Schweiz – fortgeführt würde.[4] Tatsächlich etablierte sich in den 1920er Jahren die Arbeit einer wirkungsvollen Nachfolgervereinigung, allerdings nicht mit Sitz in der Schweiz (Gründung der AIDP in Paris am 14. März 1924).[5] Darüber hinaus verbreitete die IKV während ihrer 25-jährigen internationalen Wirkung einen kriminalpolitischen und strafrechtlichen Ethos, der in vielen Staaten auch heute in der Wissenschaft und für kriminalpolitische Belange prägend ist. Praktisch alle großen Reformen des Strafrechts im Europa des 20. Jahrhunderts wurden maßgeblich von Themen und Tendenzen geprägt, die in der Arbeit der IKV als Schwerpunkte herausgebildet worden waren.[6]

---

tury Penal Reform, Glossae 17 (2020), S. 120–149; *Karl Härter,* Zweckgedanke, Social Defence and Transnational Criminal Law, Glossae 17 (2020), S. 151–175.

3 Vgl. *Franz v. Liszt,* in seiner „Chronik“, ZStW (1917), S. 508–510 (Abschnitte „G.A. van Hamel“; „Die Zukunft der IKV“).

4 *Franz v. Liszt* (Fn. 1, ZStW 1917), S. 569. Dazu noch *Eberhard Schmidt,* Persönliche Erinnerungen an Franz von Liszt, ZStW 81 (1969), S. 545–555, S. 554; und präzise *Jean Graven,* Franz van Liszt et le nouveau droit pénal Suisse, RIDP 22 (1951) 2–3, S. 209–257, S. 253 ff.; sowie in seiner bedeutenden spanischsprachigen Studie *Ignacio Berdugo Gómez de la Torre,* La evolución del Derecho penal contemporáneo y la Unión Internacional de Derecho Penal, 1982, S. 22 ff.

5 Für die Fortführung des IKV-Anliegens im Rahmen der AIDP vgl. *John Vervaele,* The IUPL/IAPL. 125 Years of Serving Criminal Justice, Human Rights, and Humanity, RIDP 86 (2015) 3, S. 733–758; *Cherif Bassiouni,* A Glimpse at the Association's History and Some of the Contributions of its Members, ebendort, S. 817–825; ferner *Hans-Heinrich Jescheck,* Der Einfluss der I.K.V. und der A.I.D.P. auf die internationale Entwicklung der modernen Kriminalpolitik, ZStW 92 (1980), S. 997–1020; *Leon Radzinowicz* (Fn. 2), S. 75 ff. Vgl. noch Satzung der Deutschen Landesgruppe der AIDP v. 03.04.2009 (AIDP als Nachfolgeorganisation der IKV).

6 Vgl. für die schwedische Kriminalpolitik in der Mitte des 20. Jahrhunderts *Karl Schlyter,* Franz von Liszt et la politique criminelle suédoise, RIDP 22 (1951) 2–3, S. 343–353; für eine zeitgenössische Einschätzung aus norwegischer Sicht vgl. *Jørn Jacobsen,* Is the Last Laugh on Liszt? On the Development of the Norwegian System of Criminal Sanctions, ZStW 132 (2020), S. 223–249; für sozialistisch geprägte Staaten *Bogdan Zlatarić,* Die Ideen Franz von Liszts im früheren und heutigen Jugoslawien, ZStW 81 (1969), S. 764–786 m.w.N.; für Deutschland insb. *Therese Stäcker,* Die Franz von Liszt-Schule

Die im Rahmen der gemeinsamen Arbeit der IKV herausgearbeitete kriminalpolitische Haltung und ihre Grundsätze hatten auch Auswirkung auf Länder, die erst nach dem Ersten Weltkrieg gegründet wurden.[7]

Im vorliegenden Aufsatz verfolge ich nicht die Absicht, der institutionellen Geschichte der IKV nachzugehen. Vielmehr möchte ich eine mögliche Antwort auf die Frage nach einer richtigen geistesgeschichtlichen Verortung der IKV anbieten.[8] In der bisherigen Forschung wurde die Arbeit der IKV oft mit der Entwicklung des wissenschaftlichen Positivismus, insb. der *Scuola positiva*, in Verbindung gebracht.[9] Jedoch blieb diese Zuordnung immer vage. Die prominenten Vertreter einer Einbettung der IKV in die geistige Welt des Positivismus sahen sich oft gezwungen zu vermerken, dass sich die IKV von *Lombrosos Scuola positiva* distanzierte. Man hat den Umstand, dass die IKV-Debatten nicht die Bedeutung von *Lombroso* oder *Ferri* ausdrücklich anerkannten und es in den Arbeiten der IKV-Mitglieder oft an einem positivistischen Phrasenwerk fehlte, so interpretiert, dass die Strafrechtler und Kriminalpolitiker aus dem Kreis der IKV – aus Eitelkeit

---

und ihre Auswirkungen auf die deutsche Strafrechtsentwicklung, 2012; für Österreich *Reinhard Moos* (Fn. 2).

7 Für Estland, mit wichtigen Hinweisen auf die Einflüsse der internationalen Diskussion im Zarenreich, *Marju Luts-Sootak/Marin Sedman,* The Estonian Penal Code of 1923–1935, in: Arnd Koch/Martin Löhnig (Hrsg.), Strafgesetzbücher der Zwischenkriegszeit, 2024, S. 57–70, S. 65 ff.; für Polen *Danuta Janicka,* Strafgesetzbuch für die Republik Polen, ebendort, S. 19–33 (wo freilich nicht ausreichend das Ausländische und Internationale an der heimischen Entwicklung hervorgehoben wird); für die allgemeine Bedeutung der IKV für die „mitteleuropäische Strafrechtsreform der Zwischenkriegszeit" *Martin Löhnig,* Eine vergessene Kodifikationsepoche, ebendort (2024), S. 1–8. Für Jugoslawien insb. *Bogdan Zlatarić* (Fn. 6), S. 764 ff.

8 Für den institutionellen Rahmen der IKV und ihre regelmäßigen Kongresse vgl. vor allem *Elisabeth Bellmann* (Fn. 2); ferner *Leon Radzinowicz* (Fn. 2) sowie die Arbeiten von *Sylvia Kesper-Biermann* (Fn. 2). Wichtige Auswertungen der Arbeitsweise bietet auch *Richard F. Wetzell* (Fn. 2, Glossae 2020). Für die Institutionalisierung von Landesgruppen vgl. insbesondere *Elisabeth Bellmann* (Fn. 2), S. 115 ff., 147 ff., 186 ff., sowie weitere Beiträge hier im Sammelband („Die europäische Bedeutung der IKV").

9 *Luis Jiménez de Asúa,* „Corsi e ricorsi". Die Wiederkehr Franz von Liszts, ZStW 81 (1969), S. 685–699, S. 690; *Leon Radzinowicz* (Fn. 2), S. 17 ff., 61 ff. („closest to the Positivists" betreffend van Hamel), S. 65 ff.; *Elisabeth Bellmann* (Fn. 2), S. 12 ff. (dazu kritisch bereits *Wolfgang Rentzel-Rothe,* ZRG GA 113 [1996], S. 618 f.); *Michael Kubink,* Strafen und ihre Alternativen, 2002, S. 46 ff.; *Alexander Vollbach,* Der psychisch Kranke Täter in seinen sozialen Bezügen, 2006, S. 162; *Jörg Stippel,* Gefängnis und Gesetz, 2010, S. 131 f. Vgl. noch *Michele Pifferi,* Global Criminology and National Tradition, in: Thomas Duve (Hrsg.), Entanglements in Legal History, 2014, S. 543–564, S. 547 („leading principles theorized by the Italian positive school").

– die Verdienste der *Scuola positiva* für eigenes Schaffen nicht proaktiv preisen wollten.[10]

In diesem Aufsatz möchte ich die geistesgeschichtliche Einordnung der IKV um historische Referenzpunkte des empirischen Interesses ergänzen, die bisher in der IKV-Forschung weniger beleuchtet wurden. Dabei soll nicht angezweifelt werden, dass der wissenschaftliche Positivismus – sei es in seiner soziologischen Form, oder im Gewand der Biologie und Medizin – einen wichtigen Referenzpunkt für alle wissenschaftlichen Bemühungen im Fin de Siècle darstellte. Ein herausgearbeiteter Referenzpunkt schließt jedoch das Bestehen von unterschiedlichen, parallel verlaufenden empirischen Traditionen in der Wissenschaft nicht aus. Insbesondere im Rahmen des älteren Strafrechts im deutschsprachigen Raum wurden gewisse Vorstellungen über die Bedeutung der Empirie und Umgangsformen mit Erfahrung vor der Verbreitung der positivistischen Ideen entwickelt (Punkt I.). Im Folgenden möchte ich nachzeichnen, wie sich dieser ältere empirische Umgang in der Arbeit der IKV widerspiegelte und letztendlich maßgeblich das – vielfach auch kritisierte[11] – empirische Selbstverständnis der IKV prägte (Punkt II.–III.). Ein Ausblick auf potenzielle Gegenstände der zukünftigen Forschung rundet die Untersuchung ab (Punkt IV.).

---

10 *Leon Radzinowicz* (Fn. 2), S. 65 f., ähnlich im Ergebnis auch *Silvio Ranieri,* Franz von Liszt und die positive Strafrechtsschule in Italien, ZStW 81 (1969), S. 700–722, etwa S. 718 („diese Schule, gleich welchen Namen man ihr geben will, entnahm ihre Anregungen dem Positivismus"). Für *Grispigni* vgl. *Luis Jiménez de Asúa* (Fn. 9), S. 690 („von Liszt verdanke alles den italienischen Positivisten, diese dem deutsch-österreichischen Lehrmeister aber nichts"). Für die italienische Sichtweise vgl. noch *Carlo Migliolo,* L'école positiviste italienne et l'oeuvre de l'Union Internationale de Droit Pénal, RIDP 22 (1951) 2–3, S. 331–337. Ferner noch *Thomas Vormbaum,* Italienische Einflüsse auf die deutsche Strafrechtsreform, Journal JZG 7 (2013), S. 93–101.

11 Insb. *Richard Wetzell* (Fn. 2, Glossae 2020), S. 126 f., 142 ff.; *Leon Radzinowicz* (Fn. 2), S. 52; besonders zu *Liszts* Zugang kritisch *Gerrit Theodoor Kempe,* Franz von Liszt en de Criminologie, Mededeelingen der Koninklijke Nederlandsche Akademie van Wetenschappen, Afdeeling Letterkunde 31 (1968), S. 62–83; *ders.,* Franz von Liszt und die Kriminologie, ZStW 81 (1969), S. 804–824; *David v. Mayenburg,* Die Rolle psychologischen Wissens in Strafrecht und Kriminologie bei Franz von Liszt, in: Matthias Schmoeckel (Hrsg.), Psychologie als Argument in der juristischen Literatur des Kaiserreichs, 2009, S. 103–131.

I. Empirie im 19. Jahrhundert: Mehr als nur wissenschaftlicher Positivismus

1. Das reine Postulat der Rechtswissenschaft als normative Wissenschaft

Nach einer auch heute verbreiteten Auffassung bilden die juristischen Disziplinen wie Strafrecht oder Zivilrecht ein vollkommenes *aliud* gegenüber Fachrichtungen wie Physik oder Soziologie. Sowohl die soziologische als auch die allgemeine epistemologische Theorie versuchen die Unterscheidung zwischen der Rechtswissenschaft einerseits und Physik oder Soziologie andererseits folgendermaßen auf den Punkt zu bringen: *Die Rechtswissenschaft sei eine normative* Disziplin, wohingegen Wissenschaften wie Physik oder Soziologie *empirische* Disziplinen seien. Diese Entgegensetzung findet sich – geprägt durch den Zeitgeist – in Grundlagenwerken des juristischen Positivismus und bildet einen wesentlichen Teil des Selbstverständnisses der Soziologie, die sich als junge Wissenschaft erst im 20. Jahrhundert etablierte.[12] Auch die einführenden Werke in die Kriminologie teilen traditionell dieses Vorverständnis und erörtern das kriminologische – empirische – Fachwissen als *eine Ergänzung* oder *Entgegensetzung* zur Rechtswissenschaft als normative Wissenschaft.[13]

Die genannte Unterscheidung zwischen *Rechtswissenschaft* einerseits und empirischen Disziplinen andererseits war in vergangenen Jahrzehnten – wenn nicht immer, so doch an entscheidenden Stellen – auch für die Produktion des Wissens über die Geschichte der Kriminalität und deren

---

12 Vgl. für eine verbreitete entsprechende Pauschalisierung in den 1960er und 1970er Jahren *Paul Weingartner*, Wissenschaftstheorie, Bd. 1, 2. Aufl. 1978, S. 139 ff.; für ein zeitgenössisches Beispiel in der Soziologie *Franz Lehner*, Sozialwissenschaft, 2010, S. 25. Kritisch *Thomas Raiser*, Das lebende Recht, 1995, S. 34, sowie bereits in den 1920er Jahren z.B. *Fritz Dehnow*, Rechtswissenschaft als Erfahrungswissenschaft, Annalen der Natur- und Kulturphilosophie 14 (1921), S. 293–305; für Kelsens Positivismus in Bezügen zu anderen Strömungen *Ulfrid Neumann*, Wissenschaftstheorie der Rechtswissenschaft bei Hans Kelsen und Gustav Radbruch, in: Stanley L. Paulson/ Michael Stolleis (Hrsg.), Hans Kelsen. Staatsrechtslehrer und Rechtstheoretiker des 20. Jahrhunderts, 2005, S. 35–55.

13 Vgl. mit verschiedenen Akzenten *Bernd-Dieter Meier*, Kriminologie, 6. Aufl. 2021, S. 7; *Hans Dieter Schwind/Jan Volker Schwind*, Kriminologie und Kriminalpolitik, 24. Aufl. 2021, Rn. 12 ff.; *Tobias Singelnstein/Karl-Ludwig Kunz*, Kriminologie. Eine Grundlegung, 8. Aufl. 2021, S. 20 („Die Kriminologie thematisiert – anders als die normative Strafrechtswissenschaft – Kriminalität als Realphänomen"); in den älteren Darstellungen z.B. *Hans Göppinger*, Kriminologie, 1. Aufl. 1971, S. 12 ff.; *Hans-Joachim Schneider*, Kriminologie, 1. Aufl. 1987, S. 89 („Kriminologie, eine Seinswissenschaft und das Strafrecht, eine Sollenswissenschaft"); *Günther Kaiser*, Kriminologie, 10. Aufl. 1997, S. 3 f.

Kontrolle im Deutschen Reich maßgeblich. In Anlehnung an die soziologische Literatur stellte man sich insbesondere in geschichtswissenschaftlichen Untersuchungen die Strafrechtswissenschaft in all ihren geschichtlichen Phasen *a priori* als eine rein normative Disziplin vor. In einem zweiten Schritt folgte darauf deduktiv der Schluss, dass die Etablierung *des empirischen Interesses* im Rahmen der Strafrechtswissenschaft und der auf ihr maßgeblich beruhenden Reformbewegung nur von außen, im Zuge einer Verbreitung von *Comtes* Positivismus, erfolgen könnte. Wenn das Interesse für die Wirklichkeit auf fremde, vom Positivismus geprägte Disziplinen zurückzuführen sei, dann müsse, so die Folgerung, das empirische Interesse im Rahmen von juristischen Diskursen ein (mittelbarer) Anwendungsfall des – soziologischen, biologischen oder ärztlichen – Positivismus sein.

Die bezeichnete Perspektive auf das Verhältnis zwischen Rechtswissenschaft und Empirie zeichnet sowohl die maßgebliche Forschung in Deutschland als auch die internationalen Darstellungen aus. Nach einer verfestigten geschichtswissenschaftlichen Vorstellung über Kriminalität und ihre Kontrolle im Kaiserreich handelt es sich bei der Rechtswissenschaft um eine wissenschaftliche Disziplin, die „Gesetztexte als Grundlage fraglos akzeptiert" und auf „unhinterfragbaren Prämissen" beruht.[14] Strafrechtswissenschaftliches Wissen sei vordergründig „das Wissen um die gültigen Normen".[15] Von dieser Grundlage aus wird – nicht analytisch (aus dem Stoff heraus), sondern deduktiv (von gesetzten Prämissen heraus) – ein maßgebliches Urteil über die geschichtliche Entwicklung des Strafrechts und der Kriminologie im 19. Jahrhundert herausgearbeitet: Das wissenschaftliche Interesse und fachliche Wissen von Juristen würden etwas anderes als Erfahrung über weltliche Phänomene wie Verbrechen und Strafe beinhalten. Entsprechendes Interesse sei daher – so *Galassi* – als Anfang der

14 *Silviana Galassi,* Kriminologie im Deutschen Kaiserreich, 2004, S. 19.

15 *Silviana Galassi* (Fn. 14), S. 19. Galassi erwähnt noch das Wissen über „interne Systematik" von Normen und das Wissen über die „zulässige Interpretation". Wohlgemerkt ist eine seriöse Interpretation ohne gewisse Realitätskenntnisse – worum geht es bei dem regulierten Gegenstand? – nicht möglich. Daraus kann jedoch für das Konzept von *Galassi* nicht gefolgert werden, dass sie einen gewissen empirischen Bezug der Strafrechtswissenschaft betreffend Verbrechen und Strafe anerkennt. Denn gemeint wird bei Galassi nicht, dass die Strafrechtswissenschaft selbst interpretiert, sondern, dass sie über ein – wiederum normatives – Wissen von „zulässigen Interpretationen" verfügt.

Etablierung von Kriminologie oder – so zuerst prominent *Wetzell* – als eine Medikalisierung des juristischen Diskurses zu untersuchen.[16]

Bei ausländischen Autoren erfolgten die Bemühungen, die internationale Reformbewegung zu kontextualisieren, bisher in der Regel unter Außerachtlassung der spezifischen disziplinären Verhältnisse im Rahmen der deutschen Strafrechtswissenschaft und der Entwicklung der Strafrechtsreformbewegung in Deutschland im Vormärz und überhaupt vor der deutschen Einigung. Charakteristisch sind diesbezüglich die Untersuchungen von *Ranieri* in Italien oder *Radzinowicz* im Vereinigten Königreich. Beide Autoren gehen wie selbstverständlich davon aus, dass das empirische Interesse bei *Liszt* oder im Rahmen der IKV positivistisch geprägt sein müsste. Der Umstand, dass dafür ein unmittelbarer Beweis fehlt, wird *als eine Art Anmaßung und Ungerechtigkeit* gegenüber den Verdiensten der italienischen *Scuola positiva* hingestellt.[17] In ähnlichem Sinne wird in neueren, vorzüglichen Untersuchungen von *Pifferi* bei Ausbreitung eines Erfahrungszugangs unter Strafjuristen und im Rahmen der strafrechtlichen Reformbewegung eine einmalige und wohl geschichtlich nicht austauschbare Rolle des wissenschaftlichen Positivismus vorausgesetzt.[18]

---

16 *Silviana Galassi* (Fn. 14); *Richard F. Wetzell,* The Medicalization of Criminal Law Reform in Imperial Germany, in: Norbert Finzsch (Hrsg.), Institutions of Confinement, 1996, S. 275–283 (im Anschluss an eine bekannte Untersuchung zu Frankreich von Robert Nye). Mit vielen Feinheiten *ders.,* Die Rolle medizinischer Experten in Strafjustiz und Strafrechtsreformbewegung: Eine Medikalisierung des Strafrechts?, in: Alexander Kästner/Sylvia Kesper-Biermann (Hrsg.), Experten und Expertenwissen in der Strafjustiz von der Frühen Neuzeit bis zur Moderne, 2008, S. 57–71, S. 63 ff.

17 Vgl. bereits oben *Leon Radzinowicz* (Fn. 10), *Silvio Ranieri* (Fn. 10). Insbesondere ist der Aufsatz von *Ranieri* bezeichnend, wo die ausgemachten Übereinstimmungen auf einer komplexen, aber nicht immer zutreffenden Chronologie zu beruhen scheinen. Bezüglich Liszts Dreiteilung von Strafzwecken wird bei Ranieri eine Anbindung an italienische Literatur suggeriert, die erst nach Liszts „Marburger Programm" veröffentlicht wurde (tatsächlich dürfte die Dreiteilung auf den Preußischen „General-Plan" von 1804 zurückgehen). Postuliert wird, dass sich Liszt im „Marburger Programm" gegen Birkmeyers *ältere Schule* wendete. Das ist zeitlich unzutreffend.

18 Vgl. *Michele Pifferi* (Fn. 9), S. 547. Für eine ausgewogenere Analyse vgl. *ders.* Introduction. An Historiographical Reassessment of Criminological Positivism, in: *ders.* (Hrsg.), The Limits of Criminological Positivism, 2021, wo freilich die Bestrebungen von Liszt wiederum in einer Reihe mit Ferri und Lombroso erfasst werden, wohingegen sonstigen Bemühungen im Rahmen der IKV auch ein nicht-positivistischer Anteil attestiert wird (S. 5).

2. Ältere Rechtswissenschaft als Typus einer theoretisch ambivalenten Disziplin

Der positivistischen Prämisse in der Forschung ist entgegenzuhalten, dass im 19. Jahrhundert der strafrechtswissenschaftliche Diskurs im mitteleuropäischen Bereich sich *selbst* durch ein empirisches Interesse auszeichnete und teilweise – etwa im Bereich der Erforschung von ausländischen Verfahrensordnungen und bei der Bewertung von Statistiken – unvermittelt beachtenswerte empirische Leistungen hervorbrachte.[19] Bereits im 19. Jahrhundert ist das dogmatische Urteil im Rahmen der deutschen Strafrechtswissenschaft oft an eine gewisse realitätsbezogene *Fallmenge* geknüpft; insoweit werden die Vorschriften so ausgelegt oder – de lege ferenda – so konstruiert, dass sie auf gewisse, erkannte Differenzen im realen Phänomen, welches den Gegenstand der Regelung ausmacht, zutreffen.[20] Als Beispiel kann die dogmatische Kalibrierung der Strafbarkeit von falschen Zeugenaussagen genannt werden, wobei in der Diskussion vielerlei – positive und negative – Erfahrungen mit bestehenden Regelungen und unterschiedlichen Menschencharakteren von Zeugen mitberücksichtigt wurden.[21]

---

19 Vgl. für Vormärz *Sylvia Kesper-Biermann*, Einheit und Recht. Strafgesetzgebung und Kriminalrechtsexperten in Deutschland vom Beginn des 19. Jahrhunderts bis zum Reichsstrafgesetzbuch 1871, 2009; *Luka Breneselović,* Die wissenschaftskritischen Zuordnungen von Franz von Liszt, 2020, S. 67 ff. Vgl. ferner bereits *Klaus Lüderssen,* Karl Joseph Anton Mittermaier und der Empirismus in der Strafrechtswissenschaft, JuS 1967, S. 444–468; und neulich *Karl Härter* (Fn. 2), S. 153 f. Zur älteren statistischen Tradition *Elisabeth Greif,* Der Zauber der Zahlen. Statistik und Strafrecht im 19. Jahrhundert, in: Martin P. Schennach (Hrsg.), Strafrechtsgeschichte im „langen" 19. Jahrhundert, 2020, S. 243–253.

20 *Luka Breneselović* (Fn. 19), S. 107 ff., 118 ff. Für die „Fallmenge" vgl. *Arthur Kaufmann,* Das Verfahren der Rechtsgewinnung, 1999; für die Facetten der juristischen Empirie und Bedeutung *Savignys* für die theoretische Grundhaltung von Juristen im 19. Jahrhundert vgl. *Stephan Meder*, Mißverstehen und Verstehen. Savignys Grundlegung der juristischen Hermeneutik, 2004; *Doris Schweitzer,* Juridische Soziologien. Recht und Gesellschaft von 1814 bis in die 1920er Jahren, 2020, S. 73 ff. Die moderne Methodenlehre fasst das Phänomen der Prägung von Rechtsanwendungsergebnissen durch Erfahrung unter dem Aspekt der „Vorverständnisse". Vgl. *Karl Larenz/Claus-Wilhelm Canaris,* Methodenlehre der Rechtswissenschaft, 3. Aufl. 1995, S. 29 ff.

21 Für wichtige Beispiele s. *Franz v. Liszt,* Die falsche Aussage vor Gericht, 1877, S. 39 ff. Mit einem Kommentar von ausgewählten Stellen *Luka Breneselović* (Fn. 19), S. 120 ff. Das kritische Verständnis von „Zeugenaussagen" unter Juristen führte – in Liszts Kreis – zu Etablierung einer ersten psychologisch-experimentellen Forschung zum Phänomen. Gleichzeitig etablierte sich, ebenso bei Liszt, die Kritik an *gutgläubig erfolgten jedoch realitätsfremden Zeugenaussagen* als ein wichtiger Kritikpunkt an

Eng mit einem ständigen Rekurs auf die Praxis ist im 19. Jahrhundert auch das Institut der *Aktenversendung – transmissio actorum* – der Gerichte an die Spruchkollegien der Universitäten verknüpft.[22] Darüber hinaus forderte man im 19. Jahrhundert eine noch größere Nähe von Juristen zum Phänomen von Verbrechen und Strafe, indem man sich für die Beteiligung von Strafrechtlern an der Arbeit von gerichtlichen Untersuchungskörpern einsetzte. *Mittermaier* etwa erhob 1849 rückblickend den bedeutenden Vorwurf an *Feuerbach*, er habe sich „weder als Untersuchungsrichter noch als Richter der ersten Instanz" betätigt.[23] In darauffolgenden Jahrzehnten findet man solche berufssensiblen Vorwürfe, soweit bekannt, nicht unmittelbar im akademischen Schrifttum wieder. Jedoch kann einer parlamentarischen Rede von *Liszt* entnommen werden, dass vergleichbare Vorstellungen noch am Anfang des 20. Jahrhunderts als Gütekriterien fungierten. „Die Professoren" sollen, so *Liszt*, in die erste und nicht in die zweite Instanz – zur besseren Sammlung der Erfahrung – „hineingeschickt" werden.[24] Als das epistemologische Feindbild galt eine bloße Kabinettgelehrsamkeit.[25]

Gleichbedeutend für die Entwicklung eines empirischen Interesses im Rahmen der Strafrechtswissenschaft dürfte die frühe Anbindung der Gesetzgebung an Erfahrungssätze in Reformbestrebungen vor der deutschen Einigung, insb. im Vormärz, sein. Zwar ist ein gewisser Austausch von Erfahrungen und „Nachrichten" im Vormärz kein Novum; im strafrechtlichen Bereich interessierte sich die gelehrte Welt für die Zustände der Rechtspflege spätestens seit *Beccaria*[26] und für die Zustände in Gefängnis-

---

Medienlandschaft und politischem Prozess im Kaiserreich. Für Zeugenaussagen und IKV vgl. *Elisabeth Bellmann* (Fn. 2), S. 81 f.

22 *Sylvia Kesper-Biermann* (Fn. 19), S. 61 f.; *Peter Oestmann*, Aktenversendung, im Handwörterbuch der deutschen Rechtsgeschichte, 2. Aufl., Bd. 1, s.v. Aktenversendung (Spalte 128–132).

23 *Carl Joseph Anton Mittermaier*, Werth der Kenntniß der Rechtübung für die Gesetzgeber, in: Feuerbachs Aktenmäßiger Darstellung merkwürdiger Verbrechen, 3. Aufl. 1849, S. 1–7, S. 6.

24 *Franz v. Liszt*, Rede in Stenographischen Berichten über die Verhandlungen des Preußischen Hauses der Abgeordneten 21. Legislaturperiode, II. Session, Bd. 2, S. 2045.

25 *Franz v. Liszt*, Adolf Dochow. Ein Nachruf (zuerst 1882), in seinen: Strafrechtliche Aufsätze und Vorträge, Bd. 1, 1905, Nr. 5, S. 79–89, S. 88. Vgl. noch *ders.* Bedingte Verurteilung und bedingte Begnadigung, in: Vergleichende Darstellung des deutschen und ausländischen Strafrechts, Allgemeiner Teil, Bd. 3, 1908, S. 1–94, S. 61 („Kritiker am grünen Tische").

26 Vgl. statt vieler *Wolfgang Rother*, Die Philosophie des 18. Jahrhunderts (Der neue Ueberweg), Bd. 3: Italien, 2011, S. 296 ff. m.w.N.; *Thomas Vormbaum*, Beccaria und die strafrechtliche Aufklärung in der gegenwärtigen strafrechtswissenschaftlichen

sen spätestens seit den epochemachenden Bemühungen *Howards.*[27] Charakteristisch ist jedoch, dass im Vormärz, als viele deutsche Einzelstaaten sich bemühten, innovative Strafgesetzbücher zu entwickeln, die einzelnen Autoren beinahe vollständig hinter einer gemeinsamen, stark empirisch beladenen Diskussion zurücktraten. Man kann in jener Zeit von einem *Netz* oder *Netzwerk* von Gelehrten sprechen, in welchem – anders als in der damaligen Philosophie – die Diskussion den Belangen eines kollektiven Austauschs untergeordnet war. Das Zeitalter vor 1848 zeichnete sich durch einen ständigen Zufluss und Austausch von praktischer Erfahrung in Form von Aufsätzen, anspruchsvollen Privatkorrespondenzen, Zuschriften an die Gesetzgebungskommissionen aus.[28]

Daraus geht hervor, dass sich die positivistische Prämisse, nach welcher jeder Erfahrungsbezug der Strafrechtswissenschaft und Strafreform dem Positivismus zu verdanken wäre, letztendlich auf eine unzureichende Berücksichtigung der konkreten Ausprägungen der Strafrechtswissenschaft und der Reformbewegung im deutschsprachigen Raum beruht. Bei *Galassi* dürfte sich die Vorstellung, dass die empirischen Einsichten der Strafrechtler nur auf einer fremden Fachkunde beruhen müssen, maßgeblich in dem Umstand gründen, dass in ihrer weit rezipierten Studie über die Geschichte der Kriminologie im Deutschen Reich, die Inhalte der (Straf)Rechtswissenschaft zuerst nicht positiv ermittelt, sondern aus einem allgemeinen, soziologisch geprägten System der Wissenschaften heraus deduziert werden. Bei ausländischen Autoren wie *Ranieri* und *Pifferi* beruht die positivistische Prämisse oft auf einer *zutreffenden* Analyse der Entwicklung in einem, in der Regel eigenem Land. Dies beträfe beispielsweise die Thematik der Aufhebung von Scholastik durch das Paradigma der positiven Wissenschaft

---

Diskussion, in: Helmut C. Jacobs (Hrsg.), Gegen Folter und Todesstrafe, 2007, S. 305–319.

27 *Luka Breneselović* (Fn. 19), S. 33 f. m.w.N.; *Adrian Wesołowski,* Philanthropic Celebrity in the Age of Sensibility, 2024, S. 61 ff., 181 ff. Einen Überblick über die „Reisestudien" nach Howard enthält die Darstellung von *Wilhelm Emil Wahlberg,* Die Gesammtentwickelung des Gefängnisswesens und der Haftsysteme von der Mitte des XVI. Jahrhunderts bis zur Gegenwart, in: Franz v. Holtzendorff/Eugen v. Jagemann (Hrsg.), Handbuch des Gefängnisswesens, Bd. 1, 1888, S. 79–141, S. 126.

28 *Sylvia Kesper-Biermann* (Fn. 19), S. 78 ff.; mit vielen Bezügen zum ausländischen Austausch *Lars Hendrik Riemer,* Das Netzwerk der „Gefängnisfreunde" (1830–1872). Karl Josef Anton Mittermaiers Briefwechsel mit europäischen Strafvollzugsexperten, 2005. Vgl. noch *Heinz Mohnhaupt,* Reisen, vergleichen, erkennen. Zu Praktiken juristischer Erkenntnis durch Komparatistik, in: Festschrift für Thomas Simon, 2020, S. 191–207.

in Italien.[29] Es ist verfehlt, wenn gewisse – regional vielleicht sehr zutreffende – Befunde per Analogie als Entwicklungslinien in beliebigen anderen Teilen Europas vorausgesetzt werden.

3. Kollektive Empirie versus Empirie des wissenschaftlichen Positivismus

Das spezifische Erfahrungswissen im Rahmen der strafrechtlichen Reformbewegung im deutschen Vormärz lässt sich nicht in einem für die spätere wissenschaftliche Phase der Kriminologie charakteristischen Auffassungsmuster von „Pionierrollen" einzelner Autoren erkunden.[30] Denn die Autoren im deutschen Vormärz standen nicht in einem Wettbewerb der individuellen Meinungen und Vorhaben zwecks eigener wissenschaftlicher Profilierung. Für sie stand vielmehr die gemeinsame Aufgabe der Errichtung einer neuen modernen Gesetzgebung in mehreren partikularen Rechtsordnungen im Mittelpunkt; die Ergebnisse einer gemeinsam geführten Diskussion waren gemeinsame Ergebnisse aller Diskutanten. Insofern handelte es sich nicht um eine Erscheinung des individuell profilierten wissenschaftlichen Fortschritts, sondern um eine Tradition der *kollektiven Empirie.* In jener werden empirische Einsichten – wie die schädliche Wirkung von kurzen Freiheitsstrafen – in einem lebendigen, auch kritischen Austausch von Mitteilungen und Beobachtungen, unter mannigfaltigem Kontakt mit der gerichtlichen und der Vollzugspraxis, in Form einer Konsolidierung gemeinsamer Überzeugungen gewonnen.[31]

---

29 Vgl. für Scuola positiva *Michele Pifferi* (Fn. 2), S. 17 f. (Überwindung des klassischen Systems), S. 88 (zu *Garofalo*); *Paul Knepper,* Laughing at Lombroso. Positivism and Criminal Anthropology in Historical Perspective, in: R.A. Triplett (Hrsg.), The Handbook of the History and Philosophy of Criminology, 2018, S. 51–66, S. 56 ff. In Deutschland konnte man den Ansatz der Modernen Schule zu einem gewissen Grade mit Hegelianern und dem Normativismus von Binding kontrastieren (vgl. dazu präzise *Benno Zabel,* Franz von Liszt und die Reformbewegung des Strafrechts, in: Augsburger Sammelband, S. 87–118, S. 89). Mit diesen zwei Richtungen wird jedoch *nicht* die gesamte Strafrechtswissenschaft im 19. Jahrhundert erfasst.

30 Der „Pionierendiskurs" ist maßgeblich an die Darstellungen über Entwicklung der Soziologie angelehnt und ist – gerade auch als solcher – ein Produkt des wissenschaftlichen Positivismus und einer für ihn maßgeblichen Denkart. Vgl. für die Entwicklung dieses Diskurses im kriminologischen Bereich insb. *Hermann Mannheim* (Hrsg.), Pioneers in Criminology, 1960; *Karl-Heinz Hering,* Der Weg der Kriminologie zur selbständigen Wissenschaft, 1966.

31 Die Figur der kollektiven Empirie (kollektiver Empirismus) ist maßgeblich geprägt von Daston, vgl. *Lorraine Daston,* Die Kultur der wissenschaftlichen Objektivität,

Unter der kollektiven Empirie verstehe ich im strafrechtlichen Bereich *die unter Experten verbreitete, praktische, aus der gemeinsamen Erfahrung hergeleitete Kenntnis von a) Verbrechenswirklichkeit, b) Sanktionenwirklichkeit, c) Verfahrenswirklichkeit.* Eine so bezeichnete strafrechtliche kollektive Empirie ist inhaltlich betrachtet nicht zu allen Zeiten ein einheitliches Phänomen gewesen. Zu einem gewissen Anteil zeichnet ein kollektiv-empirischer Zug die Arbeit von Juristen – in Deutschland – auch heute aus.[32] In ihrer vollen Ausprägung ist sie jedoch ein Wahrzeichen der ersten Hälfte des 19. Jahrhunderts, als sie sich noch als ein spezifisches Resultat von damals vorherrschenden institutionellen Umständen ausnehmen konnte. Diesbezüglich wurde auf einige Aspekte, wie ein erhöhter Kontakt der Strafrechtswissenschaft mit Realität (wegen des Instituts der Aktenversendung oder wegen der laufenden Reformpläne in Einzelstaaten), bereits oben hingewiesen. Darüber hinaus erscheint es wichtig, dass ein zuerst für die Jahre unmittelbar nach 1800 charakteristisches amorphes Konglomerat von „Nachrichten" über Verbrechen und seine Kontrolle im Vormärz selbst – aufgrund des punktuell ausreichend freien und fortschreitend günstigen Presswesens – in einem ständigen kollektiven Prüfverfahren zu einer nicht nur tragbaren, sondern auch – verhältnismäßig – zuverlässigen und fort-

in: *dies.* et al. (Hrsg.), Naturwissenschaft, Geisteswissenschaft, Kulturwissenschaft, 1998, S. 11–39; *dies./Peter Galison,* Objectivity, 2007 S. 19 ff.; *Lorraine Daston,* The Empire of Observation. 1600–1800, in: dies./Elizabeth Lunbeck (Hrsg.), Histories of Scientific Observation, 2011, S. 81–113. Für die Bedeutung von kollektiven Debatten – mit Analyse zahlreicher kollektiver Prozesse, die nicht nur individuelle Meinungen prägen, sondern auch einen gegenseitig anerkannten Stock des Wissens aufrunden – *Sabine Freitag,* Kriminologie in der Zivilgesellschaft. Wissenschaftsdiskurse und die britische Öffentlichkeit: 1830–1945, 2014. Ferner auch *Adrian Schmidt-Recla/Holger Steinberg,* Eine publizistische Debatte als Geburtsstunde des „Marburger Programms", ZStW 119 (2007), S. 195–213.

32 Dass die deutsche Rechtswissenschaft mannigfaltig praxisorientiert und sich – etwa im Bereich des Strafrechts oder des Arbeitsrechts – um die richtige Vorstellung über gewisse Abläufe im Leben und in der juristischen Praxis kümmert, ist insb. nach einem Vergleich mit den Rechtswissenschaften aus dem europäischen Ausland gut ersichtlich. Vgl. aus dem rechtsmethodologischen Schrifttum plastisch *Karl Larenz/Claus-Wilhelm Canaris* (Fn. 20), S. 30 f. („Das Vorverständnis, dessen der Jurist bedarf, bezieht sich nicht nur auf die „Sache Recht", die Sprache, in der von ihr die Rede ist, und den Überlieferungszusammenhang, in dem die Rechtstexte, die Gerichtsentscheidungen, die gebräuchlichen Argumente immer stehen, sondern ebenso auf die sozialen Zusammenhänge, auf die Interessenslagen, die Strukturen der Lebensverhältnisse, auf die sich die Rechtsnormen beziehen.").

schreitend präzise ausformulierten Überzeugung von Experten erwachsen konnte.[33]

Mit dem Hinweis, dass die kollektive Empirie inhaltlich zu allen Zeiten kein einheitliches Phänomen war, soll hier hervorgehoben werden, dass die Akzente der wissenschaftlichen Arbeit im langen 19. Jahrhundert mal stärker auf die Sammlung von Erfahrungen und auf die Herausbildung der gemeinsamen Überzeugung, mal stärker auf die Systematisierung von bereits kollektiv verfestigten Einsichten gesetzt wurden.[34] Diese zwei Aspekte lösten einander zu keinem hier angeschauten Zeitpunkt vollständig ab. Vielmehr handelte es sich um parallel verlaufende Prozesse, die einander nicht ausschlossen. Entscheidend ist, dass man auch in vordergründig „systematischen Phasen", worin man mit fremden Erfahrungen oder Erfahrungen der abgeschlossenen Epochen arbeitete, ein epistemologisches Verständnis von der Bedeutung der Erfahrung für das wissenschaftliche Arbeiten aufrechterhielt. In diesem spezifischen Kontext einer tradierten, positiven Einstellung zur Empirie, konnte die systematisierende Arbeit zwar auch zu einer gewissen Erstarrung führen;[35] gleichermaßen konnte sie jedoch zu jeder Zeit *ad hoc* in eine neue Förderung von empirischen Studien oder in erweiterten kollektiven Austausch über neue Erfahrungen münden.

Ein typischer „Befund" oder „Faktum" der kollektiven Empirie wäre die Einsicht, dass die kurzen Freiheitsstrafen in der Praxis eine schädliche Wirkung entfalten. Auf diesen für die Arbeit der IKV wichtigen Topos wird unten noch eingegangen. Ein weiterer klassischer Befund der kollektiven Empirie wäre die Aussage, dass im Strafverfahren – insofern geht es um die Prozesswirklichkeit – die Geschworenen gewisse Schuldformen auch in der pragmatischen Absicht verneinen, um zu harte, gesetzlich starr ange-

---

33 Vgl. zur verschiedenen empirievalenten Praxen der Juristen im 19. Jahrhundert *Sylvia Kesper-Biermann* (Fn. 19), S. 59 ff., 105 ff. Zur Entwicklung des juristischen Zeitschriftenwesens vgl. ebendort, S. 88 ff. und *Joachim Rückert,* Zur Charakteristik juristischer Periodika im 19. Jahrhundert in Deutschland, Juridica international 17 (2010), S. 19–39. Für die innere Bedeutung von juristischen Zeitschriften vgl. *Heinz Mohnhaupt,* Rechtsvergleichung in Mittermaiers „Kritische Zeitschrift für Rechtswissenschaft und Gesetzgebung des Auslandes" (1829–1856), in: Michael Stolleis (Hrsg.), Juristische Zeitschriften, 1999, S. 277–301.

34 Vgl. zur Systematisierung, insb. im äußeren Gewand einer „Rechtsvergleichung", und zu einer – Synthesis hervorbringenden – strafrechtlichen Begutachtungspraxis *Sylvia Kesper-Biermann* (Fn. 19), S. 108 f., 184 ff.

35 *Luka Breneselović* (Fn. 19), S. 126 ff., 519 ff.

drohte Sanktionen abzuwenden.[36] Ein weiteres Beispiel aus dem Bereich der Sanktionenwirklichkeit ist in Bezug auf die generalpräventive Wirkung der Strafe auszumachen: Während *Feuerbach* als Prämisse formulierte, dass die generalpräventive Wirkung im Wesentlichen von der Höhe der angedrohten Strafe abhänge, entsprach es bereits dem empirischen Konsensus im Vormärz, dass es bei der generalpräventiven Wirkung auf die Gewissheit der Strafverfolgung und nicht auf die Höhe der Strafe ankommt. Man vergleiche folgende Darstellung bei *Mittermaier* von 1819, sowie eine verdienstvollerweise von *Kesper-Biermann* wiedergegebenen Stelle aus dem – unveröffentlichten – Gutachten von 1827 zum hannoverschen Strafgesetzbuchentwurf:

> „Es war ein trauriges Verkennen einer nahliegenden Wahrheit, was die Rechtslehrer und Gesetzgeber irre führte: nicht die Härte der Strafen, sondern die Gewissheit, dass die im natürlichen Verhältnisse mit jedem Verbrechen stehende Strafe unvermeidlich den Verbrecher ereile, ist ein Abhaltungsmittel vom Verbrechen."[37]

> „Bei uns steht die auf der Natur der Sache und auf der Erfahrung ruhende Überzeugung fest, dass der Zweck der Strafgesetzgebung weniger durch Härte der gedrohten Strafe, als durch die Gewissheit und Beschleunigung ihres Eintreffens befördert wird."[38]

---

36 *Franz von Liszt,* Die falsche Aussage vor Gericht, 1877, S. 47. Verhaltenstendenzen der Geschworenen wurden der täglichen Erfahrung und beruflichen Nachrichten entnommen und zahlreich in der Literatur vor der deutschen Einigung diskutiert. Vgl. *Gustav Ernst Heimbach,* in: Julius Waske (Hrsg.), Rechtslexikon für Juristen aller teutschen Staaten, Bd. 15, 1861, s.v. Zurechnung, S. 591 m.w.N.; *Carl Joseph Anton Mittermaier,* in: „Mittermaier, Sundelin, Berner und Barth über die Neue bayerische Strafgesetzgebung", 1862, S. 10.

37 *Carl Joseph Anton Mittermaier,* Über die Grundfehler der Behandlung des Criminalrechts in Lehr- und Gesetzbüchern, 1819, S. 56 f. Vgl. noch *ders.,* Das richterliche Milderungsrecht und die Anklage, daß dies Recht die Ursache der Vermehrung der Verbrechen sei, Die Strafrechtspflege in Deutschland 3 (1860), S. 81–98, S. 91f; sowie *Wilhelm Emil Wahlberg,* Über die Bedeutung und processrechtliche Feststellung der milderen Umstände (zuerst 1862), in seinen: Gesammelte kleinere Schriften, Bd. 1, 1875, S. 142–164, S. 149. Der Topos geht wohl auf *Beccaria* zurück (vgl. Kapitel XX nach Systematik in Glasers Übersetzung von 1851); jedoch wird die Überlegung im Vormärz nicht autoritativ durch den Hinweis auf *Beccaria,* sondern durch einen Hinweis auf Erfahrung bekräftigt.

38 *Sylvia Kesper-Biermann* (Fn. 19), S. 100 (Gutachten vom 23.10.1827, HStA Hannover).

Zwischen kollektiver Empirie als einem geschichtlich gewachsenen Phänomen innerhalb einer Disziplin und dem wissenschaftlichen Positivismus als einer stark ideologisch beladenen Plattform zur Erneuerung von Disziplinen bestehen theoretische Unterschiede, d.h. divergierende Vorstellungen über Stellungen und Möglichkeiten der Erfahrung, die einen *fruchtbaren* Austausch erschweren (vgl. Übersicht unten). Auf der Seite des Positivismus bestehen zusätzlich noch gewisse programmatische Besonderheiten, die einen *ehrlichen* Austausch erschweren. Denn aufgrund *Comtes* spezifischer, antimetaphysischer Ansichten, erhebt der *Positivismus* in aller Regel nicht nur den Anspruch irgendetwas Empirisches zu leisten. Vielmehr geben klassische Positivisten wie *Lombroso* aus, überhaupt *als erste Forscher* empirisch etwas Tragfähiges leisten zu wollen.[39] Ein so gefasster empirischer Anspruch auf geschichtliches Primat kann unter Umständen dort überzeugen, wo mit positivistischer Phase eine bloße dogmatische Scholastik im Rahmen der Moralphilosophie oder unter Juristen überwunden wurde.[40] Derselbe Anspruch müsste jedoch in wissenschaftlichen Kulturen mit älteren Zugängen zur Erfahrung wie eine geschichtliche Prätension verstanden werden.

39 Vgl. *Leon Radzinowicz* (Fn. 2), S. 65. Bezeichnend ist im kriminalpolitischen Bereich auch das Schlagwort von „Neuen Horizonten", das vor allen *Ferri* prägte; für Zusammenhänge mit Schulpositivismus vgl. *Marco Nese,* Soziologie und Positivismus im präfaschistischen Italien, 1993, S. 85 ff. Für die Pionierrolle von Lombroso vgl. noch *Silvio Ranieri* (Fn. 10), S. 290 ff.; *Richard F. Wetzell* (Fn. 16, Medicalization), S. 278. Für die Konstruktion einer „Pionierrolle" ist prägend, dass die älteren Stufen der Wissenschaft unterschätzt oder missverständlich einem anderen Paradigma zugeordnet werden. Vgl. zu Umdeutungen von Beccarias Werk bereits *Piers Beirne,* Inventing Criminology, Criminology 29 (1991) 4, S. 777–819.

40 Vgl. diesbezüglich zu Frankreich und Italien, jedoch mit einer charakteristischen Verallgemeinerung für die gesamte europäische und außereuropäische Entwicklung *Yves Cartuyvels/Aniceto Masferrer,* An Introduction to the Birth of Criminal Positivism in Europe and Latin America at the End of the 19th Century, Glossae 17 (2020), S. 2–21, S. 4 f. Im Aufsatz wird detailreich die Entwicklung in verschiedenen Staaten nach einem vermeintlichen Anstoß durch Lombroso geschildert; dabei wird jedoch vorausgesetzt, dass vor dem Anstoß die Lage innerhalb der Strafrechtsrechtswissenschaft überall dieselbe war. Ferner vgl. bereits oben (Fn. 29).

Kollektive Empirie	*Abstrakte Empirie des wissenschaftlichen Positivismus*
Wahrheit ist der Inhalt einer kollektiven Überzeugung (des akademischen Fachkreises, aller Juristen, aller Gefängniswissenschaftler, Experten u.Ä.)	Wahrheit ist der Inhalt eines streng artikulierten Forschungsergebnisses
Positive, bestätigte Erfahrung Vieler; auch Abwesenheit der maßgeblichen negativen Erfahrung	Streng kontrolliertes Forschungsverfahren
Bestimmtheit nur soweit ein programmatischer Differenzierungsbedarf besteht, d.h. absolute Zahlen der Phänomene sind irrelevant (narrative Bestimmtheit)	Bestimmtheit im Sinne eines Abbildungsideals. Absolute Zahlen (und ihre Korrelationen) als Ziel des Forschungsvorhabens (mathematische Bestimmtheit)
Typische Gefahren: idealistischer Überschuss; falsche Überzeugungen; bedarfsabhängige/zielgerichtete Forschung schwer möglich	Typische Gefahren: Verkennung der immanenten Voraussetzungen jedes Forschungsideals; Überbewertung einzelner Methoden zwecks Legitimation der Ergebnisse; Ausgeben einer Perspektive als Wahrheit selbst

Übersicht: das wissenschaftliche Paradigma der kollektiven Empirie (Strafrechtswissenschaft) und des wissenschaftlichen Positivismus

4. Kollektive Empirie als offenes empirisches Paradigma

Die kollektive Empirie schließt einen systematischen, geregelten und insofern gesteuerten Zugang zur Wirklichkeit nicht aus. Es wäre ein Missverständnis, würde man sich das Verhältnis zwischen kollektiver Empirie und Positivismus so vorstellen wollen, dass im Rahmen der kollektiven Empirie nur die Überzeugung einer Expertengruppe waltet, wohingegen nach dem positivistischen Programm der Zugang zur Wirklichkeit im Rahmen von geregelten Studien erfolgt. Auch die kollektive Empirie kennt gezielte und geregelte Zugänge zur Wirklichkeit. Das betrifft zunächst, wie unten noch zu erörtern ist, die formal ausgestalteten Zugänge wie die Statistik und ihre Auswertung. Ferner kam für das empirische Selbstbewusstsein der strafrechtlichen Reformbewegung im deutschsprachigen Raum den Studienreisen und Gefängnisbesuchen unter den Mitteln zur Erlangung von wertvollen Erfahrungen eine besondere Bedeutung zu. Die auf Reisen gesammelten Beobachtungen mündeten teilweise in einem Austausch von

„Nachrichten" über die „Zustände"; teilweise produzierte man systematische *Studien,* die man in der heutigen Systematik von Wissenschaften als Vorläufer eines ethnographischen (qualitativen) Zugangs bezeichnen würde.[41]

„Die Erfahrung liefert", so *Mittermaier* im Jahr 1841, die „Materialien, um die wahren Bedürfnisse der Gesellschaft, die Natur der Verbrechen und die zweckmäßigsten Mittel zu erkennen".[42] Als Erkenntnismittel werden die „Criminalstatistik", die „Urteilssprüche einzelner Länder", die „Rechtsfälle, auf welche die neuen Gesetzbücher angewendet werden mussten" sowie „die Ansichten der Richter, welche die Gesetze angewendet hatten", hervorgehoben.[43] Im Rahmen eines kollektiven Erfahrungsaustauschs in Briefen und Publikationen fand eine Prüfung und Ergänzung von individuell erlangten Überzeugungen statt. Insofern zielte die eigens entwickelte Expertise immer auf die Ergänzung des gemeinen Fachwissens. Demgegenüber geht das klassische Programm des Positivismus davon aus, dass der einzelne Forscher Gesetze des sozialen Lebens aufzufinden hat, die bisher allen Diskussionsteilnehmern verborgen blieben. Von dieser Prämisse aus herrscht in positivistisch geprägten Untersuchungen eine Aufbruchstimmung: Bestrebungen und Ergebnisse der Forschung werden nicht als Ergänzungsarbeit, sondern als ein Erst-Recht-Wissen – im Gegensatz zu einem bisher bestehenden Bereich des verzerrten alltäglichen Erscheinungsbilds, und daher eines Nichtwissens, – verstanden.[44]

---

41 Vgl. für den Zugang der Ethnographie bzw. insb. Urban Ethnography *Kevin D. Haggerty* et al., The Promises and Challenges of Crime Ethnographies, in: Sandra M. Bucerius et al. (Hrsg.), The Oxford Handbook of Ethnographies of Crime and Criminal Justice, 2022, S. 1–17. Unter „Ethnography" ist dabei nicht die Völkerkunde zu verstehen, sondern eine Auffassung des sozialen Phänomens, die sich vordergründig um einen qualitativen Zugang zum Phänomen sowie eine qualitative Synthese bemüht. Es ist insoweit ein methodologisches Gegenprogramm zur (quantitativen) empirischen Sozialforschung.

42 *Carl Joseph Anton Mittermaier,* Die Strafgesetzgebung in ihrer Fortbildung, geprüft nach den Forderungen der Wissenschaft und nach den Erfahrungen über den Werth neuer Gesetzgebungen, und über die Schwierigkeiten der Codifikation; mit vorzüglicher Rücksicht auf den Gang der Berathungen von Entwürfen der Strafgesetzgebung in constitutionellen Staaten, 1841, S. III.

43 *Carl Joseph Anton Mittermaier* (Fn. 42), S. V.

44 Kritisch zu *Lombrosos* eigenen Vorstellungen z.B. *David Garland,* The Criminal and his Science, The British Journal of Criminology 25 (1985) 2, S. 109–137, S. 110 f. („The Emergence of this new form of knowledge, with its concepts, objects and methods of study, required for its possibility much more than the ecstatic discoveries of an Italian doctor in the prisons and asylums of Pavia"). Andersherum beruhen empirische

Im Bereich des Verfahrensrechts erscheinen im deutschsprachigen Reformbereich verschiedene Studien über die ausländischen Zustände. Die Autoren begnügten sich in diesem Bereich nicht mit bloß literarischen Forschungen. Denn im Lichte eines praktischen Bedürfnisses, das alte, schriftliche Verfahren mit einer neuen, *öffentlichen und mündlichen Verhandlung* zu ersetzen, erschien es als unerlässlich, das ausländische – vor allem das englische – Verfahren so kennenzulernen, wie es sich in der Praxis ausnimmt. Entsprechende Reisen nach England und Schottland wurden im deutschsprachigen Bereich kontinuierlich seit dem Vormärz unternommen. So sei z.B. auf die Studienreisen von *Rütimann* (1837) und *Mühry* (1841) hingewiesen.[45] Parallel dazu leisteten Autoren wie *Mittermaier* unermüdlich eine systematische Arbeit und boten auf Grundlage von Literatur, fremden Anschauungen („Nachrichten“) und eigenen Beobachtungen einen lebendigen Überblick über das Strafverfahren in England mit seinen gesamten rechtlichen und gesellschaftlichen Facetten.[46] Nach 1848 unternahmen englische Studienreisen z.B. *Liszts* Lehrer *Glaser* (1831–1885)[47] und *Aschrott* (1856–1927),[48] der ein besonders verdientes Mitglied der Landesgruppe Deutsches Reich der IKV war.

Bemühungen im Vormärz auf Würdigung *eines praktischen Wissensschatzes,* die auch Erfahrung von Praktikern hochschätzt. Vgl. dazu *Sylvia Kesper-Biermann* (Fn. 19), S. 61 ff.

45 *Johann Rütimann,* Über die englische Strafrechtspflege, 1837, insb. S. V („Darum war es schon lange Wunsch des Verfassers, England selbst zu besuchen und durch unmittelbare persönliche Beobachtung das dortige Verfahren kennen zu lernen“); *Ernst Mührys* Vorwort in seiner Übersetzung von *Henry J. Stephen,* Handbuch des Englischen Strafrechts und Strafverfahrens, 1843, S. XV.

46 *Carl Joseph Anton Mittermaier,* Das englische, schottische und nordamerikanische Strafverfahren im Zusammenhang mit den politischen, sittlichen und socialen Zuständen und in den Einzelheiten der Rechtsübung, 1851; *ders.*, Die Gesetzgebung und Rechtsübung über Strafverfahren nach ihrer neuesten Fortbildung dargestellt und geprüft, 1856. Vgl. zu Mittermaiers „Selbstbeobachtungen“ und Studien *Thomas Weigend,* Mittermaier als Rechtsvergleicher, in: Arnd Koch et al. (Hrsg.), Carl Joseph Anton Mittermaier und der reformierte Strafprozess, 2022, S.55–65, S. 57 ff., sowie *Heinz Mohnhaupt* (Fn. 28).

47 *Edmund Benedict,* Eintrag „Julius Glaser“, in: Allgemeine Deutsche Biographie, Bd. 49 (1904), 372–380, S. 373 (Forschungsreise nach England 1851). Das starre Werk *Julius Glaser,* Das englisch-schottische Strafverfahren, 1850, ist noch vor der Reise erschienen. Aus dem späteren Schrifttum vgl. *ders.,* Anklage, Wahrspruch und Rechtsmittel im englischen Schwurgerichtsverfahren, 1866; *ders.,* Das englische Recht, in seinem: Handbuch des Strafprozesses, Bd. 1, 1883, S. 130–145.

48 *Paul Felix Aschrott,* Strafensystem und Gefängniswesen in England, 1887.

Auch die Gefängnisbesuche bilden einen Dauertopos in den Reformbestrebungen in der deutschsprachigen Strafrechtswissenschaft des 19. Jahrhunderts. Die entsprechenden Studienreisen werden unter dem Stichwort „Gefängnistourismus" erörtert.[49] Man wollte einen lebendigen Eindruck durch eigene Anschauung davon gewinnen, ob und wie die in der Literatur angesprochenen Vorteile bestimmter Gefängnissysteme in der Praxis funktionieren, sodass diese Touren einen Teil des empirischen Zusammenhangs der Wissenschaft bildeten. Für *Mittermaier* sprach man als Lob aus, dass er insbesondere die Schweizer Anstalten mehrmals besucht und die Gefängnisse „zwischen Schottland und Sizilien", „zwischen Frankreich und Österreich" aus eigener Anschauung kennengelernt hatte.[50] In 1870er Jahren gehörte es scheinbar zum guten Ton, im Rahmen eines Habilitationsverfahrens auf erfolgte Gefängnisbesuche hinzuweisen. So vermerkte *Liszt* in seinen Grazer Habilitationsunterlagen, dass er die Gefängnisse in Nürnberg, Bruchsal und St. Gallen besucht habe.[51] Wie unten noch darzulegen ist, hatten die Gefängnisbesuche auch eine entsprechende Bedeutung für die Arbeit der IKV.

II. Empirie und die IKV: Bestandteile eines Methodenpluralismus

Die hier befürwortete pluralistische Erfassung des empirischen Interesses im 19. Jahrhundert schafft Voraussetzungen dafür, dass die Bemühungen, die im Rahmen der IKV erfolgten und die Bestrebungen ihrer Mitglieder auszeichneten, in einem neuen Licht bewertet werden. Nach der hier vertretenen Auffassung setzt eine richtige Einordnung der Bemühungen im Rahmen der IKV voraus, dass *die dort gemachten Fortschritte* zwar immer auch an positivistischen Maßstäben gemessen werden, gleichwohl

---

49 Vgl. *Falk Bretschneider,* Gefangene Gesellschaft. Eine Geschichte der Einsperrung in Sachsen im 18. und 19. Jahrhundert, 2008, S. 426; *Lars Hendrik Riemer* (Fn. 28), S. 99 ff.

50 *Lars Hendrik Riemer* (Fn. 28), S. 100. Lesenswert ist *Carl Joseph Anton Mittermaier,* Die Gefängnisverbesserung: insbesondere die Bedeutung und Durchführung der Einzelhaft im Zusammenhänge mit dem Besserungsprinzip nach den Erfahrungen der verschiedenen Strafanstalten, 1858. Für Gefängnisreisen im Auftrag vom Staat/ Preußen vgl. *Johann Louis Tellkampf,* Die Vollstreckung der Strafen durch getrennte Gefangenschaft in England, Nordamerika und Frankreich. Ein Reisebericht, Kritische Zeitschrift für Rechtswissenschaft und Gesetzgebung des Auslandes 21 (1849), S. 1–59.

51 *Luka Breneselović* (Fn. 19), S. 87.

aber auch *unterschiedliche empirische Traditionen* bei der Einordnung von einzelnen Diskussionen und Forderungen eine Mitberücksichtigung finden. Eine pluralistische Perspektive kann dabei wesentlich zu einer neuen Gesamtbewertung der IKV und ihrer Bemühungen beitragen. Während nämlich die positivistische Prämisse heutige Forscher dazu zwingt, die im Rahmen der IKV tendenziell erfolgte *Verwerfung* von positivistischer Forschung als eine Art *Rückständigkeit* einzuschätzen, ermöglicht es die pluralistische Perspektive, dass die in der Verwerfung von positivistischen wissenschaftlichen Neuprodukten ggf. als Zeichen einer vorhandenen, bereits erlangten empirischen *Reife* im Kreise der IKV zu interpretieren.

1. Der epistemologische Abstand zur Kabinettsgelehrsamkeit

Entscheidend für das Reformstrafrecht des Vormärz war die Vorstellung, dass die Strafrechtswissenschaft sich nicht als *Armchair-Disziplin,* als die bloße Kabinettsgelehrsamkeit ausnehmen darf. Diese Vorstellung war in der ersten Hälfte des 19. Jahrhunderts im deutschsprachigen Raum kein strafrechtswissenschaftliches Spezifikum. Auch im zivilrechtlichen Bereich begegnet man Forderungen, dass die Juristen einen praktischen Sinn bewahren müssen; man bezeichnete in der deutschen Zivilistik eine Vertrautheit mit der Spruchpraxis als unerlässlich, eine Vertrautheit mit Lebensbedürfnissen als vorzüglich.[52] Im strafrechtlichen Bereich äußerte sich *Mittermaier* negativ über einen lebensfremden Zug bei älteren, philosophisch geprägten Strafrechtlern, insbesondere bei *Feuerbach.* In seinem Urteil kannte *Feuerbach* „weder das Volk, noch die mannigfaltigen Schwierigkeiten der Führung der Untersuchung“[53]; stattdessen sei *Feuerbach* gewöhnt gewesen, dass er, so *Mittermaiers* Vorwurf, „Leben und Menschen sich so konstruierte, wie sie ihm in der Studierstube vorkamen“.[54]

In *Liszts* Werk spielt – in der Tradition des Vormärz – die Kritik an einer reinen Kabinettsgelehrsamkeit eine prominente Rolle. In seinem oft

52 *Hans-Peter Haferkamp,* Lebensbezüge in der Zivilrechtsdogmatik des 19. und 20. Jahrhunderts, in: Luka Breneselović (Hrsg.), Spomenica Valtazara Bogišića – Gedächtnisschrift für Valtazar Bogišić, Bd. 1, 2011, S. 302–313. Zur Rolle von „Bedürfnissen“ in der fortschreitend praktisch ausgerichteten Rechtswissenschaft des 19. Jahrhunderts vgl. ferner *Doris Schweitzer* (Fn. 20), 2020, S. 136 ff.

53 *Carl Joseph Anton Mittermaier* (Fn. 23), S. 6 f.

54 *Carl Joseph Anton Mittermaier,* in: Bluntschli's Deutsches Staatswörterbuch, Bd. 3, 1858, s.v. „Feuerbach“ (S. 505–509), S. 506 f.

zitierten Nachruf auf *Dochow* aus dem Jahr 1881 spricht *Liszt* abfällig von einem Studium nur „am grünen Tische" und äußert sich, auch im Sinne *Dochows,* negativ über die „unwissenschaftlichen Spekulationen", die Verbrechen und Strafe „auf ihre letzten Gründe zurückzuführen sich anmaßen, ohne Verbrechen und Strafen anderswo studiert zu haben als am grünen Tische".[55] Ähnlich fasst *Liszt* auch in einem späteren Werk die Kritik zusammen. In seiner vergleichenden Darstellung der bedingten Verurteilung von 1908 werden schlechte und gute Erfahrungen mit dieser Einrichtung in anderen Ländern erwähnt. Kritisiert werden dabei die Gegner der bedingten Verurteilung, deren negative Einschätzungen nach *Liszt* darauf beruhen dürfte, dass sie die Anwendung dieser Einrichtung „nur auf Grund flüchtig gelesener Berichte" kennen.[56] Sie seien, so heißt es wiederum, „Kritiker am grünen Tische".[57]

Eine kritische Haltung gegenüber der Kabinettsgelehrsamkeit war auch in den Kreisen der IKV-Mitglieder und bei ihren Stellungnahmen ein wichtiger Topos. So pries 1890 der norwegische Strafrechtler *Hagerup* (1853–1921), wie man in den Mitteilungen der IKV berichtete, die bedingte Verurteilung als Einrichtung dafür, dass sie „keine Ausgeburt von eine(m) Stubengelehrtenhirn" wäre.[58] Bei der Versammlung der Landesgruppe Deutsches Reich hob 1900 der Elsässer Jurist *Petri* (1852–1918) hervor, dass es „wohl charakteristisch für das Wesen und Bestrebungen der Vereinigung, insbesondere der Landegruppe (…)" ist, „dass sie sich fernhält von grauen Theorien und starren Systemen".[59] Vielmehr schöpfe die IKV „am frischen Born des Lebens", deshalb „auch bieten ihre Beratungen und Beschlüsse stets eine Fülle unmittelbar nutzbringender Lehren".[60] Nach *Köbner* (1869–1934) habe es den Vorstellungen der IKV-Gründer entsprochen, „im Gegensatze zu einer bloß formalistischen Jurisprudenz, Verbrechen und Strafe

55 *Franz v. Liszt* (Fn. 25, Nachruf Dochow), S. 88.
56 *Franz v. Liszt* (Fn. 25, Bedingte Verurteilung), S. 61.
57 *Franz v. Liszt* (Fn. 25, Bedingte Verurteilung), S. 61.
58 Nach Tagungsbericht von *Ernst Rosenfeld,* Die bedingte Verurteilung auf dem holländischen und nordischen Juristentage, Mitteilungen der IKV 3 (1892), S. 86–111, S. 109 („keine Ausgeburt von eines Stubengelehrten Hirn").
59 Landesversammlung der Landesgruppe deutsches Reich, Verhandlungen in Straßburg vom 7.–9. Juni 1900, Mitteilungen der IKV 9 (1902), S. 47.
60 Landesversammlung der Landesgruppe deutsches Reich, Verhandlungen in Straßburg vom 7.–9. Juni 1900, Mitteilungen der IKV 9 (1902), S. 47 f.

als Erscheinungen aufzufassen, die sich nur aus den gesamten kulturellen Verhältnissen einer jeden Zeit und eines jeden Volkes verstehen lassen".[61]

Es ist vor dem Hintergrund der Kritik an einer Kabinettsgelehrsamkeit nicht überraschend, dass die IKV und der sie maßgeblich prägende internationale Juristenstand ein lebhaftes Interesse für die Phänomene zeigten, die über die enge Vorstellung der Strafrechtswissenschaft als normative Wissenschaft hinausreichten. Die für die aktuelle Erforschung der Kriminologiegeschichte zentralen Wendungen nach der Art, dass es sich bei der Strafrechtswissenschaft um eine Disziplin handelt, die „Gesetztexte als Grundlage fraglos akzeptiert" und auf „unhinterfragbaren Prämissen" beruht,[62] finden sich in den Diskussionen im Rahmen der IKV nicht wieder. Vielmehr ist es signifikant, wenn in einem Bericht der Landesgruppe Deutsches Reich der IKV – dort bei der Diskussion über Kolonialstrafrecht – festgemacht wird, dass „für die Juristen" am „interessantesten (ist), was nicht in der Verordnung steht".[63] In dem von der IKV herausgegebenen Sammelband „Die Strafgesetzgebung der Gegenwart" wehrte sich *Liszt* vehement gegen die Vorstellung, dass die engste juristische Arbeit, die Dogmatik, nur anhand von Lektüre der Gesetzestexte erfolgen kann. „Das „Beste" was „dogmatische Kollegen" geben, das „haben sie wahrhaftig nicht aus den Gesetzbüchern geschöpft".[64]

2. Kollektive Erfahrungssätze und ihre Kritik

Das bezeichnendste Beispiel von kollektiven Überzeugungen zu einem empirischen Sachverhalt in der Arbeit der IKV bildet der Satz, dass die kurzen Freiheitsstrafen in der Praxis eine schädliche Wirkung haben. Im Rahmen der IKV führte diese Einsicht zu der Forderung, die kurzen Freiheitsstrafen abzuschaffen.[65] In *Liszts* Werk bildete dieser Satz bereits vor der

61 *Otto Köbner,* Kolonialstrafrecht, Mitteilungen der IKV 11 (1904), S. 545–577, S. 545 f.

62 Vgl. oben *Silviana Galassi* (Fn. 14), S. 19.

63 Mitteilungen der IKV 11 (1904), S. 582; vgl. ferner Mitteilungen der IKV 14 (1907), S. 399.

64 *Franz v. Liszt,* Zur Einführung: Rückblick und Zukunftspläne, in: Die Strafgesetzgebung der Gegenwart, Bd. 1, 1894, S. XXIV.

65 Vgl. *Elisabeth Bellmann* (Fn. 2), S. 61 ff. wo auch auf seitens der IKV befürworteten Alternativen – bedingte Verurteilung (S. 65 ff.), Geldstrafe (S. 68 ff.) – hingewiesen wird; *Michael Kubink* (Fn. 9), S. 107 ff.

Gründung der IKV einen der zentralen Punkte in seinen Überlegungen;[66] zum Zeitpunkt der Gründung der IKV handelte es sich um ein zentrales Anliegen in seiner systematischen Darstellung „Kriminalpolitische Aufgaben".[67] *Liszt* verwies im Rahmen der Arbeit der IKV darauf, dass über die schädliche Wirkung der kurzen Freiheitsstrafen kein Nachweis erforderlich sei, weil diesbezüglich eine Übereinstimmung der Meinungen bestehe.[68] Die Begründung dieser Haltung ist für das Phänomen der kollektiven Empirie sehr bezeichnend: „Ich glaube", so *Liszt,* „die Nutzlosigkeit und Schädlichkeit der kurzzeitigen Freiheitsstrafe nicht erst nachweisen zu müssen"; „wenn über irgendeinen Punkt, so herrscht über diesen Übereinstimmung der Meinungen".[69]

In der 25-jährigen Arbeit der IKV vor dem Ersten Weltkrieg wurde diese Überzeugung mehrmals bestätigt und funktionalisiert.[70] Dabei blieb es allerdings nicht. Der dänische Gefängnisdirektor *Grundtvig* verwies auf den Umstand von fehlenden Statistiken und die damit verknüpften Schwierigkeiten in großen Ländern wie Deutschland.[71] Er ging vom Grundsatz aus, dass in kleineren Ländern alle Verhältnisse quantitativ und qualitativ leichter zu überschauen seien und teilte von dieser Grundlage aus in den Mitteilungen der IKV die Ergebnisse der Untersuchungen in Dänemark und Norwegen mit. *Grundtvig* befürwortete in seinem IKV-Beitrag aufgrund der Rückfallstatistik eine Form des kurzzeitigen Arrests in Einzelhaft als „kräftigen moralischen Puff, eine verkörperte Warnung".[72] Sein differenzierendes Konzept einer ausnahmsweise empirisch wirksamen kurzen Freiheitstrafe – 5 bis 30-tägige Haft, „bei Wasser und Brot" in Einzelun-

---

66 *Franz v. Liszt,* Der italienische Strafgesetzentwurf von 1887 (zuerst 1888), in seinen: Strafrechtliche Aufsätze und Vorträge, Bd. 1, 1905, Nr. 10, S. 252–289, S. 265 ff., 268.

67 *Franz v. Liszt,* Kriminalpolitischen Aufgaben (zuerst 1889–1892), in seinen: Strafrechtliche Aufsätze und Vorträge, Bd. 1, 1905, Nr. 11, S. 350 ff.

68 *Franz v. Liszt,* Mitteilungen der IKV 1 (1889), S. 44.

69 *Franz v. Liszt,* Mitteilungen der IKV 1 (1889), S. 44.

70 Die IKV befürwortete sog. Ersatzmittel (s. Fn. 65), die – als alternative Maßnahmen – bis zum Ende des 20. Jahrhunderts eine zentrale Rolle in der europäischen kriminalpolitischen Diskussion spielten. Vgl. insb. *Anna Theresa Struck-Berghäuser,* Franz von Liszt und seine Gegner, 2020, S. 220 ff. Für die internationalen Nachwirkungen dieser Debatte nach dem 1. Weltkrieg vgl. zum Beispiel *Dunja Milotić,* Die Entstehung und die Grundzüge des Strafgesetzbuches für das Königreich der Serben, Kroaten und Slowenen von 1929, in: Arnd Koch/Martin Löhnig (Hrsg.), Strafgesetzbücher der Zwischenkriegszeit, 2024, S. 71–96, S. 89 ff.

71 *S. Grundtvig,* Der Wert der kurzen Freiheitsstrafen durch Tatsachen beleuchtet, Mitteilungen der IKV 16 (1909), S. 481–485.

72 *S. Grundtvig* (Fn. 71), S. 484.

terbringung – entspricht insofern dem Ideal eines Warnschussarrests, das mit vergleichbaren und selbstverständlich auch moderneren empirischen Hinweisen am Anfang des 21. Jahrhundert ein beliebtes kriminologisches und kriminalpolitisches Thema war.[73]

Auch im Bereich des Verfahrensrechts finden sich in der Arbeit der IKV verschiedene Einsichten, die als Elemente einer kollektiven Empirie zu verorten sind. So schreibt etwa der bereits oben erwähnte Verfahrensexperte *Aschrott* in seinem Bericht über die Reform des Strafverfahrens, dass es leider nicht zu bestreiten sei, „dass in Deutschland das Vertrauen in Strafjustiz in weitgehenden Maßen fehlt".[74] Auch in *Aschrotts* Ausführungen wird jedoch sichtbar, wie ein allgemeiner Eindruck, der für kollektive empirische Bemühungen zuerst typisch war, zu Gunsten einer differenzierten Analyse verlassen wird. *Aschrott* hebt nämlich als Besonderheit seiner Sichtweise hervor, dass der monierte Mangel an Vertrauen nicht in allen Teilen Deutschlands in gleicher Stärke vorhanden ist.[75] Er kann sich für diese Einsicht auf die „eigene Anschauung" sowie auf die „mir (d.h. ihm) auf Veranlassung der Herausgabe des Sammelwerkes aus den verschiedenen Teilen Deutschlands zugegangenen Mitteilungen" berufen.[76]

Man kann aus einer modernen kritischen Warte sicher vielerlei Einwände gegen die kollektive Empirie und einen auf ihren Grundsätzen begründeten normativen Diskurs erheben. Letztendlich handelt es sich bei kollektiver Empirie um nur fließende Überzeugungen, die oft vom Justizpersonal, gerade aus dessen spezifischer Interessenslage heraus, geprägt werden. Andererseits soll gerade eine moderne Kritik nicht verschweigen, dass für keine Wissenschaft – auch nicht im Rahmen der Naturwissenschaften wie Biologie – die Bedeutung von gewissen kollektiven Denkmustern und Einsichten, und deren mündlicher und literarischer Verbreitung, unterschätzt werden darf. Insbesondere kann zu Gunsten der Rechtswissenschaft festgehalten werden, dass die Juristen als Kollektiv mit ein und demselben Phänomen – wie Zeugenaussagen oder Prozessabsprachen – täglich in einer quantitativ überragenden Anzahl von Fällen konfrontiert werden. Die Erfahrungschancen eines modernen Anthropologen, der einmalig dem Fest eines entfernten Stammes beiwohnt, oder eines Teams von Biologen, das

73 Vgl. *Ulrich Eisenberg/Ralf Kölbel*, Jugendgerichtsgesetz, 25. Aufl. 2024, § 16a, Rn. 2.

74 *Paul Felix Aschrott,* Die Reform des Strafverfahrens und die Vorschläge der Strafprozesskommission: Bericht des Landesgerichtsdirektors Dr. Aschrott, Mitteilungen der IKV 14 (1907), S. 212–240, S. 213 f.

75 *Paul Felix Aschrott* (Fn. 72), S. 214.

76 *Paul Felix Aschrott* (Fn. 72), S. 214.

nur für einige Tage das Verhalten einer Delfinschule beobachten kann, fallen verhältnismäßig bescheidener aus.

3. Ältere Umgangsformen mit Statistik

In der bisherigen Forschung über das empirische Interesse der strafrechtlichen Reformbewegung wurde nicht dem Umstand Beachtung geschenkt, dass auch die heute typischen Themen aus dem *positivistischen Bereich,* wie etwa die Erstellung und Verwertung von Statistiken, auf deutschem Boden eine besondere Ausgestaltung erfuhren, und dass dies bereits vor Tätigkeit des bedeutenden Statistikers *Quetelet* (1796–1874) in Belgien und Frankreich geschah.[77] Der klassische Positivismus, wie er sich auch bei *Quetelet* ausnimmt, ersieht in Statistiken ein Mittel zur Aufdeckung von verdeckter Weltordnung.[78] Aus dem Glaubenssatz, dass eine verdeckte, physikalische Sozialordnung der Welt besteht, ergibt sich eine spezifische Spannung zwischen positivistisch produzierten Statistiken und ihrem Wert: Sie erscheinen erst dann tragfähig, wenn man wichtige Rahmenumstände wohlwollend, mit der Absicht, die Bedeutung der Statistik zu fördern, außer Acht lässt.[79] Als wissenschaftliche und politische Artefakte leben positivistisch kalibrierte Statistiken entscheidend von einer proaktiven Idealisierung ihrer Ergebnisse. Insofern kann von einer „Mystik“ der quantitativen Sozialforschung und ihrer Aura gesprochen werden, die im international ge-

---

77 Vgl. *Piers Bierne,* Adolphe Quetelet and the Origins of Positivist Criminology, American Journal of Sociology 92 (1987) 5, S. 1140–1169: *ders.,* Inventing Criminology, 1993, S. 87. Für die Hervorhebung eines Sonderwegs vgl. am Beispiel von England *Lindsay Farmer,* Responding to the Problem of Crime. English Criminal Law and the Limits of Positivism, in: Michele Pifferi (Hrsg.), The Limits of Criminological Positivism, 2022, S. 176–195.

78 Vgl. *Adolphe Quetelet,* Criminal Statistics and what they show, in: Nicole Rafter (Hrsg.), The Origins of the Criminology, 2009, S. 273–278 (Ausschnitt aus *Adolphe Quetelet,* Sur l'homme et le développement de ses facultés, 1835), S. 277. Für den doktrinären/schulpositivistischen Kontext einer so gearteten Forschungsprämisse s. z.B. *Michael Bock,* Auguste Comte, in: Dirk Käsler (Hrsg.), Von Auguste Comte bis Alfred Schütz, 6. Aufl. 2012, S. 39–57.

79 So ergibt *Quetelets* Befund, dass die jüngeren Männer im Alter von 21–25 Jahren im Verhältnis 5:3 verglichen mit den Männern im Alter 35–40 stehlen, nur dann Sinn, wenn man annimmt, dass auch die Entdeckungswahrscheinlichkeit in beiden Kohorten sowie Anzeigeverhalten (von Betroffenen) identisch sind. Vgl. *Adolphe Quetelet* (Fn. 78).

prägten akademischen Bereich – bekannterweise – übergreifend erst in den 1960er und 1970er Jahren Kritik unterzogen wurde.[80]

Demgegenüber etablierte sich im deutschsprachigen Raum ein kritischer Zugang zur Kriminalstatistik bereits bevor *Quetelets* Untersuchungen zu einer europäischen Mode wurden. Dabei ist der Umstand, dass ein kritischer Zugang entwickelt wurde, nicht in dem Sinne zu verstehen, dass man die statistischen Untersuchungen an sich verwerfen wollte; die Statistiken werden in der Tradition von deutschen Juristen bereits vor 1848 *zwar gerne mitgeteilt,* jedoch *sorgsam rezipiert.* Vielfach wird im Rahmen dieser Tradition die später international in den 1960er/1970er Jahren entwickelte Kritik an der empirischen Sozialforschung vorweggenommen. Hier kann als Beispiel wiederum *Mittermaier* genannt werden, der in seiner „Criminalstatistik" von 1830 auf Verzerrungen des durch die Statistik vermittelten Kriminalitätsbildes hingewiesen hat. Für *Mittermaier* stellt beispielsweise die Anzeigebereitschaft einen wesentlichen Faktor für die durch Statistik abgebildeten Zahlen dar.[81] Die Statistik ist in dieser Tradition keine Grundlage für die Bildung von spekulativen Mutmaßungen über die nationalen oder die umfassenden „Weltkonjunkturen" der Kriminalität, sondern eines von Hilfsmitteln der juristisch-politischen Analyse.

Einer hier befürworteten Mitberücksichtigung von divergierenden statistischen Traditionen dürfte eine entscheidende Bedeutung für die geschichtliche Erfassung und Einordnung der Arbeit im Rahmen der IKV zukommen. Das soll das folgende Beispiel verdeutlichen: In einem neuen, detailreich ausgeführten Aufsatz weist *Wetzell* darauf hin, dass die Mitglieder der IKV oft rhetorisch auf die Bedeutung von Fakten hinwiesen, dass jedoch für ihren Entscheidungsprozess kriminologische Untersuchungen kaum eine

80 Vgl. in Deutschland in dieser Tradition – nach einem Studium in den USA – z.B. die Darstellungen von *Fritz Sack,* Die Chancen der Kooperation zwischen Strafrechtswissenschaft und Kriminologie, in: Klaus Lüderssen/Fritz Sack (Hrsg.), Seminar: Abweichendes Verhalten, Bd. 2, 1975, S. 346–385; *ders.,* Probleme der Kriminalsoziologie, in: Wahlverhalten, Vorurteile, Kriminalität, 2. Aufl. 1978, S. 192–389.

81 *Carl Joseph Anton Mittermaier,* Beiträge zur Criminalstatistik mit vergleichenden Bemerkungen über die Verhältnisse der Verbrechen und der Criminal-Justiz in Frankreich, England, in den Niederlanden, der Schweiz, Baiern, Baden und Lippe-Detmold, 1830, S. 198 ff. Eine kritische Darstellung der „Criminalstatistik" findet sich auch bei *Ludwig v. Jagemann/Wilhelm Brauer,* Criminallexikon, 1854, S. 180–183. Dort wird zwar im Abschnitt „Literatur" auf Quetelet verwiesen; jedoch erfolgt die inhaltliche Kritik mit für die positivistische Forschung atypischen Inhalten. Vgl. *Sylvia Kesper-Biermann* (Fn. 19), S. 38 ff.; sowie oben die Arbeit von *Greif* (Fn. 19).

Bedeutung hatten.[82] Dabei kritisiert *Wetzell* insbesondere den Umstand, dass beim IKV-Kongress in Kristiania 1891 zwar die Rückfallstatistiken viel erwähnt, jedoch als dürftig und unzulänglich bezeichnet wurden; die IKV nahm die damals vorhandenen Statistiken zur Kenntnis, stellte jedoch die Forderung an die Regierungen auf, bessere statistische Kriterien einzuhalten.[83] Diese *Verwerfung* der Statistik durch IKV kann, je nachdem, ob man davon ausgeht, dass es auch eine statistische Erfahrung jenseits des Positivismus gibt, wissenschaftsgeschichtlich ganz unterschiedlich eingeordnet werden.

Geht man wie im Ergebnis *Wetzell* davon aus, dass die IKV grundsätzlich nur äußerlich empirisch interessiert war, jedoch fortschrittliche empirische Projekte wie die Statistik in der Praxis ignorierte, so entsteht das Portrait der IKV als Bildnis eines konservativen, maßgeblich juristisch geprägten Vereins, der sich dagegen wehrte, ein echtes Interesse für die vom Positivismus gesicherten Einsichten in die Erfahrung – in Form der Statistiken – zu zeigen.[84] Zu einem anderen Urteil kann jedoch gelangt werden, wenn davon ausgegangen wird, dass die Befassung mit Statistiken für die juristische Tradition, die auch in der Arbeit der IKV verkörpert wurde, kein Novum war. Angesicht des Umstands, dass Strafjuristen im mitteleuropäischen Bereich die Statistiken bereits im Vormärz maßgeblich analysierten, erscheint es notwendig anzunehmen, dass die Mitglieder der IKV die damals aktuellen Statistiken in einem gereiften empirischen Güterahmen einordnen konnten. Insofern erfolgte die Verwerfung von Statistiken in Kristiania *nicht aus einer naiven und feindlichen Haltung gegenüber Statistik.* Maßgeblich wäre für die seitens der IKV-Mitglieder geübte Kritik in dieser zweiten Deutung vielmehr eine tradierte empirische Reife, die geschichtlich *vor* und systematisch *außerhalb* des positivistischen Rahmens erlangt wurde.

4. Von alten zu neuen Formen der Erkundung: insb. Preisfragen, Gefängnisbesuche, Kriminalistisches Seminar

Aus einem grundsätzlichen empirischen Interesse heraus überlagerten sich bei der Arbeit der IKV unterschiedliche Methoden und Zugänge zur Wirklichkeit. Manche alten wissenschaftlichen Formen wurden beibehalten, was

82 Vgl. *Richard F. Wetzell* (Fn. 2, Glossae 2020), S. 126 f., 142 ff.

83 Vgl. *Richard F. Wetzell* (Fn. 2, Glossae 2020), S. 126, 130.

84 Vgl. diesbezüglich die Details und Darstellungsrichtung bei *Richard F. Wetzell* (Fn. 2, Glossae 2020).

insbesondere für die Form von Preisausschreiben gilt. Auch kann man in den mannigfaltig nachweisbaren Anstaltsbesuchen im Rahmen der IKV-Kongresse eine alte Form der Erkundung – die Gefängnisbesuche – wiedererkennen. Daneben förderte die IKV auf unmittelbare Weise und mittelbar – als eine offene Plattform für neue Erfahrungen – zahlreiche weitere Zugänge zur Erfahrung über Verbrechen, Strafe und Verfahrenswirklichkeit. Eine besondere Bedeutung kommt dabei den speziellen institutionellen Zuständen am Ausgang des 19. Jahrhunderts in Deutschland zu. Im deutschen Bereich konnte *Liszt* nämlich nicht nur mit den Erträgen der zahlreichen Forschungsaufträge, die sich die Landesgruppe der IKV Deutsches Reich als Projekte vorschrieb, sondern auch auf einem ständigen Output aus seinem Kriminalistischen Seminar in Berlin mitrechnen.

Von älteren Formen ist hervorzuheben, dass die von der IKV organisierten *Preisfragen* offenbar eine Anspielung an die geschichtlich bedeutsamen Erfolge der Berner Preisfrage aus dem ausgehenden 18. Jahrhundert waren.[85] Solche Preisfragen wurden zur IKV-Zeit durch die Holtzendorff-Stiftung ausgeschrieben und erfreuten sich – vielleicht entgegen der Vorstellung des IKV-Präsidiums – *keiner* nennenswerten Beliebtheit.[86] Die Gefängnisbesuche begegnen uns im Rahmen der IKV einerseits als Veranstaltungen im Rahmen ihrer internationalen Kongresse. Man beachte diesbezüglich Exkursionen zu Gefängnissen, z.B. während der Hamburger IKV-Hauptversammlung, auf welche *Kesper-Biermann* aufmerksam gemacht hat.[87] Darüber hinaus schlug man im Rahmen der IKV vor, geplante theoretische Kurse mit Anstaltsbesichtigungen zu verbinden.[88] Daran ist zu erkennen, dass, anders als von antiquierten Preisfragen, von Gefängnisbesuchen nach wie vor eine lebendige empirische Wissensergänzung erwartet wurde.

Die Reformbewegung auf der internationalen Ebene hatte eine genaue Entsprechung in der Reformbewegung im engeren nationalen Kreis von

---

85 Vgl. zur Berner Preisfrage *Sylvia Kesper-Biermann* (Fn. 19), S. 86 f., 103; *Christoph Luther*, Aufgeklärt strafen: Menschengerechtigkeit im 18. Jahrhundert, 2016, S. 41 ff.

86 Die erste Ausschreibung („Die Behandlung der Gewohnheitsverbrecher und die bisher zu ihrer Bekämpfung angewandten Mittel") scheiterte daran, dass nur eine Arbeit eingereicht wurde. Man hat sie als unzureichend für die Preisverleihung beurteilt. Vgl. Mitteilungen der IKV 7 (1899), S. 31 f., 114. Für die späteren Ausschreibungen vgl. Mitteilungen der IKV 20 (1913), S. 365 f.

87 Vgl. bereits *Kesper-Biermann* (Fn. 2, Wissenschaftlicher Ideenaustausch), S. 86.

88 Mitteilungen der IKV 5 (1896), S. 423 – Besichtigungen von Anstalten im Rahmen der geplanten „Kursen".

Liszt.[89] Man kann zumindest für *Liszts* Wirken festmachen, dass unter seiner Organisation fließende personale und sachliche Übergänge nicht nur zwischen der IKV und ihrer deutschen Landesgruppe (Landesgruppe Deutsches Reich) – was selbstverständlich sein dürfte –, sondern zugleich auch bezüglich der Wirkung im Kreis von Autoren der ZStW und unter den Teilnehmern des Kriminalistischen Seminars – insbesondere zur Berliner Zeit – bestanden.[90] Während ein Teil der älteren Forschung *Liszt* und der IKV eine Abstinenz von empirischer Arbeit vorwarf, so muss zur Entgegnung hervorgehoben werden, dass das Kriminalistische Seminar in Berlin fortschreitend zu einer Forschungsstätte umgewandelt wurde – wenn auch die Inhalte von Plänen und erwirkte Ergebnisse aus der Warte absoluter Kriterien unseres Jahrhunderts – was wiederum selbstverständlich sein dürfte – nicht mit einer vorbehaltlosen Bewunderung rechnen können.

Immerhin ergab sich aus dem kontinuierlichem „Fließband", aus dem Verbund der Arbeit in der IKV, ihrer Landesgruppe Deutsches Reich und des Kriminalistischen Seminars die Etablierung einer nationalen Kommission zur Vorbereitung der Strafprozessreform mit der Aufgabe, Fragebogen zur Handhabung des Strafverfahrens zu entwerfen.[91] Parallel dazu strebte man im Kriminalistischen Seminar eine Aufteilung in Sektionen an, wobei insbesondere die strafprozessuale Sektion eine hervorragende Rolle spielen sollte.[92] In Abhandlungen des Kriminalistischen Seminars bzw. als Sonderausgaben erschienen verschiedene Studien, die man teilweise lebhaft auch in den Mitteilungen der IKV rezipierte:[93] So die Studien über Strafrecht auf Ceylon, über Gefängniswesen in Ungarn, Kroatien und Bosnien oder über das Verhältnis zwischen Hunger, Arbeitslosigkeit und Kriminalität.[94]

89 Vgl. für die Auffassung der Reformbewegung in Deutschland als „innovatives Forschungsnetzwerk" *Benno Zabel* (Fn. 2), S. 93.

90 Vgl. zum Kriminalistischen Seminar *Luka Breneselović* (Fn. 19), S. 215 ff. m.w.N.

91 Mitteilungen der IKV 14 (1907), S. 351 f., 394 f.

92 Vgl. *Luka Breneselović* (Fn. 19), S. 224 ff. Vorgesehen waren insgesamt sieben Sektionen (1. die dogmatische; 2. die kriminalpsychologische; 3. die kriminalstatistische; 4. die kriminalpolitische; 5. die rechtsphilosophische; 6. die strafprozessualistische; 7. die historische).

93 Vgl. *Luka Breneselović* (Fn. 19), S. 228 ff.

94 *Ernst Rosenfeld,* Strafrechtspflege insbesondere Gefängniswesen in Ceylon 1903 (mit anderer Paginierung auch in: Abhandlungen des Kriminalistischen Seminars, Neue Folge, Bd. 2.3); *Georg Langer,* Der progressive Strafvollzug in Ungarn, Kroatien und Bosnien. Ergebnisse einer Studienreise, 1904; *Berg Hermann,* Getreidepreise und Kriminalität in Deutschland seit 1882, 1902 (mit anderer Paginierung auch in: Abhandlungen des Kriminalistischen Seminars, Neue Folge, Bd. 1.2).

Im Rahmen der Arbeit der Landesgruppe IKV beschloss man u.a., eine Studienkommission nach England und Schottland – zur Erforschung des dortigen Strafverfahrens – zu entsenden.[95]

Die erwähnten Studien stellen in der Regel feste Bemühungen dar, den empirischen Kenntnishorizont zu erweitern. Im Vordergrund – man nehme als Muster Colombo oder Ungarn, Kroatien und Bosnien – stehen Gesamtauffassungen, die sich aus einer stoffnahen Zusammenfassung von Eindrücken, Statistiken, Mitteilungen über gemachte rechtliche Entwicklungen und Praxisherausforderungen sowie Nachteilen, die in der Praxis beobachtet wurden, zusammensetzen. Insbesondere die Studie von *Rosenfeld* erinnert stark an ältere rechtsvergleichende Darstellungen von Autoren, die zwecks unmittelbarer Anschauung Reisen nach England und in andere Länder unternommen haben. Die schriftliche Darstellung wird durch Zeichnungen abgerundet.[96] Die Zeitgenossen von *Liszt* sprachen von einem besonderen, methodologischen Zugang in den Arbeiten, die unter *Liszts* Förderung im Seminar entstanden sind. Der niederländische Kriminologe *Bonger* (1876–1940) nannte diesen Zugang – oder einige seiner Aspekte – „criminal topography";[97] *Hurwicz* (1884–1973) sprach in Deutschland unter dem Stichwort „detailgeographische Methode" von einer Besonderheit des soziologischen Zugangs im Kreis von *Liszt*.[98]

Als gelungenste Beispiele der „detailgeographischen Methode" fungieren die Studie „Die Ursachen von Kriminalität im Herzogtum Sachsen Meiningen" von *Weidemann* (–1942 ?) und die Studie „Kriminalistische Untersuchung der Kreise Marienwerder und Thorn" von *Blau* (1881–1954). Beide Studien sind separat und zusätzlich in *Liszts* „Abhandlungen des Kriminalistischen Seminars" erschienen und sollten die klassischen statistischen

95 Mitteilungen der IKV 14 (1907) S. 351 ff.; 15 (1908), S. 347 f. („diese hat im Sommer 1907 an Ort und Stelle nach einem von *Adickes* entworfenen Programme die einschlägigen Verhältnisse in England und Schottland studiert."). Vgl. die von der Landesgruppe Deutsches Reich vorbereiteten „Beiträge zur Reform des Strafprozesses", insb. *Paul Liepmann/Wolf Mannhardt,* Summarisches Strafverfahren in England und Strafverfahren in Schottland, 1908.

96 *Ernst Rosenfeld* (Fn. 94), S. 21.

97 *Willem Bonger,* Criminality and Economic Conditions, 1916, S. 189 f. („criminal topography").

98 *Elias Hurwicz,* Franz von Liszt und die sociologische Strafrechtsschule, Die neue Zeit 38 (1919), S. 79–86, S. 83, 85 („detailgeographische Methode"). Vgl. noch *Bruno Blau,* Kriminalistische Untersuchung der Kreise Marienwerder und Thorn (mit anderer Paginierung auch in: Abhandlungen des Kriminalistischen Seminars, Neue Folge, Bd. 2.2), S. 5 („Einzeluntersuchungen möglichst eng begrenzter Bezirke"), ferner S. 9, 50.

Themen, v.a. die Faktorensuche, mit einer Vorliebe für örtliche Details – vielleicht auch im Sinne der Heimatforschung – kombinieren.[99] Äußerlich betrachtet herrscht in beiden Studien die *statistische Methode* vor, wobei auch *Quetelet* im engeren sachlichen Zusammenhang erwähnt wird. Bei näherer Betrachtung verfahren jedoch beide Autoren eklektizistisch und vertreten gegenüber statistischen Daten oft eine kritische Perspektive, die dem älteren Umgang mit Statistik in Deutschland entspricht. So ist für *Weidemann* die gerichtliche Statistik an sich nur ein ungenauer Maßstab für die Zahl der innerhalb des angeschauten Bezirks begangenen Verbrechen.[100] Bei *Blau* wird kritisch auf inhaltliche Oberflächlichkeit von Faktoren wie Nationalität und Wohnungsverhältnisse hingewiesen.[101]

Abbildung: Die Zeichnung „Das Pingo-Tragen“ (eine Art Arbeitszucht für Gefangene), aus Ernst Rosenfelds „Strafrechtspflege insbesondere Gefängniswesen in Ceylon“.[102]

99 *Walter Weidemann*, Die Ursache der Kriminalität in Herzogtum Sachsen-Meiningen, 1903 (mit anderer Paginierung auch in: Abhandlungen des Kriminalistischen Seminars, Neue Folge, Bd. 2.1); *Bruno Blau* (Fn. 98).

100 *Walter Weidemann* (Fn. 99), S. 7.

101 *Bruno Blau* (Fn. 98), S. 20, 38.

III. Die IKV und der Grundsatz der gemeinsamen Arbeit

Die IKV und ihre Mitglieder fühlten sich, wie es in der Forschung allgemein anerkannt ist, einer gemeinsamen Arbeit verpflichtet. In Deutschland hat *Rotsch* präzise nachgezeichnet, wie in Bezug auf die Teilnahmelehre, d.h. im dogmatischen Bereich, die Mitglieder der IKV gemeinsame Positionen herausarbeiteten.[103] Dabei sticht hervor, dass die einzelnen Mitglieder nicht jeweils ihre nationalen Rechtsordnungen repräsentierten, sondern sich mit einer gemeinsamen Klärung von Grundvorstellungen engagierten.[104] Auch bei kriminalpolitischen Themen handelten die versammelten IKV-Mitglieder nicht als Delegierten ihres Landes, sondern als von staatlicher Diplomatie unabhängige Denker und Praktiker.[105] Der belgische IKV-Mitbegründer *Prins* hob anlässlich der Eröffnung des IKV-Kongresses in Budapest 1890 hervor, dass der wissenschaftliche Fortschritt „früher vor allem individuell und auf die Bemühungen des isolierten Denkers zurückzuführen war".[106] Demgegenüber seien die Kongresse der IKV „Ausdruck eines kollektiven Bewusstseins der Kriminalisten".[107]

An dieser Stelle zeigt die genauere Betrachtung, dass die IKV, je nachdem welche nationale Warte – etwa die deutsche, oder die belgische oder die

---

102 *Ernst Rosenfeld* (Fn. 94), S. 21. Solche Abbildungen in den Wissenschaften folgen nicht einem fotografischen Abbildungsideal. Sie setzen ein gebildetes Anschauen/„trained judgment" voraus und drücken die Beobachtungen in einem geschichtlich gewachsenen zeichnerischen Selektions-, Hervorhebungs- und Darstellungsrepetitorium aus. Sie sind als solche ein Teil des kollektiven Erfahrungsaustauschs. Vgl. zu solchen Praktiken am Beispiel von biologischen Atlanten *Lorraine Daston/Peter Galison* (Fn. 31), S. 19 ff.

103 *Thomas Rotsch,* „Einheitstäterschaft" statt Tatherrschaft, 2009, S. 113 ff.

104 Vgl. über die gemeinsame dogmatische Diskussion im Rahmen der IKV noch *Luka Breneselović* (Fn. 19), S. 490 ff. Als organisatorisches Gegenbeispiel kann die Arbeit des Internationalen Kongresses für Kriminalanthropologie dienen. Dazu z.B. *Martine Kaluszynski,* The International Congresses of Criminal Anthropology, in: Peter Becker/Richard F. Wetzell (Hrsg.), Criminals and their Scientists, 2006, S. 301–316, S. 310 (Ort exzessiver epistemologischer Auseinandersetzungen), S. 314 (einzelne Wissenschaftler als Fahnenträger ihrer Staaten; Abgewinnen von Punkten für einzelne Nationen in internationalen Beziehungen).

105 Vgl. die vorzüglich kritische Darstellung von ausgewählten Debatten bei *Richard Wetzell* (Fn. 2, Glossae 2020), S. 129 ff. Ferner die Darstellung aller Kongresse bei *Elisabeth Bellmann* (Fn. 2), S. 32 ff., 79 ff.; mit Hinblick auf Institutionalisierungsprozesse *Silviana Galassi* (Fn. 14), S. 292 ff.

106 Rede von *Adolphe Prins* bei der Hauptversammlung in Budapest am 12. September 1889, Mitteilungen der IKV 8 (1900), S. 219–222, S. 220 f.

107 *Adolphe Prins* (Fn. 106), S. 220 f.

russische – eingenommen wird, für die Mitglieder eine unterschiedliche geschichtliche Stellung hatte. Für *Prins* war die IKV ein zeitgenössischer Ausdruck des kollektiven Bewusstseins, „conscience collective", von Kriminalisten. Das kollektive Bewusstsein erhalte „seinen Einfluss von den großen Strömungen, die die gesamte Menschheit tragen".[108] Wo früher isolierte Denker, „penseur isolé", individuelle Fortschritte erarbeiteten, schaffe man jetzt den Fortschritt gemeinsam.[109] Eine vergleichbare Einschätzung findet sich auch in der Literatur über die IKV. *Radzinowicz* meint etwa im Sinne einer zeitgenössischen Zuordnung zum Fin de Siècle, dass *Prins'* Ausführungen über „conscience collective" ganz besonders den Geist der Epoche, in der die IKV heranwuchs, abbildete.[110] Auch in weiteren Studien wird – in Anlehnung an die Entwicklung in Naturwissenschaften – die Arbeit im Rahmen der IKV als eine rein synchronisch zu bewertende Erscheinung vom Ende des 19. Jahrhunderts eingeordnet.[111]

Aus der deutschen Perspektive müsste sich jedoch die kollektive Arbeit der IKV nicht als eine Neuheit, sondern als Fortführung einer alten Einstellung mit neuen Mitteln darstellen. Diesbezüglich ist auf die Besonderheiten der rechtstheoretischen Entwicklung im frühen 19. Jahrhundert hinzuweisen, in denen vor allem *Savigny* (1779–1861) darauf bestand, dass zur Rechtswissenschaft ein Konzept des *friedlichen* Streits gehört.[112] Ihm schwebte als Ideal eine „Gemeinschaft des wissenschaftlichen Besitzes",[113] eine „Gemeinschaftlichkeit wissenschaftlicher Überzeugungen" [114] vor Augen. Insoweit kontrierte man einerseits etwa das bei *Wilhelm Humboldt* (1767–1835) vorgeschriebene Ideal, wonach die beste Forschung die *einsame* Forschung sei.[115] Im strafrechtlichen Bereich kritisierte man andererseits

---

108 *Adolphe Prins* (Fn. 106), S. 221.

109 *Adolphe Prins* (Fn. 106), S. 221.

110 *Leon Radzinowicz* (Fn. 2), S. 9.

111 *Elisabeth Bellmann* (Fn. 2), S. 10 ff.; *Sylvia Kesper-Biermann/Petra Overath* (Fn. 2), S. 9 ff.

112 *Friedrich Carl v. Savigny,* Vom Beruf unsrer Zeit für Gesetzgebung und Rechtswissenschaft, 1814, S. 3.

113 *Friedrich Carl v. Savigny* (Fn. 112), S. 29. Vgl. noch ebenda S. 60 f., 126. Ferner Zusätze, in: *ders.* Vom Beruf unsrer Zeit für Gesetzgebung und Rechtswissenschaft, 2. Aufl. 1828, S. 167.

114 *Friedrich Carl v. Savigny,* System des heutigen Römischen Rechts, Bd. 1, 1840, S. IX f. Für weitere Nachweise vgl. *Luka Breneselović* (Fn. 19), S. 108, Fußnote 435.

115 Vgl. zum Humboldts Topos „Einsamkeit und Freiheit" *Manfred Riedel,* Wilhelm von Humboldts Begründung der „Einheit von Forschung und Lehre" als Leitidee der Universität, Zeitschrift für Pädagogik – Beiheft 14 (1977), S. 231–247, S. 236 ff., wo

ausdrücklich die philosophischen Ausrichtungen in Deutschland, wo um den Ausgang des 18. Jahrhunderts die Mode herrschte, „absichtlich die Ansichten des Gegners lächerlich zu machen, seine Behauptungen zu verdrehen, und ihm Worte unterzulegen, um dagegen Einwürfe vorzubringen".[116]

Damit erklärt sich, dass im deutschsprachigen Bereich die gemeinsame Forschung als Ideal bereits in der ersten Hälfte bis um die Mitte des 19. Jahrhunderts etabliert wurde. Die IKV war nicht der erste Ausdruck dieser Sichtweise, sondern eine unter mehreren ihrer institutionellen Vervollkommnungen. Man kann als weitere Plattformen der gemeinsamen Arbeit insbesondere die „Zeitschrift für die gesamte Strafrechtswissenschaft"[117] und die Errichtung des Kriminalistischen Seminars – letztendlich in einer gemischten, stark auch vom „Seminar" in Göttingen geprägten Form – durch *Liszt* hervorheben.[118] Nach dem Prinzip einer gemeinsamen Arbeit waren – auch für Strafrechtler – wichtige Verhandlungen des Deutschen Juristentages ausgerichtet.[119] In *Liszts* wissenschaftlichem Werdegang – zuerst als junger Dozent in Österreich – gehörte die Mitwirkung am Deutschen Juristentag zu einem wesentlichen Aspekt der wissenschaftlichen En-

---

freilich auch bei Humboldt eine Komplementierung durch Forschung in Gemeinschaft vorausgesetzt wird.

116 *Carl Joseph Anton Mittermaier,* Über die Grundfehler der Behandlung des Criminalrechts in Lehr- und Strafgesetzbücher, 1819, S. 49. Vgl. ferner *ders.,* Über den neusten Zustand der Criminalrechtswissenschaft in Deutschland, Neues Archiv des Criminalrechts 4 (1821), S. 76–106 (Teil 1), S. 94 („nach Worten gehascht, ihre Gegner zu widerlegen, und dadurch oft selbst Missverständnisse verbreitet haben").

117 Für die Gründung dieser Zeitschrift vgl. einerseits *Monika Frommel,* Franz von Liszt: 1851–1919, in: Wilhelm Brauneder (Hrsg.), Juristen in Österreich: 1200–1980, 1987, S. 223; *Arnd Koch,* „v. Liszt-Schule". Personen, Institutionen, Gegner, in: Arnd Koch/Martin Löhnig (Hrsg.), Die Schule Franz von Liszts, 2016, S. 27–56, S. 33 f. (Konzept der Zeitschrift sei innovativ), andererseits *Luka Breneselović* (Fn. 19), S. 88 ff. (Übereinstimmungen mit Mittermaiers Archiv des Kriminalrechts und älterer Publizistik).

118 Für die allgemeine Bedeutung der älteren Seminartradition in der Forschungs- und Universitätsgeschichte vgl. *William Clark,* Academic Charisma and the Origins of the Research University, 2006. Für das Kriminalistische Seminar *Luka Breneselović* (Fn. 19), S. 45, 215 ff.; für das Göttinger Vorbild und Liszts frühe Erfahrung in einem Seminar in Wien vgl. *ebendort,* S. 45.

119 Vgl. *Hermann Conrad* et al., Der Deutsche Juristentag. 1860–1994, 1997; *Esther Hartwich,* Der Deutsche Juristentag von seiner Gründung 1860 bis zu den Reichsjustizgesetzen 1877 im Kontext von Nationsbildung und Rechtsvereinheitlichung, 2008.

kulturation.[120] Auch *van Hamel,* der niederländische Mitbegründer der IKV, war nachweislich vom Konzept des Deutschen Juristentags überzeugt und machte sich mit der Gründung einer entsprechenden juristischen Plattform in seiner Heimat verdient.[121]

Für eine gemeinsame *internationale* Arbeit hat sich im strafrechtlichen Bereich – und zwar bereits vor 1848 – *Mittermaier* ausgesprochen.[122] Für ihn galt als Grundsatz, dass „die Begriffe von Recht, Staat und Strafe Grundbegriffe (sind), und die Forschungen darüber (...) nicht einem bestimmten Lande (angehören), sondern der Wissenschaft".[123] „Mit Recht nennt man", meint *Mittermaier,* die „durch Montesquieu, Voltaire, Beccaria usw. in den vorigen Jahrhunderten angeregte geistige Revolution im Criminalrechte eine europäische (...)."[124] Eine Generation später befürwortet *Glaser, Liszts* akademischen Lehrer und *Mittermaier*-Verehrer, vergleichbare Ansichten. Nach *Glasers* Auffassung kann man „immer noch mit Fug und Recht von einem gemeinen Strafrecht Europas, wenigstens des europäischen Continents, sprechen".[125] Es läge überall „dieselbe Grundanschauung des Verbrechens und der Strafe, überall dasselbe Streben nach Klärung der Begriffe und nach vernünftiger Weiterentwicklung" vor.[126] „Wie die Grundlagen überall dieselben sind", so ist auch, nach *Glaser,* „die Arbeit zur Weiterbildung eine gemeinsame".[127]

---

120 Vgl. *Franz v. Liszt,* Wie ist das forum delicti commissi für ein Presserzeugnis zu bestimmen, wenn von mehreren Orten aus vertrieben worden ist? (Gutachten für den XV. deutschen Juristentag), in seinen: Strafrechtliche Aufsätze und Vorträge, Bd. 1, Nr. 4, S. 64–78 (zuerst 1880); später *ders.,* Zur Vorbereitung des Strafgesetzentwurfs, Strafrechtliche Aufsätze und Vorträge, Bd. 2, Berlin 1905, Nr. 30, S. 411–432.

121 Vgl. *Franz v. Liszt* (Fn. 1, ZStW 1917), S. 554, 563; sowie im hier vorliegenden Sammelband („Die europäische Bedeutung der IKV") *Cyrille Fijnaut,* Gerard van Hamel: Fürsprecher der IKV in den Niederlanden.

122 *Carl Joseph Anton Mittermeier,* Über den neusten Zustand der Criminalrechtswissenschaft in Deutschland, Neues Archiv des Criminalrechts 4 (1821), S. 76–106 (Teil 1), S. 94.

123 *Carl Joseph Anton Mittermeier,* Blicke auf den Zustand der Ausbildung des Crimalrechts im Auslande: insbesondere in Italien, Frankreich, England, Spanien, Portugal und den Niederlanden, Kritische Zeitschrift für Rechtswissenschaft und Gesetzgebung des Auslandes 2 (1830), S. 328–360 (Teil 1), S. 328.

124 *Carl Joseph Anton Mittermeier* (Fn. 123), S. 328 f.

125 *Julius Glaser,* Über Aufgabe und Behandlung der Wissenschaft des österreichischen Strafrechts (zuerst 1854), in seinen: Gesammelte kleinere Schriften über Strafrecht, Civil- und Strafprocess, Bd. 1, 1868, S. 3–18, S. 17.

126 *Julius Glaser* (Fn. 125), S. 17.

127 *Julius Glaser* (Fn. 125), S. 17.

IV. Ausblick: Der Methodenpluralismus und die Werte der IKV

Die hier befürwortete pluralistische Erfassung des empirischen Interesses im 19. Jahrhundert und in der Reformarbeit der IKV schafft Voraussetzungen dafür, die Bemühungen, die im Rahmen der IKV erfolgten bzw. die Tätigkeit ihrer Mitglieder auszeichneten, in der Zukunft in einem neuen Licht zu sehen. Eine richtige Einordnung der Bemühungen im Rahmen der IKV würde voraussetzen, dass die dort gemachten Fortschritte zwar auch an positivistischen Maßstäben gemessen werden, gleichwohl aber andere empirische Entwicklungslinien Berücksichtigung finden. Es konnte gezeigt werden, dass der alternative, pluralistische Ansatz – im Gegensatz zur einseitigen positivistischen Prämisse – zu einem angemesseneren Urteil über die empirischen Tendenzen im Rahmen der IKV beiträgt. Damit wird eine präzisere epistemologische Zuordnung gewonnen. Darüber hinaus werden aber mit einer pluralistischen Perspektive auch Voraussetzungen dafür geschaffen, dass das allgemeine Anliegen von IKV-Mitgliedern zukünftig präziser als bisher eingeschätzt wird. Während die positivistische Prämisse letztendlich zu dem Schluss führt, dass die IKV-Mitglieder empirisch zwar interessiert, nicht aber versiert, sondern naiv waren, eröffnet eine pluralistische Perspektive den Raum dafür, dass der sorgsam-zurückhaltende Umgang mit Ergebnissen der empirischen Forschung im Rahmen der IKV als Ausfluss einer empirischen Reife gedeutet wird.

Die pluralistische Perspektive – die genaueren Erkundungen wären eine Aufgabe der Zukunft – kann dazu führen, dass auch die *Werte* im Kreis der IKV-Mitglieder anders als in der Forschung der vergangenen 30 Jahre eingeschätzt werden. Eine präzisere Einordnung des empirischen Interesses in der Arbeit eines Wissenschaftlers oder eines Vereins dient nicht allein einer Wahrheit im positiv-theoretischen Bereich. Vielmehr hängt auch die sensible politische und normative Einschätzung eines individuellen oder gemeinsamen Engagements in vielerlei Hinsicht mit dem Rahmen zusammen, aus welchem diskursiv die empirischen Tendenzen oder das empirische Interesse entlehnt werden. Insofern ist es die Aufgabe der zukünftigen Forschung, genauer die Verbindungslinien zwischen politischem Anliegen in der Aufklärung und in der ersten Hälfte des 19. Jahrhunderts einerseits und den Werten und politischen Bestrebungen im Rahmen der IKV und in den Bemühungen ihrer Mitglieder andererseits zu untersuchen. Eine gewisse Reformkontinuität zwischen den Bestrebungen im deutschen Vormärz und in der Reformarbeit der IKV würde beispielsweise (zusätzlich) dafür sprechen, dass das Bedürfnis einer fairen Ausgestaltung des Strafverfahrens für die IKV-Reformer zu einem bereits errungenen Konsensus gehörte und nicht etwa wegen einer vermeintlichen Unwichtigkeit des Themas selten den Eingang in das Diskussionsprogramm fand.[128]

Hier wird der Vorschlag gemacht, zukünftig einen Fokus in der Forschung darauf zu legen, die Idee einer „empirischen“ Strafrechtsreform auf europäischem Boden in verschiedenen Formen des aufgeklärten Absolutismus – bzw. in der Art und Weise, wie die aufklärerischen Erfolge verkündet und literarisch ausgelegt wurden, – zu suchen. Als Musterkodifikation galt die Habsburgische *Leopoldina* von 1786 in der Toskana.[129] Nach der maßgeblichen Vorstellung der Nachgenerationen lag der aufgeklärte Erfolg der Leopoldina darin, dass sie auf Grundlagen von Erfahrung und Überprüfung von Wirksamkeit basierte. Daraufhin schrieben 1830 der italienische Experte *Giovanni Carmignani* (1768–1847) und *Mittermaier*, dass eine gute Herangehensweise des Gesetzgebers die „aus der Erfahrung geschöpften Reflexionen“, die „Erfahrung“ und die „Prüfung“ voraussetze.[130] Der Gesetzgeber sollte für seine Entscheidungen „taugliche faktische Gründe für die Nothwendigkeit“, „tatsächliche Stütze des Grundes“[131] und die „Data“[132] vorführen können.

Die pluralistische Perspektive auf die Verbreitung des empirischen Interesses hängt jedoch, das soll hier zum Schluss nochmals hervorgehoben werden, auch wesentlich von einer Offenheit gegenüber verschiedenen wissenschaftlichen Paradigmen ab. Die klassische Kriminologiegeschichte *bemühte sich,* ganz nach dem positivistischen Geschmack, um den Nachweis von Verdiensten einer jeweils kleinen oder größer kalibrierten Zahl von namhaften Autoren. Der wissenschaftliche Erfolg, auch die Empirie,

128 Hier ist hervorzuheben, dass die Diskussion über Verfahrensreform im Rahmen der IKV sich in der Regel an der Begrifflichkeit des reformierten Inquisitionsverfahrens – ein Gedankenschatz des Vormärz – ausrichtete. Zu einzelnen Themen – wie Geschworene, Zeugenaussagen, Reform der richterlichen Voruntersuchung – s. *Elisabeth Bellmann* (Fn. 2), S. 75 ff., 117 ff. Auch aus dieser Warte erschiene der Schluss berechtigt, dass im Rahmen der IKV ein strafverfahrensrechtlicher Grundkonsens bestand. Für eine vermeintliche Randbedeutung des Strafverfahrens im Rahmen der IKV vgl. *Richard Wetzell* (Fn. 2, Glossae 2020), S. 126.

129 Vgl. *Hans Schlosser,* Die „Leopoldina“. Toskanisches Strafgesetzbuch vom 30. November 1786, 2010.

130 *Giovanni Carmignani/Carl Joseph Anton Mittermaier,* Über die Schicksale der Todesstrafe in der Gesetzgebung von Toscana, Kritische Zeitschrift für Rechtswissenschaft und Gesetzgebung des Auslandes 2 (1830), S. 385–414, S. 392.

131 *Giovanni Carmignani/Carl Joseph Anton Mittermaier* (Fn. 130), S. 405.

132 *Giovanni Carmignani/Carl Joseph Anton Mittermaier* (Fn. 130), S. 406.

wird dabei als ein individuelles Verdienst porträtiert. Nimmt man diese Perspektive ein, so muss man zu dem Schluss kommen, dass die IKV keine großen Namen für ein gedachtes, ideales Kompendium der Kriminologiegeschichte vorweisen kann. Nimmt man dagegen die Perspektive einer *kollektiven Empirie* ein, so muss man umgekehrt zu dem Schluss gelangen, dass die IKV erstens (1) mit ihrem eigenen Namen als kollektive Austauschplattform eine Größe in eigenem Recht in der Kriminologiegeschichte darstellt, und zweitens (2) auch vielfach durch Verständnis für die Bedeutung der Erfahrung die empirische Erforschung – auch individueller Art – im 20. Jahrhundert beflügelte. Im ersten Punkt ist der empirische Erfolg der IKV zusammengefasst, im zweiten ihr geschichtliches empirisches Verdienst.

Strafrechtswissenschaft und auswärtige Beziehungen

Michael Kubiciel

I. Internationale Strafrechtswissenschaft im Kräftefeld auswärtiger Politik

> „Jede Strafgesetzgebung muss nationalen Charakter tragen, sie muss der Eigenart des Staates sich anpassen, für dessen Volk sie bestimmt ist. Aber jede Strafgesetzgebung ruht auf wissenschaftlichen Grundlagen; und die Wissenschaft, welche diese Grundlagen zu gewinnen sucht, ist, wie jede Wissenschaft, an nationale Schranken nicht gebunden. So soll auch unsere Vereinigung eine internationale sein, um die im gemeinsamen Wettbewerb errungenen Ergebnisse den Gesetzgebungen der einzelnen Länder zur Verfügung zu stellen."[1]

Mit diesen Sätzen beschrieb *Franz v. Liszt* im Jahr 1889 die grenzüberschreitenden Ambitionen der soeben gegründeten Internationalen Kriminalistischen Vereinigung (IKV). In den 25 Jahren bis zum Ausbruch des Krieges konnte die Vereinigung *Liszts* Anspruch gerecht werden. Sie avancierte zu der bis heute bekanntesten und wirkmächtigsten internationalen Gesellschaft für Kriminalpolitik und Strafrechtswissenschaft; ihre 1924 gegründete Nachfolgeorganisation „Association Internationale de Droit Pénal" (AIDP) vermochte weder den Grad an wissenschaftlicher Anerkennung noch das Maß an rechtspolitischem Einfluss der IKV zu erlangen. Dies liegt jedoch nicht allein an der Schlagkraft der IKV als Institution, der Tatkraft ihrer Protagonisten oder der Überzeugungskraft der propagierten Ideen. Vielmehr sind Entstehung und Wirken der IKV kaum denkbar ohne die besondere Gestalt der äußeren Beziehungen zwischen den Ländern, aus denen die zentralen Personen der IKV stammten. Gegründet während der Spätphase der europäischen Bündnispolitik *Bismarcks*, die das europäische Konzert der Mächte wiederbelebte und damit Deutschland sowie den Frieden in Zentraleuropa sichern sollte,[2] wirkte die IKV bis zum Beginn des

1 *Franz v. Liszt*, Eine Internationale kriminalistische Vereinigung, ZStW 9 (1889), S. 363, 367.

2 Ausführlich zu dieser häufig als „Meisterleistung" bezeichneten, aber weitgehend improvisierten Bündnispolitik *Christian Graf v. Krockow*, Bismarck, 2000, S. 325 ff.; ferner

Ersten Weltkrieges in einem Europa, dessen Staaten in einem multipolaren Kräftefeld zweieinhalb Jahrzehnte lang ein fragiles, aber funktionierendes Gleichgewicht aufrechterhalten konnten.[3] Bezieht man diese zwischenstaatlich-außenpolitische Dimension in die Betrachtung mit ein, wird nicht nur eine wesentliche Voraussetzung ihrer Gründung und ihres erfolgreichen Wirkens sichtbar. Vielmehr erscheint die IKV auch als Unternehmung, mit der das günstige außenpolitische Großklima rechtswissenschaftspolitisch genutzt sowie die teils kooperierenden, teils im äußeren Frieden koexistierenden Staaten Europas durch die Angleichung des symbolisch und politisch herausragenden Strafrechts einander nähergebracht werden sollten. Kurz: Die IKV betrieb transnationale Strafrechtswissenschaft und Kriminalpolitik nicht nur mit innen- und rechtspolitischem Impetus, sondern auch zur Pflege der auswärtigen Beziehungen der Staaten Europas (dazu II.). Indes können weder grenzüberschreitende wissenschaftliche Kooperationen noch transnational koordinierte nationale Gesetzgebungsprojekte jenes Verhältnis zwischen den Staaten erschaffen oder aufrechterhalten, das zur Verwirklichung solcher wissenschaftlich-rechtspolitischen Ambitionen benötigt wird. Eine institutionalisierte grenzüberschreitende Strafrechtswissenschaft, etwa in Form von Gelehrtenvereinigungen, Kongressen oder gar Gesetzgebungsprojekten, ist nur möglich, soweit die äußeren Beziehungen zwischen den beteiligten Staaten diesen institutionellen Austausch begünstigen und nicht ausschließen. Besonders deutlich machen dies die Umstände der Auflösung der IKV nach Ende des Ersten Weltkrieges; auch der gescheiterte, maßgeblich durch *v. Liszt* und seine Schüler propagierte Versuch, mit Hilfe eines einheitlichen mitteleuropäischen Strafrechts die Bedingungen für eine dauerhafte Kooperation zwischen den beteiligten Staaten zu flankieren und damit eine Nachkriegsfriedensordnung zu stabilisieren, zeigt die außenpolitische Determiniertheit einer Strafrechtswissenschaft mit transnationalem Anspruch. Eine grenzüberschreitende, auf politische Integration abzielende Kriminalpolitik lässt sich zwar am Schreibtisch entwerfen; ihre Umsetzung hängt indes von komplexen außenpolitischen und historischen Gegebenheiten ab, die weder politisch planbar sind noch von der Rechtswissenschaft mitgestaltet werden kön-

---

Joachim Krause, Strategische Irrtümer deutscher Außenpolitik im Rückblick – die Jahre von 1890 bis 1914, Sirius 6 (2022), S. 394 f.; *Heinrich August Winkler*, Geschichte des Westens, Bd. 2, 2009, S. 852 ff., 903; *Gregor Schöllgen*, Deutsche Außenpolitik, 2013, S. 41 ff.

3 So *Christopher Clark*, Die Schlafwandler, 2012, S. 169.

nen (III.). Insgesamt soll gezeigt werden, dass der Aktionsradius einer grenzüberschreitenden Strafrechtswissenschaft und ihre Gestaltungsmacht in erheblichem Maß vom außenpolitischen „Großklima" der jeweiligen Epoche beeinflusst ist. Anders gewendet: Ändert sich die Struktur der internationalen Beziehungen, verändert sich der grenzüberschreitende institutionalisierte Rechtsdiskurs.[4] Die Geschichte der IKV und die Episode der mitteleuropäischen Strafrechtsvereinheitlichung machen dies anschaulich.

II. Die IKV als Exponent der Zeit

Rückblickend erscheinen die Gründung der IKV sowie ihr anfänglicher Erfolg als beinahe zwangsläufige Folge einer innerrechtswissenschaftlichen Entwicklung, persönlicher Ambitionen und individueller Fähigkeiten der Protagonisten, voran *Franz v. Liszt* (1.). So wichtig aber diese Faktoren auch sind; sie werden in ihrer Bedeutung deutlich übertroffen von dem Umstand, dass die zwischenstaatlichen Verhältnisse im Europa des späten 19. Jahrhunderts einen gedeihlichen Rahmen für die transnationale Zusammenarbeit boten (2.). Ohne diese Struktur der internationalen Beziehungen wäre die IKV vermutlich nicht gegründet worden, zumindest aber hätte sie nicht den Anspruch erheben können, politisch in die Rechtsordnungen verschiedener Staaten hineinwirken zu können.

1. Eine Fortschrittserzählung

a) Gesellschaftliche Faktoren

In rechtswissenschaftlicher Hinsicht knüpften die IKV und *v. Liszt* als ihr Spiritus Rector an jene internationale Perspektive an, die der modernen Strafrechtswissenschaft seit ihren Anfängen zu eigen war: Diese behandelte mit Strafe und Kriminalität Begriffe bzw. Phänomene, die nicht exklusiv mit einzelnen Staaten verbunden sind, sondern diesen gleichsam vorausliegen.[5]

4 Vgl. *Wolfgang Friedmann*, The Changing Structure of International Law, 1964, s. dazu *Alexandra Kemmerer*, Die Stimme der Hegemonen, FAZ v. 30.3.2016, S. N4.

5 Klarstellend dazu *Luka Breneselović*, Die wissenschaftskritischen Zuordnungen von Franz von Liszt, 2020, S. 104 ff.; zum gemeinsamen Traditionsbestand der europäischen Strafrechtswissenschaft *Michael Kubiciel*, Einheitliches europäisches Strafrecht und vergleichende Darstellung seiner Grundlagen, JZ 2015, S. 64, 68 ff.

Daher entstand bereits im 18. und 19. Jahrhundert ein grenzüberschreitender Diskursraum[6] – noch vor der Konsolidierung wichtiger europäischer Nationalstaaten (Belgien, Schweiz, Italien, Deutschland) und lange vor Gründung der IKV. So betrachtet, institutionalisierte die IKV den grenzüberschreitenden Austausch, den zuvor Strafrechtler individuell oder in kleineren Zirkeln betrieben hatten. Befördert wurde diese Institutionalisierung des grenzüberschreitenden Diskurses durch verschiedene Faktoren. Insbesondere erlebten die Gesellschaften der europäischen Staaten Ende des 19. Jahrhunderts tiefgreifende soziale und ökonomische Veränderungen[7] und begegneten daher auch ähnlichen rechts- und kriminalpolitischen Problemen. Dieser Umstand verlieh nicht nur der Rechtsvergleichung zusätzlichen Schub,[8] sondern bildete auch den Willen aus, nach grenzüberschreitend tauglichen Lösungen zu suchen[9] und diese mit vereinten Kräften gegenüber den nationalen Gesetzgebern zu propagieren. Zu diesem Zweck organisierte man zunächst eine stattliche Anzahl internationaler Kongresse, etwa zu Fragen des Strafvollzugs, bevor diese Entwicklung in der Gründung der IKV mündete, der Diskurs also gleichsam institutionalisiert wurde.[10]

Diese Institutionalisierung des grenzüberschreitenden wissenschaftlichen Austausches folgt einer längeren Entwicklungslinie. Zunächst entstand im späten 18. Jahrhundert in Deutschland und darüber hinaus eine Vielzahl von privaten Debattierclubs, Lesegesellschaften und Logen, die der privaten Bildung und dem Austausch aufklärerisch-moderner Ideen dienten.[11] In der Gründung von Vereinen fand diese private Geselligkeit im 19. Jahrhundert sodann eine öffentliche Form, die vom staatlichen Vereinsrecht strukturiert wurde. Viele Vereine fungierten dabei als Vermittlungsinstitutionen des technischen und wissenschaftlichen Fortschritts, wobei sie den allgemeinen Trend zur Spezialisierung und Differenzierung nachvoll-

---

6 Statt vieler *Dieter Grimm*, Historische Erfahrungen mit Rechtsvereinheitlichung – das frühe 19. Jahrhundert in Deutschland, RabelsZ 50 (1986), S. 61 ff.

7 Siehe etwa *Volker Berghahn*, in: Jürgen Kocka (Hrsg.), Handbuch der deutschen Geschichte, Bd. 16., 10. Aufl. 2003, S. 362.

8 Dazu *Florian Herrmann*, Das Standardwerk. Franz von Liszt und das Völkerrecht, 2001, S. 53.

9 *Hans Joachim Hirsch*, Internationalisierung des Strafrechts und Strafrechtswissenschaft, ZStW 116 (2004), S. 835, 841.

10 *Sylvia Kesper-Biermann*, Die Internationale Kriminalistische Vereinigung, in: dies./ Petra Overath (Hrsg.), Die Internationalisierung von Strafrechtswissenschaft und Kriminalpolitik (1870–1930), 2007, S. 85, 87.

11 Siehe etwa *Stefan-Ludwig Hoffmann*, Eine Politik der Geselligkeit, 2000.

zogen.[12] Mit der Etablierung einer gesellschaftlichen Praxis des gelehrten Austausches in einer vereinsrechtlich strukturierten Form war der Boden dafür bereitet, die Idee des institutionalisierten wissenschaftlichen Dialogs auf eine grenzüberschreitende Ebene zu heben. Die Gründung einer internationalen wissenschaftlichen Vereinigung, die sich der Kriminalpolitik widmet, erscheint am Ende des 19. Jahrhunderts beinahe als logisch nächster Schritt der Strafrechtswissenschaft.

b) Individuelle Faktoren

Es bedurfte noch eines Mannes mit der erforderlichen Tatkraft und den notwendigen Kontakten ins Ausland, um eine solche Plattform zu schaffen und mit deren Hilfe den grenzüberschreitenden Diskurs in organisatorisch und inhaltlich vorstrukturierte Bahnen zu lenken. Dieser Mann war *Franz v. Liszt*, der seine Ambitionen und sein organisatorisches Geschick schon mit der Gründung der „Zeitschrift für die gesamte Strafrechtswissenschaft" unter Beweis gestellt hatte. Internationale Strafrechtswissenschaft zu betreiben hieß für ihn nicht nur, die „allgemeinen Merkmale des Verbrechensbegriffes" im Wege einer rechtsvergleichenden Analyse sichtbar zu machen.[13] Die internationale wissenschaftliche Vereinigung sollte auch nicht so sehr Plattform für einen *ergebnisoffenen* Austausch sein. Der Politiker in *v. Liszt* sah vielmehr die Chance, die IKV als Vehikel zu nutzen, um *eigene* Vorstellungen in grenzüberschreitende Diskurse einzuspeisen. So wurde die Arbeit der IKV nicht zuletzt von den straftheoretischen, wissenschaftsmethodischen und kriminalpolitischen Konzeptionen angeleitet, die *Franz v. Liszt* zuvor in verschiedenen Publikationen beschrieben und für die er den Anspruch grenzüberschreitender Gültigkeit erhoben hatte.[14] Diese sollten nun auch die Reformen in anderen Strafrechtsordnungen anleiten.[15]

---

12 *Wolfgang Hardtwig*, Strukturmerkmale und Entwicklungstendenzen des Vereinswesens in Deutschland 1789–1848, in: Otto Dann (Hrsg.): Vereinswesen und bürgerliche Gesellschaft in Deutschland. Historische Zeitschrift, Beiheft 9, 1984, S. 11 ff. (Zitat auf S. 14).

13 *Franz* v. *Liszt*, in: ders. (Hrsg.), Das Strafrecht der Staaten Europas, 1894, S. XXIV. Ähnlich *Hans Joachim Hirsch* (Fn. 9), S. 835, 850: Befassung mit den „universal sich stellenden allgemeinen Fragen des Deliktes".

14 Treffend *Stefan Braum*, Historische Modelle transnationalen Strafrechts, in: Sylvia Kesper-Biermann/Petra Overath (Fn. 10), S. 85 ff.

15 Vielsagend das Vorwort in Karl v. Birkmeyer (Hrsg.), Vergleichende Darstellung des deutschen und ausländischen Strafrechts: Vorarbeiten zur deutschen Strafrechts-

Dass Vertreter anderer Staaten diesen Anspruch nicht als rechtspolitischen Ausdruck deutschen Hegemonialdenkens erachteten,[16] sondern *v. Liszts* Anspruch für die IKV qua Statuts verbindlich machten, lag vor allem daran, dass sich *v. Liszts* Überlegungen aus den größeren „Strömen des europäischen Geistes" dieser Zeit speisten.[17] Insgesamt verfügte die IKV damit über einen Organisator und Impulsgeber sowie über eine Programmatik, deren grenzüberschreitende Gültigkeit sie nicht politisch postulieren musste, sondern mit vielfach geteilten wissenschaftlichen Argumenten untermauern konnte.[18]

2. Die Bedeutung der besonderen Gestalt er internationalen Beziehungen für die IKV

Vom institutionellen Hintergrund über die richtigen Personen und das für sie handlungsleitende gemeinsame Programm – alles fügte sich in der IKV so gut zusammen, dass sie scheinbar aus eigener Kraft zu einem dominanten Player des grenzüberschreitenden strafrechtswissenschaftlichen Austausches und zu einem wichtigen Impulsgeber für die Kriminalpolitik

reform, Bd. 1, 1908: Der Reformgesetzgeber müsse einen „Standpunkt zu gewinnen suchen, der nicht nur das eigene Recht vollkommen übersehen, sondern über dessen Schranken hinaus alle Zusammenhänge erkennen und das *heimische Recht* als ein individuell gestaltetes Gebilde der allgemeinen Rechtsentwicklung aller Kulturvölker erfassen lässt."

16 Zur Tendenz von „Hegemonialmächten", strafrechtliche Modelle und Regelungen qua Rechtsvergleich und Rechtstransfer zu verbreiten, siehe *Hans Joachim Hirsch* (Fn. 9), S. 835, 839. Dazu auch in rhetorisch-polemischer Zuspitzung *Bernd Schünemann*, Das Strafrecht im Zeichen der Globalisierung, GA 2003, S. 299 ff., der dieses Hegemonialstreben vor allem beim „anglo-amerikanischen Strafrechtsdenken" ausmacht, selbst aber die weltweite Vorbildlichkeit deutscher Strafrechtsdogmatik (eigener Provenienz) propagiert, s. *dens.*, Über Strafrecht im demokratischen Rechtsstaat, das unverzichtbare Rationalitätsniveau seiner Dogmatik und die vorgeblich progressive Rückschrittspropaganda, ZIS 2016, S. 654 ff. Dagegen *Joachim Vogel*, Strafrecht und Strafrechtswissenschaft im internationalen und europäischen Rechtsraum, JZ 2012, S. 25 ff. Siehe bereits *Hans Joachim Hirsch* (Fn. 9), S. 848: Wenn von einer universalen Strafrechtswissenschaft die Rede sei, dann sei nicht an die weltweite Ausbreitung des deutschen dogmatischen Systems gedacht.

17 So *Hans-Heinrich Jescheck*, Der Einfluß der IKV und der AIDP auf die internationale Entwicklung der modernen Kriminalpolitik, ZStW 92 (1980), S. 997 f.

18 Es ging, so v. Liszt, um ein „durchaus praktisches Ziel": auf „wissenschaftlicher Grundlage eine Änderung der Gesetzgebung" zu erreichen, siehe dazu *Franz v. Liszt* (Fn. 1), S. 363, 367.

wurde.[19] Diese Deutung klingt auch in der Einschätzung *Kohlrauschs* an, der als Schüler *v. Liszts* und dessen Nachfolger im Vorsitz der Deutschen Landesgruppe der IKV schreibt, diese sei „nicht nur ein Kind ihrer Zeit, sondern auch in ihr ein treibender Faktor"[20] gewesen. Dabei wird aber übersehen oder zumindest als selbstverständlich vorausgesetzt, dass die IKV nur deshalb Kind und Faktor ihrer Zeit sein konnte, weil sie in einer außenpolitischen Lage wirkte, in der die äußeren Beziehungen zwischen den (meisten) Staaten Europas ein günstiges Klima für den wissenschaftlichen Austausch schufen. Vor und nach Gründung des Deutschen Reiches im Jahr 1871 entfaltete *Bismarck* eine Bündnispolitik, die mit der Stellung Preußens und Deutschlands zugleich den Frieden in Europa sichern sollte. Auch andere Staaten, voran England, Frankreich und Russland, suchten im Konzert der Mächte nach Begleitung durch andere Staaten. So entstand ein „multipolares System"[21], in dem Interessensparallelitäten zwischen Staaten gesucht wurden, um gegenläufige Interessen anderer Staaten einzuhegen. Konflikte wurden für einen beachtlichen Zeitraum nicht ausgetragen, sondern mit dem Mittel einer häufig punktuellen, manchmal strategischen Kooperation eingedämmt. Auf diese Weise erhielten die Staaten im Äußeren jenen Frieden, den sie im Inneren benötigten, um die komplexen Prozesse der Nationenbildung und der Stabilisierung ihrer in Bewegung geratenen Gesellschaften zu gestalten und dabei die tradierten Machtstrukturen abzustützen.[22] Die transnationale Erarbeitung eines wissenschaftlichen Angebots von Lösungsvorschlägen für konkrete kriminalpolitische Probleme und eine Vertiefung der zwischenstaatlichen rechtswissenschaftlichen Zusammenarbeit konnte in dieser Zeit aus Sicht der Staaten nur nützlich sein.

Dass gerade *v. Liszt* als treibende Kraft hinter der IKV diese außenpolitische Konstellation erkannte und mit der IKV nicht nur die auswärtigen Beziehungen zwischen Rechtswissenschaftlern festigte, sondern sich auch die Pflege zwischen den Staaten angelegen sein ließ, überrascht nicht. *v. Liszt* war ein für die Ideen der Friedensbewegung aufgeschlossener Völkerrechtler[23] und zudem Bewunderer *Bismarcks*,[24] der sich um die Schaffung

19 Vgl. dazu *Sylvia Kesper-Biermann/Petra Overath*, in: dies. (Fn. 10), S. 3, 4, 10.

20 So treffend *Eduard Kohlrausch*, Internationale Kriminalistische Vereinigung, ZStW 57 (1938), S. 666 sowie 670 („nicht nur Exponent, sondern Faktor der Zeit").

21 So *Christopher Clark* (Fn. 3), S. 169.

22 Vgl. *Volker Berghahn* (Fn. 7), S. 383 (am Beispiel des Deutschen Reiches).

23 *Florian Herrmann* (Fn. 8), S. 104 ff.

24 *Gustav Radbruch*, Franz v. Liszt – Anlage und Umwelt, Elegantiae Iuris Criminalis, 1950, S. 208, 211 f.

eines friedensfördernden Beziehungsgeflechtes zwischen den Staaten Europas bemühte, was *v. Liszt* imponiert und inspiriert haben dürfte. Indes sah *Bismarck* schon 1887 voraus, was *v. Liszt* in seinem Fortschrittsglauben[25] nicht erkannte: das baldige Ende dieser Friedensära. „Nach Lage der europäischen Politik ist es wahrscheinlich, daß wir in nicht allzu ferner Zeit den Krieg gegen Frankreich und Rußland gleichzeitig zu bestehen haben werden.", schrieb der Reichskanzler zwei Jahre vor Gründung der IKV. Weiter heißt es: Die siegreichen Mächte würden jedes Mittel anwenden, um zu verhindern, „daß wir jemals oder doch im nächsten Menschenalter wieder auf die Beine kommen."[26]

Wie recht *Bismarck* hatte und in welchem Ausmaß die Gründung und der Erfolg der IKV von der besonderen außenpolitischen Lage zwischen 1871 und 1914 abhing, wurde sichtbar, als im Sommer 1914 der Erste Weltkrieg Europa in den Abgrund stürzte und dabei auch die IKV mit sich riss. Wenige Monate zuvor hatte *v. Liszt* noch sein 25 Jahre altes Plädoyer für eine Strafrechtswissenschaft, die an nationale Grenzen nicht gebunden sei, wortgleich wiederholt; zugleich hatte die IKV ein bis 1939 reichendes Arbeitsprogramm beschlossen.[27] Dann kam es „anders, als wir dachten", so *v. Liszt* im Nachruf auf den während des Krieges verstorbenen Mitgründer der IKV *van Hamel*.[28] Er hatte verkannt oder zumindest verdrängt, was seinem Vorbild *Bismarck* seit langem als reale Möglichkeit hell vor Augen stand. Der Krieg ersetzte nicht nur politische Grenzen durch Frontlinien, sondern ließ auch jene Schranken zwischen den Rechtswissenschaften nieder, welche die IKV weit geöffnet hatte. Die internationale Tätigkeit der IKV kam zum Erliegen, auch wenn sich viele deutsche Mitglieder dagegenstemmten. Sie warnten in der „ZStW" vor einem endgültigen Abbruch der wissenschaftlichen Beziehungen und kritisierten den öffentlichkeitswirksam vollzogenen Austritt der beiden prominenten IKV-Mitglieder *August Finger* und *Friedrich Oetker*.[29] *Hans v. Heintig* bezweifelte, dass „es

25 Dazu eingehend *Michael Pawlik*, v. Liszt im Kontext zeitgenössischer philosophischer Strömungen, in: Arnd Koch/Martin Löhnig (Hrsg.), Die Schule Franz von Liszts, 2016, S. 57, 76 ff.

26 Zitiert nach *Christian Graf von Krockow* (Fn. 2), S. 348.

27 *Franz v. Liszt*, Internationale kriminalistische Vereinigung, Mitteilungen der IKV 3 (1892), S. 1, 6.

28 Siehe auch *Franz v. Liszt*, G.A. van Hamel († 1. März 1917), ZStW 38 (1917), S. 553, 560.

29 Deutlich *Eduard Kohlrausch*, Zur Frage der internationalen Förderung des Strafrechts, ZStW 36 (1915), S. 601, der vermutet, dass der Krieg als Grund für den

unserer nationalen Würde" abträglich wäre, wenn man die persönlichen und wissenschaftlichen Beziehungen zu den Freunden in den Feindstaaten nicht abbräche und warnte – weitsichtig – vor den Folgen, wenn weiteres „Gift in die Blutbahnen" gestreut werde.[30] Andere befürchteten, dass der Erfolg einer endgültigen Aufkündigung der internationalen wissenschaftlichen Beziehung die „Isolierung" sei[31] oder dachten bereits an die „Wiederaufnahme der wissenschaftlichen Beziehungen" nach Ende des Krieges, was die „Aufrechterhaltung von internationalen Verständigungsbestrebungen" erfordere.[32] Indes sollte sich erweisen, dass nicht nur der Krieg länger dauerte als viele vermutet hatten, sondern auch die internationale Isolierung der deutschen Strafrechtswissenschaft. Das Gift sollte – beiderseits des Rheins – noch lange wirken.

3. Fazit

Die kurze Erfolgsgeschichte der IKV spiegelt den nur wenig länger währenden Erfolg des von *Bismarck* und anderen unternommenen Versuches, den europäischen status quo und Frieden durch ein Geflecht interessengeleiteter Bündnisse zu erhalten. Während es politisch bei instabilen, bilateralen Vereinbarungen als Vorform einer institutionalisierten Zusammenarbeit in Europa blieb, zeichnete sich die IKV dadurch aus, dass sie die bereits zuvor existierenden ad-hoc-Kooperationsformen zwischen einzelnen Wissenschaftlern oder auf themenspezifischen internationalen Kongressen durch die Gründung einer „wissenschaftlichen NGO" institutionalisierte und damit der Politik vorauseilte. Dies konnte nicht von langer Dauer sein: Als der fragile außenpolitische Rahmen zerbarst, geriet auch die IKV ins Wanken. Deutlich wird damit, dass sich zu den von *Kesper-Biermann* und *Overath* benannten „Grenzen der Internationalisierungsprozesse"[33] in der Strafrechtswissenschaft noch eine weitaus fundamentalere gesellt: die der Außenpolitik. Ohne ein einigermaßen friedliches außenpolitisches Klima

---

Austritt nur vorgeschoben sei und die Motive eher in der „Gegnerschaft zu anderen deutschen Gelehrten" vermutet.

30 *Hans v. Hentig*, Zur Frage der internationalen Förderung des Strafrechts, ZStW 36 (1915), S. 499 f.

31 *Georg Kleinfeller*, Zur Frage der internationalen Förderung des Strafrechts, ZStW 36 (1915), S. 600.

32 *Alexander Elster*, Zur Frage der internationalen Förderung des Strafrechts, ZStW 36 (1915), S. 498.

33 So *Sylvia Kesper-Biermann/Petra Overath*, in: dies. (Fn. 10), S. 15 f.

zwischen den Staaten können auch die Rechtswissenschaften nicht in einer strukturierten, auf Dauer angelegten Weise kooperieren. Betrachten sich die Staaten – wie das heutige Russland einerseits und die Staaten Europas andererseits – als systemische Gegner oder führen sie gar einen (hybriden) Krieg gegeneinander, schwinden auch die Möglichkeiten für einen individuellen Austausch. Allgemeiner gefasst: Wenn der gemeinsam genutzte Raum der politischen Welt kleiner wird, muss sich die Strafrechtswissenschaft in bilaterale Kooperationsforen oder an den eigenen Schreibtisch zurückziehen. Damit verringern sich ihre Gestaltungsmöglichkeiten. Dies zeigt sich an der – lange Zeit kaum beachteten – Schlussepisode im kriminalpolitischen Werk *v. Liszts*.

III. Transnationale Kriminalpolitik als Mittel der Gesellschaftsbildung und Friedenssicherung

1. Das Konzept eines mitteleuropäischen Strafrechts

Vom Gift des Hasses, das der Erste Weltkrieg verbreitete, wurde *v. Liszt* nur vorübergehend und auch nur schwach infiziert. Er sprach zwar zu Beginn des Krieges davon, dass die Feder des Gelehrten ein „Schwert" sei, das wir führen „zu unseres Volkes Wohlfahrt".[34] Insgesamt aber schlug er in seinen Kriegsschriften moderate nationalistische Töne an,[35] richtete den Blick rasch nach vorn und bemühte sich darum, Perspektiven für die Kooperation von Staaten und Rechtswissenschaften nach Ende des Krieges aufzuzeigen.[36] Denn „das letzte Ziel des Krieges ist nicht der siegreiche Kampf, sondern der gewinnreiche Friede", folglich hätten gerade diejenigen, „denen es versagt ist, an dem Kampf der Waffen teilzunehmen", die „besondere Pflicht, schon während der Tage des Kampfes den Blick auf den Frieden zu richten".[37] Insbesondere unterstützte er 1917 die – zunächst auf

34 *Franz v. Liszt*, Ein mitteleuropäischer Staatenverband als nächstes Ziel der deutschen auswärtigen Politik, 1914, S. 1 f. – Dazu und zu v. Liszts Haltung zu Beginn des Ersten Weltkrieges *Michael Kubiciel*, JZ 2015, S. 64 ff.; zu Letzterem ausführlich *Florian Herrmann* (Fn. 8), S. 114 ff.; *Arnd Koch*, Der unbekannte Franz v. Liszt (02.03.1851 – 21.06.1919) – Schlaglichter auf das Spätwerk anlässlich des 100. Todestages, ZStW 131 (2019), S. 451, 463 ff.

35 *Anna Theresa Struck-Berghäuser*, Franz von Liszt und seine Gegner, 2020, S. 75.

36 *Florian Herrmann* (Fn. 8), S. 115; *Anna Theresa Struck-Berghäuser* (Fn. 35), S. 77.

37 *Franz v. Liszt* (Fn. 34), S. 4 f.

dem Deutschen Juristentag ventilierte Idee – nach einer Rechtsvereinheitlichung zwischen den mit Deutschland verbündeten Staaten und plädierte auch für die Schaffung eines mitteleuropäischen Strafrechts. Dies nicht so sehr als Ausdruck eines grenzüberschreitenden kriminalwissenschaftlichen Programms, sondern vor allem als Instrument zur inneren Integration der im Krieg befindlichen Mittelmächte Deutschland und Österreich-Ungarn.[38] Der Kriminalpolitiker, Völkerrechtler und Abgeordnete des Reichtags mit großem Gespür „für das jeweils Aktuelle"[39] suchte also sogleich nach Möglichkeiten, die aus den dramatisch veränderten internationalen Beziehungen erwachsen können.

Bemerkenswert an dieser Episode ist der Umstand, dass *v. Liszt* die Strafrechtsvereinheitlichung nicht als Instrument zur Durchsetzung von – als überlegen erachteten – kriminalpolitischen Konzepten verstand oder jedenfalls verstanden wissen wollte. Vielmehr sollte die Strafrechtsvereinheitlichung der „Gesellschaftsbildung" der mitteleuropäischen Nationen und diese wiederum als Mittel der Friedenssicherung dienen. Damit formulierte er nicht nur eine Idee, die ein halbes Jahrhundert später hinter der Gründung des Europarates und der Europäischen Gemeinschaften stand; seine Überlegungen zur institutionellen Ausgestaltung des mitteleuropäischen Staatenverbundes ähneln auch in vielen Details der Konfiguration der Europäischen Union. Selbst *v. Liszts* Idee, das Strafrecht zum Zweck der Angleichung der Kulturen und Annäherung der Gesellschaften zu vereinheitlichen, weil es eines „der einflussreichsten Faktoren für die Gestaltung des Geisteslebens" und „für die Weiterbildung der Kultur" sei,[40] hat auch die Rechtsvereinheitlichungsarbeit der EU auf dem Gebiet des Strafrechts vorangetrieben, bis das BVerfG diesem Ansinnen mit einer ewigkeitsfesten demokratietheoretischen Rückbindung des Strafrechts an den Nationalstaat entgegengetreten ist.[41]

---

38 *Franz v. Liszt*, Einheitliches mitteleuropäisches Strafrecht, ZStW 38 (1917), S. 1, 4: Vereinheitlichung zur „zielbewußten Stärkung und Weiterbildung der heute bereits vorhandenen Kulturgemeinschaft" der Mittelmächte und „für alle Zukunft die Festigung und Vertiefung des politischen Bündnisses" gewährleisten. Dazu *Michael Kubiciel* (Fn. 34), S. 64 ff.

39 Treffend, in Anlehnung an eine Kennzeichnung Jherings (*v. Liszts* Lehrers) *Michael Pawlik*, in: Arnd Koch/Martin Löhnig (Fn. 25), S. 57 f.

40 *Franz v. Liszt* (Fn. 38), S. 1, 3 f.; zustimmend *Wolfgang Mittermaier*, Einheitliches Mitteleuropäisches Strafrecht, ZStW 38 (1917), S. 347, 351 f.

41 *Michael Kubiciel*, Das „Lissabon"-Urteil und seine Folgen für das Europäische Strafrecht, GA 2010, S. 99 ff.

2. Fehlende außen- und innenpolitische Voraussetzungen

Auch mit diesen Überlegungen eilte der fortschrittsgläubige *v. Liszt* seiner Zeit weit voraus. Der „mitteleuropäische Staatenverbund", dessen Herausbildung mit einer Rechtsangleichung hätte gefördert werden können, schrumpfte nach der Niederlage auf ein in sich zerrissenes, stark geschwächtes Deutschland und den Rest dessen zusammen, was vom Habsburger Reich übriggeblieben war. Die ohnehin halbherzigen Arbeiten einer deutsch-österreichischen Kommission an einer gemeinsamen Strafrechtsreform wurden in den 1920er Jahren sang- und klanglos eingestellt.[42] Da beide Staaten in einer innen- wie außenpolitisch prekären Lage waren, konnte ein solch ehrgeiziges Projekt nicht erfolgversprechend sein. Es kommt hinzu, dass sich mit der Machtergreifung der NSDAP sowohl Ziel als auch Modus der Annäherung beider Staaten änderten. Anstelle einer langfristigen Integration, die *v. Liszt* und anderen liberalen Vertretern des Mitteleuropa-Gedankens vorschwebte, trat das Ziel der „Eingliederung" Österreichs in das Deutsche Reich. Eine Angleichung von Kultur und Geistesleben sahen die NS-Machthaber gar nicht erst vor: Vielmehr sollten Ideologie und Politik des Nationalsozialismus in beiden Ländern durchgesetzt und notfalls gewaltsam erzwungen werden. Auch dafür kann das Strafrecht hilfreich sein. Jedoch nicht in positiv-generalpräventiver Funktion, also als Mittel sozialer Integration einer rechtlich verfassten Gesellschaft, sondern in negativ-generalpräventiver Funktion, d.h. zur Ausschaltung erwartbaren Widerstands durch Abschreckung, und vor allem als spezialpräventives Sicherungsinstrument in Form der Inhaftierung politischer Gegner.

Damit wird zugleich deutlich, dass auf dieser ideologischen und kriminalpolitischen Ebene eine Verständigung mit Rechtswissenschaften anderer Staaten nicht mehr zu erzielen ist. Dies gilt umso mehr, wenn die Außenpolitik eines Staates nicht mehr auf die Sicherung des status quo im Wege einer mit vielfältigen Kooperationen betriebenen Pflege auswärtiger Beziehungen abzielt, sondern revanchistische, ja imperiale Züge annimmt.

---

42 Nachweise bei *Michael Kubiciel*, Franz v. Liszt und das europäische Strafrecht, in: Arnd Koch/Martin Löhnig (Fn. 25), S. 240 f.

3. Das Ende der IKV

Tatsächlich suchten die nun tonangebenden Kriminalpolitiker und Strafrechtswissenschaftler auch keine transnationale Kooperation mehr, sondern versetzten der dahinsiechenden IKV den Todesstoß. Im November 1938 löste der nationalsozialistische Justizminister *Hans Frank*[43] die Deutsche Landesgruppe der IKV auf und verkündete die Gründung der „Gesellschaft für Deutsches Strafrecht". Letztere bezwecke „die Pflege der Strafrechtswissenschaft im Geist des Nationalsozialismus und wird zu diesem Zwecke strafrechtliche Kongresse veranstalten. Sie stellt sich auch die Aufgabe, zwischenstaatliche Beziehungen zu ähnlichen Gesellschaften des Auslandes anzuknüpfen und zu pflegen."[44] Trotz dieses Lippenbekenntnisses wird der Unterschied zum Anspruch der IKV sehr deutlich: Ausgangspunkt der Arbeit der „Gesellschaft für Deutsches Strafrecht" waren nicht mehr die grenzüberschreitend gültigen Grundlagen der Strafrechtswissenschaft oder geteilte kriminalpolitische Überzeugungen, sondern das nationalsozialistische Programm, das nicht nur die bestehenden politischen Gräben zwischen den Staaten vertiefte, sondern – auch innerhalb Deutschlands – neue (nämlich rassistische) schuf. Auf einer solchen dezidiert unwissenschaftlich-ideologischen Grundlage kann eine Vereinigung allenfalls formal zwischenstaatliche Beziehungen pflegen, indem Begegnungen ermöglicht und rechtsvergleichendes Material ausgetauscht wird. Nicht mehr möglich ist das, was *Kohlrausch* in einer Art Nachruf auf die Deutsche Landesgruppe der IKV hervorhob: Unter *v. Liszts* Führung habe die praktische Linie dominiert, Weltanschauungsfragen seien zurückgetreten, sodass nach lebhaften Meinungskämpfen mit „großen Mehrheiten" länderübergreifend gültige Richtlinien erarbeitet worden seien, die die Grundlage für ausformulierte Gesetzgebungsvorschläge bildeten.[45]

43 Frank hatte die Übernahme des Vorsitzes von Kohlrausch gleichsam verlangt, was dieser in die euphemistischen Worte kleidete: „Herr Minister! Sie hatten die Freundlichkeit, mich wissen zu lassen, daß Sie bereit sind, die Führung der Deutschen Landesgruppe der Internationalen Kriminalistischen Vereinigung zu übernehmen. Ich sage Ihnen hierfür meinen verbindlichsten Dank. Und als derzeitiger Vorsitzender der deutschen Landesgruppe bitte ich Sie, diese Führung übernehmen zu wollen." Siehe *Eduard Kohlrausch* (Fn. 20), S. 666, 672.

44 *Wenzeslaus v. Gleispach*, Gründung der Gesellschaft für Deutsches Strafrecht, ZStW 57 (1938), S. 665.

45 *Eduard Kohlrausch* (Fn. 20), S. 666, 668 f.

Jedoch führt *Kohlrausch* die Auflösung der Deutschen Landesgruppe nicht allein auf „destruktive Kräfte" im Inneren der IKV zurück, sondern auch auf die „Bedrückung" der deutschen Landesgruppe durch „die einseitige Ausbeutung ihrer Vorschläge" durch andere Landesgruppen. Er stellt die IKV also nicht als das dar, was sie war: eine Plattform, auf der Ideen verhandelt und gemeinsame Lösungen mit großer Wirkungsmacht propagiert worden sind, sondern sieht in ihr einen Katalysator, in dem kriminalpolitische Ideen der deutschen Landesgruppe wesentliche Veränderungen erfuhren und nur in dieser veränderten Form durch die IKV in die nationalen Diskurse verteilt wurden. Dies, so *Kohlrausch* weiter, könnte daran gelegen haben, dass die deutschen Vorschläge „weltanschaulich nicht eindeutig unterbaut waren", weil hinter der Landesgruppe des Deutschen Kaiserreiches ein „bürokratisch starrer", weltanschaulich neutraler und machtpolitisch schwacher Staat stand.[46]

Dies wollte der NS-Staat mit allen seinen Institutionen, zu denen er auch wissenschaftliche Vereinigungen zählte, erklärtermaßen ändern. An die Stelle der Deutschen Landesgruppe der IKV trat also keine Nachfolgerin, sondern ein aliud. Begreift man Außenrechtspolitik nämlich als verlängerten Arm einer expansionistischen, auf Machtausdehnung abzielenden Außenpolitik, verändern sich Funktion und Wesen des internationalen Austausches in Wissenschaftsvereinigungen: Dieser ist nicht mehr auf Diskurs und die methodisch angeleitete Suche nach gemeinsamen Lösungen gepolt, sondern wird zum Vehikel der Durchsetzung ideologisch-politischer Ziele. Die (nationale wie transnationale) Wissenschaft verliert damit ihre Spezifika und Eigenständigkeit und geht vollständig in Politik auf.

IV. Schluss

Die Geschichte der IKV und der maßgeblich von *v. Liszt* vorangetriebenen Idee einer mitteleuropäischen Strafrechtsangleichung zeigen die Bedeutung des außenpolitischen Rahmens, in dem die Strafrechtswissenschaft immer dann agiert, wenn sie transnationale Ambitionen hegt. Die außenpolitische Lage kann – wie in der Zeit um die Jahrhundertwende – den Austausch rechtswissenschaftlicher Ideen beflügeln und die Chance für eine rechtspolitische Durchsetzung wissenschaftlicher Konzepte erhöhen. Die Situation nach Ausbruch des Ersten Weltkrieges macht aber überaus deutlich, wie

46 *Eduard Kohlrausch* (Fn. 20), S. 666, 671.

stark sich Veränderungen des außenpolitischen Großklimas auf den grenzüberschreitenden Diskurs auswirken.

Auch wenn die hier vorgestellte Skizze nur aus groben Strichen besteht und ein vollständiges Bild mehr Facetten erfordern würde, zeigt sie doch, dass sich die Strafrechtswissenschaft zwar als ein grenzüberschreitender kriminalpolitischer Akteur begreifen und entsprechende Aktivitäten entfalten und sich dabei auf eine große Tradition berufen kann, für die nicht zuletzt die IKV steht. Der Aktionsradius einer grenzüberschreitenden Strafrechtswissenschaft, ihre Entfaltungsmacht und auch die konkreten Inhalte ihrer Arbeit werden aber von größeren politischen Kräften – pointiert: der geopolitischen Lage – beeinflusst, ja mitbestimmt. Veränderungen in der Struktur der internationalen Beziehungen bzw. der internationalen Politik wirken sich daher auf den grenzüberschreitenden institutionalisierten Rechtsdiskurs aus.[47] Entfallen grundlegende politische Mindestbedingungen eines gedeihlichen Zusammenwirkens zwischen den Staaten, ist ein institutionalisierter Austausch nicht mehr möglich; nicht selten brechen auch individuelle Kooperationen zusammen. Dies gilt auch in der Gegenwart, wie das Scheitern des deutsch-russischen Rechtsstaatsdialogs zeigt.[48] Ob und inwieweit sich künftig Kontakte zu anderen Staaten mit zunehmend autokratischeren Zügen aufrechterhalten lassen, wird sich zeigen. Klar ist dabei nur, dass dieser transnationale Austausch von politischen Voraussetzungen lebt, welche die beteiligten Rechtswissenschaften stärken, aber nicht aus eigener Kraft hervorbringen können. Hätte *v. Liszt* die weitere Entwicklung der IKV und ihrer Nachfolgerin erlebt, würde er diesem Befund – trotz seiner kosmopolitischen Grundeinstellung – vermutlich zustimmen.

47 Vgl. *Wolfgang Friedmann* (Fn. 4).

48 Dazu *Otto Luchterhandt*, Rechtsstaatsdialog mit Russland – ein gescheitertes Regierungsprojekt, in: Birke/Wedde (Hrsg.), Im Dienst des deutsch-russischen Rechtsdialogs, 2018, S. 38 ff. Hellsichtig *Andreas Heinemann-Grüder*, Wandel statt Anbiederung. Deutsche Russlandpolitik auf dem Prüfstand, Osteuropa 63 (2013), S. 179 ff.

Die Österreichische Kriminalistische Vereinigung als Landesgruppe der IKV. Ein Rückblick auf ihre Anfänge unter dem Einfluss von Hans Gross

Nina Kaiser

I. Zur Gründungsgeschichte der Österreichischen Kriminalistischen Vereinigung (ÖKV)

Die Gründungsgeschichte der Österreichischen Kriminalistischen Vereinigung (ÖKV) geht knapp 130 Jahre zurück in eine Zeit, in der die österreichische Kriminalwissenschaft wohl auf dem „Höhepunkt ihrer internationalen Geltung"[1] stand. Die ersten Gespräche zur Gründung einer österreichischen Vereinigung fanden in Linz im Jahr 1895 im Rahmen der 6. Internationalen Versammlung der Internationalen Kriminalistischen Vereinigung (IKV) statt. Schon damals empfanden österreichische Kriminalisten[2] die bereits bestehenden juristischen Verbände für unzureichend und regten die Errichtung einer Plattform zur Erörterung „grundlegender Fragen des Strafrechts und Strafverfahrens" an, da es kein Diskussionsforum gab, welches eine umfassende Auseinandersetzung mit der Perspektive des österreichischen Rechts ermöglichte.[3] Dieser Befund wurde vom Linzer Juristenverein insofern bestätigt, als auf diese Linzer Versammlung folgend Besprechungen der österreichischen Mitglieder der IKV angeregt wurden. Die Formierung einer österreichischen Plattform scheiterte damals allerdings einerseits wegen der „politischen" Verhältnisse und andererseits wegen „unüberwindbarer" Schwierigkeiten im österreichischen Vereinsgesetz (Notwendigkeit behördlicher Bewilligung und Einhaltung von Sonder-

1 *Michael Bock,* Hans Gross – Julius Vargha. Die Anfänge wissenschaftlicher Kriminalistik und Kriminalpolitik, in: Karl Acham (Hrsg.), Rechts-, Sozial- und Wirtschaftswissenschaften aus Graz, 2011, S. 329.

2 Österreichische Landesgruppe der Internationalen Kriminalistischen Vereinigung, Erster Jahresbericht der Österreichischen Kriminalistischen Vereinigung für das Vereinsjahr 1906, 1906, S. 5.

3 Österreichische Landesgruppe der Internationalen Kriminalistischen Vereinigung (Fn. 2), S. 1, 5.

vorschriften auf Grund der vorliegenden Zweigstellung einer Internationalen Vereinsorganisation).[4] Hinsichtlich der angesprochenen „politischen“ Gegebenheiten muss ergänzt werden, dass hiermit nicht etwa politische Unruhen im engeren Sinne gemeint sind, sondern der damals intensiv ausgefochtene strafrechtswissenschaftliche „Schulenstreit“ zwischen der „klassischen“ und „modernen“[5] Schule, die als „gegnerische“ – insofern „politische“ „Lager“ – empfunden wurden.

Erst zehn Jahre später forcierte man die Gründung einer österreichischen Landesgruppe erneut. Zur Vorbereitung der Landesgruppe formierte sich ein Ausschuss, der schlussendlich für die notwendige Einigung hinsichtlich der österreichischen Gegebenheiten und der Interessen der IKV sorgen konnte. Anlässlich eines Kongresses der IKV in Hamburg im Herbst 1905 fanden die Gespräche rund um die Gründung einer österreichischen Landesgruppe schlussendlich ihren Abschluss.[6] Nachdem die IKV durch Anpassung ihrer Satzung im Jahr 1897 für Vertreter beider Schulen geöffnet wurde,[7] und andererseits die österreichischen vereinsgesetzlichen Voraussetzungen, die seinerzeit als „Hauptschwierigkeit“ wahrgenommen wurden, geschaffen wurden, erfolgte die Gründung der Landesgruppe Österreich mit Erlass der k.k. n.ö. Statthalterei vom 23.1.1906, sohin rund 17 Jahre nach Gründung der IKV. Der Startschuss der Vereinstätigkeiten folgte zeitnah mit einer konstituierenden Versammlung knapp einen Monat später am 17.2.1906, woran „Mitglieder aller mit dem Strafrecht in Verbindung stehenden Berufe“ teilnahmen: Beamte des Justizministeriums, der Generalprokuratur und Staatsanwaltschaft, der Gerichte, der Militärjustiz sowie Strafverteidiger.[8] Ebenso breit aufgestellt war der Verein schon zu Gründungszeiten durch Mitglieder aus allen „kriminalistischen Berufen im engeren Sinne“ (Universitätsprofessoren, Richter, Staatsanwälte, Strafverteidiger) sowie Mitglieder, die auf Grund der „sachlichen Beziehung zu den

4 Österreichische Landesgruppe der Internationalen Kriminalistischen Vereinigung (Fn. 2), S. 1, 5.

5 Zur modernen Schule siehe u.a. *Luka Breneselović*, Die wissenschaftskritischen Zuordnungen von Franz von Liszt. Ein Beitrag zum Verständnis der Modernen Schule des Strafrechts, 2020.

6 Österreichische Landesgruppe der Internationalen Kriminalistischen Vereinigung (Fn. 2), S. 1.

7 Österreichische Landesgruppe der Internationalen Kriminalistischen Vereinigung (Fn. 2), S. 1, 5; *Elisabeth Bellmann*, Die Internationale Kriminalistische Vereinigung (1889–1933), 1994, S. 29, 224, 225.

8 Österreichische Landesgruppe der Internationalen Kriminalistischen Vereinigung (Fn. 2), S. 4, 6.

Aufgaben der Strafrechtspflege" von Relevanz waren, nämlich der Gerichtsmedizin, Psychiatrie und Psychologie.[9] In Summe konnte sich die ÖKV so im Gründungsjahr über eine Mitgliederzahl von 279 Mitgliedern freuen.[10]

In der Satzung finden sich in § 1 der Vereinszweck, der folgendermaßen definiert wurde und dem Wortlaut der 1897 adaptierten Satzung der IKV entsprach:[11]

> „Die ‚österreichische Kriminalistische Vereinigung' mit dem Sitze in Wien vertritt die Ansicht, daß sowohl das Verbrechen, als auch die Mittel zu seiner Bekämpfung nicht bloß vom juristischen, sondern auch vom anthropologischen und soziologischen Standpunkte aus betrachtet werden müssen. Sie stellt sich zur Aufgabe die wissenschaftliche Erforschung des Verbrechens, seiner Ursachen und der Mittel zu seiner Bekämpfung. Sie erstreckt ihre Wirksamkeit auf alle im Reichsrate vertretenen Königreiche und Länder."[12]

Im folgenden Beitrag soll nun der Fokus auf der Wirksamkeit der ÖKV und ihren Besonderheiten liegen – insbesondere im Hinblick auf das langjährige Mitglied und den Präsidenten der ersten Stunde *Hans Gross.*

II. Hans Gross und die Anfänge der ÖKV

Hans Gross, international für seine kriminalwissenschaftliche Pionierarbeit u.a. als „ein Vater der Kriminalwissenschaft", „Begründer der modernen Kriminalistik", „the first real-life scientific detective" oder „founder of modern scientific criminal investigation" bekannt, vereinte in seiner Person einen „forschenden, lehrenden und praktischen Juristen".[13] *Gross* war nicht

9 Österreichische Landesgruppe der Internationalen Kriminalistischen Vereinigung (Fn. 2), S. 6.

10 Österreichische Landesgruppe der Internationalen Kriminalistischen Vereinigung (Fn. 2), S. 58 ff.; später im Vereinsjahr 1909 wies die ÖKV 233 Mitglieder auf und 1913 68, siehe Österreichische Landesgruppe der Internationalen Kriminalistischen Vereinigung, 3. und 4. Jahresbericht der Österreichischen Kriminalistischen Vereinigung für das Vereinsjahr 1908 und 1909, 1909, S. 78 ff. und *Ernst Rosenfeld*, Mitteilungen der IKV 20 (1913), 31.

11 Vgl. *Elisabeth Bellmann* (Fn. 7), S. 28, 224.

12 Österreichische Landesgruppe der Internationalen Kriminalistischen Vereinigung (Fn. 2), S. 6.

13 Christian Bachhiesl/Gernot Kocher/Thomas Mühlbacher (Hrsg.), Hans Groß – ein „Vater" der Kriminalwissenschaft, 2015; *Joe Nickel/John F. Fischer*, Crime Science.

nur (Untersuchungs-)Richter und Staatsanwalt, sondern später Universitätsprofessor in Czernowitz (1898–1902), Prag (1902–1905) und schlussendlich in Graz (1905–1915), wo die Kriminalistik im Jahr 1913 durch die Gründung des k.k. kriminalistischen Instituts eine universitäre Heimat fand.[14] Auf eine umfassende Darstellung des Lebenswerks von *Hans Gross* soll in diesem Beitrag allerdings verzichtet werden und auf die hierzu bereits zahlreich erschienene Literatur verwiesen werden.[15]

Wofür *Gross* internationale Anerkennung genoss, waren die Entwicklungen verschiedenster Methoden zur Sicherung und Auswertung von Spuren und deren Systematisierung im weltweit bekannten „Handbuch für Untersuchungsrichter", das, wohl orientiert an den Bestrebungen der IKV, in den Folgeauflagen hinsichtlich der miteinbezogenen Fachliteratur immer „internationaler" wurde.[16] Hiermit prägte *Gross* die Entwicklung der wissenschaftlichen Kriminalistik.[17] Neben der „klassischen" Spurenkunde

---

Methods of Forensic Detection, 1999, S. 9 (the first real-life detective); *Lukas Gschwend*, Justizias Griff zur Lupe. Zur Verwissenschaftlichung der Kriminalistik im 19. Jahrhundert, 2004, S. 55 (Begründer der modernen Kriminalistik); *Douglas H. Ubelaker*, Forensic Science. Current issues, future directions, 2012, S. 83 (founder of modern scientific criminal investigation); *Nina Kaiser*, Hans Gross und der Kriminaldienst. Zur Bedeutung der kriminalistischen Aus- und Fortbildung damals wie heute, SIAK-Journal 2 (2022), S. 83.

14 Die Bewilligung hierfür erfolgte im Dezember 1912 mit Beschluss des K.K. Ministeriums für Kultus und Unterricht, 1912/54856 und 54957.

15 Hierzu näher u.a. *Thomas Mühlbacher*, Die Ausbildung des praktischen Juristen, in: Christian Bachhiesl/Sonja Maria Bachhiesl/Johann Leitner (Hrsg.), Kriminologische Entwicklungslinien, 2014, S. 52; *Thomas Mühlbacher*, Der Staatsdiener Hans Groß, in: Christian Bachhiesl/Gernot Kocher/Thomas Mühlbacher (Hrsg.), Hans Groß – ein „Vater" der Kriminalwissenschaft, 2015, S. 70 f.; *Stefan Pollak/Annette Thierauf-Emberger*, Hans Gross und seine Zeitschrift. Die Geburt der wissenschaftlichen Kriminalistik um 1900, in: Christian Bachhiesl/Gernot Kocher/Thomas Mühlbacher (Hrsg.), Hans Groß – ein „Vater" der Kriminalwissenschaft, 2015, S. 178; zu Gross' Zeit in Czernowitz siehe v.a. *Serij Neshurbida*, Hans Gross an der Franz-Josephs-Universität Czernowitz (1899–1902). Leben, Arbeit und wissenschaftliche Tätigkeit, in: Christian Bachhiesl/Sonja Maria Bachhiesl/Johann Leitner (Hrsg.), Kriminologische Entwicklungslinien, 2014, S. 97; *Gernot Kocher/Thomas Mühlbacher*, Hans Gross – Ein Leben für die Kriminologie, in: Gerhard Dienes/Ervin Dubrovic/Gernot Kocher (Hrsg.), Očeva država – majčin sin. Vaterstaat – Muttersohn, 2007, S. 62.

16 *Hans Gross*, Handbuch für Untersuchungsrichter, 1893; *Lukas Gschwend* (Fn. 13), S. 63.

17 Siehe u.a. *Hans Gross*, Handbuch für Untersuchungsrichter als System der Kriminalistik, 5. Auflage, 1908, S. 171, 351 ff.; *ders.*, Handbuch für Untersuchungsrichter als System der Kriminalistik, II. Teil, 5. Auflage, 1908, S. 545 ff., 582 ff.; vgl. auch *Rolf*

beschäftigte sich *Gross* intensiv mit der Psychologie[18] und deren besonderen Bedeutung für die Strafrechtspflege, wobei er, orientiert an geistes-, sozial- und naturwissenschaftlichen Methoden, seine Erkenntnisse zu den psychischen Vorgängen des Täters, des Richters, der Geschworenen, der Zeugen und der sonstigen in Strafverfahren beteiligten Personen ebenso systematisch sammelte und in seinem zweiten, 700 Seiten umfassenden, international rezipierten Werk unter dem Titel „Criminalpsychologie“ publizierte.[19]

Wie auch *Franz v. Liszt*, zu dessen Anhängern sich *Gross* zählte,[20] plädierte auch *Gross* für ein umfassendes Verständnis der „gesamten Strafrechtswissenschaft“, wobei *Gross* die nichtjuristischen Kriminalwissenschaften (kriminalanthropologische, soziologische und phänomenologische, wie etwa die Kriminalistik als theoretische Erscheinungslehre und praktische Untersuchungskunde, die objektive und subjektive Kriminalpsychologie und die Kriminalstatistik), die juristischen Kriminalwissenschaften (materielle und formelle) sowie die Pönologie und die Kriminalpolitik zu einer multi- bzw. interdisziplinären Gesamtwissenschaft schlussendlich unter dem Begriff „Kriminologie“ vereinte.[21]

In diesem Sinne stellt sich *Gross'* Wirken durchaus teilweise als „Konkretisierung und Realisierung“[22] bzw. auch Ergänzung oder Erweiterung[23] der Liszt'schen Thesen dar, zumal *v. Liszt* bereits im Jahr 1882 in Marburg das

---

Ackermann/Horst Clages/Holger Roll, Handbuch der Kriminalistik, 6. Auflage, 2022, S. 3.

18 Wohl wichtigste „Hilfswissenschaft“: *Hans Gross*, Criminal Psychology. A manual for judges, practitioners and students, 1911, S. 1.

19 *Hans Gross*, Criminalpsychologie, 1898; *Hans Gross* (Fn.18), Author's preface to the American edition.

20 *Hans Gross*, Antrittsvorlesung gehalten an der Carola Franzisca in Graz am 25.Oktober 1905, Archiv für Kriminalanthropologie und Kriminalistik 21 (1905), 169.

21 Die Terminologie wandelte sich im Laufe der Jahre. Gross sah später die „Kriminalistik“ als Teilgebiet der Gesamtwissenschaft „Kriminologie“, die sich mit der „Theoretischen Erscheinungslehre des Verbrechens“ (Wesen der Verbrecher, ihre Tricks/Sprache/Zeichen etc.) und der „Praktischen Untersuchungskunde“ (Vorgehen bei den Ermittlungen/Techniken/Umgang mit den Sachverständigen etc.) beschäftigen sollte: *Hans Gross* (I. Teil, Fn. 17), S. 15, mit einer tabellarischen Darstellung der „Kriminologie“ auf S. 16; siehe dazu auch etwa *Thomas Mühlbacher* (Ausbildung, Fn. 14), S. 59.

22 *Hans Gross* (Fn. 20); *Lukas Gschwend* (Fn. 13), S. 75.

23 *Thomas Mühlbacher/Christian Bachhiesl/Hans Gross*, Die Kriminalistik und die Genese der wissenschaftlich fundierten Verbrechensbekämpfung, in: ZiK/VKÖ (Hrsg.), Dokumente. Kriminalistik Symposium, 2022, S. 4.

erste kriminalistische Seminar begründete und sehr früh die universitäre Verankerung der Kriminalistik, die er als notwendigen Bestandteil der Strafrechtswissenschaften sah, forderte.[24] *Gross'* Lebenswerk ist dennoch ein einzigartiges. Er begründete die wissenschaftlich fundierte Kriminalistik mit seinen umfassenden, multi- und interdisziplinären Forschungsarbeiten und auch *Gross'* Gedankengut weicht teils nicht unwesentlich von den Liszt'schen Vorstellungen einer „idealen" Strafrechtswissenschaft ab. Für *v. Liszt* sollten Pönologie, Kriminologie und Kriminalstatistik die Strafrechtsdogmatik ergänzen. Es sollte dabei die Verbrechensbekämpfung stets im Rahmen einer strafrechtlichen Kodifikation als „magna charta des Verbrechers" stattfinden. *Gross* hingegen dachte „radikal positivistisch"[25] und strebte ein „Einwägen der Strafe" als „psychologische Einwertung"[26] und damit basierend auf rein erfahrungswissenschaftlich fundierten (nicht kodifizierten) Grundlagen an.[27]

Sein Bekenntnis, die Kriminalwissenschaften als Gesamtwissenschaft („Kriminologie") zu verstehen, sein stetiger Appell, Abstand vom „Apriorismus der traditionellen Rechtsschule"[28] zu nehmen, und sein Bestreben, die Kriminalistik als die Lehre von den „Realien des Strafrechts" voranzutreiben, wird auch im Rahmen der Tätigkeiten der ÖKV deutlich erkennbar. *Gross* beteiligte sich schon vor der Gründung der ÖKV im Rahmen der IKV an der Neugestaltung der Strafrechtswissenschaft, indem er etwa an der 6. Hauptversammlung der IKV in Linz 1895 teilnahm und gemeinsam mit *Franz v. Liszt* die Ausbildung von Kriminalisten diskutierte, woraufhin ein entsprechender Beschluss der Vereinigung gefasst wurde, die eine in diesem Sinne erweiterte Ausbildung ausdrücklich für wünschenswert erklärte.[29] Später beteiligte sich *Gross* auch schon initiativ an den Besprechungen zur Gründung der österreichischen Landesgruppe im Herbst 1905 in Ham-

24 *Rolf Ackermann/Horst Clages/Holger Roll* (Fn. 17), S. 5.
25 *Hans Gross* (Fn. 20); *Michael Bock* (Fn. 1), S. 340.
26 *Hans Gross* (Fn. 20), S. 364.
27 *Michael Bock* (Fn. 1), S. 340.
28 *Hans Gross* (Criminalpsychologie, Fn. 19), S. 7.
29 *Thomas Mühlbacher/Christian Bachhiesl/Hans Gross* (Fn. 23), S. 4 mit Verweis auf die Allgemeine Österreichische Gerichtszeitung vom 7.9.1885.

burg[30] und wurde schlussendlich zum ersten Präsidenten der Österreichischen Landesgruppe gewählt.[31]

1. Die erste Vorstandssitzung zur Besprechung des Arbeitsprogramms

Das auf Grundlage der Satzung beschlossene Arbeitsprogramm wurde in der ersten Vorstandssitzung der ÖKV am 16.3.1906 in Wien von *Gross* zur Diskussion gestellt, wobei sich dieser Sitzung (zur Freude *Gross'*) u.a. auch Professor *v. Liszt* anschloss.[32] Wie auch die IKV diskutierte die ÖKV kriminalpolitische Forderungen, die ein modernes Strafrecht prägen sollten. Schließlich befand sich seit 1863 ein neues Strafgesetz in Vorbereitung, welches sich zum Zeitpunkt der Gründung der ÖKV noch unter Verschluss befand, in der ÖKV aber für ausreichend Diskussionsstoff sorgte.[33]

Mit *Hans Gross* als Präsidenten der ÖKV und Vertreter der „modernen Schule" sowie Begründer der wissenschaftlichen Kriminalistik lag der Gegenstand des Vereins wenig überraschend zwar einerseits in der Erörterung des materiellen Strafrechts (allgemeine Lehren, Grenzfragen Psychiatrie und Jurisprudenz, Strafmittel und Vollzug), andererseits aber auch im Strafprozess, wo der Fokus auf der Reform des Vorverfahrens und des Beweises gelegt werden sollte.[34] Dabei solle die Vereinigung zwar primär freie Diskussion fördern. Es wurde aber darüber hinaus festgelegt, dass ein wesentlicher Aspekt des Vereins darin bestehen soll, die Kenntnisse ihrer Mitglieder durch Versammlungen an Kliniken für gerichtliche Medizin und Psychiatrie, Polizeimuseen, Strafanstalten, Zwangsarbeits-, Besserungs- und Irrenanstalten zu erweitern.[35]

So kommt im Arbeitsprogramm *Gross'* Bestreben nach Praxisbezug und Interdisziplinarität und somit auch die Besonderheit der österreichischen, „Gross'schen" Strömung zu dieser Zeit zum Ausdruck.

---

30 Österreichische Landesgruppe der Internationalen Kriminalistischen Vereinigung (Fn. 2), S. 1.
31 Österreichische Landesgruppe der Internationalen Kriminalistischen Vereinigung (Fn. 2), S. 7.
32 Österreichische Landesgruppe der Internationalen Kriminalistischen Vereinigung (Fn. 2), S. 13.
33 Österreichische Landesgruppe der Internationalen Kriminalistischen Vereinigung (Fn. 2), S. 1.
34 Österreichische Landesgruppe der Internationalen Kriminalistischen Vereinigung (Fn. 2), S. 14.
35 Österreichische Landesgruppe der Internationalen Kriminalistischen Vereinigung (Fn. 2), S. 14.

Hervorzuheben ist, dass schon in dieser ersten Vorstandssitzung nicht nur die Notwendigkeit der Erweiterung des Wissensspektrums der Juristen durch derartige „externe“ Versammlungen festgestellt wurde, sondern (von Priv. Doz. Dr. *v. Söldner*) der „Hauptgewinn“ der Vereinigung darin gesehen wurde, dass mit der ÖKV „Boden“ geschaffen wurde, der die Zusammenarbeit von Medizinern mit Juristen (wieder)[36] ermöglichte.[37] In der Sitzung angesprochen wird hier einerseits die Zusammenarbeit von psychiatrischen und andererseits von gerichtsmedizinischen Sachverständigen mit Juristen.

Was die *Schnittmengen von Psychiatrie und Recht betrifft*, wird die von *Gross* ständig propagierte Wichtigkeit des fächerübergreifenden Austauschens betont, schließlich sei „in der Literatur keines Strafrechtes (...) darüber so wenig geschrieben worden, wie in der österreichischen“.[38] *Gross* begrüßte die in dieser Sitzung hierzu ergangenen Wortmeldungen und ergänzte, dass eine solche Kooperation für Juristen jedenfalls befruchtend sein werde, da man von Ärzten viel zu lernen habe. Der „befruchtende Einfluss“ sei umgekehrt allerdings ein begrenzter.[39] Aber auch für die Gerichtsmedizin und die Rolle des gerichtsmedizinischen Sachverständigen sei der Austausch mit Juristen von Bedeutung. Der Sachverständige müsse schließlich einerseits wissen, was vom Gericht erwartet werden würde, und andererseits befähigt sein, für Juristen verständliche Gutachten zu erstatten, woraufhin erneut die Worte *Gross´* betont wurden, dass auch der Richter wissen müsse, „was er fragen und wie er fragen soll“.[40]

Dementsprechend ist es wenig überraschend, dass *Gross* die Plattform der ÖKV auch zur Etablierung der Kriminalistik bzw. „seiner“ Kriminologie nutzen wollte, weshalb er sich schon in der ersten Sitzung der Vereinigung um die Förderung dieser Bestrebungen bemühte. In den „strafrechtlichen Hilfswissenschaften“, sohin der Kriminalanthropologie,[41] der objektiven

36 Verweis auf ehem. Verein für Psychiatrie und forensische Psychologie (ab 1906 „Verein für Psychiatrie und Neurologie“) mit Mitgliedern aus der Ärzte- und Juristenschaft.

37 Österreichische Landesgruppe der Internationalen Kriminalistischen Vereinigung (Fn. 2), S. 15.

38 Österreichische Landesgruppe der Internationalen Kriminalistischen Vereinigung (Fn. 2), S. 16.

39 Österreichische Landesgruppe der Internationalen Kriminalistischen Vereinigung (Fn. 2), S. 17.

40 Österreichische Landesgruppe der Internationalen Kriminalistischen Vereinigung (Fn. 2), S. 18.

41 Hierbei wichtig zu ergänzen ist, dass das Gross’sche Verständnis der Kriminalanthropologie sich keineswegs mit Lombrosos Theorie des „Geborenen Verbrechers“ deckte,

(den Verbrecher betreffenden) und subjektiven (den Richter, Sachverständigen, Geschworenen, Zeugen betreffenden) Kriminalpsychologie sowie der Kriminalistik und der Kriminalstatistik, sei die Arbeit mit Praxisbeispielen sowie eine gemeinschaftliche „Sammelarbeit" unbedingt notwendig. Hierfür richtet *Gross* schon in dieser ersten Sitzung eine Bitte an die ÖKV und ihre Mitglieder, die Etablierung der Hilfswissenschaften durch Lieferung von Praxisbeispielen und durch Beteiligung an dieser „Sammelarbeit" zu unterstützen.[42]

2. Eine Skizze zu den ersten Vereinsjahren

Der erste Vortrag im Rahmen der ÖKV fand am 27.4.1906 statt und wurde von *Hugo Högel*[43] zum Thema „Einführung ins Gefängniswesen" gehalten, da ein großer Teil der Kriminalisten mit dem Thema nicht vertraut gewesen sei.[44] Im Anschluss begab sich die ÖKV auf einen Ausflug zur Besichtigung der Männerstrafanstalt Stein am 6.5.1906.[45] Darauf folgend fand am 11.5.1906 eine Diskussionsrunde „über den Einfluss der Trunkenheit auf Straffälligkeit und Strafbarkeit" mit Fortsetzung am 18.5.1906 statt.[46] Auch hier insbesondere spannend waren die Diskussionsbeiträge rund um die juristisch-psychiatrischen Grenzfragen des Rausches, wozu Primarius Dr. *Berze* etwa ausführte, dass die Kompetenz des Psychiaters sich in der Beantwortung der Frage nach der Natur der Krankheit, sohin der der „Konstatierung des Rauschzustandes"[47], erschöpfe und eine Subsumtion eine Überschreitung der Kompetenzen sei.[48] Dies sei allerdings kein Prob-

---

sondern Gross die „Erscheinung des verbrecherischen Menschen, sein Wesen und seine Tätigkeit" meinte: Österreichische Landesgruppe der Internationalen Kriminalistischen Vereinigung (Fn. 2), S. 21.

42 Österreichische Landesgruppe der Internationalen Kriminalistischen Vereinigung (Fn. 2), S. 21–23.

43 Zu Hugo Högel weiter unten.

44 Österreichische Landesgruppe der Internationalen Kriminalistischen Vereinigung (Fn. 2), S. 23.

45 Österreichische Landesgruppe der Internationalen Kriminalistischen Vereinigung (Fn. 2), S. 28.

46 Österreichische Landesgruppe der Internationalen Kriminalistischen Vereinigung (Fn. 2), S. 28, 33.

47 Österreichische Landesgruppe der Internationalen Kriminalistischen Vereinigung (Fn. 2), S. 34.

48 Österreichische Landesgruppe der Internationalen Kriminalistischen Vereinigung (Fn. 2), S. 33.

lem des Rechts, welches in dieser Hinsicht eine klare Trennung von Tatsachenfragen und Gesetzesauslegung vorsehe, sondern ein Praxisproblem,[49] wobei auch hier seitens Hofrat Professor Dr. *Wagner v. Jauregg* bemerkt wurde, dass Juristen zu derartigen Entscheidungen dennoch schlichtweg nicht kompetent seien.[50] Diskutiert wurde weiters die Unterbringung von Suchtkranken in „Trinkerheilanstalten" bzw. eigenen „Detentionsanstalten für gefährliche Trinker", die einstweilen in einer Irrenanstalt zu internieren seien.[51]

Wie von *Gross* im Arbeitsprogramm intendiert, fanden später (beginnend mit 19.11.1906) intensivere Diskussionen über die „Reform des Strafverfahrens unter Berücksichtigung der Reformbestrebungen im Deutschen Reiche" mit einem einleitenden Referat von *Gross* über die Reform des Vorverfahrens statt.[52] Hierbei erörterte *Gross* die potenziellen Reformmöglichkeiten und deren Vor- und Nachteile. *Gross'* grundsätzliche Herangehensweise und dessen Bestreben, eine (natur-)wissenschaftliche Kriminalistik zu etablierten, zeigte sich auch in dieser Diskussion einmal mehr deutlich. So sei die immer wieder argumentativ gegen den Untersuchungsrichter ins Treffen geführte Unvereinbarkeit der Rolle des Verfolgers, Richters und Verteidigers in einer Person völlig unrichtig. Die Tätigkeit des Untersuchungsrichters im Rahmen der Untersuchung im Vorverfahren verglich *Gross* mit der Tätigkeit eines Wissenschaftlers, der sich schließlich lediglich auf die Suche nach der Kausalität begäbe und in seiner Funktion die Lehre der Kausalität auf den Einzelfall anzuwenden habe. Er habe nicht nach Beweisen für eine Behauptung zu suchen, sondern Tatsachen zu ermitteln, aus denen Schlüsse gezogen werden. Hierfür wiederum müsse die Unabhängigkeit und wissenschaftliche Ausbildung des Untersuchungsrichters conditio sine qua non sein.[53]

---

49 Österreichische Landesgruppe der Internationalen Kriminalistischen Vereinigung (Fn. 2), S. 35.

50 Österreichische Landesgruppe der Internationalen Kriminalistischen Vereinigung (Fn. 2), S. 35.

51 Österreichische Landesgruppe der Internationalen Kriminalistischen Vereinigung (Fn. 2), S. 34–35.

52 Diese Diskussion fand ihre Fortsetzung am 30.11.1906 sowie am 14.12.1906, nachzulesen in Österreichische Landesgruppe der Internationalen Kriminalistischen Vereinigung (Fn. 2).

53 Österreichische Landesgruppe der Internationalen Kriminalistischen Vereinigung (Fn. 2), S. 38.

In den kommenden Jahren werden die die Gründung der ÖKV leitenden Gedanken erneut betont. Diese sei „zwei Gedanken entsprungen": Einerseits dem Bedürfnis des Andockens an die modernen Strömungen der deutschen Strafrechtswissenschaft und andererseits dem Wunsch, der in Österreich „ins Leben gerufenen jungen Wissenschaft der Kriminalistik eine Stätte zu bieten"[54]. Eher ernüchternd wird in den Jahresberichten zu den Vereinsjahren 1908 und 1909 allerdings berichtet, dass man zwar zur „modernen" deutschen Strafrechtswissenschaft bereits einige Diskussionsrunden verbuchen konnte, hinsichtlich der Kriminalistik jedoch noch nicht viel geleistet wurde. Um hier entsprechend anzusetzen, wurde die Herausgabe einer kriminalistischen Publikation, nämlich der „Österreichischen kriminalistischen Abhandlungen", angeregt.[55] Im Rahmen dieser Schriften sollte die „Naturgeschichte der Deliktsformen, nach den Erscheinungen des wirklichen Lebens versucht werden". Diese Schriftstücke sollten systematisch nach den Tatbeständen erscheinen, wobei diese einerseits durch die Buchhandlung *F.C.W. Vogel* in Leipzig, die auch das finanzielle Risiko übernahm, und andererseits im „Gross'schen Archiv" und im Sonderabdruck in loser Form publiziert werden sollten. Für die ersten Hefte war Folgendes geplant: Bettelschwindel, Bauernfang, Bauchschwindel, Börsenschwindel, Heiratsschwindel.[56]

Neben kriminalistischen Themen wurde aber insbesondere in den Jahren 1908 und 1909 der „Entwurf eines Gesetzes betreffend die strafrechtliche Behandlung und den strafrechtlichen Schutz Jugendlicher"[57] diskutiert. Kernfragestellungen waren das Hinaufsetzen der Strafmündigkeit auf das 14. Lebensjahr,[58] der Vergleich mit anderen Rechtslagen und Fragen der modernen Kriminalpolitik zum Vorrang des Zweckgedankens vor dem Vergeltungsgedanken.[59] Dabei wurde u.a. die Wichtigkeit guter Einrichtungen

54 Gross wurde in der Generalversammlung vom 8.2.1908 erneut zum Präsidenten gewählt; Österreichische Landesgruppe der Internationalen Kriminalistischen Vereinigung (Fn. 10), S. 1.

55 Österreichische Landesgruppe der Internationalen Kriminalistischen Vereinigung (Fn. 10), S. 5.

56 Österreichische Landesgruppe der Internationalen Kriminalistischen Vereinigung (Fn. 10), S. 5.

57 Österreichische Landesgruppe der Internationalen Kriminalistischen Vereinigung (Fn. 10), S. 6 ff.

58 Österreichische Landesgruppe der Internationalen Kriminalistischen Vereinigung (Fn. 10), S. 10 f.

59 Österreichische Landesgruppe der Internationalen Kriminalistischen Vereinigung (Fn. 10), S. 11.

für Jugendliche betont, um „gefährliche Pflanzschulen des Verbrechens" zu verhindern.[60]

Anhand dieser Skizze der Vereinstätigkeit der ÖKV ist dessen breites Tätigkeitsfeld rund um Fragestellungen sichtbar geworden, die sich auch die moderne Kriminalpolitik des 21. Jahrhunderts stetig und wohl auf Grund gesellschaftlicher, politischer und wissenschaftlich-technologischer Entwicklungen heute verstärkt stellen muss. Nachfolgend sollen nun noch die Herausforderungen derartiger Plattformen als Versammlungsort teils konträrer Ansichten und kriminalpolitischer Forderungen, die die ersten Bestrebungen zur Gründung der ÖKV mitursächlich scheitern ließen, und im Anschluss die Chancen derartiger Plattformen für internationalen Austausch und globale Wirksamkeit dargestellt werden. Hierfür wird in beiden Fällen der langjährige Präsident der ÖKV *Hans Gross* und dessen Verhältnis zu zwei hierfür ausgewählten Kollegen beispielhaft herangezogen, einerseits, um potenzielle Schwierigkeiten in Bezug auf die Tätigkeiten innerhalb der Landesgruppe nachzuzeichnen, und andererseits, um Chancen der grenzüberschreitenden Kooperation außerhalb der eigenen Landesgruppe zu veranschaulichen.

III. Die ÖKV und der „Schulenstreit" am Beispiel Gross und Högel

Dass die ersten Versuche der Gründung einer österreichischen Landesgruppe unter anderem auf Grund unüberwindbarer Differenzen zwischen der klassischen und der modernen Schule scheiterten, wurde einleitend bereits festgestellt. Dass *Gross*, als einer der Initiatoren der ÖKV und späterer Präsident einer der Vertreter der modernen Schule war, der mit seiner progressiven und teils auch sehr „radikalen"[61] Denkweise nicht nur Bewunderer hatte, sondern von Beginn an u.a. durch Ablehnung seines Handbuches als Habilitationsschrift und auch später bzw. darüber hinaus in seiner kriminalistischen, kriminologischen Forschung vielfach kritisiert wurde,[62] ist wenig überraschend. Spannend in Hinblick auf die Tätigkeiten der ÖKV ist, dass

60 Österreichische Landesgruppe der Internationalen Kriminalistischen Vereinigung (Fn. 10), S. 1.

61 *Michael Bock* (Fn. 1), S. 340.

62 *Nina Kaiser* (Fn. 13), S. 84 unter Verweis auf *Christian Bachhiesl*, Kriminologie für Hund und Katz. Felis silvestris catus, Canis lupus familiaris und die frühe Kriminalwissenschaft, in: Festschrift für Kocher, 2017, S. 43 f.

einer seiner wohl schärfsten Kritiker nicht nur ein Mitglied der ÖKV, sondern zu *Gross*' Präsidentschaftszeiten einer seiner beiden Vizepräsidenten war, die konstituierende Versammlung als Vorsitzender leitete und später, als *Gross* „nur mehr" als Vorstandsmitglied fungierte, selbst Präsident der ÖKV war:[63] Generalprokurator Dr. *Hugo Högel*.[64]

Högel war ein Vertreter der klassischen Schule und wurde etwa von *Höpler* als „einer der bedeutendsten deutschen Kriminalisten" bezeichnet.[65] *Högel* selbst war lange Zeit im Gerichtsdienst tätig, bis er schließlich 1897 ins Justizministerium berufen und mit den Vorarbeiten zum Strafgesetzentwurf betraut wurde, wobei anzumerken ist, dass *Högels* Entwurf von der Kommission nicht angenommen wurde und *Högel* selbst eine Umarbeitung seines Entwurfes ablehnte. Seine Karriere führte ihn schlussendlich im Jahre 1903 bis an die Spitze der Wiener Oberstaatsanwaltschaft. Am 30.6.1912 wurde *Högel* zum Generalprokurator ernannt. Neben seinen legislatorischen Tätigkeiten publizierte *Högel* eine Reihe wissenschaftlicher Beiträge in der Strafrechtsdogmatik, aber auch in den Bereichen Rechtsgeschichte, Gefängniskunde, Kriminalpolitik und in der Kriminalstatistik.[66]

Gross´ und *Högels* Wege kreuzten sich schon Jahre vor Gründung der ÖKV. Wie auch *Gross*, war *Högel* im steirischen Gerichtsdienst tätig.[67] *Högel* allerdings zählte von Beginn an nicht zu jenen Kollegen, die von *Gross*' Arbeit begeistert waren, vielmehr war er, wie er vom späteren Oberstaatsanwalt *Alfred Amschl* bezeichnet wurde, ein „mißgünstiger Beurteiler".[68]

Gross setzte sich in einer Reihe von Aufsätzen für eine Individualisierung des materiellen Strafrechtes ein und hielt hierfür eine möglichst weit gefasste gesetzliche Grundlage für notwendig. Eine Kodifikation des Strafgesetzes sei seiner Ansicht nach ohnehin nur solange nötig, bis genügend empirisches Wissen eine solche obsolet mache.[69] Da der von *Carl Stooss* ausgear-

---

63 Siehe etwa *Ernst Rosenfeld* (Fn. 10), S. 31; Österreichische Landesgruppe der Internationalen Kriminalistischen Vereinigung (Fn. 2); Österreichische Landesgruppe der Internationalen Kriminalistischen Vereinigung (Fn. 10).

64 Zum Verhältnis Gross–Högel siehe u.a. auch *Christian Bachhiesl*, Zwischen Indizienparadigma und Pseudowissenschaft, 2012, S. 172; *Thomas Mühlbacher* (Ausbildung, Fn. 14), S. 56 f; *Thomas Mühlbacher*, Allerdings ist's Löb- und Preislich, in: Stadt Graz (Hrsg.), Historisches Jahrbuch der Stadt Graz, 2009, S. 329.

65 *Erwein Höpler*, Nachruf Generalstaatsanwalt Dr. Hoegel, Gerichtzeitung, 1.5.1921, S. 33.

66 *Erwein Höpler* (Fn. 65), S. 33, 34.

67 *Erwein Höpler* (Fn. 65), S. 33.

68 Zitiert bei *Thomas Mühlbacher* (Fn. 64), S. 335.

69 *Michael Bock* (Fn. 1), S. 340.

beitete Vorentwurf zum schweizerischen Strafgesetzbuch enge Definitionen vermied, bekannte sich *Gross* auch ausdrücklich zu einem Befürworter dieses Entwurfes.[70]

Högel allerdings zeigte sich in dieser Modernisierungsphase des Strafrechtes konservativ. Nach *Högel* sei es ein Fehler, dem schweizerischen Entwurf zu trachten, bevor nicht das Bestehende und das in anderen Ländern schon Bewährte geprüft wurde. Erst dann, wenn diese Grundlagen als unzureichend befunden würden, könne man Vorentwürfe, wie den schweizerischen, überhaupt in Erwägung ziehen. Das Strafrecht sei schließlich kein „Versuchsacker für moderne Ideen".[71] *Högel* bezeichnete *Gross* daher als einen „Schwärmer", zu dessen Ideen er es unbedingt für notwendig erachtete, rechtzeitig Stellung zu nehmen, um nicht als „Nichtschwärmer" ein „fruchtloses Reformierzeitalter" mit „unnöthig verschossener Druckschwärze" ertragen zu müssen und eine Belastung durch ein derart „bedenkliches" Experiment zu verhindern.[72]

Sogleich nahm sich *Högel Gross* als einen dieser „Schwärmer" vor, welcher in zahlreichen Beiträgen seine „modernen Ideen", inspiriert vom Schweizer Vorentwurf, propagierte, und kritisierte diesen öffentlich in einem Beitrag in den Juristischen Blättern. *Gross'* Ausführungen könne man nach *Högel* nicht ernst nehmen. Seine Ausführungen seien „mehr feuilletonistisch" und die Thesen[73] ohnehin zusammenhangslos, sein Weg ein „abschüssiger". Aus dessen Publikationen könne man lediglich lernen, wie gefährlich es ist, den „Doctrinarismus" durch „allgemein gehaltene Redensarten" zu ersetzen. Insbesondere scharf kritisierte *Högel Gross'* Haltung gegenüber strafrechtlichen Kodifikationen, auf die schließlich *Gross* in seinen Vorstellungen von empirisch begründeter Strafrechtspflege völlig verzichten möchte. Dieser Ansatz sei mit dem Legalitätsprinzip nicht vereinbar und gäbe den Gerichten zu viel Entscheidungs- und Handlungsspielraum, was zu einer Heterogenität der Rechtsprechungspraxis und zu Rechtsunsicherheit führen würde.[74] Für *Gross* dürfte dieser Vorwurf nicht gerade erschütternd gewesen sein, zumal er später in seiner Antrittsvorlesung im Jahr 1905, in der er seine Gedanken rund um ein „Strafrecht

70 Siehe u.a. *Hans Gross*, Zum Commissionalentwurfe des schweizerischen Strafgesetzbuches, Gesammelte Kriminalistische Aufsätze, 1 (1902), S. 57 ff.

71 *Hugo Högel*, Die Strafrechtsreform, JBL 51 (1896), S. 601.

72 *Hugo Högel* (Fn. 71), S. 601; vgl. dazu auch *Thomas Mühlbacher* (Fn. 14), S. 56 f.

73 Gemeint ist hier: *Hans Gross*, Neunundzwanzig Thesen zum künftigen Strafgesetzentwurfe, Gesammelte Kriminalistische Aufsätze, 1 (1902), S. 46.

74 *Hugo Högel* (Fn. 71), S. 601, S. 613.

ohne Gesetz" wohl auf die Spitze treibt, die apodiktische „Richtigkeit" und „Unentbehrlichkeit" des Legalitätsprinzips schon dem Grunde nach anzweifelte.[75] Für *Gross*[76] musste die Strafrechtswissenschaft eine naturwissenschaftliche Disziplin werden, die dem Richter notwendigen Ermessensspielraum bietet, wofür man in Kauf nehmen müsse, das Legalitätsprinzip aufzugeben.[77] Nach *Gross'* Vorstellung würde in einer „idealen Zeit" „kein normiertes Gesetz" „die Grundlage alles Rechtes" sein, sondern eine „psychologische Grundlage", weshalb das Ziel der kriminologischen Forschung primär folgendes sein sollte: „Kriminalpolitik auf richtig erkannter Kriminalätiologie"[78].

Högel sah in den von *Gross* verfolgten Ansätzen allerdings nicht nur auf Grund der damit offenkundig einhergehenden Legitimitätsfragen eine Reihe von Problemen, sondern hinterfragte auch dem Grunde nach deren Wissenschaftlichkeit: „Nicht alles ist schon Wissenschaft, wenn man sie so heißt"[79]. So liege darin die Gefahr „oberflächlicher, nichtssagender Strafgesetze"[80]; auch umfasse das Handbuch für Untersuchungsrichter „Selbstverständliches", weshalb er es gleich ungeschrieben hätte lassen können. Zudem entdecke die Kriminalpsychologie ohnehin in „jedem Diebe eine psychologische Merkwürdigkeit"[81].

Führt man sich diese so offen kommunizierte, durchaus abschätzige Kritik vor Augen,[82] ist es einerseits beachtlich, dass der damit personifizierte Schulenstreit, der anfangs die Gründung der ÖKV mitverhinderte, überwunden werden konnte. Andererseits muss man sich fragen, wie diese Koalition von progressiver „moderner" „schwärmerischer" und konservativer „klassischer" „nicht-schwärmerischer" Kriminalpolitik im Rahmen der ÖKV gelebt wurde und konstruktiv gearbeitet werden konnte. Ob man hier

75 *Hans Gross* (Fn. 20), S. 363; *Lydia Elek*, Das historische Tatortrelief. Überlegungen zum Sachbeweis aus Sicht der Geisteswissenschaft, SIAK-Journal 3 (2017), S. 54 (Strafrecht ohne Gesetz).

76 Der sich später als Anhänger der psychologischen Richtung der „Jungdeutschen Kriminalistenschule" bekannte, welche das Verbrechen als „sozial-pathologische Erscheinung" sah. Siehe dazu *Hans Gross* (Fn. 20), S. 169, 170; *Christian Bachhiesl* (Fn. 62), S. 172.

77 *Christian Bachhiesl* (Fn. 64), S. 174; siehe dazu auch *Lukas Gschwend* (Fn. 13), S. 76.

78 *Hans Gross* (Fn. 20), S. 364, 368.

79 *Hugo Högel* (Fn. 71), S. 602.

80 *Hugo Högel* (Fn. 71), S. 602.

81 *Hugo Högel* (Fn. 71), S. 613.

82 Högel verfasste sogar ein Spottgedicht über das Kriminalmuseum, siehe dazu: *Thomas Mühlbacher* (Fn. 64), S. 337.

von gegenseitiger Befruchtung tatsächlich profitierte oder durch gegenseitige „oppositionelle" Kritik die Ideen des „anderen Lagers" blockierte, muss an dieser Stelle offenbleiben.

IV. Zu Hans Gross, der ÖKV und transatlantischen Verbindungen

Um den vorliegenden Beitrag aber mit positiveren, jedenfalls fruchtbringenden Annahmen zum Ende zu bringen, soll nun noch ein kurzer Ausflug in die besondere Verbindung der ÖKV zur amerikanischen Delegation und dessen potenzielle Wirksamkeit für die Entwicklung der Kriminalwissenschaften auf internationaler Ebene unternommen werden. *Gross* selbst war schließlich ein international gut vernetzter Wissenschaftler und pflegte auch Beziehungen zu den Amerikanern. Dabei scheint, dass *Gross* einen amerikanischen Kollegen besonders schätzte: *John H. Wigmore*, Mitglied der Amerikanischen Landesgruppe „American Group of International Union of Criminal Law" (gegründet am 2.10.1910 in Washington).[83] *Wigmore* war Professor und Dekan der School of Law an der Northwestern University Chicago (Illinois). Er war eine sehr einflussreiche Figur der amerikanischen Kriminalwissenschaften und legte den Grundstein für das moderne amerikanische Beweisrecht.[84] Wie sein österreichischer Kollege drängte *Wigmore* darauf, das Studium der Kriminalwissenschaften als „eins und umfassend"[85] zu konzipieren und unterstützte die Integration nicht-juristischer Wissenschaften. Auch *Wigmore* untersuchte, wie *Gross*, die psychologischen Auswirkungen auf Zeugen und Richter,[86] weshalb *Wigmore* an dem von *Gross* publizierten Standardwerk zur „Criminalpsychologie" (1898) als erste wissenschaftliche Auseinandersetzung mit den „psychischen Zuständen von Richtern, Sachverständigen, Geschworenen, Zeugen usw. sowie mit den psychischen Zuständen von Verbrechern" besonders interessiert

83 *Ernst Rosenfeld* (Fn. 10), S. LII.

84 *William R. Roalfe*, John Henry Wigmore. Scholar and Reformer, JCLC, 1962. Seine Arbeit definierte die Beweisregeln, wobei sein Werk „Treatise on Evidence" ein wesentlicher Bestandteil des amerikanischen Strafrechtssystems wurde.

85 *John Henry Wigmore*, A Preliminary Bibliography of Modern Criminal Law and Criminology, Northwestern University Law School Bulletin 1 (1909), S. VI.

86 *Olivier Leclerc*, Can there Be a Science of Proof? A Cross-Atlantic Dialogue (1898–1947), in: Verena Klappstein/Maciej Dybowski (Hrsg.), Theorie of Legal Evidence – Evidence in Legal Theory, 2021, S. 15 ff.

war.[87] *Wigmores* Interesse war aber nicht nur ein persönliches, sondern als Mitglied des American Institute of Criminal Law and Criminology und dessen Übersetzungsausschuss, war es dessen Aufgabe, der amerikanischen Scientific Community Zugang zu den wichtigsten internationalen Veröffentlichungen auf dem Gebiet der Kriminalwissenschaft zu verschaffen, um die besten Prinzipien und Methoden übernehmen zu können.[88] *Gross'* „Criminalpsychologie" wurde als solcherart wichtig eingestuft, mit dem Ergebnis, dass die erste in die englische Sprache übersetzte Version 1911 erschien. Dieses Werk wurde im Vorwort von *Wigmore* als einer der Initiatoren unterzeichnet[89] und enthält ein Vorwort von *Gross*, in welchem er die Bedeutung der amerikanischen Forschung hervorhebt.[90]

Als weiteres Zeichen der Wertschätzung widmete *Wigmore* eines seiner Werke („The Principles of Judicial Proof") *Gross*, „who did more than any other man in modern times to encourage the application of science to judicial proof"[91]. Aber es scheint, dass die Beziehung der beiden sogar noch tiefer war. Bemerkenswerterweise erwähnte *Gross Wigmore* in seinem letzten Willen. Er wies seine Frau *Adele* als Erbin an, sich mit *Wigmore* in Verbindung zu setzen, um den Umgang mit der umfangreichen Bibliothek, die er besaß, zu regeln. Leider gibt es keine Hinweise auf den Verbleib dieser Literatursammlung.[92]

Allerdings gibt es Belege, dass *Gross* und *Wigmore* über Jahre hinweg, zumindest von 1909–1913, in einem regen Briefwechsel standen. In diesen Jahren tauschten *Gross* und *Wigmore* Briefe aus, die von der McCormick Library of Special Collections gesammelt wurden („John Henry Wigmore Papers", Northwestern University Chicago; Illinois). Darüber hinaus gibt es Dokumentationen über *Wigmore's* Reiseaktivitäten nach Europa und eine Sammlung der Korrespondenz zwischen *Wigmore* und dem American Institute of Criminal Law and Criminology. Diese Dokumente und noch viele weitere liefern relevante Informationen über die Beziehung zwischen *Gross* und *Wigmore*, den Prozess der Übersetzung der „Criminalpsycholo-

87 *Hans Gross* (Fn. 19), S. XIII.
88 *Hans Gross* (Fn. 19), S. VIII.
89 *Hans Gross* (Fn. 19), S. VIII.
90 *Hans Gross* (Fn. 19), Author's preface to the American Edition.
91 *John Henry Wigmore*, The Principles of Judicial Proof, 1913.
92 Siehe dazu *Thomas Mühlbacher*, Die Geschäfte der Adele G. oder: Was wurde aus den Büchern des Meisters? Ein bibliophiler Mosaikstein zu Hans Groß, in: Festschrift Kocher zum 80. Geburtstag, 2022, S. 283; Stmk Landesarchiv, BG Graz I A IX 1089/15.

gie" und den Einfluss von *Gross* und *Wigmore* auf die Entwicklung der österreichischen und amerikanischen Kriminalwissenschaften.

Im Rahmen eines vom Botstiber Institute for Austrian American Studies geförderten und am Hans Gross Zentrum für interdisziplinäre Kriminalwissenschaften am Institut für Strafrecht, Strafprozessrecht und Kriminologie der Rechtswissenschaftlichen Fakultät der Universität Graz durchgeführten Projektes[93] wurden diese österreichisch-amerikanischen Verbindungen in den Kriminalwissenschaften zu Beginn des 20. Jahrhunderts untersucht. Die Ergebnisse dieses Forschungsprojektes[94], die demnächst publiziert werden sollen, ermöglichen nicht nur Rückschlüsse auf die internationale Sichtbarkeit und Wirksamkeit von *Hans Gross* als individuellen Wissenschaftler, sondern auch der der ÖKV bzw. der IKV.

V. Conclusio

Sowohl die zunächst beschwerliche Gründungsgeschichte der ÖKV als auch ihr Wirken zeigen das Bedürfnis der damaligen Forschungsgemeinschaft, Kriminalwissenschaften praxisbezogen, umfassend, international und interdisziplinär zu denken. Dass die Anfangszeit der Vereinigung holprig war, vermag nicht zu verwundern, sieht man sich das Lebenswerk ihres ersten Präsidenten *Hans Gross* an, das anfänglich ebenso von zahlreichen Hindernissen geprägt war. Damals, wie auch heute, musste und muss sich die interdisziplinäre Kriminalwissenschaft ihren Stellenwert erkämpfen. Mit der ÖKV wurde schlussendlich aber ein bedeutendes Forum zur Diskussion von Reformbestrebungen mit Blick auf die Etablierung einer ganzheitlichen Kriminalwissenschaft bzw. „Kriminologie" gesetzt. Innerhalb der

93 Reuniting two masters of evidence: Hans Gross and John Henry Wigmore – On the traces of Austrian-American relations in criminal sciences at the dawn of the 20th century, https://botstiberbiaas.org/avada_portfolio/nina-kaiser/; *Nina Kaiser*, Hans Gross and John Henry Wigmore – A project reuniting two masters of evidence, in: Yuriy Fedkovych Chernivtsi National University, Faculty of Law (Hrsg.), Wissenschaftliche Lesungen zum Gedenken an Hans Gross: Tagungsband der internationalen wissenschaftlich-praktischen Konferenz 2022, 2023, S. 8.

94 Siehe hierzu *Nina Kaiser*, Reuniting masters of evidence – zu den Anfängen „moderner" Kriminalwissenschaften in den USA along the line of Hans Gross, in: Monika Stempkowski/Katharina Beclin (Hrsg.), Festschrift für Christian Grafl, 2004, S. 159; *Nina Kaiser*, Experts bridging borders: Unveiling transatlantic ties in criminal sciences between Hans Gross and John Henry Wigmore, Journal of Austrian-American History (zur Veröffentlichung angenommen).

ÖKV mag es zwar auch ernste Disharmonien und „politische" Debatten zwischen Vertretern der modernen und klassischen Schule gegeben haben, nichtsdestotrotz kann auf ein ambitioniertes Arbeitsprogramm und eine internationale Sichtbarkeit der ÖKV und ihrer Akteure zurückgeblickt werden. So bleibt zu hoffen, dass die österreichische „Kriminologie" auf ihren pionierhaften Weg zurückfindet und aufbauend auf den Visionen ihres „Vaters" den interdisziplinären Kriminalwissenschaften erneut eine universitäre Heimat bietet. Dem Erbe von *Gross*, der ÖKV und IKV, und insbesondere der praktischen und wissenschaftlichen Notwendigkeit, wäre dies jedenfalls geschuldet. Mit der Gründung des Hans Gross Zentrums für interdisziplinäre Kriminalwissenschaften (ZiK) hat man an der Universität Graz im Jahr 2021 jedenfalls wieder die notwendigen Weichen hierfür gestellt.[95]

95 Zum ZiK siehe: https://zentrum-kriminalwissenschaften.uni-graz.at/de/; *Nina Kaiser*, Das Hans Gross Zentrum für interdisziplinäre Kriminalwissenschaften (ZiK). Einblicke und Ausblicke, Die Polizei 3 (2023), S. 84 ff.

Die Kroatische Landesgruppe der Internationalen Kriminalistischen Vereinigung unter Berücksichtigung der Vereinstätigkeit in Bosnien und Herzegowina und Serbien

Dunja Milotić

I. Einleitung

In erster Linie sind es die Professoren *Josip Šilović* aus Zagreb und *Milorad Vesnić* aus Belgrad, die sich sowohl um die Gründung und Tätigkeit der Kroatischen Landesgruppe als auch um die Tätigkeit der serbischen Mitglieder verdient gemacht haben und die in langjähriger freundschaftlicher Beziehung zu Prof. *Liszt* standen und an den Kongressen der Internationalen Kriminalistischen Vereinigung (weiter im Text: IKV), bis zu ihrer Auflösung, teilgenommen haben. Die Tatsache, dass *Liszt* beiden die 12. und 13. Auflage seines bekannten „Lehrbuchs des deutschen Strafrechts" aus dem Jahr 1903 als „den in langen Jahren erprobten Kampfgenossen" gewidmet hat, zeugt von ihrer gegenseitigen Wertschätzung.[1] Es ist dem persönlichen Kontakt zu und der Freundschaft der genannten Professoren mit *Liszt*, einem der Gründer der IKV, zu verdanken, dass Kroatien und Serbien an den Aktivitäten dieses sehr wichtigen Vereins teilnahmen.

In dieser Arbeit soll die Tätigkeit der Kroatischen Landesgruppe erläutert werden, die kurz nach *Šilovićs* Beitritt zur IKV 1893 gegründet wurde, und zwar aus dem Blickwinkel von *Šilovićs* aktiver Teilnahme an einzelnen Kongressen, seiner detaillierten Berichte, die in der „Monatsschrift des Juristenvereins" in Zagreb (im Folgenden: „Monatsschrift") veröffentlicht worden sind, und der Einflüsse, die die IKV auf die Entwicklung des kroatischen Strafrechts ausübte. Zum Abschluss werden wir über serbische und „bosnisch-herzegowinische" Mitglieder der IKV sprechen. Zwar war das Königreich Serbien seit 1889, also von Anfang an, in der IKV vertreten, zur Gründung einer gesonderten serbischen Landesgruppe kam es aber nicht. Im Unterschied zu den kroatischen Mitgliedern waren die serbischen

1 *Ernest Miler*, Dr. Josip Šilović, Mjesečnik pravničkoga družtva u Zagrebu 39 (1913), Buch 1, S. 321–322; *Bogdan Zlatarić*, Die Ideen Franz von Liszts im früheren und heutigen Jugoslawien, in: Franz von Liszt zum Gedächtnis, 1969, S. 227.

Mitglieder der IKV weder zahlreich noch regelmäßig bei den einzelnen Kongressen vertreten, was sich wohl auf mangelnde staatliche finanzielle Unterstützung zurückführen lässt.

II. Josip Šilović – Gründer und Seele der Kroatischen Landesgruppe

Josip Šilović war der IKV bereits 1892 beigetreten. Im Mitgliederverzeichnis findet man ihn Ende Dezember 1892 unter den ungarischen Mitgliedern der IKV.[2] Angesichts der Tatsache, dass *Šilović* die Hauptperson war, die die Gründung einer kroatischen Landesgruppe der IKV angeregt hat und ihr emsiger Vertreter war, soll im Folgenden sein privates und berufliches Leben kurz dargestellt werden. *Šilović* wurde 1858 im Dorf Praputnjak in der Nähe von Bakar geboren. Er starb 1939 in Zagreb. Er war Kind eines kroatischen Auswanderers, der als Forstarbeiter ums Leben kam und eine Witwe mit vier Kindern hinterließ. Die Mutter arbeitete schwer, um *Šilović* eine Ausbildung zu ermöglichen, bis hin zum Abschluss seines Studiums an der Juristischen Fakultät der Universität Zagreb und seiner Promotion 1884. Zuerst war er im Gerichtswesen und im rechtsadministrativen Dienst der Kroatischen Landesregierung tätig (1883–1893). 1886 und 1887 weilte er im Rahmen von Studienaufenthalten an den Universitäten Wien, Leipzig (bei Prof. *Binding*), Bologna (bei Prof. *Luchini*) und Neapel (bei Prof. *Pessini*), wo er sich im Strafrecht fortbildete. Dies hatte eine entscheidende Bedeutung für seine wissenschaftliche Ausrichtung in der Strafrechtswissenschaft, weil die genannten Strafrechtstheoretiker, die zugleich auch die Verfechter der klassischen Schule waren, ihn „zum Indeterminismus determinierten"[3]. Ungeachtet seiner indeterministischen Stellung hat sich *Šilović* die Liszt'sche Dreiteilung der Strafzwecke (Abschreckung, Besserung, Unschädlichmachung) zu eigen gemacht, ebenso seine Hinwendung vom

2 Šilović war nicht das erste kroatische Mitglied der IKV, denn in den Mitgliederverzeichnissen von 1889, 1890 und 1891 finden wir unter den ungarischen Mitgliedern Dragutin (Karl) Neumann, einen Anwalt aus Osijek und herausragenden oppositionellen Politiker im kroatischen Landtag, der seiner Herkunft nach Deutscher und seinem Bewusstsein nach Kroate war. Ab 1892 finden wir ihn nicht mehr unter den Mitgliedern der IKV. Mitteilungen der IKV 1 (1889), S. 13; Mitteilungen der IKV 2 (1891), S. 19; Mitteilungen der IKV 3 (1892), S. 29; Mitteilungen der IKV 4 (1894), S. 64–66; *Branko Ostajmer*, Dr. Dragutin Neuman (Neumann) – zastupnik u hrvatskom Saboru 1890–1892, Godišnjak Njemačke zajednice, Deutsche Gemeinschaft Jahrbuch 18 (2011), S. 79–98.

3 *Ernest Miler* (Fn. 1), S. 321.

Verbrechen zum Verbrecher und seine Unterscheidung von Gewohnheits- und Gelegenheitstätern. Da er sich der Schädlichkeit von kurzfristigen Freiheitsstrafen bewusst war, setzte er sich für die Einführung der bedingten Verurteilung in Kroatien ein.[4] Im Jahre 1894 wurde er ordentlicher Professor für Zivilprozessrecht an der Juristischen Fakultät in Zagreb und 1897 wechselte er auf den Lehrstuhl für Strafrecht, Strafprozessrecht und Rechtsphilosophie, wo er bis zu seiner Pensionierung 1924 verblieb. Mit *Šilović* beginnt die maßgebliche Entwicklung der kroatischen Strafrechtswissenschaft. Selbst Opfer einer schweren Kindheit, hat er sich auch intensiv mit karitativen Tätigkeiten beschäftigt, insbesondere mit dem Schutz der Jugend sowie der Betreuung verlassener Kinder. Er war auch politisch tätig: bis 1918 war er Mitglied der proungarischen Volkspartei, Abgeordneter dieser Partei im Kroatischen Landtag sowie ihr Delegierter im ungarischen Parlament.[5]

Am 26.11.1892 hielt *Šilović* auf der Versammlung des Juristenvereins in Zagreb einen ausführlichen Vortrag über die IKV, wo er die kroatische juristische Öffentlichkeit über die Gründung, Begründer und Ziele der Vereinigung in Kenntnis setzte. In seinen Ausführungen ging er näher auf die wichtigsten, der Vereinigung zugrundeliegenden Prinzipien ein, wobei er sich an den Mitbegründer Prof. *Liszt* hielt, denn *Šilovićs* Auffassung zufolge habe kein anderer sie so gründlich und umfassend erläutert. In seinem Vortrag übte er Kritik an der kriminologischen Anthropologie und äußerte die These, dass es einen homo delinquens als einheitlichen anthropologischen Verbrechertyp nicht gäbe. Zu den biologischen Untersuchungen müssten auch soziologische Untersuchungen über das Verbrechen, als Sondererscheinung im gesellschaftlichen Leben, hinzugezogen werden sowie auch Untersuchungen über die sozialen Bedingungen, unter denen Verbrechen begangen werden. Dabei verwies er auf die Bedeutung der Kriminalstatistik als einer soziologischen Analyse von Verbrechen und Strafe. Er betonte, dass eine kurzfristige Freiheitsstrafe nicht nur nutzlos sei, weil sie zu keiner Besserung des Sträflings führe, sondern für die Rechtsordnung sogar schädlich sei. Die kurzfristige Freiheitsstrafe sei nur der erste Schritt, der zur Rückfallkriminalität führe und somit unverbesserliche

4 *Bogdan Zlatarić* (Fn. 1), S. 223–224.

5 *Stanko Frank*, Josip Šilović. Osvrt na njegov naučni rad prigodom sedamdesetog rodjendana, Mjesečnik: Glasilo pravničkoga društva 54 (1928), S. 472–490; *Agneza Szabo*, Štamparov suvremenik Josip Šilović – utemeljitelj zaklade za kolonizaciju siročadi iz gladnih hrvatskih krajeva i zaklade siročadi naših iseljenika u vrijeme Prvoga svjetskog rata, Acta medico-historica Adriatica 13 (2015), S. 49–62.

Gewohnheitsverbrecher produziere. Er verwies auf die Geldbuße und die Strafe auf Bewährung, die sich als Ersatz für die kurzfristige Freiheitsstrafe am besten eigneten, wobei er sich eindeutig für das Institut der Bewährungsstrafe aussprach. Als drittes Mittel, das die kurzfristige Freiheitsstrafe ersetzen sollte, führte er die Arbeitsstrafe ohne Einsperrung ins Feld. Eine Arbeitsstrafe ohne Einsperrung sei nur mittelbar Ersatz für eine kurzfristige Freiheitsstrafe, nämlich Ersatz für eine nicht einzutreibende Geldbuße. Er thematisierte auch die Frage der Behandlung minderjähriger Straftäter, das Problem der Rückfallkriminalität sowie den unverbesserlichen Gewohnheitsverbrecher. Nebenbei kommentierte er Stellungnahmen, die auf den bis dahin abgehaltenen Kongressen der IKV in Brüssel, Bern und Oslo diskutiert worden waren.

Abschließend zitierte *Šilović* aus einem Brief vom 25.5.1892, in dem *Liszt* ihm mitgeteilt hatte, er sei Mitglied der IKV geworden, und noch hinzufügte: „Wir wären Ihnen auch dankbar dafür, wenn Sie unserer Sache noch einige tüchtige Juristen Ihres engeren Vaterlandes zu gewinnen in der Lage wären".[6] Hiervon ausgehend rief *Šilović* kroatische Juristen dazu auf, welche die wissenschaftlichen Überzeugungen der IKV teilten, dieser Vereinigung beizutreten. Da Kroatien im Bereich der Justiz Autonomie besitze, sollte es, sofern sich wie in Ungarn und Serbien genug arbeitswillige Mitglieder fänden, möglich sein, eine kroatische Landesgruppe der IKV zu gründen, in der kriminalistische Fragen in Bezug auf das kroatische Land und Volk im Einklang mit den Grundprinzipien der Vereinigung erörtert werden könnten. *Šilovićs* Vortrag wurde in der „Monatsschrift" veröffentlicht[7] und auch als separate Broschüre unter dem Titel „Internationale kriminalistische Vereinigung" herausgegeben.[8]

III. Gründung und Tätigkeit der Kroatischen Landesgruppe der IKV

Auf *Šilovićs* Initiative hin wurde am 8.6.1893 die Kroatische Landesgruppe mit 28 Mitgliedern gegründet. Zum Vorsitzenden der Kroatischen Landesgruppe wurde *Vjekoslav Klein*, Sektionschef der Kroatisch-Slawonischen

---

6 *Josip Šilović*, Medjunarodna kriminalistička udruga, Narodne Novine, Nr. 273, 29.11.1892, S. 2–3.

7 *Josip Šilović*, Medjunarodna kriminalistička udruga, Mjesečnik pravničkoga družtva u Zagrebu 19 (1893), S. 9–29.

8 *Josip Šilović*, Medjunarodna kriminalistička udruga, 1893.

Landesregierung, Abteilung für Justiz, gewählt. Zum Vizevorsitzenden wählte man *Otto Spitzer*, Oberstaatsanwalt in Zagreb, und zum Protokollführer *Josip Šilović*, der zugleich mit der Mitgliederanmeldung betraut wurde.[9]

Im Jahr 1908 wurde *Šilović*, „die Seele und zugleich der Gründer der kroatischen Landesgruppe", zum Vorsitzenden gewählt, da *Klein* zurückgetreten war. Zum Schatzmeister und Sekretär wurde Prof. *Ernest Miler*[10] gewählt. Am 12.1.1908 wurde die Jahresversammlung unter *Šilovićs* Vorsitz abgehalten. *Šilović* berichtete über die bisherigen Resultate der Kroatischen Landesgruppe, indem er hervorhob, dass diese auf regelmäßige Versammlungen verzichtete, weil alle Mitglieder der Kroatischen Landesgruppe gleichzeitig Mitglieder des Juristenvereins waren, der auf seinen monatlichen Sitzungen auch Kriminalisten die Gelegenheit bot, kriminalistische Fragen vor einem größeren Publikum zu erörtern.[11] Die Mitgliederzahl der Kroatischen Landesgruppe stieg unmittelbar vor dem Beginn des Ersten Weltkrieges auf 32.[12] Als Vorsitzender der Kroatischen Landesgruppe der IKV gratulierte *Šilović Liszt* im März 1911 zu dessen 60. Geburtstag, worauf ihm *Liszt* Folgendes antwortete:

> „Dir, lieber Freund, und den Mitgliedern der kroatischen Landesgruppe der IKV sage ich den herzlichsten Dank für die freundlichen Glückwün-

9 Svaštice, Medjunarodna kriminalistička udruga, Mjesečnik pravničkoga društva u Zagrebu 19 (1893), S. 342–343; Mitteilungen der IKV 4 (Fn. 2), S. 265.

10 Ernest Miler war neben Šilović das prominenteste Mitglied der Kroatischen Landesgruppe der IKV, der er ab 1895 angehörte. Er wurde 1866 in Pakrac geboren und starb 1928 in Zagreb. Er studierte Rechtswissenschaften in Wien und Zagreb, wo er 1890 promovierte. Nach dem Studium arbeitete er in der Staatsanwaltschaft in Zagreb. In den Jahren 1901–1902 besuchte Miler, damals Privatdozent an der Juristischen Fakultät in Zagreb, das international bekannte kriminalistische Seminar von Liszt in Berlin-Charlottenburg. Liszt hegte aufgrund Milers Begabung und dessen fester Entschlossenheit, die Strafrechtswissenschaften zu erforschen, große Sympathie für ihn und stand dauerhaft mit ihm in Korrespondenz. Besonders ausgeprägt war sein Interesse an der Soziologie, was letztendlich zu seiner Ernennung zum ordentlichen Professor für Kriminalwissenschaften und Soziologie an der Juristischen Fakultät der Universität Zagreb im Jahr 1906 führte, was im Folgenden ausführlicher erläutert wird. Mitteilungen der IKV 5 (1896), S. 374; *Edo Lovrić*, Dr. Ernest Miler (nekrolog), Mjesečnik: Glasilo pravničkoga društva 54 (1928), S. 496–504; *Bogdan Zlatarić* (Fn. 1), S. 221–222.

11 *Ernest Miler*, Die kroatische Landesgruppe, Mitteilungen der IKV 15 (1908), S. 135–136.

12 Mitteilungen der IKV 20 (1913), S. XXVIII–XXIX.

sche zu meinem 60. Geburtstag. Wir wollen gemeinsam weiterkämpfen. In Treue, Dein Liszt".[13]

In der „Monatsschrift" berichtete *Šilović* regelmäßig und sehr ausführlich über die Kongresse der IKV, an denen er teilgenommen hatte. Maßgeblich dazu beigetragen hat auch der Umstand, dass *Šilović* von 1892–1914 selbst Redakteur der „Monatsschrift" war. So findet man in der „Monatsschrift" in der Periode von 1892–1915 Berichte über den vierten, sechsten, siebten, achten, neunten, zehnten, elften und zwölften Kongress der IKV.

Im Weiteren folgt eine Übersicht der Beiträge von *Šilović* sowie anderer Mitglieder der Kroatischen Landesgruppe im Rahmen der einzelnen Kongresse.

1. Frühe Mitwirkung an den Kongressen der IKV in Paris, Linz und Lissabon

Am vierten Kongress der IKV, der vom 26.–28.6.1893 in Paris stattfand, nahmen zwei kroatische Mitglieder als Vertreter der Kroatischen Landesgruppe teil: *Otto Spitzer* und *Josip Šilović*. Bei diesem Anlass wurde *Otto Spitzer* durch Akklamation zum Vizepräsidenten der Versammlung gewählt. *Otto Spitzer* beteiligte sich an der Erörterung zum Thema „Wie man Betteln und Vagabundieren vorbeugen kann" und sagte:

> „Auch bei uns in Österreich-Ungarn muss die Behandlung der vorliegenden Frage eine eigenartige sein, wegen der besonderen Elemente, aus denen sich bei uns das Volk der Bettler und Vagabunden zusammensetzt, der Zigeuner wegen. Dieses Nomadenvolk liefert das Material zu fast allen den Banden, die das Reich durchziehen. Bei uns ist also die Frage des Vagabundentums mit der der Zigeuneransiedlung eng verknüpft. Sie wissen, meine Herren, dass diese letztere der Gegenstand vieler philanthropischer Versuche bei uns ist. Aber noch sind diese Versuche, deren Urheber Erzherzog Joseph ist, nicht spruchreif."[14]

13 *Ernest Miler*, Liszt, Mjesečnik pravničkoga družtva u Zagrebu 37 (1911), 1, S. 281; *Bogdan Zlatarić* (Fn. 1), S. 223.

14 Svaštice, Medjunarodna kriminalistička udruga, Mjesečnik pravničkoga družtva u Zagrebu 19 (1893), S. 387–388; Mitteilungen der IKV 4 (Fn. 2), S. 324, 350; *Josip Šilović*, Četvrti obći kongres medjunarodne kriminalističke udruge, Mjesečnik pravničkoga družtva u Zagrebu 20 (1894), S. 437–448, 485–492.

Da eine der Fragen, die auf dem sechsten Kongress der IKV vom 12.–14.8.1895 in Linz erörtert werden sollte, der Lustmord war, und zwar vom anthropologischen und soziologischen Gesichtspunkt her, sollten Daten über Lustmordfälle gesammelt und wissenschaftlich erforscht werden. Daher waren die Leser der „Monatsschrift" dazu aufgerufen, dem Sekretär der Kroatischen Landesgruppe, *Šilović*, Daten über ihnen bekannte Lustmordfälle zu übermitteln. Dort, wo konkrete Tatbestände aus den strafrechtlichen Akten entnommen werden konnten, bat man sie, diese Tatbestände zu benennen. War dies nicht möglich, sollte der Fall lediglich kurz beschrieben werden.[15] Seitens der Kroatischen Landesgruppe nahmen *Šilović* und *Ernest Miler*, damaliger Staatsanwaltssubstitut aus Zagreb, am Kongress in Linz teil. Auf Vorschlag von *Liszt* wurde unter anderem *Šilović* als kroatischer Vertreter zum Vizepräsidenten der Versammlung gewählt. *Šilović* nahm an der Erörterung zum Thema „Praktische Ausbildung der Kriminalisten" teil und stimmte seinen Vorrednern zu, dass es höchste Zeit sei, sich um die praktische Ausbildung von Kriminalisten zu kümmern. Seiner Meinung nach sei die Rechtspraktikantenzeit vor der Richteramtsprüfung dafür am geeignetsten, während junge Juristen in Kroatien als Protokollführer verwendet würden, ohne dabei etwas zu lernen. Er erwähnte auch die Möglichkeit, für die Rechtshörer an der Universität einen Kurs über die Kriminalistik einzurichten, fügte jedoch hinzu, dass die Kriminalistik nicht auf die Universität beschränkt werden dürfte, weil sie dort von der Praxis vollständig abgesondert wäre. Die praktische Ausbildung junger Kriminalisten solle bei den Gerichtshöfen in den Hauptstädten der Provinzen konzentriert werden, wo auch die Kriminalmuseen einzurichten seien, die von den besten Strafrichtern geleitet werden sollten. Diesen praktischen Kurs müssten alle Rechtspraktikanten der betreffenden Provinz besuchen und erst nach Abschluss des Kurses sollte es möglich sein, die Richteramtsprüfung abzulegen. Nach bestandener Richteramtsprüfung würde man sie zu den Gerichten im ganzen Land versetzen. *Šilović* war der Meinung, dass mit diesem praktischen Kurs unbedingt auch ein Kurs für Gefängniswesen zu verbinden sei, und zwar derart, dass der Kursleiter gemeinsam mit den Praktikanten mindestens für einen Monat an eine Strafanstalt abzuordnen sei. Dort sollten die Praktikanten den Dienst höherer Strafanstaltsbeamter ausüben. Am Ende erwähnte *Šilović*, dass innerhalb der Justizabteilung

15 Svaštice, Medjunarodna kriminalistička udruga, Mjesečnik pravničkoga družtva u Zagrebu 21 (1895), S. 90.

der Kroatischen Landesregierung ein Referenten-Entwurf betreffend die justizielle praktische Staatsprüfung ausgearbeitet worden sei.[16]

Šilović nahm auch am siebten Kongress der IKV teil, der vom 21.–23.4.1897 in Lissabon stattfand. Bei diesem Anlass wurde er erneut per Akklamation zum Vizepräsidenten der Versammlung gewählt und führte den Vorsitz bei der Erörterung zum Thema der moralischen und strafrechtlichen Verantwortung. Neben *Šilović* wurde die Kroatische Landesgruppe durch *Ernest Miler* und *Ivan Banjavčić*, einen Anwalt aus Karlovac, vertreten. *Šilovićs* Bericht über diesen Kongress wurde, wie der Autor selbst sagte, aufgrund einer Vielzahl anderer Verpflichtungen, erst 1899 in der „Monatsschrift" veröffentlicht.[17]

2. Mitwirkung am achten Kongress der IKV in Budapest

Am achten Kongress, der vom 12.–14.9.1899 in Budapest stattfand, nahmen gleich vier Vertreter der Kroatischen Landesgruppe teil: *Šilović*, Oberstaatsanwalt *Tomo v. Kraljević* und die Staatsanwaltssubstitute *Viktor Aleksander* und *Ernest Miler*. *Šilović* wurde bei diesem Anlass zum Vizepräsidenten der Versammlung gewählt, da Oberstaatsanwalt *Tomo v. Kraljević* zuvor kundtat, er könne seine Wahl nicht annehmen, da er aufgrund dienstlicher Verpflichtungen vor Ende des Kongresses nach Zagreb zurückkehren müsse. Bei einem informellen Beisammensein, das der ungarische Justizminister *Aleksander Plosz* zu Ehren der Kongressteilnehmer auf der Margareteninsel veranstaltet hatte, hatten *Šilović* und *Kraljević* die Gelegenheit, mit dem ungarischen Minister zu sprechen, der großes Interesse für das kroatische Strafverfahren und die kroatische Justiz im Allgemeinen erkennen ließ.[18]

Šilović beteiligte sich an dem Diskurs über kontradiktorische Ermittlungen, präziser gesagt über die Verteidigung des Beschuldigten im Vorverfahren. Die Behauptung des Universitätsprofessors *Tanoviceano* aus Bukarest,

16 Svaštice, Medjunarodna kriminalistička udruga, Mjesečnik pravničkoga družtva u Zagrebu 21 (1895), S. 447–448; Mitteilungen der IKV 5 (Fn. 10) S. 462, 477–479; *Josip Šilović*, Šesti obći kongres medjunarodne kriminalističke udruge, Mjesečnik pravničkoga družtva u Zagrebu 22 (1896), S. 449–458, 513–521.

17 Viestnik, Medjunarodna kriminalistička udruga, Mjesečnik pravničkoga družtva u Zagrebu 23 (1897), S. 253, 377; *Josip Šilović*, Sedmi obći kongres medjunarodne kriminalističke udruge, Mjesečnik pravničkoga družtva u Zagrebu 25 (1899), S. 409–418, 472–481.

18 Viestnik, Osmi kongres medjunarodne kriminalističke udruge, Mjesečnik pravničkoga družtva u Zagrebu 25 (1899), S. 636–637.

dass der Unschuldige immer Worte finde, um seine Unschuld beteuern und beweisen zu können, ohne dass er einen Verteidiger brauchen würde, veranlasste *Šilović* zu betonen, dass diese Ansicht den Tatsachen nicht entspreche, dass sie ihnen sogar widerspreche. Alle, die Untersuchungsrichter gewesen seien und noch wären, hätten erfahren, dass in der Regel gerade der Unschuldigste, insbesondere im Falle einer Verhaftung, kaum Worte fänden und in den meisten Fällen durchaus nicht in der Lage seien, sich zu verteidigen und ihre Unschuld zu beweisen.

Danach beschrieb er einen Fall aus der kroatischen Rechtsprechung, der ihn davon überzeugt habe, dass der Beistand durch einen Verteidiger in der Voruntersuchung eine Notwendigkeit für eine gerechte Rechtsprechung sei. Es habe sich um einen Raubmord gehandelt. Eine Post sei ausgeraubt und der Postillion ermordet worden. Es sei ein musterhafter Indizienbeweis konstruiert worden, und zwei Menschen seien zu zwanzigjährigem schweren Kerker verurteilt worden. Es sei ein Glück gewesen, dass sich unter den Richtern einer gefunden habe, der für die Freisprechung gewesen sei, sonst wären sie unbedingt zum Tode verurteilt und das Urteil wäre vollstreckt worden. Dieser Indizienbeweis war so glänzend geführt worden, dass *Šilovićs* Vorgänger im Kriminalpraktikum hierauf noch jahrelang als Muster eines Indizienbeweises verwiesen hat. Nach achtzehn Jahren sei ein gewisser *Brezović* wegen mehrerer Raubmorde zur Verantwortung gezogen worden. Der eine der beiden Verurteilten sei bereits nach acht Jahren im Kerker gestorben. Dieser Mann habe fortwährend seine Unschuld beteuert und sei in der Strafanstalt sehr renitent gewesen. Der zweite sei achtzehn Jahre lang in der Strafanstalt Lepoglava gewesen. Der Verstorbene sei dem damaligen Sektionsrat so sonderbar vorgekommen, dass er nochmals die Untersuchungsakten studiert habe. Als sich nun der *Brezović*-Fall ereignet habe, habe der Sektionsrat den damaligen Staatsanwalt darauf aufmerksam gemacht, dass er *Brezović* fragen solle, ob er auch den damaligen Raubmord begangen habe. Und tatsächlich sei festgestellt worden, dass jene zwei unschuldig zu 20 Jahren schweren Kerker verurteilt worden seien.

Das sei ein Beweis dafür, dass der Angeklagte, sich selbst überlassen, ohne Verteidigung, keineswegs im Stande sei, seine Unschuld zu beweisen. Es sei notwendig, einem Beschuldigten einen Verteidiger zur Seite zu stellen, damit er auch jemanden bei sich habe, der die Wege kenne, auf welchen die materielle Wahrheit zu Tage zu fördern sei. Es sei die Pflicht des Staates, auch im Strafverfahren dafür zu sorgen, dass die materielle Wahrheit bewiesen werde, nicht aber dafür, dass um jeden Preis jemand verurteilt werde. Es sei sehr gefährlich, den unschuldig Verhafteten allein, ohne Verteidiger, zu lassen, speziell in der Voruntersuchung, aber auch in den Vorerhebungen. Wenn der Richter einmal Beweise habe, so helfe eine Verteidigung in der Hauptverhandlung nicht viel, speziell bei uns und in solchen Ländern, wo es keine Jury gäbe und Berufsrichter urteilten. Die Tatsachen seien wichtiger als die Rechtsfragen. Wenn die Beweisführung in der Voruntersuchung abgeschlossen worden sei, könne in der anschießenden Hauptverhandlung das Beweisergebnis kaum mehr angefochten werden. Ein Verteidiger müsse dem Beschuldigten daher während der Vorerhebungen und der Untersuchung in jedem Fall zur Seite gestellt werden, ohne Rücksicht darauf, ob der Beschludigte reich oder arm sei – dem Armen, dem Ungebildeten noch viel eher als dem reichen, dem gebildeten und dem durchtriebenen Schuldigen, denn der durchtriebene Schuldige, der Professionsverbrecher, werde immer Gründe für seine Unschuld anführen können, wogegen der wirklich unschuldige, aber ungebildete Beschuldigte oft hilflos sei. *Šilović* war daher der Meinung, dass in der Voruntersuchung bei Verbrechen jedem Beschuldigten ein Verteidiger beigegeben werden solle, und wenn er nicht zahlen könne, solle der Verteidiger ex officio, vom Staat bezahlt werden.[19]

3. Mitwirkung am neunten Kongress der IKV in Sankt Petersburg

Am neunten Kongress der IKV vom 17.–20.9.1902 in Sankt Petersburg nahmen sogar fünf Vertreter der Kroatischen Landesgruppe teil.[20] *Šilović* wurde erneut zum Vizepräsidenten der Versammlung gewählt und führte den Vorsitz in der Sitzung, die am 20.9. stattfand und auf der man die Reform des Prozesses der Beschuldigung erörterte.[21] Im Rahmen der Erörterung des Themas

„Welche Konsequenzen ergeben sich in Rücksicht auf die zukünftige Strafgesetzgebung aus dem Prinzip der neuen Schule, nämlich dass den

19 Mitteilungen der IKV 8 (1900), S. 215, 234–237; *Josip Šilović*, Osmi obći kongres medjunarodne kriminalističke udruge, Mjesečnik pravničkoga družtva u Zagrebu 26 (1900), S. 412–417, 468–472, 531–541, 581–588, 665–674, 725–739.

20 Neben Šilović nahmen am Kongress teil: Nikodem Jakšić (Banalrat aus Zagreb), Stjepan Kosovac (Regierungsrat aus Zagreb), Franjo Tonković (Anwalt aus Zlatar) und Viktor Aleksander (Staatsanwaltssubstitut aus Zagreb). Viestnik, IX. kongres medjunarodne kriminalističke udruge, Mjesečnik pravničkoga družtva u Zagrebu 28 (1902), 795–796.

21 Mitteilungen der IKV 11 (1904), S. 95.

psychischen Faktoren mehr Bedeutung zuzumessen sei, als dem materiellen Erfolg?"

erstattete das kroatische Mitglied *Ernest Miler* Bericht.[22] Bei dieser Frage beschränkte man sich auf den Versuch einer Straftat, die Teilnahme an einer Straftat und auf die sogenannten qualifizierten Delikte. Da Berichterstatter *Miler* nicht am Kongress in Sankt Petersburg teilnahm, trug *Šilović* als sein Stellvertreter die Stellungnahme der Kroatischen Landesgruppe zu dieser Frage vor. Der Verbrecher solle sich nur für jenen Erfolg verantworten, den er gewollt und vorhergesehen habe oder habe vorhersehen können. *Šilović* widersetzte sich dem Erziehungsgrundsatz, dem einzigen Strafzweck, der von Prof. *van Hamel* anerkannt wurde. Er war der Ansicht, dass diese Methode ausgezeichnet sei, wenn es sich um junge Verbrecher handle. Sie könne aber nicht auf erwachsene Verbrecher angewandt werden, von Rückfallverbrechern und Gewohnheitsverbrechern ganz zu schweigen. In Bezug auf junge Delinquenten vertrat die kroatische Gruppe die Meinung, die im Einklang mit dem kroatischen Gesetz vom 6.2.1902 über die Zwangserziehung Minderjähriger stand, nämlich, dass es bei ihnen weder um Schuld noch um Strafe gehe, sondern um vernachlässigte Erziehung. Daher brauche der kroatische Richter nicht zu prüfen, ob ein Kind reif genug sei, um die Strafbarkeit einer begangenen Tat zu erkennen, sondern er habe lediglich zu prüfen, ob das Kind vernachlässigt sei, oder ob die Gefahr bestehe, dass das Kind vernachlässigt sein könnte.

In Bezug auf die Schuld war *Šilović* der Ansicht, dass es nicht ausreiche, sich ausschließlich mit dem Verbrecher zu befassen, vielmehr sei es notwendig, die Straftat selbst als Beurteilungsgrundlage zu sehen und die Verderbtheit des Verbrechers festzustellen und welche Gefahren für die Gesellschaft von ihm ausgingen. Beides manifestiere sich in der Straftat selbst. Verließen wir diesen Grundsatz, würden wir kein Strafrecht mehr haben, sondern eine Präventionspolizei, und wir würden den Verbrecher nicht dafür bestrafen, was er gemacht habe, sondern dafür, was er sei.

Im Hinblick auf die versuchte Straftat stimmte er den Bestimmungen des österreichischen und des französischen Strafgesetzes zu, die analog seien. Diesen zufolge werde der Versuch einer Straftat aufgrund derselben strafrechtlichen Bestimmung geahndet wie auch das vollendete Delikt. Bleibe

---

22 Der vollständige Bericht Milers wurde im 10. Band der Mitteilungen der IKV veröffentlicht. Congrès de St. Pétersbourg. Rapports. I. *Ernest Miler*, Welche Konsequenzen ergeben sich in Rücksicht auf die zukünftige Strafgesetzgebung aus dem Prinzip der neuen Schule, nämlich dass den psychischen Faktoren mehr Bedeutung zuzumessen sei, als dem materiellen Erfolge?, Mitteilungen der IKV 10 (1902), S. 68–80.

es beim Versuch, könne man dies als einen mildernden Umstand ansehen, der umso bedeutender sei, je weiter der Versuch von der Vollendung der Straftat entfernt sei. Bei Verbrechen, die mit Todesstrafe oder lebenslanger Freiheitsstrafe zu ahnden seien, werde eine besondere strafrechtliche Bestimmung eingeführt, die für den Versuch einer Straftat eine Freiheitsstrafe von bestimmter Dauer vorsehe.

Zuletzt wies *Šilović* auf die Sonderverdienste von Prof. *Foinitsky* hin, der die Absurdität der Theorie über die Teilnahme an einer Straftat bewiesen habe, der zufolge die Strafbarkeit des Teilnehmers von der Strafbarkeit des unmittelbaren Täters abhängig sei, wonach sich also der Teilnehmer für die Tat eines anderen verantworten müsse. Wie im Strafrecht im Allgemeinen müsse man auch hier fordern, dass jeder Schuldige für seine Taten verantwortlich sei, ungeachtet der Taten anderer.[23]

4. Mitwirkung am zehnten Kongress der IKV in Hamburg

Šilović nahm als einziger Vertreter der Kroatischen Landesgruppe auch am zehnten Kongress der IKV teil, der vom 12.–15.9.1905 in Hamburg stattfand. Bei dieser Gelegenheit wurde er als einer der Vizepräsidenten des Kongresses wiedergewählt und leitete die Sitzung am 13.9. zum Thema

> „Wie kann für bestimmte Kategorien von Rückfälligen der Begriff der Gemeingefährlichkeit des Täters an die Stelle des heute zu ausschließlich angewandten Begriffs der verbrecherischen Tat gesetzt werden?“[24]

Bei der Erörterung der Bekämpfung internationaler Verbrecher sagte er, dass die modernen Staaten durch die modernen Verkehrsmittel dem Verbrecher Tür und Tor geöffnet hätten und die Verfolgung von Verbrechern immer mehr verhinderten. Dabei lenkte er die Aufmerksamkeit auf die österreichischen und die kroatischen Strafgesetze[25], die den Ausländer für die im Ausland begangenen Verbrechen dann bestraften, wenn der Staat,

---

23 *Josip Šilović*, Deveti obći kongres medjunarodne kriminalističke udruge, Mjesečnik pravničkoga društva u Zagrebu 30 (1904), S. 126–133, 180–188, 283–294, 366–375, 509–519, 610–616, 675–683, 763–768, 831–837, 921–925.

24 Viestnik, Deseti kongres medjunarodne kriminalističke udruge, Mjesečnik pravničkoga družtva u Zagrebu 31 (1905), S. 795–796; Mitteilungen der IKV 13 (1906), S. 339–346, 425–470.

25 Es ist wichtig zu beachten, dass das „kroatische“ Strafgesetz eigentlich das österreichische Strafgesetz über Verbrechen, Vergehen und Übertretungen von 1852 ist, das 1861, nach der Abschaffung des Absolutismus und der Wiederbelebung des parlamen-

in dem das Verbrechen begangen worden sei, ihn nicht strafrechtlich verfolgen wolle. In den neuen Strafgesetzbüchern, auch im deutschen Strafgesetzbuch, fehle diese Bestimmung. Nach den neuen Strafgesetzbüchern könne ein Ausländer, der sich im Ausland an deutschen Gütern versündigt habe, unbehelligt nach Deutschland kommen und werde nicht bestraft. *Šilović* war der Auffassung, dass man hier, ebenso wie beim Versuch einer Straftat, wieder zu der älteren Gesetzgebung zurückkehren werde. Außerdem wies er darauf hin, dass die Auffassung der Einheit des Verbrechens die Verfolgung des internationalen Verbrechertums unmöglich mache. Die Bestrafung von Teilnehmern hänge ja nach der klassischen Auffassung der Einheit des Verbrechens von dem Versuch des unmittelbaren Täters ab. Sei es noch nicht zum Versuch gekommen, werde der Teilnehmer nicht verfolgt. Befinde sich der Teilnehmer nach der Straftat in einem anderen Land als der Täter, bleibe Letzterer dem Zugriff des Aufenthaltsstaats des Teilnehmers entzogen, weshalb auch der Teilnehmer nicht belangt werden könne. Deswegen war *Šilović* der Meinung, der Kongress könne und müsse einige Schritte weitergehen. Mit dem Grundsatz der Einheit des Verbrechens müsse man brechen, und jeder Teilnehmer müsse, speziell was das internationale Verbrechertum anbelange, für seine Tat im eigenen Staat auch verantwortlich gemacht werden. Jeder Staat solle den Teilnehmer selbstständig bestrafen, ohne Rücksicht darauf, wo der unmittelbare Täter und die anderen Teilnehmer bestraft werden würden. Es sei zu erwarten, dass die Staaten der Auslieferung ihrer eigenen Bürger nicht zustimmen würden. Das sei die neuere Auffassung in allen Auslieferungsverträgen, dass kein Staat seinen eigenen Untertanen einem anderen Staat ausliefere. Wenn der Staat ihn aber ganz selbstständig als Teilnehmer für seine Tat bestrafe, ohne Rücksicht darauf, ob der andere Teilnehmer oder der unmittelbare Täter im anderen Staat bestraft werde oder nicht, so würde dadurch für den Kampf gegen die internationale Kriminalität sehr viel gewonnen werden. Das könnte nur durch einen internationalen Vertrag erreicht werden, den *Šilović* nicht nur auf die Auslieferung beschränken würde, vielmehr

tarischen Lebens, Teil der kroatischen Gesetzgebung geworden war. Die Anwendung des österreichischen Strafgesetzes von 1852 hatte sich in Kroatien unabhängig von der österreichischen Rechtsprechung entwickelt, obwohl man das österreichische Fallrecht und die dazugehörigen Strafgesetzkommentare berücksichtigt hatte. Da der Kroatische Landtag in Justizangelegenheiten autonom gewesen war, hatte er eine Reihe maßgeblicher Änderungen des österreichischen Strafgesetzes von 1852 erlassen. *Josip Šilović*, Kazneno pravo 1920, S. 36–38.

wollte er diesen einen internationalen Vertrag gegen das internationale Verbrechertum nennen und auch so auffassen.

Bei der Erörterung internationaler Fragen verwies er auch auf den Mädchenhandel. Er stimmte denjenigen Vorrednern nicht zu, die betonten, dass es keinen Mädchenhandel in Deutschland gebe. *Šilović* behauptete, dass der internationale Mädchenhandel vorhanden und auch in Deutschland möglich sei. Gerade beim internationalen Mädchenhandel finde man ein Beispiel dafür, dass sich die Staaten auf Maßnahmen zu seiner Bekämpfung geeinigt hätten. So solle man auch bei der Frage der internationalen Verbrecher vorgehen: die Staaten, vertreten durch ihre Gesandten, sollten auf einer Sonderkonferenz zusammenkommen und diese Frage besprechen und klären.[26]

Bei der Diskussion der Frage der Rehabilitation sprach sich *Šilović* für eine Rehabilitation ipso iure aus, d.h. der Staat verzichtet auf die Strafverfolgung des Schuldigen, wenn seit der Begehung des Verbrechens eine bestimmte Zeit vergangen ist. Er war dagegen, dass der Staat zusätzliche Anforderungen an den Verurteilten für seine Rehabilitation stellt. *Šilovićs* Ansicht nach genüge es, wenn sich der Verurteilte nach dem Absitzen seiner Strafe eine bestimmte Zeit lang gut benommen und keine strafbaren Taten begangen habe. Sollte es notwendig sein, dass das Gericht das gute Benehmen des Verurteilten feststelle, müsse es sich dabei vornehmlich auf die Bescheinigungen der Polizeibehörden verlassen. Dabei stelle sich die Frage, ob diese Bescheinigungen immer ganz fundiert und sachlich sein würden. *Šilović* widersetzte sich der Idee, dass das Gericht die Rehabilitation auf den Vorschlag der zu rehabilitierenden Person ausspreche, denn man könne davon ausgehen, dass viele Sträflinge dieses Institut nicht kennen würden. Daher würden sie nie einen Gerichtsbeschluss beantragen, in dem sie rehabilitiert würden. *Šilović* bemerkte, dass sich ein Fall, wie Prof. *Liszt* ihn in seiner Rede beschrieben habe, leicht ereignen könne. In diesem Fall sei ein Händler, der dreißig Jahre zuvor wegen Betrugs verurteilt worden sei, vom Gericht als Zeuge in einem Verfahren verhört worden. Ungeachtet dessen, dass er während dieser dreißig Jahre seit der Verurteilung ehrlich gelebt habe und zu einem wackeren Händler geworden sei, habe ihm der Staatsanwalt im Gerichtssaal offen gesagt, er halte ihn nicht für einen glaubwürdigen Zeugen, da er dreißig Jahre davor wegen Betrugs verurteilt worden sei. Daher wäre es am besten, dass jede Person,

26 Mitteilungen der IKV 13 (Fn. 24), S. 413–415.

die eine bestimmte Zeit ehrlich gelebt habe, d.h. keine Straftat begangen habe, rehabilitationsfähig ist. Nach ihrem freien Ermessen könnte die Person vom Gericht ein Zeugnis beantragen, dass die gesetzlich vereinbarte Frist für die Rehabilitation verstrichen und sie daher rehabilitiert wäre.[27]

Die Teile des Berichts von *Šilović* über den zehnten Kongress der IKV, in denen es um die Behandlung von Personen mit geminderter Zurechnungsfähigkeit und Rehabilitation ging, sind auch im Archiv für Rechts- und Sozialwissenschaften, dem Fachblatt der Juristischen Fakultät in Belgrad, erschienen.[28]

5. Mitwirkung am elften Kongress der IKV in Brüssel

Die Mitglieder der Kroatischen Landesgruppe der IKV hielten auf der Tagung des kroatischen Juristenvereins in Osijek am 30.10.1909 Vorträge zu dem Thema, das auf dem bevorstehenden elften Kongress der IKV in Brüssel vom 2.–.8.1910 behandelt werden sollte. Dabei nahm *Miler* Stellung zum Begriff des „gefährlichen Täters", indem er an das Resümee von Prof. *Liszt* in der erweiterten Sitzung des Zentral-Bureaus in Amsterdam vom 26.–27.4.1909 anknüpfte. *Šilović* beleuchtete dieses Problem auch von der historischen Seite, indem er auf alte kroatische Rechtsbücher verwies.[29] Neben gefährlichen Tätern befasste sich der Kongress in Brüssel auch mit der Psychologie der Zeugenaussage und der internationalen Regelung der Auslieferung von Verbrechern.

Am Kongress in Brüssel nahm nur *Šilović* teil, der auch bei diesem Anlass zu einem der Vizepräsidenten der Versammlung ernannt wurde. Er nahm teil an der Erörterung des Themas „Gefährliche Verbrecher und Schutzmaßnahme der Gesellschaft vor diesen (Maßnahme der Adaptation und Elimination)" und trug seine persönliche Meinung wie auch die Stellungnahme der Kroatischen Landesgruppe dazu vor. In Bezug auf die Kranken, Irrsinnigen, Degenerierten, Bettler, Landstreicher und speziell

27 *Josip Šilović*, Deseti obći kongres medjunarodne kriminalističke udruge, Mjesečnik pravničkoga družtva u Zagrebu 32 (1906), S. 420–444, 511–518, 611–619, 665–682, 744–756, 821–827, 915–926.

28 *Josip Šilović*, Deseti kongres međunarodne kriminalističke udruge, Arhiv za pravne i društvene nauke, 2 (1906), S. 273–283.

29 Viestnik, Pravnički sastanak u Osieku, Mjesečnik pravničkoga družtva u Zagrebu 35 (1909), S. 1170–1171; Viestnik, Kongres medjunarodne kriminalističke udruge, Mjesečnik pravničkoga družtva u Zagrebu 36 (1910), S. 586–587; *Ernest Miler*, Die kroatische Landesgruppe, Mitteilungen der IKV 17 (1910), S. 63.

Alkoholiker stimmte *Šilović* vollkommen mit der Meinung von Professor *Liszt* überein. Er würde sogar einen Schritt weitergehen und für Degenerierte dasselbe anordnen wie für Alkoholiker, nämlich nicht zu warten, bis sie ein Verbrechen begingen. Sobald konstatiert werde, dass diese Kranken gefährlich seien, und da müssten ganz objektive Kriterien vorherrschen, um diese sich aus der Krankheit ergebende Gefährlichkeit festzustellen, müssten sie vor sich selbst und die Gesellschaft vor ihnen geschützt werden. Dann beschrieb *Šilović* den Fall eines Alkoholikers aus der kroatischen Justizpraxis. Der Mann sei tagtäglich betrunken nach Hause gekommen, habe seine Frau und Kinder geschlagen und sein Vermögen durchgebracht. Es sei so weit gekommen, dass ihn seine eigene Frau eines Nachts getötet habe, um nicht von ihm erschlagen zu werden. Laut *Šilović* sei dies ein Fall, der genau beweise, dass wir nicht warten dürften, bis der Mann einen Mord oder ein anderes Verbrechen begehe, um ihn dann erst zu internieren. Es sei nicht dasselbe wie bei den gefährlichen Rückfälligen. Die gefährlichen Rückfälligen seien eben nicht alle krank. Die meisten seien nicht krank, seien auch nicht anormal, sondern bloß antisozial.

Šilović sagte dann, dass er jedes Jahr seine Studenten in eine Strafanstalt führe, damit sie wenigstens einmal im Leben sähen, wie die Strafe verbüßt werde. Vor kurzem sei er mit ihnen in die Strafanstalt von Lepoglava gegangen. Dort seien sie zu einem wiederholt rückfälligen Dieb gekommen. Der Dieb sei schon 50 Jahre alt und sitze bereits 30 Jahre in der Strafanstalt, er sei über 20 mal verurteilt worden. *Šilović* fragte ihn, warum er nicht lieber arbeite, statt sein ganzes Leben lang zu stehlen und dann in die Strafanstalt zu kommen. Der Dieb antwortete *Šilović*, dass heutzutage mehr oder weniger jedermann stehle, und dass er nur so ein Pech habe, jedes Mal ertappt zu werden. *Šilović* schlussfolgerte, dass der Mann, ebenso wie die meisten rückfälligen Diebe, vom Diebstahl lebe; er sei aber sonst nicht abnormal.

In Bezug auf unbestimmte Strafurteile sagte *Šilović*, dass er mit der Stellungnahme des österreichischen Strafgesetzentwurfes übereinstimme, wonach ganz genau festgelegt sei, dass wiederholt rückfällig gewordene Verbrecher, die schon zweimal wegen Verbrechen gegen die Sittlichkeit, die Person oder das Vermögen zu Zuchthaus verurteilt worden seien und ihre Strafe abgebüßt hätten und die jetzt zum dritten Mal ein Verbrechen derselben Kategorie begingen, als gefährliche Rückfällige zu betrachten seien, wenn sie ihre Verbrechen als gemeingefährlich erscheinen ließen und wenn anzunehmen sei, sie würden sich von weiteren strafbaren Handlungen nicht abhalten lassen. Das Gericht spreche die Zulässigkeit der Sicherungsverwahrung im Urteil aus und entscheide sodann aufgrund der Ergebnisse des Strafvollzuges, ob ein Sträfling entlassen werden könne oder wegen fortdauernder Gemeingefährlichkeit in einer besonderen Anstalt oder in einer besonderen Abteilung einer Strafanstalt zu verwahren sei. Diese Anhaltung dürfe zehn Jahre nicht übersteigen. Damit sei in der Regel das erreicht, was man durch unbestimmte Strafurteile erreichen wolle. Hier bliebe man aber auf dem Boden juristischer Grundsätze und objektiver Voraussetzungen, von denen der Richter sich leiten lassen müsse, wenn man nicht wieder vom Recht zur Willkür zurückkehren wolle. Man dürfe nie vergessen, warum die nach dem 18. Jahrhundert entstandenen Gesetze dem Richter Grenzen setzten: gerade weil die Erfahrung uns gelehrt habe, dass früher statt Gerechtigkeit Willkür geherrscht habe.[30]

6. Mitwirkung am zwölften Kongress der IKV in Kopenhagen

Am letzten, dem zwölften Kongress in Kopenhagen vom 27.–31.8.1913 nahmen drei Mitglieder der Kroatischen Landesgruppe teil.[31] In der zweiten Sitzung, die am 29.8. stattfand, wurde *Šilović* zum Präsidenten der Versammlung gewählt, zusammen mit *Liszt*, *Garçon*, *Garofalo*, *Nabokov*, *Rickl*, *Cornateano*, *Torp* und *Westring*. Dieser Kongress befasste sich mit der Problematik gefährlicher Verbrecher und der Reform des Studiums der Strafrechtswissenschaft.

Šilović beteiligte sich an der Erörterung des ersten Themas:

> „Das Gesetz muss bestimmte Schutzmaßnahmen einführen zur Sicherung der Gesellschaft vor Verbrechern, welche angesichts ihrer Rückfälligkeit, ihrer allgemeinen Lebensführung oder ihrer ererbten sowie sonstigen persönlichen Eigenschaften gemeingefährlich erscheinen. Das

---

30 Mitteilungen der IKV 17 (1910), S. 481–483; *Josip Šilović*, Pogibeljan zločinac (Jedanaesti kongres medjunarodne kriminalističke udruge), Mjesečnik pravničkoga družtva u Zagrebu 37 (1911), Buch 2, S. 755–777, 915–931; *Josip Šilović*, Psihologija svjedočanstva (Jedanaesti kongres medjunarodne kriminalističke udruge), Mjesečnik pravničkoga družtva u Zagrebu 37 (1911), Buch 2, S. 1021–1033, 1111–1120; Dr. M. G., Psihologija svjedočanstva, Jutarnji list, Nr. 87, 13.06.1912, S. 1-2; Dr. M. G., Psihologija svjedočanstva (Svršetak.), Jutarnji list, Nr. 88, 14.6.1912, S. 1–2; Dr. M. G., Pogibeljan zločinac, Jutarnji list, Nr. 137, 11.8.1912, S. 9–10.

31 Außer Šilović waren es Guido Soretić, Rechtsanwalt und beeideter Dolmetscher der deutschen Sprache aus Ruma, und Ivo Stern, Anwalt aus Zagreb. Mitteilungen der IKV 20 (Fn. 12), S. 381–382.

> Gesetz muss hierbei bestimmen, wann der hierzu erforderliche Tatbestand jener Rückfälligkeit, allgemeinen Lebensführung oder ererbten oder sonstigen persönlichen Eigenschaften vorliegt".

Dabei bezog er sich auf den Bericht von Prof. *Nabokov*, der sich nur mit der Kategorie von gefährlichen Rückfalltätern – Fachverbrechern – beschäftigte, und dessen Ziel es war, eine Definition von gefährlichen Individuen zu geben sowie auch die Schutzmaßnahmen zu definieren, die auf sie anzuwenden seien. *Šilović* betonte, er stimme mit der dritten These nicht überein, laut der man bei einem Rückfall das Vorhandensein vorangegangener Bestrafungen suche und die sich auf den deutschen Vorentwurf, insbesondere auf den Gegenentwurf, stütze, der fünf Vorstrafen verlange, um von einem Rückfall ausgehen zu können. Professor *Šilović* zufolge liege der Grund für eine solche Normierung in der Überzeugung, dass die Strafe bei diesen gemeingefährlichen Rückfälligen wirkungslos gewesen sei. *Šilović* glaubte, dass der Grund für die Sicherungsmaßregeln gegen gemeingefährliche Rückfällige nicht darin zu sehen sei, dass die Strafen, die sie verbüßt hätten, wirkungslos gewesen seien, sondern, dass diese Personen gemeingefährlich seien. Sobald ihre Gemeingefährlichkeit konstatiert werden könne, müssten auch Sicherungsmaßregeln gegen sie angeordnet werden. Ginge man von zwei, drei oder mehreren vorangegangenen Bestrafungen als Bedingung für eine gemeingefährliche Rückfälligkeit aus, so komme der durchtriebene und gemeingefährliche Rückfällige besser davon als ein anderer, nicht ganz so durchtriebener, wenn es darum ging, sich der strafrechtlichen Verfolgung und Strafe zu entziehen. Deswegen glaubte *Šilović*, dass das norwegische Strafgesetzbuch gut damit gefahren sei, dass es (zusätzlich zu der Gemeingefährlichkeit) das zweifache Begehen einer bestimmten Kategorie von Verbrechen als Voraussetzung verlange, um Sicherungsmaßregeln anzuerkennen.

Des Weiteren ließ *Šilović* die fünfte These vollständig aus. In dieser werden folgende Voraussetzungen für die Anwendung von Sicherungsmaßnahmen postuliert: dass das Strafsystem eines Staates ein bestimmtes erforderliches Entwicklungsniveau erreicht habe und als zweckmäßig angesehen werden könne; dass die Gesellschaft einen Sträfling, wenn er nach Verbüßen seiner Strafe in die Freiheit entlassen werde, nicht daran hindere, eine Arbeitsstelle zu finden und ein rechtschaffenes Leben zu führen; dass man einen gesellschaftlichen Schutz einrichte, der für die entlassenen Sträflinge Sorge trage. *Šilović* war der Ansicht, dass in allen Kulturstaaten identische Voraussetzungen für Sicherungsmaßregeln nicht möglich seien.

Es sei unzulässig, gemeingefährliche Rückfällige nach mehreren Jahren Zuchthausstrafe so lange frei herumlaufen zu lassen, bis sämtliche Strafsysteme moderner Kulturstaaten allen Anforderungen der Wissenschaft und der Zweckmäßigkeit entsprechen würden. Es sei eben die Gemeingefährlichkeit der Rückfälligen, die dazu nötige, Sicherungsmaßregeln gegen diese zu verlangen, und das könne auch im Rahmen des aktuellen Strafsystems realisiert werden. *Šilović* war der Meinung, es sei vollkommen unmöglich, die Abneigung des Volkes gegen den Verbrecher ganz zu überwinden. Seiner Ansicht nach wäre es nicht gut, wenn die Abneigung des Volkes gegen den Verbrecher ganz schwinden würde, denn die Abneigung gegen den Verbrecher sei eben auch der Grund, der sehr viele Menschen vom Verbrechen abhalte.

Šilović stimmte mit der sechsten These überein, der zufolge die Sicherungsmaßregeln bei gemeingefährlichen Rückfälligen die Strafe nicht ersetzten, sondern ihr nachfolgen sollten, d.h. sie sollten nach Verbüßen der Strafe zur Anwendung kommen. Laut *Šilović* sei es so, dass wir, solange wir Schuld und Strafe hätten, auf der Grundlage eines repressiven Systems stünden und gemeingefährliche Rückfällige bestrafen müssten. Sie müssten bestraft werden, und erst nachdem sie ihre Strafe verbüßt hätten, könnten wir über Sicherungsmaßregeln sprechen und diese so gestalten, dass sie sich wesentlich von der Strafe unterschieden. Deswegen war *Šilović* gegen den Vorschlag, Sicherungsmaßregeln in einer speziellen Abteilung von Strafanstalten umzusetzen. Seiner Ansicht nach wäre dies nichts Anderes als eine Verlängerung der Strafe, weil die Zeit, die in einer Strafanstalt zugebracht werde, von dem Sträfling wie auch von der Allgemeinheit als Strafe angesehen werde. Angesichts der siebten These, der zufolge Sicherungsmaßregeln eine bestimmte Höchstdauer nicht überschreiten dürften, gestand *Šilović* ein, er habe seine Meinung, die er auf dem letzten Kongress im Hinblick auf diese Frage vertreten habe, geändert. Er sei nämlich in der Zwischenzeit zu der Überzeugung gelangt, dass das zwecklos wäre. Jetzt sei er der Ansicht, Sicherungsmaßregeln gegen einen gefährlichen Rückfälligen könnten auch unbegrenzt andauern, vorausgesetzt, sie würden nach der Verbüßung der Strafe verhängt.[32]

32 Mitteilungen der IKV 20 (Fn. 12), S. 464–467; *Josip Šilović*, Društvena obrana protiv pogibeljnih zločinaca (Dvanaesti kongres međunarodne kriminalističke udruge), Mjesečnik pravničkoga društva u Zagrebu 40 (1914), S. 675–690, 849–857, 929–936, 993–1001; *Josip Šilović*, Reforma nauke o pomoćnim znanostima kaznenoga prava

IV. Der Einfluss der IKV auf die Entwicklung und Modernisierung des kroatischen Strafrechts

Die Tätigkeit der IKV in den 25 Jahren hat sichtbare Spuren bei den Reformen der Strafgesetzgebung hinterlassen, die entweder auf Anregung der Vereinigung oder unter dem Einfluss ihrer Tätigkeit durchgeführt worden sind. Die bedeutendsten der hierbei umgesetzten Reformen wären: die Kehrtwende beim Umgang mit jungen Straftätern, die Einführung der Verurteilung auf Bewährung, die gern als „Adoptivkind“ der IKV bezeichnet wird, die Reformen, die eine Verringerung der Anzahl kurzfristiger Freiheitsstrafen zum Ziel hatten, sowie eine Verbesserung des Strafvollzugssystems insgesamt.

Die IKV übte ihren Einfluss auf die Verabschiedung des kroatischen Gesetzes von 1902 über die Zwangserziehung Minderjähriger aus, worüber *Šilović* im 10. Band der Mitteilungen der IKV berichtet hat.[33] Ihr Einfluss war auch im Gesetz von 1902 über die Umwandlung der Haft zweiten Grades in eine Geldstrafe spürbar. Dieses Gesetz sah vor, dass bei fast allen Vergehen und Übertretungen, für die eine strenge Haftstrafe drohte, diese Strafe in eine Geldstrafe umgewandelt werden konnte. Es war gestattet, die Geldstrafe auch in Raten abzuzahlen. Schließlich machte sich ihr Einfluss im Gesetz von 1902 über Geldstrafen bemerkbar. Dieses Gesetz sah vor, dass die Einnahmen aus allen gerichtlichen Geldstrafen in einen Fonds zur Errichtung und Erhaltung der Besserungsanstalten, Gefängnisse und Gerichtsarreste fließen sollten, wobei diese Einnahmen zuvor für verschiedene andere Zwecke verteilt worden waren.[34]

Šilović hat die internationale Öffentlichkeit auch über alle bedeutenderen Entwicklungen im kroatischen Strafrecht informiert. So wurde im 6. Band der Mitteilungen der IKV ein Bericht über die Gesetzgebung und Literatur des Strafrechts in Kroatien veröffentlicht.[35] *Šilović* wurde von der Kroatischen Regierung mit der Abfassung eines Gesetzesentwurfs über die bedingte Verurteilung betraut, der, nachdem *Liszt* ihn begutachtet hatte,

(Dvanesti kongres međunarodne kriminalističke udruge), Mjesečnik pravničkoga društva u Zagrebu 41 (1915), S. 1–9, 65–75, 129–140.

33 *Josip Šilović*, Die Zwangserziehung Minderjähriger in Kroatien, Mitteilungen der IKV 10 (Fn. 22), S. 329–349.

34 *Ernest Miler* (Fn. 11), S. 135–136.

35 *Josip Šilović*, Gesetzgebung und Literatur des Strafrechts in Kroatien, Mitteilungen der IKV 6 (1897), S. 157–171.

1916 als Gesetz verabschiedet wurde. *Šilović* stellte diesen Gesetzesentwurf im 21. Band der Mitteilungen der IKV ausführlich vor.[36]

Auf Initiative der Kroatischen Landesgruppe hin gründete die Kroatische Regierung 1906 einen Lehrstuhl für Kriminalwissenschaften und Soziologie an der Juristischen Fakultät der Universität Zagreb. Das war der erste Lehrstuhl für Kriminologie in der Österreichisch-Ungarischen Monarchie und im ganzen südöstlichen Europa. *Miler* wurde zum ordentlichen Professor ernannt und auf seinen Vorschlag hin wurde bei der Juristischen Fakultät in Zagreb 1911 ein kriminalistisches Museum gegründet. Zu diesem Zweck ordnete die Kroatische Regierung gegenüber allen Bezirksgerichten und Gerichtshöfen an, nach dem Eintreten der Rechtskraft ihrer Entscheidungen dem Vorstand des Kriminalistischen Museums verschiedene corpora delicti zur Verfügung zu stellen. Dieses Museum existierte bis 1946.[37] Im Rahmen einer Diskussion über die Reform des Studiums der Strafrechtswissenschaft auf dem zwölften Kongress der IKV in Kopenhagen stellte man fest, dass man der Ausbildung in den strafrechtlichen Hilfswissenschaften in den meisten Ländern zu wenig Aufmerksamkeit gewidmet habe. Bei dieser Gelegenheit verwies man auf das leuchtende Beispiel der Gründung eines besonderen Lehrstuhls für strafrechtliche Hilfswissenschaften an der Juristischen Fakultät der Universität Zagreb.[38]

Erwähnenswert ist auch *Šilovićs* Buch „Die Ursachen des Verbrechens"[39] von 1913, das unter dem Einfluss der positiven Schule und der Ideologie der IKV entstanden war. In diesem Buch beschritt *Šilović* den Weg der Deterministen *Liszt* und *Aschaffenburg* und stellte auf eine leicht verständliche Weise die Ursachen dar, die zum Verbrechen führen. Er trug zunächst die gesellschaftlichen (Trunkenheit, Jahreszeit, Stadt, Dorf, Beruf, Prostitution, wirtschaftliche und soziale Lage) und dann die persönlichen Ursachen (Geburt und Erziehung, Bildung, Alter, Geschlecht, familiäre Umstände, körperliche und seelische Eigenschaften des Straftäters) vor. Es handelt sich um das erste Werk dieser Art in der damaligen kroatischen Literatur, das für ein breiteres Publikum gedacht war. Mit diesem Buch wollte *Šilović* das

36 *Josip Šilović*, Die bedingte Verurteilung in Kroatien, Mitteilung der IKV 21 (1914), S. 257–263; *Josip Šilović* (Fn. 25), S. 358–360.

37 *Aleksandar Maršavelski*, Povijest katedri za kazneno i kazneno procesno pravo Pravnog fakulteta Sveučilišta u Zagrebu, Zbornik Pravnog fakulteta u Zagrebu 64 (2014), S. 761–762.

38 *Ivo Karlović*, Književnost, Mjesečnik pravničkoga društva u Zagrebu 42 (1916), 2, S. 616–617.

39 *Josip Šilović*, Uzroci zločina, 1913.

Interesse der Öffentlichkeit für den Kampf gegen Verbrechen durch die Beseitigung seiner Ursachen wecken. Eines der Hauptthemen, das *Šilović* in diesem Buch angeschnitten hat, war das Problem des Alkoholismus, das seiner Meinung nach eine der Hauptursachen für Verbrechen war.[40]

All dies weist darauf hin, dass die Arbeit der Kroatischen Landesgruppe wichtig war, und dass der erzielte Erfolg den Intentionen der IKV entsprach.

V. Die Mitglieder der IKV aus Serbien und Bosnien und Herzegowina

Der herausragendste serbische Vertreter der IKV ist zweifelsohne *Milenko Vesnić*, serbischer Jurist, Diplomat und Politiker. Er war Mitglied der IKV von 1889–1906 und nahm an etlichen Kongressen teil. *Vesnić* wurde 1863 im Dorf Dunišić im Sandžak geboren und starb 1921 in Paris. Genauso wie *Šilović* stammte auch er aus einer bescheidenen bäuerlichen Familie und verlor seinen Vater in seiner frühen Jugend. Er studierte zunächst an der Großen Schule in Belgrad, danach in Leipzig und München Jura, wo er 1888 zum Thema „Die Blutrache bei den Südslawen. Ein Beitrag zur Geschichte des Strafrechts" promovierte. Neben dem Strafrecht befasste er sich auch mit dem Völkerrecht. Er hat sich im Rahmen von Studienaufenthalten in Paris und London weitergebildet. Ab 1891 war er im diplomatischen Dienst des Königreichs Serbien tätig. Er war Professor für Völkerrecht an der Großen Schule in Belgrad (1892–1893, 1894–1899 und 1900–1901), Abgeordneter der Radikalen Volkspartei in der Volksversammlung (seit 1893) und Bildungsminister (1893–1894). Wegen Beleidigung des Königs *Milan II. Obrenović* 1899 wurde er zu zwei Jahren Haft verurteilt. Nach seiner Entlassung aus dem Gefängnis war er Botschafter des Königreichs Serbien in Rom (1901–1902) und in Paris (mit Unterbrechungen von 1904–1920). Des Weiteren hatte er das Amt des Justizministers (1906) inne, wobei er sein besonderes Augenmerk auf den Aufbau der Strafanstalten und ihre Modernisierung richtete. Noch zu seiner Studienzeit und später, als er Professor war, übersetzte er ausländische Fachbücher ins Serbische. Schon 1902 übersetzte er *Liszts* „Lehrbuch des deutschen Strafrechts" (9. Auflage) ins Serbische – im Vorwort seiner Ausgabe nannte er *Liszt* „mein[en] ver-

40 *Stanko Frank* (Fn. 5), S. 484–487.

ehrte[n] Freund" und gab dessen Lebenslauf sowie ein Verzeichnis der bis dahin erschienenen Liszt'schen Schriften wieder.[41]

Vesnić nahm am ersten Kongress der IKV teil, der am 7. und 8.8.1889 in Brüssel stattfand, worüber er dem Minister für Bildung und kirchliche Angelegenheiten des Königreichs Serbien einen detaillierten Bericht verfasste. Diesem Bericht kann man entnehmen, dass der Bildungsminister auf Bitte von *Vesnić* im April 1889 einen Beschluss erließ, in dem man ihm finanzielle Unterstützung für die Teilnahme am Kongress zusprach. Auf diesem Kongress meldete sich *Vesnić* im Hauptausschuss als Vertreter Serbiens und war in dieser Eigenschaft auch tätig. In seinem Bericht über die Verurteilung auf Bewährung verwies er auf ihren Ursprung in früheren Rechtsvorschriften. Unter anderem wies er auf *Dušans* Gesetzbuch hin, den bedeutendsten Rechtskodex des mittelalterlichen serbischen Staates, das in Art. 139 jenen, die zur „lateinischen Ketzerei" (Katholizismus) übergetreten waren, vor der Bestrafung die Möglichkeit einer Rückkehr zur Orthodoxie einräumte. Des Weiteren gab er an, dass die Vorteile einer Verurteilung auf Bewährung insbesondere bei minderjährigen und weiblichen Verurteilten augenscheinlich seien. Die Verurteilung auf Bewährung sei zugleich ein Mittel zur Lösung des Problems der übermäßigen Zahl an kurzfristigen Freiheitsstrafen.[42] *Vesnić* nahm auch am sechsten Kongress der IKV teil, der 1895 in Linz stattfand. Bei dieser Gelegenheit wurde er auf Vorschlag von *Liszt* als serbischer Vertreter zum Vizepräsidenten der Versammlung gewählt und führte den Vorsitz der Sitzung, die am 12.8. zum Thema „Die berufsmäßige Ausbildung der Kriminalisten" abgehalten wurde, sowie der Sitzung am darauffolgenden Tag.[43] Er nahm auch am neunten Kongress in Sankt Petersburg (1902) teil, wo er erneut zum Vizepräsidenten der Versammlung gewählt wurde und den Vorsitz der Sitzung am 19.9. innehatte. Als die Erörterung des Themas Mädchenhandel und die Annahme der entsprechenden Resolutionen zur Sprache kamen, schlug er vor, dieses Thema auf die Tagesordnung des nächsten Kongresses zu setzen, da die

---

41 *Mileta Novaković*, Dr. Milenko R. Vesnić, Arhiv za pravne i društvene nauke 12 (1922), Buch 5 (22), S. 161–168; *Bogdan Zlatarić* (Fn. 1), S. 225; *Momir Milojević*, Milenko Vesnić kao prevodilac, Anali Pravnog fakulteta u Beogradu 39 (1991), S. 211–217; *Uroš Stanković*, Milenko Vesnić pred prekim sudom za učesnike u Ivanjdanskom atentatu, Zbornik Pravnog fakulteta u Novom Sadu 43 (2009), S. 387–409.

42 *Milenko Vesnić*, Prvi kongres „Međunarodnog udruženja za krivično pravo" držan 26. i 27. jula ove godine u Brislu, Prosvetni glasnik, službeni list srpskog ministarstva prosvete i crkvenih poslova 10 (1889), S. 1–24, 422–433.

43 Mitteilungen der IKV 5 (Fn. 10) S. 462, 485.

bloße Zahl der vorgetragenen Einwände ein klarer Hinweis darauf sei, dass der Vorschlag einer besseren und gründlicheren Erörterung bedürfe. Sein Vorschlag wurde mit der Mehrheit der Stimmen angenommen.[44]

Außerdem war *Vesnić* der erste, der in Serbien den Kampf für die Einführung der bedingten Verurteilung aufgenommen hat. Wie bereits erwähnt, geschah dies bereits 1889, als er den serbischen Juristen über den ersten Kongress der IKV berichtet hat. Im Jahre 1906, als damaliger Justizminister, unterbreitete er der serbischen Regierung einen formellen Vorschlag in diesem Sinne. *Božidar Marković*, Professor für Strafrecht in Belgrad und Mitglied der IKV seit 1906, bekam von ihm den Auftrag, einen Gesetzesentwurf über die Verurteilung auf Bewährung zu erstellen. Bei der Ausarbeitung des Gesetzesentwurfs bediente sich *Marković* auch der Stellungnahme von *Liszt*, die er bei dieser Gelegenheit extra an seinen Freund *Vesnić* geschickt hat. Die Verwirklichung dieses Gesetzesentwurfs blieb aufgrund eines bald darauffolgenden Regierungswechsels jedoch aus.[45] *Markovićs* Gesetzesentwurf über die Verurteilung auf Bewährung wurde 1906 zusammen mit der Begründung im „Archiv für Rechts- und Sozialwissenschaften" (weiter im Text: Archiv) veröffentlicht,[46] und 1909 veröffentlichte *Marković* ein Buch unter dem Titel „Mittel zum Ersatz der kurzfristigen Freiheitsstrafe mit besonderer Berücksichtigung der Verurteilung auf Bewährung".[47]

Zwar waren serbische Mitglieder von Anfang an in der IKV vertreten, zu einer formalen Gründung einer Serbischen Landesgruppe kam es jedoch nicht. Die Zahl der serbischen Mitglieder stieg von ursprünglich vier Mitgliedern 1889 auf zehn im Jahre 1896.[48] Doch danach findet man in den

44 Mittelungen der IKV 11 (Fn. 21), S. 95, 166, 245; *Josip Šilović* (Fn. 23), S. 837.

45 *Metod Dolenc*, Boža Marković – Pokretač institucije uslovne osude, Arhiv za pravne i društvene nauke 29 (1939), Buch 38 (55), S. 391–398; *Bogdan Zlatarić* (Fn. 1), S. 225–226.

46 Nasnova zakona o uslovnoj osudi, Arhiv za pravne i društvene nauke 2 (1906), S. 129–157.

47 *Božidar Marković*, Sredstva za zamenu kratkovremene kazne lišenjem slobode s naročitim obzirom na uslovnu osudu, 1909.

48 Im Mitgliederverzeichnis vom 15.5.1889 sind als serbische Mitglieder der IKV aufgeführt: Tasa Milenković (ehemaliger Polizeichef in Belgrad), Đorđe Nenadović (Rechtsanwalt und Chefredakteur der Zeitschrift „Verteidiger" aus Belgrad), Panta Savić (Abteilungsleiter im Justizministerium, Belgrad) und Milenko Vesnić. Im Mitgliedverzeichnis für 1892 sind sieben Mitglieder aus Serbien aufgeführt und zum ersten Mal wird das serbische Nationalkomitee erwähnt, bestehend aus Đorđe Nenadović als Vorsitzender, Tasa Milenković als Schatzmeister und Milenko Vesnić als

nächsten Mitteilungen der IKV keine Angaben zu serbischen Mitgliedern, die dann wieder mit nur zwei Mitgliedern im 8. Band der Mitteilungen der IKV aus dem Jahr 1900 erschienen sind. Die Mitgliederzahl ist unmittelbar vor dem Beginn des Ersten Weltkrieges auf drei gestiegen.[49] Dass es nicht zur Gründung einer gesonderten Serbischen Landesgruppe der IKV kam, dass es nur eine geringe Anzahl von Mitgliedern gab sowie, dass *Vesnić* nur gelegentlich an den Kongressen teilnahm, dürfte an der fehlenden finanziellen Unterstützung seitens des Königreichs Serbien gelegen haben. Der Autor des Berichts über den elften Kongress der IKV in Brüssel, der in der Zeitschrift „Werk – Das Blatt für die Wissenschaft, Literatur und das gesellschaftliche Leben" 1910 veröffentlicht wurde, gab an, dass er auf der Grundlage von Informationen fremder Autoren berichte, weil die serbische Regierung, die sich 1910 durchgehend mit der Frage der gegenseitigen Auslieferung von Verbrechern zwischen Serbien und Österreich-Ungarn befasst hätte, es nicht für notwendig erachtet hätte, ihren Delegierten zu diesem Kongress zu entsenden, auf dem diese wichtige Frage besprochen worden sei. Des Weiteren heißt es:

„Überhaupt begehen serbische Regierungen einen Fehler, wenn sie darauf verzichten, eigene Delegierte zu internationalen Kongressen jedweder Art zu schicken. Daran sollte man nicht sparen".[50]

Mit Hinweis auf die Teilnahme *Šilovićs* an diesem Kongress betonte er, dass die Anwesenheit der Kroaten am Kongress beweise, dass Serbien auch hätte teilnehmen können.

Berichte über die Tätigkeit der IKV sowie einzelner Kongresse finden sich in serbischen Rechtszeitschriften. Der erste Bericht über die Gründung der IKV ist 1889 in der Zeitschrift „Verteidiger" erschienen, was nicht verwunderlich ist, da eines der ersten serbischen Mitglieder der IKV Redakteur dieser Zeitschrift (*Đorđe Nenadović*) war.[51] In der Zeitschrift „Verteidiger" von 1900 stößt man auf einen gebündelten Bericht über den achten internationalen Kongress in Budapest. Es ist bezeichnend, dass der Berichterstatter bedauert, dass die serbische Presse kein Wort über die

---

Sekretär. Mitteilungen der IKV 1 (Fn. 2), S. 15; Mitteilungen der IKV 3 (Fn. 2), S. 26–27; Mitteilungen der IKV 5 (Fn. 10), S. 23.

49 Mitteilungen der IKV 8 (Fn. 19), S. 29; Mitteilungen der IKV 20 (Fn. 12), S. XLVIII.

50 *Dušan M. Subotić*, Međunarodno kriminalističko udruženje, Delo – List za nauku, književnost i društveni život 15 (1910), Buch 57, S. 452–453.

51 Pogled na pravnička udruženja i njihov rad, Branič, Časopis za pravne i društvene nauke 3 (1889), S. 198–201.

Arbeit der IKV verloren hat.[52] In acht aufeinander folgenden Ausgaben der Zeitschrift „Der Polizeibote“ – das Amtsblatt des Innenministeriums von 1906 – wurden die Leser über den zehnten Kongress der IKV in Hamburg informiert. Da man anfangs feststellen musste, dass in der serbischen Öffentlichkeit sehr wenig über diese Vereinigung geschrieben worden war, mit Ausnahme der wenigen Berichte der ersten und bis dato einzigen serbischen Mitglieder der IKV *Milenko Vesnić* und *Tasa Milenković*[53], hat man die Leser zunächst mit dem Ziel der IKV sowie ihrer bisherigen Arbeit vertraut gemacht, wobei man das Werk von *Friedrich Kitzinger* „Die Internationale kriminalistische Vereinigung – Betrachtungen über ihr Wesen und ihre bisherige Wirksamkeit“ hier hinzugezogen hat.[54] Die Berichte über den elften und zwölften Kongress der IKV findet man im „Archiv“. Bei diesem Anlass wurde erneut mit Unmut festgestellt, dass auf dem elften Kongress in Brüssel Wissenschaftler aus allen Teilen der Welt, sogar aus Siam und Japan, zusammengekommen seien, lediglich aus Serbien sei niemand dorthin entsandt worden.[55]

---

52 *Aron Ninčić*, Osmi međunarodni kongres za krimin. pravo, Branič, Časopis za pravne i društvene nauke 7 (1900), S. 223–227.

53 Neben Vesnić war Tasa Milenković das bedeutendste und langjährigste serbische Mitglied der IKV. Er war Jurist, der seinen richterlichen Dienst durch einen polizeilichen ersetzte. Er war Polizeichef in Belgrad und Sektionschef im Ministerium des Innern, Gründer der ersten Gendarmenschule und Autor serbischer kriminalistischer Literatur. Zum Zwecke der Fortbildung besuchte und erforschte er auf eigene Kosten die Polizeikräfte in Wien und Berlin. Um eine schnellere und erfolgreichere Zusammenarbeit zwischen den Polizeikräften zu fördern, nahm er direkte Kontakte zu den angrenzenden österreichisch-ungarischen Gebieten auf, weswegen er auch in Kroatien und Ungarn bekannt war. Er regte die Gründung eines Kriminalmuseums für die Bertillonage und andere polizeiliche Hilfsmittel an, über die bis dahin in Serbien nichts bekannt war. Sein bekanntestes Werk ist „Tasin dnevnik“ (Tasas Tagebuch) von 1894, in dem er seine Erlebnisse als Polizeibeamter und Polizeichef von Belgrad beschrieben hat. Seine Werke wurden in die deutsche, slowakische, bulgarische, russische und rumänische Sprache übersetzt. Ausschnitte aus „Tasin dnevnik“ wurden auch in der kroatischen Monatsschrift veröffentlicht. „Naši policijski veterani“. Tasa J. Milenković, Policija 2 (1911), S. 615–618; „Književne obznane“, Tasa J. Milenković, Tasin dnevnik, Mjesečnik pravničkoga družtva u Zagrebu 22 (1896), S. 183–185, 241–246, 309–311.

54 Jov. B. M., Deseti kongres međunarodnog kriminalističkog udruženja držan od 29. avgusta do 2. septembra pr. god. u Hamburgu, Policijski glasnik, Službeni list ministarstva unutrašnjih dela 2 (1906), S. 166–167, 171–172, 180–181, 189--190, 198–199, 205–206, 213–214, 220–221.

55 *Josif Kasanović*, Beleške, Međunarodno kriminalističko društvo, Arhiv za pravne i društvene nauke 10 (1911), S. 246–247; Beleške, XII Međunarodni Kongres Kriminalista, Arhiv za pravne i društvene nauke 17 (1914), S. 77–78.

Ein ausführlicher Bericht über die Strafgesetzgebung des Königreichs Serbien wurde im 12. Band der Mitteilungen der IKV veröffentlicht. Der Autor dieses Berichts, Ministerialsekretär *Šapčanin*, erläutert dort die wesentlichen Bestandteile der materiell- und verfahrensrechtlichen Bestimmungen des serbischen Strafrechts, die strafrechtliche Nebengesetzgebung sowie die bestehende strafrechtliche Literatur.[56]

Zum Abschluss sollen hier noch kurz die Mitglieder der IKV erwähnt werden, über die es im Mitgliederverzeichnis in den Mitteilungen der IKV heißt, sie seien aus Bosnien und Herzegowina. Im 10. Band der Mitteilungen der IKV aus dem Jahr 1902 findet man im Mitgliederverzeichnis zum ersten Mal eine gesonderte Bosnisch-Herzegowinische Gruppe, die drei Mitglieder umfasste: *Friedrich Kobinger* (Hofrat in Sarajevo), *Johann Stahl* (Strafanstaltsdirektor in Zenica) und *Oskar Szilagyi* (Regierungskonzipist in Sarajevo).[57] Es handelt sich zweifellos um österreichische und ungarische Beamte, die in Bosnien und Herzegowina ihren Dienst taten, was auch ihr einziger Bezugspunkt zu Bosnien war. Hierfür spricht auch die Tatsache, dass die Mitglieder der IKV, die ihren Dienst in Bosnien und Herzegowina absolvierten, vor 1902 sowie auch nach 1910 (als man aufhörte, von einer gesonderten bosnisch-herzegowinischen Gruppe zu sprechen) regelmäßig der österreichischen Gruppe zugerechnet wurden.[58] Daher ist es nicht möglich, über die Tätigkeit und den Einfluss der IKV in Bosnien und Herzegowina im hier betrachteten Zeitraum zu sprechen.

VI. Schlussbemerkungen

Die Mitglieder der IKV kamen aus verschiedenen Ländern fast aller Teile der Welt, die sehr unterschiedliche Rechtstraditionen hatten, auf unterschiedlichen Stufen der gesellschaftlichen und politischen Entwicklung

56 Mitteilungen der IKV 12 (1905), S. III, 98–109.

57 Mitteilungen der IKV 10 (1902), S. 4.

58 Zum Beispiel findet man im Mitgliederverzeichnis der österreichischen Gruppe von 1891 Heinrich Fischer, Direktionssekretär der Strafanstalt Zenica in Bosnien. Zuletzt wird 1909, im 16. Band der Mitteilungen der IKV, auf eine gesonderte bosnische Gruppe, bestehend aus einem einzigen Mitglied (Oskar Szilagyi, Regierungsvizesekretär in Sarajevo), verwiesen. Danach werden einzelne Mitglieder aus Bosnien und Herzegowina der Österreichischen Landesgruppe zugerechnet. Mittelungen der IKV 3 (Fn. 2), S. 19; Mitteilungen der IKV 16 (1909), S. III; Mitteilungen der IKV 17 (Fn. 29), S. 33; Mitteilungen der IKV 18 (1911), S. 32–33; Mitteilungen der IKV 19 (1912), S. 32.

standen, in denen es ganz unterschiedliche Erscheinungsformen von Kriminalität und Herausforderungen gab, mit denen sich das jeweilige Strafrecht auseinandersetzen musste. Kroatien als autonomes Land innerhalb des ungarischen Teils der Monarchie und das selbstständige Königreich Serbien befanden sich im hier betrachteten Zeitraum in einem Randgebiet im Verhältnis zu den europäischen Zentren. Die Mehrheit ihrer Bewohner lebte im ländlichen Raum, was zur Folge hatte, dass sich die dortige Kriminalität wesentlich von der Kriminalität in den entwickelten westeuropäischen Ländern mit ihren großen Städten unterschied. Ungeachtet dieser Unterschiede waren die Fragen, mit denen sich die IKV befasste, universeller Natur und als solche für strafrechtliche Theoretiker und Praktiker aus allen Ländern der Welt von allgemeinem Interesse. Das Problem von Rückfallkriminalität, gefährlichen Straftätern, des Behebens von Nachteilen im Zusammenhang mit kurzen Freiheitsstrafen, der Einführung der Bewährungsstrafe, der Behandlung von minderjährigen Straftätern, der Bekämpfung des Bettelns und der Landstreicherei, der Bekämpfung des Mädchenhandels, der Auslieferung von Verbrechern etc. waren alles Fragen, die für die kroatischen und serbischen Mitglieder der IKV genauso von Interesse waren, wie auch für Kriminalisten aus den entwickelten Teilen Europas und der Welt.

Die Tätigkeit der Kroatischen Landesgruppe in der IKV mit *Šilović* an der Spitze hat ohne Zweifel Einfluss auf die Entwicklung der kroatischen Strafrechtswissenschaft genommen. Die Zeit der Gründung der IKV fällt mit dem Beginn der wissenschaftlichen Tätigkeit von *Šilović* zusammen. Unter dem Einfluss der IKV umfasste *Šilovićs* wissenschaftlicher Aufgabenbereich nicht nur das Strafrecht, sondern auch die experimentelle Psychologie, Psychopathologie, Erziehungswissenschaft, Soziologie, Kriminalstatistik und Kriminalistik, Wissenschaft über Strafanstalten etc. Dies entsprach der Auffassung der IKV, die einem Kriminalisten allseitige Kenntnisse und die Anwendung zweierlei Methoden bei der Erforschung und Bekämpfung der Kriminalität abverlangte – die Methoden der Sozial- sowie der Naturwissenschaften. Unter dem Einfluss der IKV entwickelte *Šilović* seine Tätigkeit in zwei Richtungen: Facharbeit und Öffentlichkeitsarbeit. Da er die Bedeutung der Öffentlichkeitsarbeit erkannt hatte, nahm *Šilović* an vielen Kongressen der IKV teil und berichtete der kroatischen Öffentlichkeit über alle bedeutenderen Diskussionen und Schlussfolgerungen. Zugleich berichtete er der internationalen Öffentlichkeit über bedeutendere Phänomene im Bereich des kroatischen Strafrechts. Diese starke Verbindung zwischen Theorie und Praxis spiegelt sich bei *Šilović* auch in der Tatsache wider, dass die meisten Gesetze im Bereich des Strafrechts in Kroatien seit Beginn des 20. Jahrhunderts auf seine Initiative hin erstellt worden sind und auf seine Arbeit aufbauen.

Adolphe Prins and the Belgian national Branch of the International Union of Penal Law

Yves Cartuyvels

I. Introduction[1]

Adolphe Prins (1845–1919) is generally known in Belgium as the father of the Social Defence movement, promotor of an eclectic compromise between the principles of the old classical penal school and the "new penology" from positivistic obedience as developed by the Italian positivistic school.

Professor of Criminal Law at the Université Libre de Bruxelles (ULB) (1876–1919) and inspector general of prisons (1884–1917), *Prins* was, with the Dutch *Gerard Anton van Hamel* and the German *Franz v. Liszt*, one of the three co-founders of the International Union of Penal Law (IUPL). He also played a leading role in founding the *cercle de criminologie* at the Université Libre de Bruxelles, which can be considered the main relay of the International Union of Penal Law in Belgium. Co-founder of the "Revue de droit pénal et de criminologie", a journal created in 1907 under his presidency, *Prins* also signed a key article in the inaugural issue of the journal, in which he emphasised the desire to make the journal the repository of the new positivist-influenced penology.[2] Author of several works and articles dedicated to criminal questions, *Prins* played a central role in the reception of the "modern criminal law" from positivist obedience in Belgium and in the importation of the themes debated at the congresses of the IUPL from 1889 to 1914.

1 This contribution is partly based on a more in-depth study on Prins and the ideal of reform in the service of maintaining the social order (*Yves Cartuyvels,* Adolphe Prins and social defense in Belgium: the reform in the service of maintaining social order, in: Yves Cartuyvels/Aniceto Masferrer (eds.), The birth of Criminal Positivism in Europe and Latin America at the end of the 19th Century, Glossae: European Journal of Legal History (2020), pp. 177–210).

2 *Adolphe Prins,* De la transformation des idées directrices du droit criminel, Revue de droit pénal et de criminologie (1907), pp. 14–20.

Prins is mainly known for his penal writings, for the most part inspired by the positivist discourse of the Italian school. However, *Prins* was not only an enlightened criminal lawyer. Aware of the social problems of its time and worried about a possible revolutionary threat fed by growing individualism and social inequalities, *Prins* also positioned himself as a social reformer, further in the field of social and constitutional law. In his view, social justice and social order were closely linked together and his reflections on the transformations in the field of criminal policy were strongly connected to the necessary changes he was calling for in social policies. In other terms, *Prins* developed an integrated reformist thought, encompassing social and criminal matters as two different but complementary sides of a more global project aimed primarily at maintaining social order.

To understand *Prins'* approach and its influence on criminal law in Belgium in relation with its IUPL implication, I propose to proceed in two stages. The first step consists in shedding light on *Prins's* scientific and social conceptions. At a time characterised by the emergence of scientific positivism, *Prins* clearly belonged to the progressive camp at the Université Libre de Bruxelles, which also had repercussions on his reformist vision of the social project. The clash at the ULB at the end of the 19th century between the "conservative spiritualists", on the one hand, and the "progressive positivists" on the other, was a fertile ground for *Prins* to develop his reformist ideas in social as well as in criminal matters (II.). We will then, in a second stage, consider its role on the penal scene, his links to the IUPL and its influence on penal reform in Belgium (III.).

II. Adolphe Prins, *adept of scientific positivism and social reformer at the turn of the 19th and 20th centuries*

As a young professor at the ULB Law Faculty, *Adolphe Prins* quickly joined the camp of the progressive academics at this university. Member of the "school of Brussels", he played a role in the development of scientific positivism in criminal matters (1.). Politically engaged, *Prins* also promoted a social project based on corporatism, centered on the reduction of inequalities and whose ultimate goal was the preservation of social order (2.).

1. *Prins* and the "school of Brussels": A progressist in the battle against the "spiritualist" conservatism

Born in Brussels in 1845, *Adolphe Prins* obtained the title of Doctor of Law at the Université Libre de Bruxelles in 1867, with a doctoral thesis on "Appeals in Criminal Law". 1867 was also the year in which a new Criminal Code from neoclassical obedience was promulgated in Belgium. Full Professor of criminal law since 1868 and lecturer of a course in natural law (1882–1884), *Prins* played an important role at the ULB as Dean at the Faculty of Law from 1886 to 1890, before becoming Rector of the University for the 1900/1901[3] academic year.

Very rapidly, *Prins* established connections with the "School of Brussels", a group of radical and progressive academics, mainly from the faculties of Science and Medicine but with also a few professors from the Law Faculty. Committed to the precepts of scientific positivism, the "progressives" believed that human sciences, no less than natural sciences, should be based on modern empirical methods, as observation, experimentation and verification. Furthermore, due to the legacy of the Belgian founder of statistics, *Adolphe Quételet*,[4] they also promoted quantification as the keyword of a scientific methodology in the service of organising society.[5] From their perspective, positivism and progressivism were linked in the conviction

3 For *Prins's* biography, see *Jules Lespes*, Notice biographique, in: Louis Wodon/Jean Servais (eds.), L'oeuvre d'Adolphe Prins, 1934, pp. XIII–XIV.

4 *Adolphe Quételet*, Sur l'homme et le développement de ses facultés. Essai de physique sociale, 1835. With this essay, Quételet is considered as the father of social statistics. Quételet was one of the first to uphold that "inclination to crime" should be studied as a social fact and not as a moral fact and that the aim consisted of calculating the frequency of crime the same as with natural events. Prins considered him as the father of criminal sociology: "Criminal sociology per se originated in Belgium, for it was the illustrious Quételet who, in his 'Essai de physique sociale', showed the permanence of the 'inclination to crime', the frequency of the criminality curve, the impact of economic events and natural phenomena such as the seasons or the climate on criminality." (*Adolphe Prins*, Science pénale et droit positif, 1899, pp. 20 – 21).

5 *Guillaume De Greef*, Leçon d'ouverture du cours de méthodologie des sciences sociales, 1889. On this, see *Benoit Frydman*, Adolphe Prins et l'Ecole de Bruxelles. La défense sociale dans la guerre des idées, in: Franklin Kuty/Anne Weyembergh, (eds.), La Science pénale dans tous ses états. Liber amicorum Patrick Mandoux et Marc Preumont, 2019, pp. 562–563.

that a greater empirical knowledge of social phenomena is supposed to help building a better social organisation.[6]

In 1889, some of those progressive liberals managed to create an interdisciplinary social sciences establishment linked to the Faculty of Law.[7] Among them, *Adolphe Prins*, but also *Guillaume De Greef*, considered as "the first Belgian sociologist"[8], and *Hector Denis*, a lawyer, who both spread the new ideas on crime. *De Greef*, for example, who praised *Enrico Ferri's* "Criminal Sociology", predicted the "death to metaphysical criminal law",[9] whereas *Denis* presented criminology as a product of positivist philosophy and favoured a sociological approach of the criminal phenomenon building on Comte and *Quételet*.[10] Evolving in the same intellectual environment, we may also mention *Georges Dallemagne*, an anthropologist doctor, who clearly asserted *Lombroso's* heritage and may be considered as the first representative of criminal anthropology in Belgium[11]. Very quickly, then, *Prins* found himself in an environment conducive to the development and discussion of his own intuitions about crime as a social fact and the criminal as a degenerate.

After a new clash with the conservative "spiritualists", the progressives established a "New University" which was linked to the Faculty of Social Sciences. Amongst the founding members of this ephemeral institution, we find *Emile Vandervelde,* future Minister of Justice and a disciple of *Adolphe Prins,* and amongst the professors, most of them foreign, are to be

---

6 On the emergence of a movement associating positivism, materialism and progressivism in Belgium, since 1835, see *Kate Wils,* De omweg van de wetenschap. Het positivisme en de Belgische en Nederlandse intellectuele cultuur, 1845–1914, 2005, pp. 142–146.

7 The debate is non-existent in the other biggest university in the country, the Université Catholique de Louvain, dominated by the conservatives. Sociology as a discipline did not emerge there until 1940 (*Françoise Digneffe,* La sociologie en Belgique de 1880 à 1914: la naissance des Instituts de sociologie, in: Françoise Tulkens (ed.), Généalogie de la défense sociale en Belgique (1880–1914), 1988, p. 249.

8 *Benoit Frydman* (Note 5), p. 563.

9 *Guillaume De Greef,* La sociologie criminelle, Journal des Tribunaux 969 (1893), p. 545.

10 *Hector Denis,* Discours, in: Rapport de l'année académique 1891–92, 1893, p. 27, quoted in *Kate Wils* (Note 6), p. 297.

11 *Jules Dallemagne,* Stigmates anatomiques de la criminalité, 1894, p. 7.

mentioned the names of *Ferri*[12] and perhaps equally noticeable, *Lombroso*[13]. Still in 1894, under the impetus of *Ernest Solvay,* a major industrialist, the "New University" was transformed in a Social Sciences Institute", which in turn became the "Solvay Institute of Sociology" whose memberships included *Adolphe Prins.*[14]

At the Institute, *Prins* was in charge of studying "social pathology" phenomena, criminal sociology and criminal anthropology, degeneration and social heredity[15]. What was also called the "School of Brussels" endorsed the idea that crime and criminal, as well as other social problems, constitute a "sociological object", to be studied as "social facts" and not solely as moral questions in the spiritualist tradition.

2. *Prins* as social reformist: an ideal of justice in the service of maintaining social order

Anchored in the progressive camp, *Prins* was quickly concerned by reforming a social system marked by inequalities. It was not about dreaming of an equal society, which he deemed to be utopian and contrary to the laws of progress, but rather on at least fighting against the "excess of inequality", both unfair and dangerous for social order.

At the end of the 19th century, Belgium faced a significant social crisis,[16] which emphasized the limits of the liberal state project or "*Etat gendarme*". Major exodus towards big cities, reduction of salaries and increase of unemployment, concentration of a (sub)urban proletariat in the impoverished areas, alcoholism and prostitution were perceived as symptoms of a grow-

12 *Christian Gülich,* Le rôle de la coopération scientifique internationale dans la constitution de la sociologie en Europe (1890–1914), Communications 54 (1992), p. 112.

13 The presence of Lombroso as a professor at the Université Nouvelle is indicated by one source: *Stephane Durviaux,* Le cercle universitaire, in: Pierre Van der Vorst/ Philippe Mary (eds.), 100 ans de criminologie à l'ULB, 1990, p. 43. *Durviaux* also mentions the creation of a course in criminology in 1898.

14 For a deeper analysis of the Institute, see *Daniel Warnotte,* Ernest Solvay et l'Institut de sociologie, 1946, vol. 2; *Françoise Digneffe* (Note 7), pp. 266–280.

15 *Fernand van Langenhoven,* L'Institut de sociologie Solvay au temps de Waxweiler, Revue de l'Institut de Sociologie 3 (1978), pp. 229–261.

16 On the social history of Belgium at the end of the 19th century, see e. a. *Bernard Schlepner,* Cent ans d'histoire sociale en Belgique, 1956; *Els Witte/Jan Craeybeckx,* politieke geschiedenis van België sinds 1830 – Spanningen in een burgerlijke democratie, 1983, pp. 31–71.

ing social divide. At the time, growing agitation in major industrial cities of French-speaking Belgium worried the elites, especially as anarchist ideas spread among workers.[17] The explosion of significant social problems in 1884, followed by a series of bloody repressed strikes in 1886, made the social problem a crucial question.

Analysing as a sociologist the causes of the social question, *Prins* clearly denounced a social organisation hiding behind the principles of "formal equality" the dangerous excesses of "real inequalities": "a democracy which proclaims equality of conditions without giving everyone their daily bread, carries alongside it a revolutionary catalyst".[18] In fact, *Prins* did not believe in equality, "a misleading dogma": there are – and have always been – differences between people from a physical, intellectual and moral point of view, just as there has always been, regardless of the state of human evolution, "superior beings, average beings and inferior beings". It is therefore normal to have in "our advanced culture" "social classes equivalent to primitive tribes", so the proletariat which is "at the bottom of the slope leading to civilisation".[19] The problem is not inequality in itself. It is the excessive inequality gap that constitutes a threat to the social order. Furthermore, *Prins* considered that the dominant individualistic materialism was the source of a generalised "moral decline", which affected the underclasses but also the bourgeoisie who became "selfish and indifferent". [20]

Prins was clear on the issue: If capital doesn't accept to make concessions to labor, if social progress is not accompanied by a general moralisation process of all classes of society (which teaches individuals that "the general interest comes before their own"), the way is open for disintegration and dissolution of the society or, which is the same, for a revolutionary uprise synonym of violence and disorder.[21]

To prevent society from "death by anarchy" and favour social harmonisation,[22] *Prins* stressed several elements. First, on a political level, *Prins* insisted on the importance of transaction and corporatism. The transaction is to look for harmonisation rather than confrontation between the extremes. For him, a *corporate system*, more than the representation system, favors

17 *Adophe Prins,* De l'esprit du gouvernement démocratique, 1906, p. 119.

18 *Adolphe Prins,* La démocratie et le régime parlementaire. Etude sur le régime corporatif et la représentation des intérêts, 1884, p. 215.

19 *Adolphe Prins,* L'organisation de la liberté et le devoir social, 1895, p. 17.

20 *Adolphe Prins,* La crise nationale, 1886, pp. 331–332.

21 *Adolphe Prins* (Note 18), p. 57.

22 *Adolphe Prins* (Note 19), pp. 33–34.

this median culture he is calling for, as it is the best way to integrate the labor classes into society and to keep them from going to "the extremes".[23] Such an approach will earn *Prins* the reputation of *eclecticism,* a formula also used to describe his penal thinking.

Second, on a legal level, *Prins* adhered to the "legal pragmatism" trend which accompanied the creation of the "Social State".[24] Like many other progressive lawyers of his time, he endorsed a conception of Law as "*social engineering*": Law has to be conceived as an instrument in the service of a goal to reach and its legitimacy now rests on its efficiency, this is to say on the results obtained by its implementation. This consequentialist perspective was also reflected in his criminal science approach, which was greatly determined by the concern for the "objective to be met" (German: "Zweckgedanke").

Third, still at a legal level, *Prins* endorsed the *insurance logic* of the Welfare State, characterised by a transfer of risks from the individual to the State.[25] Referring to the evolutions in the German and the French legislations, *Prins* advocates for the adoption of a non-fault liability principle in labor relations, and the adoption of collective insurance mechanisms to "legally remedy the social damages" and protect the injured persons regardless of the fault.[26] Such an insurance logic in the social thinking of *Prins* was once again reflected in his criminal policy project, largely - even if not exclusively - based on the protection of society against criminal risk or dangerousness.

Forth, the ultimate goal of *Prins* social project was to *maintain the ruling social order* and to avoid any revolutionary uprise. In a way, *Prins* was a progressive reformist for conservative reasons and he regularly oscillated between reform and preservation. This is also to be seen in his penal

23 *Adolphe Prins* (Note 18), p. 57. On this point, Prins' position was quickly outdated by the demands of the Belgian Labour Party and the adoption of the Universal Suffrage Constitution in 1892, just tempered by the plural vote.

24 Prins himself evokes a reference to pragmatism at a conference held at the "Institut de sociologie Solvay" upon his return from a trip to the United States (*Adolphe Prins,* L'esprit social en Europe et aux Etats-Unis, Revue de l'Université de Bruxelles 5 (1911), pp. 321–347).

25 On this general trend, see *François Ewald,* L'Etat-Providence, 1986.

26 *Adolphe Prins,* La liberté morale dans le droit pénal nouveau, Revue de droit pénal et de criminologie (1909), p. 520. This thesis claiming the adoption of a risk model in the name of "the primitive unity between civil and criminal law" is also developed by Prins in *Adolphe Prins,* La Défense sociale et les transformations du droit pénal, 1910, pp. 55–65.

project, with a search for a balance between the old classical retributive model and the new positivist project inspired by the Italian school. In the end, the objective pursued on the criminal scene was identical to the one promoted on the social scene: To find the best compromise in order to maintain order at all.

III. Prins *and* social defense*: In search of an eclectic compromise between the past and the future of penal thinking*

In the penal arena, *Prins* was an adept of social defense, seeking an acceptable compromise between the principles of classical criminal law and the advances of the new positivistic penology (1.). His various works highlight a tendency in line with the evolution of ideas within the IUPL, of which he was an influential member (2.). Closely associated with the creation of a "criminology circle" at the Université Libre de Bruxelles, *Prins* actively contributed to make it a laboratory for promoting the theses discussed at the IUPL (3.). And to support the dissemination of the "new ideas", *Prins* could also count on the "Revue de droit penal et de criminologie", considered at the time to be the voice of the IUPL in Belgium (4.).

1. *Prins* as promotor of a social defense project

A political actor, *Prins* was also a prolific writer, in social as in criminal matters[27]. In the penal field, *Prins* wrote different books and articles between 1880 and 1912, his latest contributions showing a more pessimistic conception of the human being and a greater accent on the social risks brought by degenerates and abnormal delinquents[28]. The main themes of *Prins* penal ideology are well-known and can be briefly summarised here as follows.

---

27 For an overview of his publications, see "Bibliographie des Ecrits d'Adolphe Prins": in Louis Wodon/Jean Servais (eds.) (Note 3), pp. XV–XXII.

28 As young professor of criminal law at the ULB, Prins starts his writings on criminal matters with an "Essai sur la criminalité d'après la science modern", published in 1880 in the "Revue de Belgique". Right after, his prolific writings are marked by three reference works: "Criminalité et répression. Essai de science pénale" (1886), "Science pénale et droit positif" (1899) and "La défense sociale et les transformations du droit penal" (1910), as well as the publication of numerous articles on criminal matters, enlarged from 1880 to 1912.

Prins criticizes the abstract character of the, at the time, dominant neoclassical criminal law system, that neglects crime and the criminal as social realities. For example, he denounces the excess of legalism in the Belgian neo-classical Penal Code of 1867, which forces judges to metaphysical contortions to pronounce the "proper sentence", proportionate to the seriousness of the act but also to the moral responsibility of the offender.[29] For *Prins*, the quest for such a "moral responsibility" is utopian, as the quarrel between free will and determinism is unsolvable: human beings are a mix of freedom and fatality.

But, if a criminal system based on a moral responsibility principle leads judges to theoretical dead ends, it also weakens repression in many cases. So, criminal repression needs a new compass: "social responsibility" or the dangerousness of the criminal must become the base of repression and maintaining order its primary goal. This means taking some liberties with the safe-guarding principles of legality and proportionality of the sentence in specific cases (e.g. juvenile delinquents, recidivists and habitual delinquents, insane offenders), but this is the price to pay for efficient protection of society against dangerous individuals.

In promoting a new penology based on dangerousness, *Prins* transfers in his penal though the risk logic he is promoting in civil or social and labor law. He is quite clear on that, writing that a criminal law system based on the criminal risk "responds on its part to the changes of the contemporary legal consciousness"[30] and to the general shift from a fault-based liability principle towards an "objective" responsibility.

Nevertheless, if influenced by the new positivist discourse conveyed by the Italian school, *Prins* stays marked by its inclination for transaction and eclecticism. Asserting a transaction between the classical school and the positivist criminology, he defends a middle way allowing diversification and individualisation of repression. *Prins* advocates for a double-track system, with maintaining the classical retributive penal logic for primary delinquents and the adoption, at the edges of the penal system, of social defense laws based on dangerousness for the "defective" or "abnormal"

29 *Adolphe Prins,* De l'amélioration de la justice criminelle, Journal des Tribunaux (1885), pp. 681–687, 737–740, 733–756. See also Adolphe Prins, Essai sur la criminalité d'après la science moderne, Revue de Belgique (1880), pp. 396–414.

30 *Adolphe Prins* (La Défense sociale et les transformations du droit pénal, Note 28), p. 57.

delinquents. This will earn *Prins* the label *of eclecticism*, considered a the time in Belgium as the core of the "social defense" approach.[31]

How did *Prins* construct and disseminate his social defense project? At the international level, *Prins* co-founded the IUPL with *von Liszt* and *van Hamel* and co-promoted, through the different congresses of the Union, the international debate about his social defense ideas. On the Belgian scene, *Prins* relied on two actors to support his doctrine: the "circle of criminology" at the ULB and the "Revue de droit pénal et de criminologie" founded in 1907.

2. *Prins* and the International Union of Criminal Law

At an international level, *Prins* founded in 1889 the International Union of Criminal Law (IUPL) with the German *von Liszt* and the Dutch *van Hamel.* Under the leadership of the three academics, the IUPL played an important role in the creation, discussion and dissemination of the new penology in Europe through several congresses held from 1889 to 1912.

The Union was inspired from the outset by the ideas of the Italian School and its first bylaws required its members "to fully adopt positivist dogmas".[32] However, the revision of the bylaws at the Lisbon Congress in 1897 led to a more moderate positioning:[33] Through the years, the Union adopted a more cautious logic, reconciling the useful advances of the new positivist criminal science, its anthropological and sociological explanations of crime, with the requirements of the "Republican law".[34] Two years later, at the Amsterdam Congress of the Union in 1909, a synthesis of this new eclectic criminal project was proposed by the French *Emile Garçon:* a criticism of the "metaphysical" classical project and the will to look at the "real criminal" beyond the committed penal act; a criticism of the "born criminal" theory but acknowledging that there are degenerated criminals; an emphasis on the social and biological causes leading to

31 *Paul Cornil,* Manifestation Adolphe Prins, 15 décembre 1934, Revue de l'Université de Bruxelles (1934–1935), pp. 231–251.

32 Bulletin de l'Union Internationale de droit pénal (1889), Nr. 4.

33 *Hans-Heinrich Jescheck,* L'influence de l'Union internationale de droit pénal sur l'évolution de la politique criminelle", Actes du XIIe congrès de l'Association internationale de droit pénal, 1979, p. 34.

34 *Henry Donnedieu de Vabres,* Le professeur E. Garçon et l'Union internationale de droit pénal, Revue internationale de droit pénal (1951), p. 197.

the criminal act and an insistence on dangerousness as criterion of social reaction; the adoption of security measures for specific dangerous figures such as the insane criminals or recidivists, but complying with the legal framework of a penal code "which is also a guarantee of civil freedom" for primary criminals; a criticism of "certain theories which claim to be inspired by the new ideas but seem to forget or disregard these principles", but a willingness to reform. As *Garçon* concluded, "the real option is not to condemn the reformist ideas nor to abandon the old principle, but to reconcile them". [35]

The influence of *Prins* on this evolution within the IUPL is difficult to estimate. But the orientations presented by *Garçon* in his contribution could have been written by *Prins*. At the difference of *Ferri,* who severely blamed this ideological turn, considering that it sunk the Union in "the limb of eclecticism"[36], *Prins* was clearly an adept of this conciliation spirit and the evolution fitted with its preference for a transaction. Such eclectic perspective was undoubtedly present in his works on the criminal question, both before and after the Lisbon Congress. Even if it is difficult to determine who, *Prins* or the IUPL, has influenced the other one more, at a minimum, a phenomenon of crossed-fertilisation can be mentioned, which reproduced itself in the Belgian context.

3. The "cercle de criminologie" at the ULB: *Prins's* influential penal "rhizome"[37]

Active on the international scene, *Prins* was also present on the domestic one. In 1890, a Circle of Criminology *(cercle de criminologie)* is founded at the ULB by a set of brilliant students encouraged by a progressive lawyer and future prime Minister, *Henry Jaspar,* under *Prins's* leadership. At the time, the circle constituted an "incubator of young criminologists" which

35 *Emile Garçon,* Rapport présenté au Congrès d'Amsterdam de l'Union Internationale de Droit Pénal", Revue de Droit Pénal et de Criminologie (1909), pp. 393–400.

36 *Enrico Ferri,* Sociologia criminale. Quarta edizione con due tavole grafiche, 1900, p. 53.

37 This section is mainly based on the chapter dedicated to the "cercle de criminologie" by *Stephane Durviaux* (Note 13), pp. 21–44.

imported in Belgium the discussion initiated by the Italian positivist school and taken over by the IUPL at an international level.[38]

Several important members of the *cercle de criminologie* played a main scientific and/or political role, as minister of justice or even prime minister from 1887 until 1931. Among them, *Jaspar* (Prime Minister from 1926 to 1931), *Emile Vandervelde* (Minister of Justice from 1918 to 1921) and *Paul Hymans* (Minister of Economic Affairs in 1916). Two other ministers of justice gravitated around the circle and were clearly in close contacts with *Adolphe Prins*: *Jules Le Jeune,* Minister of Justice from 1887 to 1894, and *Henry Carton de Wiart,* Catholic Minister of Justice from 1911 to 1918.

If not officially constituted as a Belgian branch of the IUPL, the circle of criminology, as presented by *Prins* to *van Hamel, von Liszt* and *Tarde* at the World Anthropology Congress held in Brussels in 1892,[39] was clearly organised around topics shared by *Prins* and the IUPL. The founding document of the circle speaks for itself:

> "A powerful renovation movement is transforming the criminal sciences. The works of Ferri, Garofalo, Alimena, Lombroso in Italy, of von Liszt, Aschrott, (...) in Germany, of Core, Garaud, Léveillé and Tarde in France, of Prins, Heger, de Smedt in Belgium, the new Russian criminal code, the creation of the International Union of Penal Law are the clear landmarks of this important evolution. Criminology used to be a science of definitions and reasoning; it is becoming a science of facts and observation; it resorts to exact and positive methods; the object of study is no longer the crime on its own – an abstract legal concept –, nor prison – a sometimes exaggerated philanthropic experiment –, but rather the criminal, a moral, social and psychological phenomenon."[40]

The aim of the circle is threefold. It is about recognising the gaps introduced by the positivist thinking into the criminal discussion; taking into account the advances made abroad by the criminal science; and studying the different scientific and political issues raised by the Italian School and other European scholars (among which *Prins*) and discussed within the IUPL, all presented as "clear landmarks" of the ruling evolution.

---

38 *Jean Constant,* L'enseignement de la criminologie en Belgique, Cinquante ans de droit pénal et de criminologie (1907-1957), Revue de droit pénal et de criminologie (1957), p. 197.

39 *Pierre Van der Vorst,* L'oeuvre d'Adolphe Prinsin: Pierre Van der Vorst/Philippe Mary (eds.), 100 ans de criminologie à l'ULB, 1990, p. 15.

40 Journal des étudiants de l'Université de Bruxelles, 9 (13 March 1890), p. 3.

In this regard, three main activities are planned within the circle of criminology. First, the *brainstorming activity*, by reading and analysing important authors such as *Quételet, Tarde, Lombroso* or *Ferri;* second, the *research activity*, by studying several predominant issues as those posed by recidivist and habitual delinquents, juvenile offenders, vagrants and beggars, and later on insane criminals (a topic added by *Prins* in the last years of the Circle[41]); and third, the *disseminating activity*, by creating a "Newsletter of the Circle of Criminology" and by publishing numerous articles from the members of the circle in the "Revue Universitaire" or "Revue de l'Université Libre de Bruxelles"[42], the official journal of the ULB.

The reports published by the circle members on these issues underline the influence of *Prins's* analyses. The emphasis is placed on the need to study the criminal not as an abstract being but as a real and living person, determined by its context; the fascination for the "abnormal criminal", almost always seen as a victim of degeneration; the questioning of a "too lenient" or laxist neoclassical criminal law which fails in the fight against the (rising) petty criminality; the importance of grounding repression on social utility rather than on retributive justice; the preference, in this regard, for the adoption of a "double track system", with a distinction made between "occasional criminals", potentially resilient and possibly re-admittable into society, and "habitual criminals", seen as abnormal, lost for society, and to be neutralised; and, finally, the need to categorise criminals and to sort them out in function of their dangerousness.

The circle of criminology may be considered the Belgian incubator of the reformist ideas advocated by *Prins* and discussed within the IUPL. The quality of its members also explains the importance of its influence on the concrete reforms that took place in Belgium, under *Prins*' influence (see conclusion). But such influence developed also through another channel, the "Revue de droit penal et de criminologie".

41 For more on this, see *Stephane Durviaux* (Note 13), pp. 21–44.

42 For a list of publications by the members of the "Cercle de criminology", see *Stephane Durviaux*, "Textes du cercle de criminologie", in: Pierre Van der Vorst/Philippe Mary (eds.), 100 ans de criminologie à l'ULB, 1990, pp. 323–326.

4. The "Revue de droit pénal et de criminologie", organ of the Belgian section of the IUPL

The "Revue de droit pénal et de criminologie" (RDPC) was co-founded by *Raymond de Ryckere,* a lawyer of the Brussels Bar, and *Henry Jaspar,* one of the founding members of the circle of criminology at the ULB, under the patronage of *Jules Lejeune,* former minister of Justice between 1887 and 1894, and chaired by *Prins* himself. *Jules Lejeune* was one of the first ministers of justice seeking to implement the social defense project into practice and *Prins* has regularly been presented as his "spiritual father".[43] *Jaspar,* a collaborator of *Jules Lejeune,* wrote a doctoral thesis under the supervision of *Prins*[44] and was one of the founding members of the circle of criminology at the ULB. He was also a member of the IUPL and became Belgian Prime Minister in the 1920s.

Clearly connected to the circle of criminology network, the "Revue de droit pénal et de criminologie" was supposed to act as the organ of the Belgian section of the IUPL.[45] In its premier issue, a foreword written by *Jaspar* explained the framework of the editorial project: The aim is to promote the "new criminal science" as it is being constructed within the IUPL and to relay in Belgium the discussions introduced by the "Italian school with Lombroso, Ferri, Garofalo, Sighele, Colajanni; the French school with Tarde, Manouvrier, Lacassagne, Brouardel, Magnan, Garçon, Gauklet, Garraud, Saleilles; the German school with von Liszt, the Dutch school with van Hamel and the Belgian school with Prins, Héger and Houzé".[46]

As Jaspar explained, the journal also clearly favoured the "third way" embodied by the IUPL since its Lisbon Congress (1897) and encouraged by "three of the most illustrious criminalists of our time, Professors Prins, van Hamel and von Liszt".[47] Conveying the options defended by *Prins,* the foreword mentioned the "sometimes reasonable" criticism leveled at the "old ideas", and mainly at the principles of free will and responsibility which laid the foundations of classical criminal law. The text also emphasised the importance to comply with this "primal truth that there are no crimes

43 *Sylvain Wagnon,* Entre libéralisme et progressisme: l'influence d'Adolphe Prins (1845–1919) dans la théorie de la défense sociale et la construction de la protection de l'enfance en Belgique, Criminocorpus (2017), § 20.

44 *Jean-Marie Jadot,* "Jaspar", Biographie Belge d'Outre-Mer, vol. VI, 1968, p. 539.

45 *Léon Radzinowicz,* Adventures in Criminology, 2002, p. 52.

46 *Henry Jaspar,* Avant-propos, Revue de droit pénal et de criminologie (1907), p. 5.

47 *Henry Jaspar* (Note 46), p. 6.

but rather criminals" and the need to focus on these diverse figures of dangerousness which are "recidivists, insane criminals, defectives, vagrants, abandoned children, perverted children and abnormal children".[48]

Prins wrote one of the two inaugural articles of the first issue of the journal, clarifying the axes of the editorial project. The main object of his paper was to highlight the impasses of the (neo)classical criminal law based on responsibility and to present the main lines of his social defense project.[49] Between 1907 and 1912, *Prins* published six articles in a journal which was the main publishing organ in Belgium for his ideas as well as for the debates which took place at the IUPL. The journal is still active today and still the leading penal law journal in French-speaking Belgium.

IV. Conclusion

In Belgium, *Adolphe Prins* undoubtedly played a leading role in the dissemination of the new penology discussed within the IUPL of which he was one of the key figures. An eclectic thinker who worked in a variety of fields, *Prins* never ceased to consider penal reform as part of a more global social project, oriented by the wish to reinforce social cohesion but also to maintain (social) order. His eclectic penal project must be seen in that light.

But, in both social as well as criminal matters, *Prins* was a thinker committed to practice. His contacts with several Ministers of Justice in Belgium as of the 1880s, favoured the translation of his ideas into concrete reforms. In the penal field, among legislative initiatives that bore a mark of *Prins*, one can mention the Act of 31st May 1888 which establishes suspended sentence and conditional release in the penal system; the Act of 27th November 1891 on repressing vagrancy and begging; the Act of 27th November 1891 on public assistance ; the Act of 15th May 1912 on child protection; and, last but not least, the Social defence Act of 9th April 1930 against abnormal criminals and habitual offenders. All these laws were "social defense laws" that, following *Prins* perspective, complemented the 1867 Penal Code at his edges.

Through the network of influences created in and around the circle of criminology and with the "Revue de droit pénal et de criminologie" as a learned bullhorn, *Prins* brought a major contribution to disseminating the

48 *Henry Jaspar* (Note 47), p. 11.
49 *Adolphe Prins* (Note 2), pp. 14–20.

IUPL's principles. But, thanks to his political commitment, he could also ensure their translation into practice.

Gerard van Hamel: Fürsprecher der Internationalen Kriminalistischen Vereinigung in den Niederlanden

Cyrille Fijnaut

Die Idee der „gesamten Strafrechtswissenschaft" und insbesondere die des „Zweckgedanken im Strafrecht", wie *Franz v. Liszt* sie in seiner Marburger Antrittsvorlesung formulierte, fanden in den Niederlanden ihren Niederschlag in der – im Vergleich zur Klassischen Richtung (Klassieke Richting) – sogenannten Modernen oder Neuen Richtung (Moderne oder Nieuwe Richting) der Strafrechtswissenschaft. In meiner historischen und transatlantischen Einführung in die Kriminologie im Verhältnis zum Strafrechtssystem habe ich recht ausführlich die Rezeption der Auffassungen *v. Liszts* – und vor diesem Hintergrund die von *Cesare Lombroso* und *Hans Gross* – in den Niederlanden besprochen. Ferner habe ich darin dargelegt, wie ihre Ideen und deren Diskussion zu Reformen sowohl im Straf(prozess)recht als auch im Strafrechtssystem führten. Die Reformen des Letzteren umfassten etwa die Neueinrichtung des Gefängniswesens und die Modernisierung der Ermittlungsarbeit.[1]

Mein ursprüngliches Ansinnen, in diesem Beitrag den Einfluss der Modernen Richtung auf das Strafrecht und das Strafrechtssystem in den Niederlanden zu skizzieren, habe ich verworfen, wäre dies doch unvermeidlich in weiten Teilen eine Wiederholung meiner Einführung geworden, die zudem auch in gekürzter Fassung auf Englisch vorliegt.[2] Es schien mir interessanter und relevanter, die Aufmerksamkeit auf den Fürsprecher der Modernen Richtung zu lenken: den Amsterdamer Professor für Strafrecht *Gerardus van Hamel*, ein guter Freund *v. Liszts* und Mitbegründer der Internationalen Kriminalistischen Vereinigung (IKV).

Nachfolgend wird zunächst ein Überblick über seine akademische Laufbahn gegeben. Im Zusammenhang damit wird anschließend eine Antwort auf die Frage gesucht, weshalb innerhalb der IKV keine niederländische

1 *Cyrille Fijnaut*, Criminologie en strafrechtsbedeling. Een historische en transatlantische inleiding, 2014, S. 412–468.

2 *Cyrille Fijnaut*, Criminology and the Criminal Justice System. A historical and transatlantic introduction, 2017.

Landesgruppe entstand. Anschließend werden die wesentlichen strafrechtlichen Streitpunkte besprochen, wie sie im Rahmen der von *van Hamel* und anderen geführten Diskussionen über die Ansätze und praktischen Konsequenzen der Modernen Richtung aufkamen. Im Zuge dessen wird auf die Fragen eingegangen, die eine wichtige Rolle in seinen Interventionen in der Zweiten Kammer des niederländischen Parlaments im Zusammenhang mit der Reformierung des Strafrechtssystems in den Niederlanden spielten. Abschließend möchte ich kurz auf meine Versuche verweisen, in den Niederlanden und in Belgien die Grundgedanken der IKV am Leben zu halten.

I. Ein vielseitiges akademisches Leben

Gerardus Antonius van Hamel wurde 1842 in Groningen geboren. Dort studierte er nach dem Gymnasialabschluss in den 1860er Jahren Rechtswissenschaften. Im Jahr 1865 promovierte er an der Universität Leiden zu einem zivilrechtlichen Thema über die Nichtigkeit des Verkaufs von fremdem Eigentum. Anschließend ließ er sich als Anwalt in Leiden nieder. Nicht für lange jedoch. Anfang der 1870er Jahre wurde er – zunächst in Heerenveen (1871), später in Rotterdam (1874) – zum stellvertretenden Staatsanwalt ernannt. Von 1878 bis 1880 war er dann als juristischer Berater im Kriegsministerium tätig.

Inzwischen hatte er sich als einer der bekanntesten und aktiven Juristen des Landes einen Namen gemacht. Insbesondere der Umstand, dass er 1870, nachdem er im selben Jahr der Versammlung des deutschen Juristentags beigewohnt hatte, den niederländischen Juristenverein (Vereniging van Juristen) gründete, trug zu seiner Bekanntheit bei. Auf diese Großtat für die Wissenschaft folgte sein Aufstieg in der niederländischen Politik. 1885 zählte er zu den Mitbegründern und wurde erster Vorsitzender der Liberale Unie (Liberale Union), einer Partei mit gemäßigt progressiv-liberalem Programm.

Am 1. Februar 1877 ehelichte *van Hamel Maria s'Jacob* und stieg damit in eine große adelige Bürgerfamilie auf, die seit jeher mit der Politik der Niederlande verwoben war. In ihren Reihen finden sich etwa ein Bürgermeister von Den Haag und ein Mitglied des Hoge Raad, des obersten niederländischen Gerichts. Aus seinen Nachlassdokumenten geht hervor, dass er unter anderem durch diese Ehe Zutritt zur Welt der wohlhabenden Kreise seines

Landes und damit etwa zum Erwerb von Anteilen an Unternehmen in Niederländisch-Indien erhielt.[3]

Am 1. September 1880 wurde *van Hamel* zum Professor für Strafrecht an der Universität Amsterdam berufen. Es dauerte einige Jahre, bis er der praktischen Strafrechtswissenschaft in den Niederlanden seinen Stempel aufdrückte. In der zweiten Hälfte der 1880er Jahre tat er dies auf verschiedenen Wegen. Erstens gründete er gemeinsam mit zwei anderen Professoren im Jahr 1886 die „Tijdschrift voor Strafrecht" („Zeitschrift für Strafrecht"). Als großes Vorbild für diese Zeitschrift diente die „Zeitschrift für die gesamte Strafrechtswissenschaft". Unmittelbarer Anlass für diese Initiative war das Inkrafttreten des „Wetboek van Strafrecht", des neuen niederländischen Strafgesetzbuchs. Die Zeitschrift sollte als Organ zur Besprechung der praktischen Erfahrungen mit diesem neuen Gesetzbuch dienen. Im späten 19. Jahrhundert und in der ersten Hälfte des 20. Jahrhunderts wurden in dieser Zeitschrift in geringem Umfang auch kriminologische Beiträge publiziert. Grund dafür war unter anderem der Umstand, dass in den Niederlanden - anders als in Deutschland und Frankreich - um 1900 keine kriminologischen Zeitschriften gegründet wurden, in denen Beiträge dieser Art hätten platziert werden können. Zweitens publizierte *van Hamel* im Jahr 1889 seine „Inleiding tot de studie van het Nederlandsche strafrecht" („Einführung in das Studium des niederländischen Strafrechts"), die bis zum Zweiten Weltkrieg in Wissenschaft wie Praxis das bedeutendste Handbuch im Bereich des materiellen Strafrechts bleiben sollte.[4] Im Jahr 1913 erschien die dritte überarbeitete Ausgabe. *Van Hamel* schrieb zwar nie eine Einführung in das Studium der niederländischen Strafprozessordnung, war jedoch von 1910 bis 1913 Mitglied des niederländischen Staatsausschusses für die Revision der Strafprozessordnung. Die Gründung der Zeitschrift und die Publikation der Einführung dürfen, drittens, jedoch nicht darüber hinwegtäuschen, dass *van Hamel* inzwischen ernsthaft am gesellschaftlichen Nutzen des Strafrechts zweifelte.[5] Dies lässt sich aus seiner Initiative aus dem Jahr 1896 ableiten: der Gründung von Pro Juventute (Für die Jugend) in Amsterdam. Vornehmliches Ziel dieser Einrichtung war, zu verhindern, dass junge Menschen, die in elenden Bedingungen aufgewachsen waren, in die Kriminalität abrutschten. Dazu wurden unter anderem Vor-

---

3 *Cyrille Fijnaut*, G.A. van Hamel. Zijn nalatenschap in het Nationaal Archief en in de bibliotheek van de Universiteit van Amsterdam, in: Festschrift für Reijntjes, 2005, S. 135–146.

4 *Gerard van Hamel*, Inleiding tot de studie van het Nederlandse strafrecht, 1889.

5 *Gerard van Hamel*, Nieuwe strafrechtspolitiek, De Gids, 1901, S. 1–44.

münder eingesetzt, die sich dieser jungen Menschen annahmen und sie beim Aufbau eines tugendhaften Lebens unterstützten.

Angesichts all diesen Tuns darf nicht vergessen werden, dass *van Hamel* auch außerhalb von Strafrecht und Justiz überaus aktiv war. So war er etwa Mitglied des Aufsichtsrats der niederländischen Postsparkasse und Vorsitzender der Amsterdamer Sanitätsbehörde. Zudem war *van Hamel* ein Freund der Künste, insbesondere der Bühnen- und der Dichtkunst. Daher mag es kaum überraschen, dass er einige Jahre lang als Vorsitzender des niederländischen Bühnenvereins fungierte und zeitweise sogar am Konservatorium von Amsterdam in Vortragskunst dozierte. Ereignisse wie die Geburt eines Enkelkinds, der Besuch einer Stadt oder die Teilnahme an einem Kongress nahm er zum Anlass, um Gedichte zu schreiben, auch auf Französisch. Im Jahr 1879 schrieb er eine ganze 17 Strophen zählende Lobeshymne auf seine Ehefrau. *Van Hamel* war zweifelsohne ein vielseitiger Mann.

Gemeinsam mit *Franz v. Liszt* und *Adolphe Prins* gründete er 1889 die Internationale Kriminalistische Vereinigung (IKV). Dieser Initiative hatte er sich angeschlossen, nachdem er 1885 auf einem Kongress über das Gefängniswesen in Rom auf *v. Liszts* berühmte Abhandlung über den Zweckgedanken im Strafrecht aus dem Jahr 1882 aufmerksam geworden war.[6] Sein Motiv für die Gründung der IKV formulierte er 1914 in den „Mitteilungen der IKV" wie folgt:

> „Die internationale Eröffnung von neuen Bahnen für die Fortbildung von Wissenschaft, Gesetzgebung und Praxis auf dem Gebiete des Strafrechts".[7]

Van Hamel wurde für das akademische Jahr 1890/91 zum Rektor der Universität Amsterdam ernannt. Er verließ die Universität 30 Jahre später, am 1. September 1910, weil er für die Liberale Union am 21. September 1909 in die Zweite Kammer des niederländischen Parlaments eingezogen war und sich wenig später, am 6. Juli 1910, von der Partei auch in den Provinzialausschuss der Provinz Nordholland hatte berufen lassen. Dieser Schritt mag überraschen, hatte er doch noch im Jahr 1905 aus gesundheitlichen

6 *Gerard van Hamel*, De strafrechtstheorie van Von Liszt, Tijdschrift voor Strafrecht 1897, S. 1–30.

7 *Cyrille Fijnaut*, mr. G.A. van Hamel. Afgevaardigde van het kiesdistrict Amsterdam IV in de Tweede Kamer, in: Festschrift für De Hullu, 2003, S. 152.

Gründen das Amt des Ministerpräsidenten abgelehnt. Er war 67, als er die politische Arena in Den Haag betrat.

Am 1. März 1917, mitten im Ersten Weltkrieg, starb *van Hamel.* Seine Beisetzung war, seinen Wünschen folgend, schlicht. Einziger Trauerredner war einer seiner besten Freunde. Diese Ehre fiel *Bernard Loder* zu. Um die große Autorität zu illustrieren, die *van Hamel* in akademischen wie politischen Kreisen genoss, verwies *Loder* darauf, dass es für jeden Studenten und Promovierten ein Prädikat sei, von sich sagen zu können: „Ich bin ein Schüler von van Hamel."

Franz v. Liszt schrieb kurz nach *van Hamels* Tod in der „Zeitschrift für die gesamte Strafrechtswissenschaft", *van Hamel* sei ein „unermüdlicher Kriminalpolitiker" gewesen, doch „er war und bleibt vielmehr einer unserer bedeutendsten strafrechtlichen Dogmatiker."[8]

Diese Charakterisierung von *van Hamel* bildet die Grundlage für die nachfolgende Besprechung seiner Ansätze und Errungenschaften. Dem vorauszuschicken ist jedoch, dass die Moderne Richtung in der Strafrechtswissenschaft in vielfacher Hinsicht großen Einfluss auf das Strafrechtssystem in den Niederlanden hatte – von der Modernisierung der Ermittlungsarbeit bis hin zur Reformierung des Gefängniswesens. Jedoch gebührt die Ehre für all dies nicht allein dem vielseitigen und unermüdlichen *van Hamel.* So trugen etwa zur Modernisierung der Ermittlungsarbeit auch Bewunderer des Werks von *Hans Gross* bei.

An dieser Stelle ist übrigens auf den besonders zynischen Umstand hinzuweisen, dass ausgerechnet zwei Enkel *van Hamels* im Zweiten Weltkrieg wegen ihrer Widerstandsaktivitäten von den Nationalsozialisten ermordet wurden. Der älteste, *Gerard Anton* – benannt nach seinem Großvater –, starb am 19. Juli 1944 im Konzentrationslager Natzweiler. Der jüngste, *Lodo*, ein Marineoffizier, war der erste Agent, der im Herbst 1940 von England aus kommend über den Niederlanden abgeworfen wurde. Er wurde recht bald festgenommen und nach der Verurteilung durch das Feldkriegsgericht am 16. Juli 1941 erschossen.

8 *Franz v. Liszt*, G.A. van Hamel. Ein Nachruf, ZStW 38 (1917), S. 563.

II. Warum keine niederländische Landesgruppe?

Aus den „Mitteilungen der IKV" geht hervor, dass neben *van Hamel* auch andere niederländische Strafrechtsjuristen gelegentlich an den Versammlungen der IKV teilnahmen und Beiträge zu dort thematisierten Fragen schrieben. Unter ihnen war etwa Professor *David Simons* von der Universität Utrecht. Dieser verfasste 1902 eine Abhandlung über das Gleichgewicht zwischen Wahrheitsfindung und Rechtsschutz in der strafrechtlichen Ermittlung.[9] Allgemein beteiligten sich jedoch nur wenige niederländische Strafjuristen – im Kielwasser von *van Hamel* – aktiv an den Tätigkeiten der IKV. Dies könnte einer der Gründe dafür sein, dass nie eine niederländische Landesgruppe gegründet wurde: Es gab schlicht nicht genügend niederländische Strafjuristen, um eine solche Gruppe zu gründen.

Dabei darf nicht vergessen werden, dass nicht alle Akademiker, Richter und Staatsanwälte in den Niederlanden die Idee der gesamten Strafrechtswissenschaft begrüßten. Zum einen waren an den Universitäten (ätiologische und marxistische) Kriminologen tätig – unter ihnen der berühmte *Willem Bonger* –, die keinerlei Bezug zum Strafrecht und zur Strafrechtswissenschaft hatten, ganz zu schweigen von der gesamten Strafrechtswissenschaft. An den Universitäten saßen zum anderen auch Strafrechtler, welche die von der IKV propagierten Reformen kategorisch ablehnten. Sie wollten unter keinen Umständen von den klassischen strafrechtlichen Theorien abrücken. Vielmehr fragten sie, wie auch einige Juristen in Deutschland: Was lässt *v. Liszt* vom Strafrecht übrig?[10]

Es mag daher sein, dass diese Uneinigkeit in der akademischen Welt in den Augen *van Hamels* ein großes Hindernis für die Gründung einer mehr oder weniger gleichgesinnten niederländischen Landesgruppe der IKV darstellte. Natürlich ist ebenso denkbar, dass *van Hamel* – angesichts seiner zahlreichen Aufgaben und Verantwortlichkeiten – für die Gründung einer Landesgruppe schlicht die Zeit fehlte, oder er sich dafür keine Zeit nahm. Diese Vermutung scheint sich jedoch aus meiner Sicht argumentativ nur schwer stützen zu lassen. Denn gerade durch die Einrichtung einer Landesgruppe hätte *van Hamel* einen Teil seiner Arbeit rund um die Pflege der Beziehung zur IKV einem Kollegen übertragen können. Dann jeden-

9 Marc Groenhuijsen/Dirk Van der Landen (Hrsg.), De Moderne Richting in het strafrecht, 1990, S. 249.

10 *Cyrille Fijnaut* (Fn. 2), S. 261–278.

falls hätten auch noch andere Gelehrte Beiträge zu Themen der IKV liefern können. *Van Hamel* selbst verfasste acht Aufsätze.[11]

III. Die strafrechtlichen Ansätze van Hamels

Aus dem Vorstehenden folgt, dass *van Hamel* zweifelsohne der Fürsprecher der IKV in den Niederlanden und die treibende Kraft der Modernen Richtung in der niederländischen Strafrechtswissenschaft war, die der Klassischen Richtung gegenüberstand. Hiermit ist jedoch nicht gesagt, dass es ihm gelang bzw. er es überhaupt anstrebte, in seiner eigenen Arbeit Strafrecht und Kriminologie zu vereinen und auf der Grundlage einer integrierten Forschung Kriminalpolitik zu betreiben. Denn dem ist nicht so. Wer dies behauptet, hält eine Fiktion aufrecht.[12] *Van Hamel* sprach sich, wie auch *v. Liszt*, für eine relative Autonomie von Strafrechtswissenschaft und Kriminologie aus.[13]

Dem tut keinen Abbruch, dass er in seiner Einführung in das Studium des niederländischen Strafrechts die Wissenschaft des Strafrechts zum einen als Rechtswissenschaft bezeichnete, die klar abgegrenzte Begriffe und Prinzipien zu definieren versucht, und zum anderen als Sozialwissenschaft – als Kriminologie –, die sich mit den Ursachen und der Bekämpfung der Kriminalität befasst. Diese Unterscheidung zeigt zugleich, dass die Strafrechtswissenschaft nach der Auffassung von *van Hamel* bidisziplinär angelegt ist und diese zwei Disziplinen aber weitestmöglich als Zweieinigkeit zu betrachten und auszuüben sind.[14]

1. Die „kriminelle Klappermühle“ anhalten

Was *van Hamel* – wie die meisten seiner Mitstreiter in der IKV – aber sehr wohl tat, war, dass er bestimmte Strömungen in der damaligen Kri-

11 Marc Groenhuijsen/Dirk Van der Landen (Hrsg.) (Fn. 9), S. 242.

12 *Cyrille Fijnaut*, Criminologie en strafrechtsbedeling rond de voorbije eeuwwisseling, in: Festschrift für Geurts, 1983, S. 41–80; *Cyrille Fijnaut*, Die Fiktion einer gesamten Strafrechtswissenschaft gegen Ende des vergangenen Jahrhunderts, ZStW 96 (1984), S. 135–171.

13 *Cyrille Fijnaut*, De actuele betekenis van de opvattingen van de IKV over de strafrechtswetenschap, in: Marc Groenhuijsen/Dirk van der Lande (Hrsg.) (Fn. 9), S. 187.

14 *Cyrille Fijnaut*, G.A. van Hamel. Een behoudend strafrechtshervormer, Delikt en Delinkwent, 1984, S. 20–21.

minologie, insbesondere die kriminell-anthropologische Kriminologie, zur Führung eines kritischen Diskurses über das Strafrecht und das Strafrechtssystem seiner Zeit nutzte.

Besonders gut zum Ausdruck kommt dies in seiner Haltung, es sei höchste Zeit, mithilfe der Kriminologie die „kriminelle Klappermühle", also das sich monoton drehende Strafrechtssystem, mit Bezug zur Realität zu reformieren, damit das System mit Blick auf das Verhalten des einzelnen Kriminellen und das Problem der Kriminalität im Allgemeinen im wirklichen Leben Positives bewirken könne.[15] In diesem Zusammenhang darf nicht vergessen werden, dass *van Hamel Cesare Lombroso* als genialen Wissenschaftler betrachtete und er der Ansicht war, dass seine zentralen Ideen zunehmend Anerkennung fanden.[16]

Van Hamel fügte dieser so von ihm formulierten Zielsetzung jedoch auch hinzu, dass die Beschäftigung mit den Ideen der kriminellen Anthropologie immer auf dem Boden der Errungenschaften der Klassischen Schule erfolgen müsse. Diese stehe schließlich für den Sieg der Freiheit des Einzelnen gegen den Missbrauch der Staatsgewalt. Und diese Freiheit dürfe nicht dem Schutz der Gesellschaft vor Straftätern und Kriminalität geopfert werden.[17]

2. Richter oder Psychiater?

Erstmals zum Tragen kam das durch diese Auffassung eröffnete Spannungsfeld in der Erörterung der Frage, wer eigentlich für die Strafzumessung in Strafsachen und die Strafvollstreckung verantwortlich sein sollte: der Richter oder der Psychiater?

Van Hamel war – im Einklang mit der Ansicht *Lombrosos* zur Reformierung des Strafrechtssystems – der Meinung, dass vor dem Hintergrund, dass die Ursachen von Straftaten vor allem in der Persönlichkeit des Täters zu suchen seien, in erster Linie Psychiater festlegen sollten, welche Strafe im konkreten Fall die geeignetste, täterorientierte Reaktion auf die begangene Straftat sei. Richtern fehle nun einmal das Wissen, um festzustellen, ob – und wenn ja, inwieweit – Straftäter für die von ihnen begangenen Taten zur Verantwortung gezogen werden könnten.

15 *Cyrille Fijnaut*, Gerardus Antonius van Hamel (1842–1917), in: Theo Veen/Peter Kop (Hrsg.), Zestig juristen. Bijdragen tot een beeld van de geschiedenis van de Nederlandse rechtswetenschap, 1987, S. 337–339.

16 Marc Groenhuijsen/Dirk Vander Landen (Hrsg.) (Fn. 9), S. 30.

17 *Cyrille Fijnaut* (Fn. 14), S. 15–19.

Diesen Standpunkt teilten selbstverständlich nicht alle, insbesondere nicht in der IKV.[18] Auch erwies es sich als unmöglich, in diesem Punkt einen Kompromiss zu finden. Dies war der Grund, weshalb *van Hamel* im Jahr 1907 in den Niederlanden gemeinsam mit anderen mit der Psychiatrisch-Juridisch Genootschap (Psychiatrisch-Juristische Gesellschaft), ein Forum schuf, um gezielt eine Lösung für diese und damit zusammenhängende Fragen zu finden. Diese Gesellschaft mit Sitz in Amsterdam besteht bis heute.

Jahre später schwächte *van Hamel* seinen radikalen Standpunkt mit Blick auf die Strafzumessung ab und plädierte fortan selbst für die Einführung von Sicherheitsmaßnahmen für bestimmte Kategorien von gefährlichen Straftätern. Deren Einführung bot auch in seinen Augen gewissermaßen einen Ausweg aus der Sackgasse, in welche die Diskussion über die unbestimmte Dauer von Freiheitsstrafen geraten war. Maßnahmen seien nun einmal keine Strafen, so die Meinung nicht nur von *van Hamel*, wenngleich der strafende Charakter der beabsichtigten Maßnahmen eindeutig unterschlagen wurde. Denn Zweck dieser Maßnahmen sei, wie *Gustav Aschaffenburg*, Professor an der Universität Köln, in der Diskussion anführte, der Schutz der Gesellschaft durch den radikalen Eingriff in die persönliche Freiheit von Menschen, die die Freiheit anderer beschneiden.[19] Und zählte dies nicht schon seit der Aufklärung zu den zentralen Absichten des modernen Strafrechts?

3. Bestimmt oder unbestimmt? – Die Dauer der Freiheitsstrafe

Erneut zum Tragen kam das oben gezeichnete Spannungsfeld in der Frage, ob bei der Strafzumessung die Dauer der Freiheitsstrafe festzusetzen sei. *Van Hamel* verneinte diese Frage. In der Modernen Richtung werde schließlich nicht mehr von der Schwere der Straftat ausgegangen, sondern von der Gesinnung des Täters. Die logische Konsequenz dieser Auffassung sei, dass Strafurteile in ihrer Dauer unbestimmt sein müssten.

Diese Schlussfolgerung teilten nicht alle, auch nicht innerhalb der IKV. Der Widerstand in der Vereinigung war gar so groß, dass *van Hamel* von der Absolutheit seiner Ansicht ablassen musste und schließlich den Kompromiss des *relativ* unbestimmten Strafurteils mittrug. Er machte in

18 Marc Groenhuijsen/Dirk Van der Landen (Hrsg.) (Fn. 9), S. 69–70.
19 Marc Groenhuijsen/Dirk Van der Landen (Hrsg.) (Fn. 9), S. 78–79, 82–83.

diesem Zusammenhang jedoch deutlich, dass sein Rückzieher als taktisch motiviert zu werten war, als notwendiger Zwischenschritt hin zu einem Ziel, das nur erreichbar wäre, wenn die meisten Mitglieder der IKV die Implikationen eines täterorientierten Strafrechts hinreichend durchdacht hätten.[20]

Dieser Punkt wurde allerdings nie erreicht. Im Jahr 1905 wurde aus der Satzung gestrichen, dass im Falle unverbesserlicher Gewohnheitstäter die Strafgesetzgebung darauf ausgerichtet sein müsse, diese Täter „für eine möglichst lange Zeitdauer unschädlich zu machen".[21]

IV. Die parlamentarischen Ansätze van Hamels

Im Rahmen des vorliegenden Beitrags darf natürlich nicht unberücksichtigt bleiben, dass *van Hamel* seit 1910 auch über seinen Sitz in der Zweiten Kammer des niederländischen Parlaments Einfluss auf die Reformierung des Strafrechtssystems nahm, wie sie zu Beginn des letzten Jahrhunderts durch Zutun der Modernen Richtung stattfand.

Dabei ist in den Blick zu nehmen, welchen Themen er in den Parlamentsdebatten besondere Aufmerksamkeit schenkte und was er dazu sagte. Knüpfte sein Handeln im Parlament an die Standpunkte an, die er in der IKV vertrat? Oder standen seine parlamentarischen Ansichten im Widerspruch zu diesen Standpunkten? Wie wir sehen werden, war Ersteres der Fall.

Betrachtet man das Tun der Zweiten Kammer in den Jahren, in denen *van Hamel* ihr angehörte, ergibt sich, dass *van Hamel* sich im Parlament tatsächlich zu verschiedenen Themen aus dem Bereich des (Straf-)Rechtssystems äußerte.[22] Die Liste dieser Themen ist recht lang. Sie reicht von der Einführung einer neuen Strafprozessordnung über das Verhör von Verdächtigen durch Polizeiangehörige bis hin zu der Einrichtung von Jugendgerichten, der Rolle der Psychiatrie bei der Strafzumessung, der Verurteilung von geisteskranken Straftätern, der Beibehaltung der langzeitigen Freiheitsstrafe und der (Wieder-)Einführung der Todesstrafe. Einige The-

20 Marc Groenhuijsen/Dirk Van der Landen (Hrsg.) (Fn. 9), S. 63 f.
21 Marc Groenhuijsen/Dirk Van der Landen (Hrsg.) (Fn. 9), S. 64 f.
22 *Cyrille Fijnaut* (Fn. 7), S. 153–165.

men erhielten jedoch mehr Aufmerksamkeit als andere.[23] Im Folgenden sollen drei dieser Themen beispielhaft besprochen werden.

1. Anwendung der Untersuchungshaft

Das erste Beispiel ist die Untersuchungshaft (sog. voorlopige hechtenis). *Van Hamel* brachte dieses Problem unmittelbar nach seinem Einzug in die Zweite Kammer aufs Tableau. Seiner Ansicht nach durfte mit der Lösung bestimmter praktischer Probleme in diesem Bereich nicht bis zur Einführung einer neuen Strafprozessordnung gewartet werden. Kurzfristig, so *van Hamel*, ließen sich auch bei (der Anwendung von) den bestehenden Vorschriften Verbesserungen erzielen. Er war der Meinung, dass insbesondere bei Gelegenheitstätern bzw. leidenschaftlichen Tätern die Untersuchungshaft zu oft und nicht hinreichend begründet auferlegt wurde.

Zur Lösung des ersten Problems schlug er vor, dass die Staatsanwaltschaft in jedem Einzelfall einen Bericht zur Begründetheit der Anordnung einer Untersuchungshaft erstellen sollte. Diese Berichte sollten zentral gesammelt und analysiert werden, um einen Überblick über die Anwendung der Untersuchungshaft in den Niederlanden zu erhalten und daraus ableiten zu können, wie sich die unnötige Anwendung dieser Zwangsmaßnahme verhindern ließe. Das zweite Problem – die nicht hinreichend durchdachte Anwendung der Untersuchungshaft – wollte *van Hamel* dadurch gelöst sehen, dass über die Anordnung gerichtlich im Rahmen einer sogenannten *raadkamer*, nicht-öffentliche Strafkammersitzungen, entschieden würde.

Der damalige Justizminister leugnete in den anschließenden Beratungen nicht, dass es Probleme bei der Anwendung der Untersuchungshaft gab, war aber der Ansicht, dass diese Probleme im Zuge einer Neufassung der Strafprozessordnung gelöst werden sollten. 1913 äußerte er jedoch seine Bereitschaft, mittels eines Rundschreibens an die Mitglieder der Staatsanwaltschaft darauf zu drängen, dass die Untersuchungshaft nur bei dringender Notwendigkeit anzuordnen sei. Mehr konnte *van Hamel* in den vielen Jahren seiner Parlamentsangehörigkeit nicht erreichen. Gleich von Beginn an war ihm somit bewusst geworden, dass Recht haben in der Wissenschaft nicht unbedingt gleichzusetzen war mit Recht bekommen in der Politik.

Beachtenswert ist übrigens, dass *van Hamel* der Meinung war, dass die bestehende Regelung zur Untersuchungshaft für gewohnheits- und berufs-

---

23 *Cyrille Fijnaut* (Fn. 7), S. 165–183.

mäßige Täter sehr wohl angemessen sei. Denn schließlich konnten diese Täter durch diese Form der Wegsperrung in ihrer kriminellen Laufbahn aufgehalten und aus dem gesellschaftlichen Leben ferngehalten werden. Dies zeigt, wie sehr *van Hamel* in der Debatte über die Untersuchungshaft an der im Grunde auch in der IKV aufrechterhaltenen Zweiteilung zwischen gewohnheits- und berufsmäßigen Tätern einerseits und Gelegenheitstätern andererseits festhielt.

2. Einführung der Strafaussetzung zur Bewährung

Zweitens befasste sich *van Hamel* 1915 ausführlich mit der Einführung der Strafaussetzung zur Bewährung. Bereits 1880 hatte er sich im Rahmen einer Versammlung des niederländischen Juristenvereins dafür eingesetzt, hatte dort aber wenig Anklang gefunden. Als dann 1915 endlich ein Gesetzentwurf zur Debatte stand, der unter anderem auf die Einführung der Strafaussetzung zur Bewährung zielte, wusste er genau, was er sagen musste, damit der Entwurf die Kammer passieren würde. Grundlage seiner Argumentation war die oben erwähnte Zweiteilung. Die Strafaussetzung zur Bewährung eigne sich nur für empfänglichere Straftäter, nicht aber für berufsmäßige Diebe und Einbrecher. Damit nahm er vielen Gegnern des Gesetzentwurfs den Wind aus den Segeln. Die genannten Tätertypen zählten schließlich zur Kategorie der unverbesserlichen Straftäter, die als grundsätzlich nicht empfänglich für die heilsame Wirkung einer solchen Maßnahme betrachtet wurden.

Diese wichtige Eingrenzung der Maßnahme beschnitt deren prinzipielle Richtigkeit seiner Auffassung nach nicht. Sie passte nach Meinung von *van Hamel* zu einer Neuordnung des Strafrechts von einem Institut, dessen Bestehen vom Festhalten an der Vergeltungstheorie abhängt, hin zu einem pädagogischen Institut, das nicht nur für jugendliche Täter heilsam wirken sollte, sondern auch für ältere Straftäter. Aus seiner Sicht war die Strafaussetzung zur Bewährung folglich eine Maßnahme zur Konkretisierung der spezialpräventiven Wirkung des Strafrechts.

Und nicht nur er dachte so darüber, argumentierte *van Hamel*. Immer mehr Richter würden seine Auffassung teilen. Dennoch sei in der Praxis Vorsicht im Umgang mit dem neuen Gesetz geboten, da es andernfalls an Popularität einbüßen und ohne Einfluss auf die Haltung der Menschen bleiben könne. Aus diesem Grund war er sehr zufrieden mit den Zahlen, die 1917 über die Anwendung der Strafaussetzung zur Bewährung veröffentlicht wurden. Sie zeigten nämlich, dass die Gerichte weder zu zurückhaltend noch zu überschwänglich Gebrauch von der Maßnahme machten. Er befand dies nicht nur mit Blick auf den gesellschaftlichen Rückhalt für die Strafaussetzung zur Bewährung als bedeutsam. Seiner Ansicht nach war diese Maßnahme lediglich ein Schritt hin zur erforderlichen Individualisierung der Strafzumessung. Anders ausgedrückt: Der Rückhalt in der Gesellschaft war zwingende Voraussetzung für mögliche Folgeschritte.

3. Schmuggel im Grenzgebiet

Im Parlament scheute *van Hamel* auch die Beschäftigung mit Fragen der Moral nicht. Dies zeigte sich bereits 1910 im Zusammenhang mit einem Gesetzesvorschlag, der auf die bessere Bekämpfung der (sexuellen) Sittenlosigkeit zielte. Hierbei hatte *van Hamel* große Schwierigkeiten damit, dass das Strafrecht zur Zügelung von aus moralischen Gründen abgelehntem Verhalten genutzt werden sollte. Das Strafrecht sollte seiner Ansicht nach nicht dazu dienen, der Bevölkerung eine bestimmte Moral aufzuzwingen. In moralischen Fragen dürfe das Strafrecht daher nur sehr zurückhaltend angewandt werden. Aus diesem Grund war er strikt dagegen, Homosexualität unter Strafe zu stellen. Doch nicht nur deshalb. Er fürchtete, dass aus der Strafbarstellung zahlreiche negative Folgen erwachsen könnten, unter anderem die Erpressbarkeit von (vermeintlich) homosexuellen Männern. Nichts oder zumindest weniger auszusetzen hatte er am Bordellverbot. Mit diesem Verbot konnte seiner Ansicht nach Prostitution Einhalt geboten werden, die Frauen zu Sklavinnen machte.

Ein ähnliches Problem ergab sich bei der Bekämpfung des Schmuggelhandels, der während des Ersten Weltkriegs in zunehmendem Ausmaß in den Grenzgebieten zu Deutschland und Belgien aufblühte. Die Regierung wollte diesen illegalen Handel aus mehreren Gründen massiv zurückdrängen. Erstens wollte man Deutschland keinen Vorwand geben, in die Niederlande einzufallen. Und zweitens war man der Ansicht, dieser Handel hätte eine Demoralisierung der Bevölkerung zur Folge, deren Auswirkungen auch nach Kriegsende negativ zu spüren sein würden. Ein 1917 vorgelegter Gesetzentwurf sah vor, dass zur Bekämpfung des Schmuggelhandels die Täter und Gehilfen präventiv inhaftiert werden konnten. Die Regierung verteidigte diese Maßnahme mit dem Argument, dass auf diese Weise den Schmugglern zu verstehen gegeben werde, dass ihr Handeln auf jeden Fall bestraft werde und die Strafe somit eine größere Abschreckungswirkung habe.

Es wird nicht überraschen, dass *van Hamel*, der sich, wie schon erwähnt, immer wieder für eine sparsame Anwendung der Untersuchungshaft ausgesprochen hatte, recht große Mühe mit dem abschreckenden Einsatz der Untersuchungshaft hatte. Dieses Vorgehen stand für ihn ganz wesentlich im Widerspruch zu den Prinzipien des Strafrechts. Nichtsdestotrotz stimmte auch er am Ende dem Gesetzesvorschlag zu, da die Situation – ein umfassender und weitverzweigter Schmuggelhandel, in den die gesamte Bevölkerung involviert war – auch in seinen Augen nicht hinnehmbar war. Er drang lediglich darauf, dass die Regierung weitestmöglich überwachen sollte, dass es nicht zum Missbrauch dieser Maßnahme bei der Bekämpfung dieser Form der organisierten Kriminalität kam.

V. Drei Initiativen im Geiste der IKV

1. Die Gründung von Panopticon

Zusammen mit meinen Kollegen Professor Dr. *Lieven Dupont* und Professor Dr. *Tony Peters* hob ich 1980 an der KU Leuven mit der Zeitschrift „Panopticon“ die erste niederländischsprachige Zeitschrift für Kriminalität, Strafrecht und Justiz in Flandern aus der Taufe. Der Untertitel dieser Zeitschrift lautete „Tijdschrift voor Strafrecht, Criminologie en Forensische Hulpverlening“ („Zeitschrift für Strafrecht, Kriminologie und Forensische Hilfeleistung“). Die Auswahl dieses Titels samt Untertitel war kein Zufall.

Der Titel nahm Bezug auf *Jeremy Benthams* berühmten Entwurf aus den 1780er Jahren, nach dem Strafgefängnisse innen wie nach außen so einsehbar wie möglich konzipiert sein sollten. Der Titel der Zeitschrift verwies also auf das Ziel der Initiative: Transparenz schaffen hinsichtlich der Anwendung des Strafrechts und damit auch über die Funktionsweise des Strafrechtssystems. Der Untertitel war ein klarer Verweis auf den Ursprung der 1929 gegründeten Schule für Kriminologie in Leuven. Damals veröffentlichte Professor *Louis Braffort* einen umfangreichen Antrag für die Einrichtung der Schule für Kriminologie an der KU Leuven, deren Programm vollständig auf der Idee der gesamten Strafrechtswissenschaft gründen sollte. Es ist wenig verwunderlich, dass *Braffort* diese Idee aufgriff, hatte er sich doch während seiner Studienzeit bei *v. Liszt* in Berlin und bei *van Hamel* in Amsterdam intensiv damit auseinandergesetzt.[24] Die Universitätsleitung stimmte dem Antrag umgehend zu. Der Lehrbetrieb startete im akademischen Jahr 1930/31.

2. Die Wiederbelebung der gesamten Strafrechtswissenschaft

Vor diesem Hintergrund überrascht es nicht, dass ich 1986, dem Jahr meiner Berufung zum Professor für Kriminologie und Strafrecht an der Erasmus Universiteit Rotterdam, die Vergangenheit, die (damalige) Gegenwart und die Zukunft der gesamten Strafrechtswissenschaft in den Niederlanden und vergleichend dazu in Deutschland zum Gegenstand meiner Antrittsvorlesung machte. Dass ich dieses Thema aufgriff, hatte jedoch auch drei sehr konkrete Gründe.[25]

Einer dieser Gründe war meine Feststellung, dass das Credo der gesamten Strafwissenschaft, das in den Niederlanden bis in die dreißiger Jahre in der kriminologischen Forschung und der Einrichtung des Strafrechtssystems so fruchtbar gewirkt hatte, abgearbeitet war.[26] Es wurde nichts mehr darüber geschrieben, ganz zu schweigen davon, dass es zur Erneuerung der universitären Forschung aufgegriffen worden wäre. Auch auf politischer Ebene war es still darum geworden. Vielleicht spielte die deutsche Besetzung eine wichtigere Rolle für den Niedergang der integrierten Strafrechtswissenschaft in den Niederlanden, als allgemein angenommen. Bemerkenswert war in jedem Fall, dass in den 1950er und 1960er Jahren sowohl Strafjuristen als auch Kriminologen mehr Interesse für die wissenschaftlichen und politischen Vorgänge in den Vereinigten Staaten entwickelten als für die in Deutschland.

Ein weiterer Grund war, dass der Integrationsgedanke – sowohl in der Theorie als auch in der Praxis – unterzugehen drohte durch die Autonomiebestrebungen der kriminologischen Forschung gegenüber der Strafrechtswissenschaft und, umgekehrt, durch die Abkehr der Strafrechtswissenschaft von der Kriminologie. Diese gegenseitige Entfremdung war zum einen die Folge eines zunehmenden Einflusses der empirischen (amerikanischen) Soziologie in der Kriminologie und war zum anderen zurückzu-

24 *Louis Braffort*, Essai de contribution à l'évolution du droit pénal, 1929; *Cyrille Fijnaut* (Fn. 2), S. 310.

25 *Cyrille Fijnaut*, Verleden, heden en toekomst van de geïntegreerde strafrechtswetenschap, 1986.

26 *Cyrille Fijnaut* (Fn. 2), S. 278–293.

führen auf die sich verbreitende Rezeption der (amerikanischen) Theorie, dass die strafrechtswissenschaftliche Praxis primär im Zeichen des Schutzes des Bürgers (und seiner Rechte) *gegenüber* dem Staat und nicht umgekehrt im Zeichen des Schutzes des Bürgers (und seiner Freiheit und Sicherheit) *durch* den Staat stehen sollte.

Dazu kam, dass mir – angesichts der Entwicklungen in der Kleinkriminalität und der schweren Kriminalität, etwa der organisierten Kriminalität und der Wirtschaftskriminalität – eine Erneuerung des Verhältnisses zwischen Kriminologie und Strafrechtswissenschaft notwendig erschien, um künftig eine fundierte, auf diese Entwicklungen eingehende Kriminalpolitik entwickeln zu können. Mit dieser Stellungnahme stellte ich mich also gegen die damaligen wissenschaftlichen Entwicklungen. Mittels verschiedener Großstudien, die ich in diesen Jahren durchführte, versuchte ich zu zeigen, dass es mir ernst war mit der angestrebten Erneuerung der gesamten Strafrechtswissenschaft in den Niederlanden. Eine dieser Studien aus der Mitte der achtziger Jahre beschäftigte sich mit der Frage, ob Anwälte zum polizeilichen Verhör von Verdächtigen zugelassen werden sollten.[27]

3. Die Gründung des European Journal

Als ich dann im Jahr 1989 zum Professor für Kriminologie und Strafrecht an der KU Leuven berufen wurde, stellte sich erneut die Frage, aus welcher Perspektive ich Forschung und Lehre betreiben würde. Die Antwort lag für mich auf der Hand: ausgehend von der Idee einer integrierten Strafrechtswissenschaft.

Dass ich die Frage so beantwortete, lag zum einen natürlich daran, dass ich auf diese Weise nicht nur dem Ursprung und der Geschichte der Lehre und Forschung in Leuven zu Kriminalität und zum Strafrechtssystem gerecht werden konnte, sondern auch gleich zu Beginn meine Absicht, diese Tradition auf meine Weise fortzusetzen und zu modernisieren, zum Ausdruck bringen konnte. Zum anderen war ich der Meinung, dass die Idee einer solchen Strafrechtswissenschaft beflügelt werden würde durch die Umwälzungen, die zu dieser Zeit in Europa stattfanden: der Fall der Mauer, die deutsche Wiedervereinigung und die Gründung der Europäischen Union. Diese Ereignisse zeigten meiner Ansicht nach, wie groß die

27 *Cyrille Fijnaut*, De toelating van raadslieden tot het politiële verdachtenverhoor, 1987.

Notwendigkeit war, das Strafrecht und die Kriminologie wieder im Zusammenhang auszuüben.

Konkret bedeutete dies erstens, dass ich Lehrveranstaltungen entwickelte, wie sie damals nirgendwo in Europa unterrichtet wurden: zu einem europäischen Strafrecht unter Berücksichtigung sowohl der strafrechtlichen Entwicklungen in der Europäischen Union als auch der Entwicklungen im Europarat. Zweitens gründete ich in diesem Zusammenhang eine Zeitschrift, die der Idee einer gesamten Strafrechtswissenschaft auf europäischer Ebene neues Leben einhauchen sollte. Das war die „European Journal of Crime, Criminal Law and Criminal Justice", deren erste Ausgabe 1993 erschien.

Zur Gründung dieser Zeitschrift suchte ich die Zusammenarbeit mit den damaligen Direktoren des Max-Planck-Instituts für ausländisches und internationales Strafrecht in Freiburg im Breisgau, Professor em. Dr. *Hans-Jörg Albrecht* und Professor em. Dr. *Günther Kaiser*. Das Institut verkörperte damals im Kern noch immer die Idee der gesamten Strafrechtswissenschaft und verfügte – anders als die meisten Institute in Deutschland – über das Personal, die Mittel und den Ruf, um eine solche Initiative auf europäischer Ebene zur Blüte zu verhelfen. Nach wenigen Gesprächen waren *Kaiser*, *Albrecht* und ich uns einig, dass es eine solche Zeitschrift brauchte, um der gesamten Strafrechtswissenschaft eine neue Chance zu geben.[28]

28 *Cyrille Fijnaut*, Introduction, in: Hans-Joerg Albrecht/André Klip (Hrsg.), Crime, Criminal Law and Criminal Justice. A Collection in Honour of prof. em. dr. dr. h.c. Cyrille Fijnaut, 2013, S. xiii–xxii; *Cyrille Fijnaut*, Over grenzen. Een leven tussen wetenschap, beleid en actie, 2023, S. 306–316.

Schwedische Landesgruppe der Internationalen Kriminalistischen Vereinigung (1889 – 1911 – 1919)

Martin Sunnqvist

> „Das Strafrecht unterliegt dem Einfluss der sich wandelnden Auffassungen der Zeit über die Kriminalität menschlichen Handelns und fast noch mehr über die Grundlage und den Zweck der Strafe, aus denen wiederum die Ausgestaltung des Strafvollzugs besteht."
>
> („Strafflagar äro underkastade inflytandet af tidernas vexlande åskådningssätt i fråga om menskliga gerningars brottslighet och nästan ännu mer i afseende å straffens grund och ändamål, hvaraf åter straffsystemets anordning består.")
>
> *Freiherr O.W. Staël v. Holstein*[1]

I. Die Entwicklung des schwedischen Strafrechts im 19. und 20. Jahrhundert

Das schwedische Gesetzbuch von 1734 enthielt ein Verbrechensgesetzbuch mit den verschiedenen Verbrechen und ein Strafgesetzbuch mit den Strafen. In den 1820er und 30er Jahren gab es Pläne, das Gesetzbuch von 1734 durch ein Zivilgesetzbuch und ein Strafgesetzbuch zu ersetzen, die von den Gesetzbüchern Napoleons inspiriert waren. Dies schlug jedoch fehl; es gab eine ziemlich weit verbreitete konservative Opposition gegen allzu radikale Reformen. Das Gesetzbuch von 1734 galt auch als recht gut funktionierend, und Denkweisen, die der deutschen historischen Schule entsprachen, hatten auch in Schweden Einfluss.[2] Im Bereich des Strafrechts zeichnete

---

1 *Otto Wilhelm Staël v. Holstein*, Nya straffrättsfrågor, Nytt Juridiskt Arkiv, Abt. II, Nr. 15 (1889), S. 1.

2 *Heikki Pihlajamäki*, Why was private law not codified in Sweden and Finland?, in: Olivier Moréteau/Aniceto Masferrer/Kjell Å. Modéer (Hrsg.), Comparative Legal History, 2019, S. 465–481; *Martin Sunnqvist*, Domarens erfarenhet, människokännedom och rättskänsla. Från lagens straffskala till dom i det enskilda fallet, in: Kjell Å. Modéer (Hrsg.), Omsorg om rättvisan. Domstolarna och domarrollen i en konstitutionell rättsstat. Ett symposium tillägnat Johan Hirschfeldt, 2023, S. 44–57.

sich jedoch zunehmend Reformbedarf ab, und der Strafgesetzbuchentwurf aus den 1830er Jahren wurde schließlich in das Strafgesetzbuch von 1864 umgearbeitet. Eine wichtige Neuerung war, dass es in einen Allgemeinen und einen Besonderen Teil gegliedert war. Der Allgemeine Teil enthielt Bestimmungen zu Strafen, Mittäterschaft, Rückfall, Notwehr, Schadensersatz, usw. (Kap. 1–6). Im Besonderen Teil wurden die Straftaten definiert (Kap. 7–25). Eine wichtige Neuerung war auch, dass die genau definierten Strafen verschwanden und ein „Latitudsystem" eingeführt wurde, sodass der Richter eine neue Aufgabe bekam: die richtige Strafhöhe zwischen Höchst- und Mindestmaß zu finden.[3]

Im ersten Jahrzehnt des 20. Jahrhunderts fanden einige wichtige Änderungen statt, wie die Einführung der Zwangserziehung für 15–18-Jährige (1902)[4] und die Einführung der bedingten Verurteilung („villkorlig dom") als Ersatz für kurze Gefängnisstrafen (1906)[5] und die bedingte Entlassung bei Freiheitsstrafen.[6] Besonders die Einführung der bedingten Verurteilung stand in einem engen Zusammenhang mit den kontinentalen Denkströmungen. Außerdem wurde eine prozessrechtliche Reform durchgeführt, so dass verhaftete Personen seit 1906 öffentliche Verteidiger bekommen konnten.[7] Zu dieser Zeit waren Berufsverteidiger für Angeklagte und im Übrigen auch Berufsstaatsanwälte, gerade in ländlichen Gebieten, unüblich. 1931 wurden tägliche Bußgelder eingeführt,[8] und über Jahrzehnte arbeitete man an einer Reform, die schließlich – 1962 – zum heutigen Verbrechensgesetzbuch führte.[9]

Die Geschichte der Internationalen Kriminalistischen Vereinigung (IKV) wurde, mit Bezug auf Schweden, hauptsächlich von Professor *Alvar Nelson* in drei Artikeln behandelt.[10] Professor *Ivar Agge* hat die ideengeschichtliche

---

3 Strafflag d. 16 februari 1864; *Martin Sunnqvist* (Fn. 2).

4 Lag d. 27 juni 1902 om ändring i 5 kap. 3 § strafflagen, Lag d. 27 juni 1902 innefattande vissa bestämmelser om förfarandet i brottmål rörande minderårige und Lag d. 27 juni 1902 angående verkställighet af domstols förordnande om tvångsuppfostran; vgl. auch Lag d. 13 juni 1902 angående uppfostran åt vanartade och i sedligt avseende försummade barn.

5 Lag d. 22 juni 1906 angående villkorlig straffdom.

6 Lag d. 22 juni 1906 angående villkorlig frigivning.

7 Lag d. 14 september 1906 angående förordnande av rättegångsbiträde åt häktad.

8 Lag d. 24 september 1931 om ändring i 2 kap. 8 § strafflagen.

9 Brottsbalk d. 21 december 1962.

10 *Alvar Nelson*, Svenska kriminalistföreningen 1911–1986 i ett nordiskt perspektiv, Nordisk Tidsskrift för Kriminalvidenskab (1986), S. 100–115; *Alvar Nelson*, Hundra år med den internationella kriminalistföreningen, Nordisk Tidsskrift för Kriminalviden-

Entwicklung des Strafrechts von der Aufklärung bis zur modernen Zeit behandelt, und er ist dabei auch auf die Bedeutung der Schwedischen Kriminalistischen Vereinigung für das schwedische Strafrecht eingegangen.[11] In den 1990er Jahren erschienen zwei Doktorarbeiten, die den Einfluss des Denkens des Kontinents auf das schwedische Strafrecht um die Jahrhundertwende behandeln: *Mats Kumlien*, später Professor für Rechtsgeschichte in Uppsala, hat 1902 die Reform der Zwangserziehung für Jugendliche behandelt[12] und *Christian Häthén*, später Lektor an der Universität Lund, das Verhältnis zwischen Strafrecht und Kriminalpolitik und seine Bedeutung für drei Reformen: tägliche Bußgelder, bedingte Verurteilungen und zeitlich unbestimmte Strafen.[13] Professor *Lars Björne* hat in vier Bänden die Geschichte der Nordischen Rechtswissenschaft beschrieben und analysiert. Zwei der Bände sind für diesen Artikel besonders relevant.[14] Die Forschungslage ist deswegen ziemlich gut: es gibt einige ausführliche Analysen zum Verhältnis zwischen der IKV und den schwedischen Juristen beziehungsweise der schwedischen Kriminalpolitik. Diese Texte sind aber auf Schwedisch, Beiträge für ein internationales Publikum fehlen im Wesentlichen.

II. Die ersten schwedischen Mitglieder der Internationalen Kriminalistischen Vereinigung

Das erste schwedische Mitglied der IKV war Hofgerichtspräsident Freiherr *Otto Wilhelm Staël v. Holstein* (1834–1902). Er trat 1889 der IKV bei und erschien in der Liste von neu beigetretenen Mitgliedern vom 15.10.1889.[15]

---

skab (1989), S. 204–209; *Alvar Nelson*, Franz von Liszt und die schwedische Strafrechtswissenschaft, ZStW 81 (1969), S. 825–829.

11 *Ivar Agge*, Från straffrätt till kriminalvetenskap, Minnesskrift utgiven av Juridiska fakulteten i Stockholm vid dess femtioårsjubileum 1957 (1957), S. 9–44.

12 *Mats Kumlien*, Uppfostran och straff. Studier kring 1902 års lagstiftning om reaktioner mot ungdomsbrott, 1997.

13 *Christian Häthén*, Straffrättsvetenskap och kriminalpolitik. De europeiska straffteorierna och deras betydelse för svensk strafflagstiftning 1906–1931. Tre studier, 1990. Vgl. auch betreffend die bedingte Verurteilung *Thomas MacDowall*, Om villkorlig frigivning och villkorlig dom, Rättshistoriska studier 4 (1974), S. 356–389.

14 *Lars Björne*, Den nordiska rättsvetenskapens historia, Bd. II, 1815–1870, Brytningstiden, 1998; *Lars Björne*, Den nordiska rättsvetenskapens historia, Bd. III, 1871–1910, Den konstruktiva riktningen, 2002.

15 Mitteilungen der IKV 1 (1889), S. 205.

Er gilt in Schweden als Mitglied der IKV schon seit ihrer Gründung (so „Svenskt Biografiskt Lexikon“[16]), obwohl er nicht in dem ersten Mitgliederverzeichnis vom 15.5.1889 genannt wird.[17] Er ist aber das erste schwedische Mitglied. Kurze Zeit später traten zwei weitere – Professor *A. O. Winroth* und Dr. *A. E. W. Uppström* – bei.[18] Auch Justizrat Professor *Knut Olivecrona* (1817–1905) gilt in Schweden bisweilen als eines der ersten Mitglieder,[19] er wird jedoch nicht in den Mitgliederverzeichnissen genannt.

Freiherr *Otto Wilhelm Staël v. Holstein* war Richter. 1883–1902 war er Präsident am „Göta hovrätt“ (Göta Hofgericht, d.h. das Oberlandesgericht in Jönköping). Er war auch Mitglied der Kommission für Verfahrensrechtsreform, „förstärkta Lagberedningen“ (1884–1886).[20] 1893 schrieb er eine Rezension über die zweite Ausgabe von *Knut Olivecronas* Buch „Om dödsstraffet“ („Über die Todesstrafe“). *Knut Olivecrona* (Professor an der Universität Uppsala von 1852–1868, Richter am Höchsten Gerichtshof [„Justizrat“, „Justitieråd“] von 1868–1889) hatte schon durch die erste Auflage (1866) internationale Bekanntheit als Gegner der Todesstrafe erlangt.[21] Die Erstauflage war dem liberalen und reformorientierten Professor *Mittermaier* gewidmet, die zweite Auflage (1891) den schwedischen Richtern.[22] *Olivecrona* brachte, basierend auf Statistiken über die Zahl der Hinrichtungen und die Zahl der strafrechtlich verfolgten Straftaten, ein starkes Gegenargument gegen die drei in der schwedischen Debatte genannten Gründe für die Todesstrafe vor, nämlich Abschreckung, Beseitigung der Rückfallgefahr und das Recht des Staates auf Notwehr.

In seiner Rezension betonte *Staël v. Holstein* das Gewicht von *Olivecronas* Argumentation und teilte sein Engagement für die Sache.[23] In einer

16 *Lars-Olof Skoglund*, Staël von Holstein, Svenskt Biografiskt Lexikon, Bd. 33 (2007–2011), S. 126.

17 In den Mitteilungen der IKV 1 (Fn. 15), Mitgliederverzeichnis v. 15.5.1889 (S. 7–15), gibt es keine schwedischen Mitglieder, aber zwei Dänen (C. Goos und R. Gram), einen Finnen (A. Grotenfeldt) und zwei Norweger (B. Getz und F. Hagerup). Siehe auch *Mats Kumlien* (Fn. 12), S. 114.

18 Mitteilungen der IKV 1 (Fn. 15), S. 206.

19 *Jan-Olof Sundell*, Tysk påverkan på svensk civilrättsdoktrin 1870–1894, 1987, S. 100; auch *Lars Björne* (Fn. 14, Bd. III), S. 378.

20 *Lars-Olof Skoglund* (Fn. 16), S. 126.

21 *Lars Björne* (Fn. 14, Bd. II), S. 173, 379–403, 469; *Ivar Seth*, Överheten och svärdet. Dödsstraffsdebatten i Sverige 1809–1974, 1984, S. 71–75, 186–187.

22 *Knut Olivecrona*, Om dödsstraffet, 1. Aufl. 1866; 2 Aufl. 1891.

23 *Otto Wilhelm Staël v. Holstein*, Om dödsstraffets afskaffande, Nordisk Tidskrift för Vetenskap, Konst och Industri (1893), S. 109–130.

Hinsicht kritisierte *Staël v. Holstein Olivecrona*: Er glaubte, dass sowohl *Olivecrona* als auch die öffentliche Meinung immer noch von der Idee der Vergeltung geleitet seien.[24] *Staël v. Holstein* verwies in diesem Zusammenhang auf „die neue kriminalistische Schule, die unter v. Liszts Leitung steht" („den nya kriminalistiska skola, som står under v. Liszts ledning").[25] Dieser „verlangte noch nicht (...) den Ausschluss der Todesstrafe aus den Strafgesetzen" („ännu icke [...] dödsstraffets uteslutande ur strafflagarne"),[26] sondern wollte das Vergeltungsprinzip untergraben. Dies war wichtig, um der Unterstützung der Todesstrafe in der öffentlichen Meinung entgegenzuwirken. *Staël v. Holstein* verbreitete auch die Ansichten der IKV unter schwedischen Juristen,[27] was in den Mitteilungen der IKV bemerkt wurde.[28]

Auch Dr. *A. E. W. (Wilhelm) Uppström* war Richter; er war Amtsrichter („Häradshövding") in der Nähe von Stockholm. In den 1870er und 1880er Jahren unternahm er Studienreisen nach Deutschland, England und Frankreich.[29] Als Schriftführer der Kommission für Verfahrensrechtsreform schrieb er bedeutende rechtshistorische und rechtsvergleichende Werke über Gerichte und Verfahren.[30] Er war anwesend in der zweiten Jahresversammlung der IKV in Bern im August 1890 und äußerte sich in den Diskussionen.[31] In der dritten Jahresversammlung in Oslo (Christiania) 1891 war er zweiter Berichterstatter zur Problematik der unverbesserlichen Verbrecher.[32] 1890 schrieb er über Strafrecht in der Tageszeitung „Nya Dagligt Allehanda",[33] was ebenfalls in den Mitteilungen angemerkt wurde.[34] Im neunten Band (1902) veröffentlichte er einen Bericht über die schwedische Strafrechtsentwicklung von 1898–1901, u.a. erwähnte er die Kommission,

24 Vgl. auch *Kumlien* (Fn. 12), S. 281–283, und *Martin Bergman*, Dödsstraffet, kyrkan och staten i Sverige från 1700-tal till 1900-tal, 1996, S. 80–81.

25 *Otto Wilhelm Staël v. Holstein* (Fn. 23), S. 123.

26 *Otto Wilhelm Staël v. Holstein* (Fn. 23), S. 123.

27 *Otto Wilhelm Staël v. Holstein* (Fn 1).

28 Mitteilungen der IKV 2 (1890/91), S. 153.

29 Hjalmar Gullberg (Hrsg.), Justitiematrikel, 1902, S. 254.

30 *Wilhelm Uppström*, Öfversigt af straffprocessrätten enligt främmande och svensk rätt, 1884; *Wilhelm Uppström*, Om domstolarnas inrättning och därmed sammanhängande ämnen, 1884; *Wilhelm Uppström*, Öfversigt af den svenska processens historia, 1884.

31 Mitteilungen der IKV 2 (Fn. 28), S. 86, 99.

32 Mitteilungen der IKV 3 (1892), S. 287–294.

33 *Wilhelm Uppström*, Nya rörelser på straffrättens område, Nya Dagligt Allehanda 13 Januar 1890; *Wilhelm Uppström*, Unionella spörsmål och straffrättsfrågor i den nyaste juridiska litteraturen, Nya Dagligt Allehanda 16 Juni 1890.

34 Mitteilungen der IKV 2 (Fn. 28), S. 153.

die über Fragen des bedingten Straferlasses und der bedingten Verurteilung arbeitete.[35] Sein Bruder,[36] Amtsrichter („Häradshövding") *C. D. Th. (Carl-David) Uppström*, trat 1891 auch der IKV bei.

Das dritte Mitglied, Professor *Alfred Ossian Winroth* (1852–1914), war a.o. Professor für Rechtsgeschichte und Römisches Recht in Lund von 1880–1892, Professor für Zivilrecht in Lund von 1892–1899 und danach Professor für Zivilrecht zuerst in Uppsala, dann in Stockholm.[37] Er fungierte auch als Richter, und war vielleicht Mitglied der IKV. Seine wissenschaftlichen Forschungen im Bereich des Strafrechts waren begrenzt. *Lars Björne* beschreibt ihn als „ein[en] Dilettant[en] als Rechtshistoriker",[38] u.a. weil er behauptete, dass sich das schwedische Strafrecht in enger Verbindung mit dem römischen Recht entwickelt hätte. Später finden wir in den Mitgliederverzeichnissen, ab 1897,[39] *Ernst Kallenberg* (1866–1947), Professor für Prozessrecht in Lund von 1897–1931. Er fungierte auch als Richter und bearbeitete das Strafrecht wissenschaftlich: Seine Doktorarbeit „Über Rückfall in Verbrechen" („Om återfall i brott") von 1894 war von der soziologischen Schule beeinflusst, jedoch beschränkte sich *Kallenberg* nicht ausschließlich auf deren Theorie.[40]

Die ersten schwedischen Rechtsanwälte als Mitglieder der IKV waren Dr. *Per Bendz* und Dr. *Philip Leman*, beide ab 1891,[41] und *Karl Staaff* ab 1901.[42] *Per Bendz* (1848–1911) war einer der Anwälte, die den Standard des Berufsstandes anheben wollten. Bereits bei ihrer Gründung 1887 gehörte er der schwedischen Rechtsanwaltskammer an. Er ergriff auch 1896 die Initiative zur Gründung einer Abteilung der Anwaltskammer für Skåne und Blekinge.[43] *Philip Leman* (1837–1905) war Reichstagsabgeordneter und unternahm wichtige Gesetzgebungsinitiativen im Bereich des Strafrechts (vgl. Abschnitt IV). *Karl Staaff* (1860–1915) war nicht nur Rechtsanwalt und Abgeordneter, sondern auch Ministerpräsident („Statsminister") 1905–1906 und 1911–1914. Während seiner Zeit als Ministerpräsident wurde die Gesetzgebung der bedingten Urteile eingeführt (vgl. Abschnitt IV).

35 Mitteilungen der IKV 9 (1901), S. 324–336.
36 Vgl. Hjalmar Gullberg (Hrsg.) (Fn. 29), S. 254–255.
37 *Lars Björne* (Fn. 14, Bd. III) S. 506–507.
38 *Lars Björne* (Fn. 14, Bd. III) S. 441.
39 Mitteilungen der IKV 6 (1897), S. 26.
40 *Lars Björne* (Fn. 14, Bd. III), S. 148, 378–379.
41 Mitteilungen der IKV 3 (Fn. 32), S. 22.
42 Mitteilungen der IKV 9 (Fn. 35), S. 203.
43 *Kjell Å. Modéer/Martin Sunnqvist,* Lagens öga. Hovrätten över Skåne och Blekinge 1821–2021, 2022, S. 191–192.

Nicht nur schwedische Juristen, sondern auch Journalisten und Ärzte interessierten sich für die IKV. Im Jahr 1896 findet man den Juristen und Redakteur des Tagesblattes „Aftonbladet" *Harald Sohlman* (1858–1927) als Mitglied,[44] und 1899 auch *Henrik Hedlund* (1851–1932), Redakteur für „Handels- och Sjöfartstidningen". Im Jahr 1907 ist der Hospitalarzt *Olof Kinberg* (1873–1960), Uppsala, verzeichnet.[45] Später ist er als Privatdozent für Psychiatrie und gerichtliche Psychiatrie verzeichnet, und Direktor der städtischen Irrenanstalt Långbro, Stockholm.[46] Er wurde 1921 Professor und war national und international für die Entwicklung der Rechtspsychiatrie sehr bedeutend.[47] „Gerichtliche Psychiatrie" („rättspsykiatri"), als Teil des Titels seiner Dozentur, war die erste offizielle Anerkennung des Fachgebiets der Rechtspsychiatrie oder forensischen Psychiatrie in Schweden. Als Wissenschaftler wurde *Kinberg* von *Cesare Lombroso* stark beeinflusst.[48] Im Jahr 1913 findet man Dr. *Andreas Bjerre* als Mitglied.[49] *Andreas Bjerre* (1879–1925) war Doktor der Rechtswissenschaften und seine Doktorarbeit handelte vom Verbrechen der Verleumdung.[50] Vor allem interessierte ihn die Kriminalpsychologie. Er interviewte Gefangene, um herauszufinden, wie sie sich selbst und ihre kriminellen Taten wahrnahmen.[51]

Im Mitgliederverzeichnis von 1897[52] findet man Dr. *J. C. W. (Johan) Thyrén. Thyrén* (1861–1933) war Professor für Strafrecht in Lund von 1896–1926 und Justizminister von 1926–1928.[53] Er trat 1896 der IKV bei,[54] im selben Jahr als er Professor für Strafrecht wurde. Er war lediglich Mitglied bis 1901.[55] Er soll trotzdem hier erwähnt werden, weil er sehr bedeutend für die schwedische Strafrechtsentwicklung war. Trotz seiner Mitgliedschaft

---

44 Mitteilungen der IKV 5 (1896), S. 21.
45 Mitteilungen der IKV 14 (1907), S. XLIV.
46 Mitteilungen der IKV 16 (1909), S. XXXII.
47 *Carl-Gustaf Berglin*, Olof Kinberg, Svenskt Biografiskt Lexikon, Bd. 21 (1975–1977), S. 150.
48 *Roger Qvarsell*, Utan vett och vilja. Om synen på brottslighet och sinnessjukdom, 1993, S. 140–150.
49 Mitteilungen der IKV 20 (1913), S. XLV.
50 *Lars Björne* (Fn. 14, Bd. III), S. 149, 465.
51 *Roger Qvarsell* (Fn. 48), S. 159–161.
52 Mitteilungen der IKV 6 (Fn. 39), S. 26.
53 *Lars Björne* (Fn. 14, Bd. III), S. 503.
54 Hjalmar Gullberg (Hrsg.) (Fn. 29), S. 243.
55 Mitteilungen der IKV 7 (1899), S. 26; 8 (1900), S. 27. Er wird nach 1901 nicht mehr in den Mitgliederverzeichnissen aufgeführt.

hat er seine kriminalpolitische Haltung erst nicht deutlich gemacht,[56] bis er sich 1907 – obwohl er auch das Prinzip der Vergeltung akzeptierte – im Buch „Allgemeine Grundsätze des Strafrechts" („Straffrättens allmänna grunder") für die soziologische Schule einsetzte.[57] Bereits im Vorwort stellte er fest, dass der Präventionsgedanke den Gedanken der Vergeltung auf praktischer Ebene nicht ausschließt.[58] Auch die Gliederung des Buches spiegelt dies wider: Er behandelt zuerst den Gedanken der Prävention und dann den Gedanken der Vergeltung, wobei der Schwerpunkt auf der Prävention liegt. In seinen Vorlesungen knüpfte er an *v. Liszts* Reformprogramm an.[59] Als Programmerklärung fungierte einige Jahre später (1910) das Buch „Die Grundsätze einer Strafrechtsreform" („Principerna för en strafflagreform"). Teil I handelte um die soziale Funktion der Bestrafung. *Thyrén* identifizierte Bestrafung und Strafandrohung als eine Möglichkeit, sozial gefährliche Handlungen zu unterbinden.[60] Er ging in diesem Zusammenhang von dem Unterschied zwischen Gewohnheitskriminellen und Gelegenheitskriminellen aus. Er verwendete aber die Ausdrücke „akute Kriminelle" („akuta brottslingar") und „chronische Kriminelle" („kroniska brottslingar") entsprechend akuten Krankheiten, die plötzlich auftraten und verschwanden, beziehungsweise chronischen Krankheiten.[61] Dieses Buch war ein Ergebnis eines staatlichen Untersuchungsauftrages von 1909, der eine vollständige Überarbeitung der Vorschriften über Geldstrafen und Umwandlungsstrafen anstrebte.[62] Schon früher hatte er aber denselben Unterschied zwischen akuten und chronischen Kriminellen verwendet, in einem Gutachten über das bedingte Urteil als Rechtsinstitut. Dieses Gutachten war 1902 veröffentlicht worden als Teil des Gutachtens der Kommission, die diese Gesetzgebung vorbereitete (siehe Abschnitt IV).[63] Obwohl

---

56 *Kjell Å. Modéer*, Några gestalter i den juridiska fakultetens historia, 1980, S. 41; *Lars Björne* (Fn. 14, Bd. III), S. 381.

57 *Lars Björne* (Fn. 14, Bd. III), S. 381.

58 *Johan C. W. Thyrén*, Straffrättens allmänna grunder, 1907, S. 3.

59 *Christian Häthén*, Stat och straff. Rättshistoriska perspektiv, 2014, S. 244.

60 *Johan C. W. Thyrén*, Principerna för en strafflagsreform. I. Straffets sociala uppgift. Straffsystemet, 1910, S. 1–57.

61 *Johan C. W. Thyrén* (Fn. 60), S. 9–16. Vgl. *Christian Häthén* (Fn. 13), S. 290–291.

62 *Christian Häthén* (Fn. 59), S. 248.

63 Betänkande och förslag af den af Kongl. Maj:t den 25 maj 1900 tillsatta komité för afgifvande af förslag om skärpning af vissa frihetsstraff och om vilkorlig frigifning äfvensom för utredning af frågan om vilkorlig straffdom m.m., 1902, S. 99–117. Der Text ist teilweise identisch mit später Verfasstem, vgl. z.B. S. 99–101 mit *Johan C. W. Thyrén* (Fn. 60), S. 10–12.

Thyrén seine kriminalpolitische Haltung erst 1907 völlig klar darlegte, zeigt das Gutachten von 1902 deutlich, was er im Sinn hatte: dass für verschiedene Arten von Kriminellen unterschiedliche Arten der Bestrafung und Prävention eingesetzt werden können.

Der Präventionsgedanke als wichtigstes Prinzip, in Kombination mit Elementen des Vergeltungsgedankens, war am Ende des 19. Jahrhunderts und am Anfang des 20. Jahrhunderts nicht nur für *Thyrén* kennzeichnend, sondern auch für die gesamte schwedische (und nordische) Strafrechtsdiskussion.[64] *Lars Björne* bezieht dies auf „die allgemeine Abneigung der nordischen Rechtsgelehrten gegenüber extremen Positionen und doktrinärer Einseitigkeit" („de nordiska rättsvetenskapsmännens allmänna motvilja mot extrema ståndpunkter och doktrinära ensidigheter").[65] Man wollte die Strafe nicht allein von der Person des Täters bestimmen lassen.

Bisher habe ich über einige bedeutende schwedische Mitglieder berichtet. Es bleibt abzuklären, wie die Entwicklung der Mitgliederzahlen aussah (siehe Übersicht). In den ersten Jahren gab es nur drei schwedische Mitglieder, 1891 waren es bereits 21 und 1892 schon 32, was mit dem Kongress in Oslo (Christiania) im August 1891 zusammenhängt. Die Mitgliederzahl ging dann bis 1912 zurück. Sodann gab es einen bemerkenswerten Anstieg: von lediglich sechs Mitgliedern im Jahr 1911 zu 64 Mitgliedern im Jahr 1912. Auch hier ist die Erklärung ein Kongress, der Strafrechtskongress vom 28. bis 30.8.1911 in Stockholm, und die Bildung einer schwedischen Landesgruppe (siehe Abschnitt III).

		Zahl schwedischer Mitglieder
15. Mai 1889	(Band 1, S. 7–15)	0
15. Oktober 1899	(Band 1, S. 204–206)	3
15. Januar 1890	(Band 2, S. 17)	3
15. Februar 1891	(Band 3, S. 22–23)	21
Dezember 1892	(Band 4, S. 23–24)	32
1896	(Band 5, S. 20–21)	27

64 *Lars Björne* (Fn. 14, Bd. III), S. 390–391; *Christan Häthén* (Fn. 59), S. 248–249; *Ann-Christine Petersson Hjelm*, Fängelset som välfärdsbygge, 2011, S. 71–72.

65 *Lars Björne* (Fn. 14, Bd. III), S. 390.

		Zahl schwedischer Mitglieder
1897	(Band 6, S. 26)	24
1899	(Band 7, S. 25–26)	22
1900	(Band 8, S. 27)	21
1902 (für 1901)	(Band 9, S. 203)	18
1902	(Band 10, S. 38)	13
1904	(Band 11, S. 41)	13
1905	(Band 12, S. 41–42)	11
1906	(Band 13, S. XLVII–XLVIII)	10
1907	(Band 14, S. XLIV–XLV)	11
1908	(Band 15, S. 337–339)	11 [66]
1909	(Band 16, S. XXXII)	9
1910	(Band 17, S. 42)	9
1911	(Band 18, S. 42–43)	8
1912	(Band 19, S. 45–47)	64
1913	(Band 20, S. XLV–XLVII)	61
1914	(Band 21)	/ [67]

Übersicht. Entwicklung der Mitgliederzahl – Schweden

(1889–1892: Stichtag; ab 1896: Druckjahr)
Quelle: Mitteilungen der IKV

66 Nur die Änderungen sind verzeichnet und es gibt keine betreffend Schweden.

67 Kein Mitgliederverzeichnis; Festband anlässlich des 25jährigen Bestehens der IKV. Die Mitteilungen der IKV Neue Folge 1–6 (1926–1933) enthalten nur Informationen über die Deutsche Landesgruppe. Diese behielt den Namen Internationale Kriminalistische Vereinigung, während die „Association Internationale de Droit Pénal“ in Paris 1924 ohne die deutschen Mitglieder als Nachfolgerin der Internationalen Kriminalistischen Vereinigung gegründet wurde (vgl. Alvar Nelson [Fn. 10, Hundra år med den internationella kriminalistföreningen], S. 206).

III. Die Schwedische Landesgruppe 1911

Die schwedischen Mitglieder der IKV bildeten für viele Jahre keine Landesgruppe[68] und kamen – mit Ausnahme von *Wilhelm Uppström* – als Referenten und als Artikelverfasser nur selten in den Mitteilungen vor. Im Jahr 1911 wurde aber eine schwedische Landesgruppe organisiert, die immer noch als selbständiger Verein besteht, „Svenska kriminalistföreningen".[69] Zusammen mit den dänischen, norwegischen, isländischen und finnischen Vereinigungen gibt sie die Zeitschrift „Nordisk Tidsskrift for Kriminalvidenskab" (NTfK) heraus.[70]

Die Geschichte der Schwedischen Kriminalistischen Vereinigung hängt auch mit der Geschichte des schwedischen Zentralverbands für Soziale Arbeit („Centralförbundet för Socialt Arbete") zusammen.[71] Dieser Zentralverband wurde 1903 gegründet, um alle Vereinigungen zusammenzubringen, die Lösungen für „die soziale Frage" finden wollten. „Die soziale Frage" bezeichnete die Vielfalt der Probleme, die mit Industrialisierung, Urbanisierung, Wohnungsnot, Armut und schwierigen Arbeitsbedingungen zu tun hatten. Eines der vielen wichtigen Themen war die Jugendkriminalität.

Innerhalb des Zentralverbands für Soziale Arbeit arbeitete ein Kriminalausschuss unter der Leitung des Strafrechtsprofessors *Nils Stjernberg* an der Hochschule (später Universität) Stockholm.[72] Er und der Zentralverband ergriffen die Initiative für einen Strafrechtskongress, der vom 28. bis 30.8.1911 in Stockholm stattfand. Hintergrund war der Auftrag an *Thyrén* im Jahr 1909, eine neue Strafgesetzgebung vorzubereiten.[73] Während dieses Kongresses wurde die Schwedische Kriminalistische Vereinigung am 29.8.1911 gegründet.[74] Der erste Vorsitzende war *Hjalmar Westring* (1857–1926), der zweite Vorsitzende war *Nils Stjernberg* (1873–1943).

---

68 Vgl. *Norwegische Landesgruppe*, Mitteilungen der IKV 7 (Fn. 55), S. 84–112, und *Dänische Landesgruppe*, Mitteilungen der IKV 9 (Fn. 35), S. 382–398.

69 Siehe https://www.kriminalistforeningen.se/.

70 Siehe http://kriminalistforeningen.dk/om-tidsskriftet/.

71 *Alvar Nelson* (Fn. 10, Svenska kriminalistföreningen), S. 100.

72 *Alvar Nelson* (Fn. 10, Svenska kriminalistföreningen), S. 100.

73 *Alvar Nelson* (Fn. 10, Svenska kriminalistföreningen), S. 100.

74 August Wirén (Hrsg.), Förhandlingar vid kriminalkongressen i Stockholm den 28, 29 och 30 augusti 1911, 1912, S. 182. Die Initiative des Kongresses fand Beachtung in der Tagespresse, siehe z.B. Svenska Dagbladet 6 juni 1911, 11 maj 1911, 19 augusti 1911.

In der Einladung zum Kongress wurde darauf hingewiesen, dass

> „eine Strafrechtsreform (...) eine Frage (ist), die im Leben einer Nation von so großer Bedeutung ist, und in so engem Zusammenhang mit ihren allgemeinen gesellschaftlichen Ansichten und Gesinnungen steht, dass schon die Vorbereitungen für ein solches Ereignis eine lebhafte Debatte hervorrufen sollten, sowohl in den dafür besonders interessierten Kreisen als auch innerhalb des Volkes als Ganzes" („en strafflagsreform är [---] en fråga, som är af den betydelse i en nations lif samt äger ett så nära samband med dess allmänna samhälleliga åskådningar och tänkesätt, att redan förberedelserna till en dylik böra påkalla ett lifligt intresse såväl hos de för densamma särskildt intresserade kretsarna som inom folket i dess helhet").[75]

Hjalmar Westring war Richter am Höchsten Gerichtshof („Justizrat", „Justitieråd") von 1898–1909 und danach Präsident am Svea Hofgericht von 1918–1925 und Vorsitzender der Kommissionen für Vorbereitung neuer Gesetzgebung von 1910–1918 und 1920–1926. Er war auch Zivilminister von 1902–1905.[76] Er war Vorsitzender der Schwedischen Kriminalistischen Vereinigung von 1912–1925.[77] Der nächste Vorsitzende konzentrierte sich deutlicher auf das Strafrecht: *Nils Stjernberg* war Professor u.a. für Strafrecht an der Hochschule Stockholm von 1906–1940 und schrieb als solcher sowohl Kommentare als auch Monographien im Bereich des Strafrechts.[78] Grundlegend für seine Denkweise war eine fundierte humanistische und philosophische Bildung. Seine Doktorarbeit befasste sich mit grundlegenden philosophischen Problemen der Nationalökonomie und der allgemeinen Rechtslehre.[79] Er war Vorsitzender von 1925–1938.[80] Schriftführer war Gefängnisseelsorger *August Wirén* (1868–1936), der auch Artikel und Bücher über Gefängnispflege, Jugendkriminalität und Alkoholpolitik veröffentlichte.[81]

---

75 August Wirén (Fn. 74), S. 3.

76 *Lars Björne*, Den nordiska rättsvetenskapens historia, Bd. IV, 1911–1950, Realism och skandinavisk realism, 2007, S. 639; *Eberhard Quensel*, Hjalmar Westring 1857–1926, Svensk Juristtidning (1926), S. 401–404.

77 *Alvar Nelson* (Fn. 10, Svenska kriminalistföreningen), S. 100.

78 *Lars Björne* (Fn. 14, Bd. III), S. 500.

79 *Ivar Agge*, Professor emeritus Nils Stjernberg, Svensk Juristtidning (1943), S. 290–292.

80 *Alvar Nelson* (Fn. 10, Svenska kriminalistföreningen), S. 100.

81 Vem är det. Svensk biografisk handbok, 1933, S. 924.

Auf dem Stockholmer Strafrechtskongress von 1911 wurden die Fragen der kriminellen Jugendlichen, der Geldstrafen und der kurzen Freiheitsstrafen, der Freiheitsstrafen im Allgemeinen, der unbestimmten Strafen, der Behandlung von Geisteskranken und Alkoholikern und der bedingten Urteile diskutiert.[82] Es war die pro-reformistische Haltung, die das Treffen dominierte, da es die Pro-Reformer waren, die sich versammelt hatten.[83] Innerhalb weniger Wochen hatte die schwedische Vereinigung 248 Mitglieder.[84] Davon waren 55 Mitglieder der IKV, und das nächste Jahr hatte die IKV 64 schwedische Mitglieder.[85] Von den 248 Mitgliedern der Schwedischen Kriminalistischen Vereinigung waren sieben Frauen, unter ihnen z.B. einige der ersten Ärztinnen wie *Anna-Clara Romanus-Alfvén* (1874–1947)[86] und *Alfhild Tamm* (1876–1959)[87] und Frauen, die sich mit Problemen schlechter Sozialfürsorge befassten, wie *Ebba Pauli* (1873–1941).[88] Diese Frauen sahen den Zusammenhang zwischen Armut und Kriminalität. *Ebba Pauli* war als eine der ersten Frauen Mitglied einer Kommission für neue Gesetzgebung, und das Gutachten der Kommission führte 1918 zu neuen Gesetzen für die Armenvorsorge. Sie nahm in den ersten Jahrzehnten des 20. Jahrhunderts eine herausragende Stellung in der sozialpolitischen Debatte und Reformarbeit ein. Zu dieser Gruppe gehören auch zwei der Initiatoren des Kongresses, *Emilia Broomé* und *Agda Montelius*. *Emilia Broomé* (1866–1925) war 1914 die erste Frau in Schweden, die sich an vorbereitenden gesetzgeberischen Arbeiten beteiligte. Sie kämpfte für das Frauenwahlrecht und war Vorsitzende des Ausschusses, der Gesetzesänderungen vorbereitete, damit Frauen 1923 viele staatliche Ämter bekleiden konnten.[89] *Agda Montelius* (1850–1920) bekleidete führende Positionen in mehreren philanthropischen Vereinen.[90] Hier wurden mehrere wichtige Themen miteinander verknüpft, die in den ersten Jahrzehnten des 20. Jahrhunderts von Bedeutung waren: die Ausgestaltung des Strafrechts, die Bekämpfung der Armut und die Emanzipation der Frau.

---

82 August Wirén (Fn. 74).
83 *Christian Häthén* (Fn. 13), S. 229.
84 August Wirén (Fn. 74), Anhang II.
85 Mitteilungen der IKV 19 (1912), S. 45–47.
86 *Johan Perwe*, Anna-Clara Romanus-Alfvén, Svenskt kvinnobiografiskt lexikon, 2020.
87 *Elisabeth Punzi*, Alfhild Tamm, Svenskt kvinnobiografiskt lexikon, 2018.
88 *Roger Qvarsell*, Ebba Helena Pauli, Svenskt kvinnobiografiskt lexikon, 2018.
89 *Marie Steinrud*, Emilia Augusta Clementina Broomé, Svenskt kvinnobiografiskt lexikon, 2018.
90 *Elisabeth Arwill-Nordbladh*, Agda Georgina Dorothea Montelius, Svenskt kvinnobiografiskt lexikon, 2018.

Karl Schlyter (1879–1959) war Vorsitzender der Schwedischen Kriminalistischen Vereinigung von 1938–1949.[91] Er setzte die kriminalpolitischen Ambitionen als Richter und Justizminister fort,[92] was aber außerhalb des zeitlichen Rahmens dieses Textes liegt. Schon sein Dissens bereits als junger Richter am Hofgericht, im Prozess nach dem sog. Amalthea-Attentat 1908, zeigte aber „seine Bereitschaft, die Disposition und Motive des Verbrechers zu berücksichtigen" („hans vilja att beakta brottslingens sinnelag och bevekelsegrunder").[93] Während eines Arbeitsmarktstreits lebten englische Streikbrecher auf dem Schiff Amalthea im Hafen von Malmö, und eine Gruppe junger Sozialisten verübte einen Bombenanschlag. *Schlyter* wollte, dass der Geisteszustand der Angeklagten untersucht wird, was der Verteidiger beantragt hatte, um mildernde Umstände nachweisen zu können. *Schlyter* und ein weiterer Richter wollten den Haupttäter zu einer lebenslangen Gefängnisstrafe anstelle der Todesstrafe verurteilen, aber die Mehrheit, sowie später der Höchste Gerichtshof, verurteilte ihn zum Tode. Der König wandelte diese Strafe im Wege der Begnadigung in lebenslanges Gefängnis um; eine Strafe, die später durch eine weitere Begnadigung herabgesetzt wurde.[94]

Im Archiv von *Karl Schlyter* findet sich eine Einladung, die im November 1911 an die Mitglieder der Schwedischen Kriminalistischen Vereinigung erging, auch Mitglieder der Schwedischen Nationalgruppe der Internationalen Kriminalistischen Vereinigung zu werden. Die Empfänger des Schreibens wurden gebeten,

> „den würdigen Zweck dieser Petition zu berücksichtigen, nämlich den Beitritt Schwedens zu den internationalen Reformbemühungen im Bereich der Kriminalpolitik, da unser Land zu lange eines der wenigen Länder in Europa war, die nicht vertreten waren" („beakta det behjärtansvärda syftet med denna framställning, nämligen Sveriges anslutning till de internationella reformsträvandena på kriminalpolitikens område, då vårt land alltför länge varit ett av de få länder i Europa, som ej varit representeradt").[95]

91 *Alvar Nelson* (Fn. 10, Svenska kriminalistföreningen), S. 100.

92 *Kjell Å. Modéer*, Karl J. D. Schlyter och Danmark, Liber Amicorum Ditlev Tamm, 2011, S. 335–352.

93 *Alvar Nelson* (Fn. 10, Svenska kriminalistföreningen), S. 105.

94 *Kjell Å. Modéer/Martin Sunnqvist* (Fn. 43), S. 199–201.

95 Riksarkivet (Stockholm), Karl Schlyters arkiv (720547), B: korrespondens, vol. 25.

Die Schwedische Kriminalistische Vereinigung arrangierte jährliche Treffen und diskutierte aktuelle strafrechtliche und kriminalpolitische Fragen. Einige Beispiele: 1912 die Behandlung von Alkoholikern, 1913 Inhaftierung von Geisteskranken, 1915 Beweismittel in Verleumdungsfällen, 1916 der Vorschlag von Professor *Thyrén* zu einem neuen Strafgesetzbuch, 1919 der Vorschlag zu einem Gesetz über Voruntersuchungen.[96] Das Treffen 1916 dauerte zwei Tage, weil die Diskussionen sehr detailliert waren, und mehrere bedeutende Fragen besprochen wurden, wie etwa die verschiedenen Strafarten, die Beurteilung der Mehrfachtäter, Notwehr, versuchtes Verbrechen, etc.

IV. Die Bedeutung der IKV für die schwedische Strafrechtsentwicklung: Die bedingte Verurteilung als Beispiel

Wie schon am Anfang erwähnt wurde, fanden im ersten Jahrzehnt des 20. Jahrhunderts einige wichtige strafrechtliche Änderungen statt. Die Einführung der Zwangserziehung für 15–18-Jährige und der bedingten Entlassung haben weniger mit Denkströmungen aus dem Ausland zu tun als 1906 die Einführung der bedingten Verurteilung als Ersatz für Gefängnisstrafen.[97]

Schon früh war die Frage der bedingten Verurteilung für die IKV wichtig,[98] und sie war auch in Schweden „in de[n] Vordergrund des Interesses getreten".[99] Der Leiter des schwedischen Gefängniswesens, Generaldirektor *Sigfrid Wieselgren* (1843–1910), hatte mit Blick auf die bedingte Freilassung, die bedingte Verurteilung und das Warnungsurteil schon 1889 einen Antrag an die Regierung geschrieben.[100] Als gleichzeitig *Otto Wilhelm Staël v. Holstein* schwedischen Juristen Ergebnisse der IKV präsentierte, referierte er die Diskussionen in Brüssel 1889 u.a. über die bedingte Verurteilung und die Begrenzung der kurzen Freiheitsstrafen.[101] Er war aber der Meinung,

---

96 Förhandlingar vid Svenska Kriminalistföreningens ordinarie årsmöte i Stockholm den 30 augusti 1912; den 27 september 1913; den 2 oktober 1915; den 29–30 september 1916; den 29 april 1918; den 28 oktober 1919.

97 *Ivar Agge* (Fn. 11), S. 36.

98 Mitteilungen der IKV 1 (Fn. 15), S. 28–43; *Christian Häthén* (Fn. 13), S. 278–284.

99 Mitteilungen der IKV 2 (Fn. 28), S. 153.

100 *Sigfrid Wieselgren*, Om nya lagbestämmelser i syfte att motverka återfall i brott och minska användningen af de korta frihetsstraffen, Nytt Juridiskt Arkiv, Abt. II, Nr. 16 (1889); vgl. Mitteilungen der IKV 2 (Fn. 28), S. 154, 199; *Thomas MacDowall* (Fn. 13), S. 372–373.

101 *Otto Wilhelm Staël v. Holstein* (Fn. 1).

dass die Argumente für die bedingte Verurteilung für Schweden weniger passten als für andere Länder – die schwedischen Gefängnisse waren besser ausgerichtet und die kurzen Freiheitsstrafen nicht so verbreitet.[102]

Im schwedischen Reichstag wurde 1890 ein Antrag von dem Abgeordneten Landmann *Olof Andersson* aus Hasselbol (1842–1932) gestellt. Er sprach sich mit ausdrücklichem Bezug auf die Diskussionen 1889 in Brüssel dafür aus, sog. Zukunftsurteile („framtidsdomar") einzuführen, d.h. aufgeschobene oder bedingte Verurteilungen für kleinere Verbrechen.[103] Dieser Antrag wurde in den Mitteilungen der IKV referiert.[104] Der Gesetzesausschuss des Reichstags war der Ansicht, dass keine Maßnahmen erforderlich seien, da die Frage genauer untersucht werden müsste und sich die Regierung aufgrund des Antrags von Generaldirektor *Wieselgren* bereits mit der Angelegenheit befasste.[105]

Die Frage stand auch auf den Nordischen Juristentagen 1890 und 1896 zur Diskussion.[106] Der oben erwähnte Amtsrichter *Carl-David Uppström* war einer der Redner. Er sprach sich für die bedingte Verurteilung aus, oder – wie er sie lieber nennen wollte – „Urteil mit bedingtem Vollzuge" („straffdom med villkorlig verkställighet").[107] Strafrechtsprofessor *Johan Hagströmer* (1845–1910), der einer älteren Generation angehörte und nicht von den Gedanken der IKV beeinflusst war,[108] widersprach:

> „Der Verbrecher hat durch seine That bewiesen, dass die blosse Strafdrohung ihm gegenüber nicht ausreicht, und nun soll man die allgemeine Strafdrohung ihm gegenüber nur sozusagen spezifizieren!"[109]

Olof Andersson stellte 1893 einen erneuten Antrag, die bedingte Verurteilung einzuführen, und jetzt konnte er die Erfahrungen aus Belgien und Massachusetts referieren.[110] Auch diesmal war der Gesetzesausschuss der Ansicht, dass keine Maßnahmen erforderlich seien, u.a. mit Bezug auf die

102 *Otto Wilhelm Staël v. Holstein*, Nya straffrättsfrågor (II), Nytt Juridiskt Arkiv, Abt. II, Nr. 3 (1890); *Christian Häthén* (Fn. 13), S. 283; *Thomas MacDowall* (Fn. 13), S. 377.

103 Motion 1890:AK9.

104 Mitteilungen der IKV 2 (Fn. 28), S. 154–158, 199–201.

105 Lagutskottets utlåtande 1890:49.

106 Mitteilungen der IKV 2 (Fn. 28), S. 102–111; *Ivar Agge* (Fn. 11), S. 37; *Christian Häthén* (Fn. 13), S. 281–283.

107 Mitteilungen der IKV 3 (Fn. 32), S. 106.

108 *Ivar Agge* (Fn. 11), S. 39–40; *Lars Björne* (Fn. 14, Bd. III) S. 379–381.

109 Mitteilungen der IKV 3 (Fn. 32), S. 108.

110 Motion 1893:AK34.

Meinungsverschiedenheiten auf dem Nordischen Juristentag 1890. Wie Professor *Hagströmer* vertrat der Ausschuss die Auffassung, dass der Verurteilte trotz Strafandrohung gegen das Gesetz verstoßen hatte, und darüber hinaus fand der Ausschuss nicht richtig, dass ähnliche Verbrechen aufgrund der persönlichen Umstände der Verurteilten unterschiedlich geahndet würden.[111]

Die Frage wurde trotz dieser Gegenargumente nicht vergessen. *Olof Andersson* hat auch 1894 einen neuen Antrag gestellt,[112] aber ohne Erfolg.[113] Einige Jahre später, 1898, stellte der Abgeordnete *Philip Leman*, Rechtsanwalt und Mitglied der IKV (siehe Abschnitt II), einen Antrag, worin er mehrere Veränderungen des Strafrechts introduzieren wollte. Eine davon war die Einführung der bedingten Verurteilungen. Im Antrag bezog er sich auf *v. Liszts* Auffassung von den kurzen Gefängnisstrafen.[114] Im selben Jahr stellte der Abgeordnete und Amtsrichter *Georg Kronlund* (1860–1947) einen Antrag, worin er die bedingte Verurteilung introduzieren wollte. *Olof Andersson* unterstützte den Antrag.[115] Die beiden Antragsteller referierten Informationen von Gefängnisseelsorgern über die Verhältnisse in den Gefängnissen, *Kronlund* auch über Kriminalstatistiken aus mehreren Ländern. Der Ausschuss teilte die Auffassung der Antragsteller, dass die kurzen Gefängnisstrafen begrenzt werden mussten. Diesmal forderte der Reichstag die Regierung auf, eine Untersuchung durchzuführen, ob und wie die bedingten Verurteilungen hingeführt werden könnten. *Lemans* Antrag zufolge sollte die Regierung auch untersuchen, ob kurze Freiheitsstrafen geschärft werden könnten (die sog. affliktive Strafen).[116]

Die Regierung ernannte am 25.5.1900 eine Kommission, die folgende Problemfelder bearbeiten sollte: die Schärfung einiger Freiheitsstrafen, die bedingte Entlassung und die bedingte Verurteilung. Der Präsident vom Svea Hofgericht *Johan Erik Elliot* (1844–1927) war Vorsitzender.[117] Im Jahr 1902 wurde ein Bericht mit Vorschlägen, u.a. für Bestimmungen zu bedingten Verurteilungen, veröffentlicht.[118] Ausländische Rechtsvorschriften –

111 Lagutskottets utlåtande 1893:51.
112 Motion 1894:AK40.
113 Lagutskottets utlåtande 1894:64.
114 Motion 1898:FK10.
115 Motion 1898:AK74.
116 Lagutskottets utlåtande 1898:69; riksdagsskrivelse 1898:133.
117 *Erik Thyselius*, Förteckning öfver komitébetänkanden, Bd. 2, 1895–1903, 1904, S. 145–147.
118 Betänkande och förslag (Fn. 63).

nämlich aus Norwegen, Belgien, Preußen, Frankreich, England, Österreich und der Schweiz – wurden in Auszügen zitiert.[119] Professor *Thyrén* war für einen Text über das Rechtsinstitut „villkorlig dom" (bedingte Verurteilung) verantwortlich.[120] *Agge* hat es so zusammengefasst, dass *Thyréns* Schlussfolgerungen deutlich die Ideen *v. Liszts* und seinen Anhängern widerspiegelten. Es waren auch diese Gedanken, die *Thyrén* dann in seinen Büchern über die allgemeinen Grundlagen des Strafrechts und die Grundsätze einer Strafrechtsreform weiterentwickelte (vgl. Abschnitt II).[121]

Der Regierungsentwurf war dem Vorschlag der Kommission sehr ähnlich und wurde als Gesetz angenommen.[122] Einer der Gründe, warum die bedingte Verurteilung schließlich eingeführt werden konnte, dürfte darin liegen, dass man auf Erfolge in anderen Ländern verweisen konnte.[123] Die bedingte Verurteilung ist immer noch ein Teil schwedischen Strafrechts.[124] Kurz nachdem das erste Gesetz über die bedingte Verurteilung angenommen worden war (1906), gab es aber erneute Diskussionen über diese Strafe. Dabei ging es zum Teil darum, wie lange Freiheitsstrafen durch eine bedingte Verurteilung ersetzt werden konnten, und zum Teil darum, wie der Richter genügend Kenntnis von den persönlichen Umständen der Verurteilten haben konnte. Es bestand auch Bedarf an einer Gelegenheit, die verurteilte Person der Aufsicht eines Bewährungshelfers zu unterstellen.[125] Dies führte 1918 zu einem erneuten Gesetz betreffend die bedingte Verurteilung.[126] An den Grundprinzipien wurde jedoch nicht gerüttelt, und die 1906 eingeführte bedingte Verurteilung hatte Erfolg: von den 3.487 Personen, die zwischen 1907 und 1912 eine bedingte Verurteilung erhielten, verstießen nur 247 gegen die Bedingung, indem sie neue Straftaten verübten.[127] Das Beispiel zeigt, dass die Diskussionen in der IKV und die Erfahrungen aus anderen Ländern – Erfahrungen, die gerade durch die IKV verbreitet wurden – für die schwedische Rechtsentwicklung wichtig waren.

---

119 Betänkande och förslag (Fn. 63), S. 204–222.
120 Betänkande och förslag (Fn. 63), S. 99–117.
121 *Ivar Agge* (Fn. 11), S. 37.
122 Proposition 1906:49; Lagutskottets utlåtande 1906:33; Riksdagsskrivelse 1906:71; Lag d. 22 juni 1906 angående villkorlig straffdom.
123 *Thomas MacDowall* (Fn. 13), S. 389.
124 Brottsbalken d. 21 december 1962, 27 kap.
125 *Christian Häthén* (Fn. 13), S. 293–298.
126 Lag d. 28 juni 1918 angående villkorlig straffdom.
127 *Christian Häthén* (Fn. 13), S. 296.

The International Union of Penal Law, its Norwegian National Branch, and a Formative Moment for Modern Norwegian Criminal Law*

Jørn Jacobsen

I. Introduction

Norway towards the end of the 19th century: *Inhabitants*: Just over 2 million; One *university*, in Kristiania (now Oslo), established in 1811; *Professors of criminal law*: One – *Anton Martin Schweigaard* (1808–1870), who started his career in the 1840s declaring his deep skepticism towards German idealist philosophy and related legal science, characterising it as "arbitrariness" and "the anarchy of the spirit".[1] *Schweigaard* was empirically inclined, pragmatically concerned with the needs of the young Norwegian state, which in 1814 gained independence from Denmark only to move into a new union with Sweden, lasting until 1905. Actually, *Schweigaard's* chair was not even in criminal law, but in "legal knowledge, state economy and statistics". *The state of criminal law science*: Merely a few commentaries to the criminal code of 1842 – the first of the modern Norwegian criminal codes. It was required by Sect. 94 in the Constitution of 1814, and modeled after contemporary European codes, such as the Bavarian criminal code of 1813. One of the commentaries to the code was written by *Schweigaard,* the other by the Supreme Court Judge *Peder Carl Lasson.*[2] *Schweigaard's*

* Thanks are due in particular to Professor Geir Heivoll and Dr. Luka Breneselović for helpful comments. Quotes in Norwegian are translated into English by me for the purpose of this article.

1 *Anton Martin Schweigaard,* Om den tyske filosofi, in: Oskar Jæger/Fredrik Stang (eds.), Anton Martin Schweigard – Ungdomsarbeider, 1904, p. 237, the quotes are from p. 242. The article was originally published in 1835 in French, in La France Littéraire. See also Schweigaard's view of German legal science in *Anton Martin Schweigaard,* Betragtninger over Retsvidenskabens nærværende Tilstand i Tydskland, Juridisk Tidsskrift 23 (1834), p. 292.

2 See *Anton Martin Schweigaard,* Commentar over Den Norske Criminallov, 1844/1846, and *P.C. Lasson,* Haandbog i Criminalretten – Den almindelige Deel, 1848. The Norwegian Supreme Court was established in 1815, Lasson led it from 1855.

commentary was practically oriented, *Lasson's* somewhat more ambitious.[3] Not much to brag about, one may think. But things were about to change.

Two key figures entered the stage: *Bernhard Getz* (1850–1901) and *Francis Hagerup* (1853–1921). The two were related, life-long friends, and developed also a close professional relationship.[4] *Getz's* academic career began in 1875 by a scholarship allowing him to visit Germany, Leipzig mainly. He did not stay long but headed home to give his trial lecture on complicity in criminal law at the University of Kristiania (Oslo) in 1876.[5] *Getz,* whose trial lecture was praised, became professor that year, shortly before turning 26. *Hagerup,* for his part, obtained his doctoral degree on the basis of a thesis on private law, and in 1887, at the age of 34, he became professor. In his inaugural lecture, he criticised *Schweigaard's* view of legal science, calling for Norwegian legal science to raise its scientific level. Influenced by the works of *Friedrich Carl v. Savigny* (1779–1861) and *Rudolf v. Jhering* (1818–1892), he highlighted the historical and conceptual dimensions of law and legal science. The lecture was printed as the opening article of *Hagerup's* own journal, "Tidsskrift for rettsvitenskap" ("TfR") – as of today perhaps the most important Nordic legal journal.[6] *Hagerup's* methodological discussion went on to become part of the Nordic legal scientific canon.[7] While starting his career in private law and legal theory, criminal law became one of *Hagerup's* main responsibilities at the law faculty in Kristiania (Oslo).[8] Then, *Getz* was already well into legislative work. First, he worked on a new criminal procedural code, and then, as we

---

3 See further *Dag Michalsen,* Schweigaard og Lasson som straffe- og prosessrettslige forfattere – en sammenligning, Tidsskrift for Rettsvitenskap 110 (1997), p. 365. Further on Schweigaard, who at the university lectured on a number of subjects but also was a highly influential figure in Norwegian politics, see e.g., *Øystein Sørensen,* Anton Martin Schweigaards politiske tenkning, 1983; *Erik Lundestad,* Schweigaards pragmatiske moderniseringsprosjekt, Nytt Norsk Tidsskrift 23 (2006), p. 149, and *Ola Mestad* (ed.), Anton Martin Schweigaard – Professorpolitikeren, 2009.

4 While three years younger than Getz, Hagerup was a cousin of Getz's mother, making him Getz's uncle. As students in Kristiania, the two lived in the same housing, and were to remain life-long best friends.

5 See *Bernhard Getz,* Om den saakaldte deelagtighed i forbrydelser, Norsk Retstidende 1876, p. 1.

6 *Francis Hagerup,* Nogle Ord om den nyere Retsvidenskabs Karakter, TfR 1 (1) 1888, p. 1.

7 It is, in the words of a Danish legal scholar, a "classic", see *Jørgen Dalberg-Larsen,* Et gensyn med en klassiker. Francis Hagerups "Nogle ord om den nyere Retsvidenskabs Karakter", i historisk og aktuel belysning, TfR 100 (1987), p. 4.

8 More on Hagerup, see e.g., *Sverre Blandhol/Dag Michalsen* (eds.), Rettsforsker, politiker, internasjonalist: Perspektiver på Francis Hagerup, 2007.

will return to, a new criminal code, assignments that led him to leave the university.

The European stage that these two entered belonged to *Franz v. Liszt,* who needs no further introduction here. But his connections to *Getz* and *Hagerup* may be worth pointing out. The three were of similar age: *Getz* was born in 1850, *Liszt* in 1851, *Hagerup* in 1853. *Getz's* work on complicity, his *Einheitstäterschaftslehre*, was embraced by *Liszt,* who, as I will return to, also praised *Getz's* legislative work. *Getz* provided the Norwegian contribution to the comparative project *Liszt* edited.[9] *Hagerup* informed the Nordic audience of several of *Liszt's* works through notifications, comments, and reviews in his journal.[10] The three, *Liszt* and *Getz* in particular, seemed to have developed a good tone. Many factors may have contributed to this, including *Getz's* family background. While some claim his family was originally from Schwaben, others consider it more likely that it was from Bohemia.[11] As Bohemia at the time was a part of the Austrian-Hungarian empire, that would provide another connection between *Getz* and *Liszt,* who was an Austrian, born in Vienna. Furthermore, even if *Getz* did not travel much due to health issues, in 1891, he visited *Liszt* in Halle, where the two went to observe the prison.[12] When *Getz* passed away in 1901, the eulogy delivered by *Hagerup* in the Norwegian Academy of Science and Letters was published in German in *Liszt's* journal, "Zeitschrift für die gesamte Strafrechtswissenschaft" (ZStW).[13] *Liszt* introduced it in a note, speaking of *Getz* as his "late friend".[14] What is described as "friendly letters" from *Liszt* (and others) were found among *Getz's* belongings.[15]

---

9 See *Franz v. Liszt* (ed.), Die Strafgesetzgebung der Gegenwart in rechtsvergleichender Darstellung, herausgegeben von der Internationalen Kriminalistischen Vereinigung, vol. 1, Das Strafrecht der Staaten Europas, 1894.

10 See e.g. Hagerup's reviews of Abhandlungen des kriminalistischen Seminars in TfR 6 (1894), p. 256, and of the 6th edition of Lehrbuch des Deutschen Strafrechts, in TfR 7 (1895), p. 322.

11 See *Adler Vogt,* Bernhard Getz, 1950, pp. 9–10, considering it most likely that Getz's family was German–Bohemian.

12 See *Adler Vogt* (Note 11), p. 88, pointing out that during this trip, Getz visited several European cities for this purpose.

13 See *Francis Hagerup,* Bernhard Getz – Gedächtnisrede von Francis Hagerup, ZStW 22 (1902), p. 481. In a similar way, Liszt referred to his "friendship" with Getz in his review of the latter's draft criminal code. We will return to Getz's draft and Liszt's review of it below.

14 *Franz v. Liszt,* introductory note to Hagerup (Note 13), p. 481 ("Dem verstorbenen Freunde").

15 *Adler Vogt* (Note 11), p. 135.

When *Die Internationale Kriminalistische Vereinigung* (IKV) was formed in 1889 by *Liszt, Gerard Anton van Hamel* (1842–1917), and *Adolphe Prins* (1845–1919), the union quickly acquired members from the Nordics. *Leon Radzinowicz* points to the "rather unexpected (...) intense interest that the enterprise evoked in some of the Nordic countries", mentioning Denmark and Sweden as examples.[16] But there was considerable interest in Norway as well. Perhaps one could even say greater interest: As I will return to, the Norwegian Criminalist Union was established in 1892, seven years before a Danish union was established in 1899, while a Swedish national union came into existence as late as 1911. The fact that one of the first IKV meetings, the one in 1891, was held in Kristiania (Oslo) is also of relevance in this regard. Copenhagen did not host the congress until 1913. The Norwegian participation seems even to have drawn attention in Germany, where a magazine poster of 14 "hervorragende Mitglieder der Internationalen Criminalistischen Vereinigung" included *Getz* and *Hagerup,* but none other from the Nordics.[17] In a Nordic perspective, this is remarkable: For a long time, Norway played second, or even third violin in Scandinavia, being the weak party of unions with the (at the time being) European powers Sweden and Denmark. In the IKV context, however, things looked different.

This article will not investigate the Norwegian contributions to the IKV meetings. Instead, it will investigate IKV's influence on Norwegian criminal law, how it led to a *Norwegian* criminalist union being established, and the role this union came to have in the reform process resulting in the criminal code of 1902. As we will see, the Norwegian Criminalist Union played a significant role in this process, which can only be described as a decisive – and in many ways, peculiar – moment in the history of Norwegian criminal law, casting its light, or shadow, dependent on how one assesses

16 *Leon Radzinowicz,* The Roots of the International Association of Criminal Law and their Significance – A Tribute and a Re-Assessment on the Centenary of the IKV, 1991, p. 3.

17 The poster was recovered and presented by Prof. Arnd Koch. Hagerup became member before Getz. In the list of the 75 participants having joined the Union by December 31, 1889, Hagerup is the only one listed under "Norwegen". However, Getz did not wait long either: His name is on the additional list of 24 members having joined by January 15, 1889. See *Franz v. Liszt,* Eine Internationale kriminalistische Vereinigung, ZStW 9 (1889), p. 363, p. 370 and p. 372.

the developments, up until today. As such, this often-untold Norwegian story provides evidence for IKV's success as a reform enterprise.[18]

Section 2 outlines the making of the criminal code of 1902. Thereafter, section 3 concerns the Norwegian Criminalist Union, how it came about and functioned, and the role it played in the reform process. Section 4 goes deeper into the interaction, but also differences, between our three main characters, *Liszt, Getz,* and *Hagerup,* to provide a more detailed understanding of the Norwegian reform process and its outcome, and how this was related to the IKV and the positivistic criminal law ideology of its founders.[19] This exercise will facilitate a distinction between the substantive influence of the IKV and the positivist movement, and IKV's institutional influence on the Norwegian Criminalist Union as a driving force in the reform of the criminal code. Section 5 provides an epilogue where a more recent perspective is applied.

II. Towards a new criminal code in Norway

Not long after the IKV had been established in 1889, and one year after the association had held its meeting in Kristiania (Oslo) in 1891, the Norwegian Criminalist Union – *Den norske kriminalistforening* – was formed in 1892. At that time, Norwegian criminal law was already undergoing significant changes. A new criminal procedure code had been enacted in 1887, on the basis of the work of a commission led by *Getz.*[20] This also made *Getz* leave

18 The Norwegian union is not often mentioned in the IKV literature, see, for instance, the overview of "Landesgruppen" in *Arnd Koch,* 'v. Liszt-Schule' – Personen, Institutionen, Gegner, in: Arnd Koch/Martin Löhnig (eds.), Die Schule Franz von Liszts, 2016, p. 27, p. 38. Thirteen countries are listed, including Denmark and Sweden, but not Norway. For various Norwegian perspectives on this epoch, see in particular *Geir Heivoll/Sverre Flaatten* (eds.), Straff, lov, historie – Historiske perspektiver på straffeloven av 1902, 2014.

19 Also in the Norwegian debate, somewhat different terms – notably "positivism", "the modern school of criminal law" and "the sociological school" – have been used for this view of criminal law, see *Jørn Jacobsen,* "i selve Dybderne af den mennesklige Bevidsthed om Ret og Moral": Straffelova av 1902 og den tyske skulestriden, in: Geir Heivoll/Sverre Flaatten (eds.), Straff, lov, historie – Historiske perspektiver på straffeloven av 1902, 2014, p. 44, p. 47. For consistency, I will use "positivism" in this article.

20 Getz's role was related to his work Om en forandret Rettergangsmåde i Straffesager: med særligt hensyn til Jurykommissionens Lovudkast, 1885, where he criticised the jury commission's proposal from 1882. The reform was communicated to the German

academia to become the first Norwegian Director of Public Prosecutions, an office established in 1889 to put the new code of criminal procedure into practice.[21] This criminal procedure, in particular the inclusion of lay people and the jury in it, required changes in substantive criminal law as well. For that reason, a reform of the criminal law was initiated, one which would turn into something much larger than foreseen. The result of this reform process, the criminal code of 1902, was to gain European fame.

The drafting of a new criminal code was put in the hands of *Getz,* who would be seen as the "reform's father".[22] *Getz* led the criminal law commission and composed one of the initial drafts – the 1887 draft.[23] A German translation of it was reviewed by *Liszt.* The review, published in Norwegian in *Hagerup's* journal, contained some critical observations, but overall, it was full of praise.[24] *Liszt* also commented on the draft in his *Lehrbuch,* describing it as a "hochbedeutender".[25] In a follow-up to the ZStW article "Die strafrechtliche Zurechnungsfähigkeit", *Liszt* compared *Getz's* draft to the Swiss draft by *Carl Stooss* (1849–1934), and concluded: "Klarer, bestimmter, furchtloser als Stooß hat Getz uns den Weg des Fortschrittes gewiesen".[26] In 1893, *Getz* delivered another draft and the

audience, see *Francis Hagerup,* Überblick über die geschichtliche Entwicklung des norwegischen Strafprozesses und seine Reform durch das Gesetz vom 1 Juli 1887, ZStW 9 (1889), p. 106.

21 Both Getz and Hagerup were considered for the position of Director of Public Prosecutions. The importance of this office, it may be added, relates to Norwegian criminal procedure law being founded on the accusatory principle. Hagerup did not want the position: As he wrote to Getz, he considered Getz better suited for the task, and for himself, leaving academia would require a significant sacrifice. He hoped Getz was offered the position, which he was. See further *Adler Vogt* (Note 11), pp. 73–79.

22 Quote from *Francis Hagerup,* Strafferetsreformen, in: Francis Hagerup (ed.), Forhandlinger ved Den norske kriminalistforenings sjette møde i januar 1901, 1901, p. 2.

23 *Bernhard Getz,* Foreløbigt Udkast til almindelig borgerlig Straffelov for Kongeriget Norge, 1887.

24 See *Franz v. Liszt,* Kritik af det norske Straffelovudkast, TfR 2 (1889), p. 356, referred to as a translation of Liszt's manuscript. To my knowledge, the review was not published in German. It is not, for instance, included in *Franz v. Liszt,* Strafrechtliche Aufsätze und Vortage. Band 1: 1875 bis 1891, 1905, which includes Liszt's reviews of drafts from Russia and Italy.

25 See *Franz v. Liszt,* Lehrbuch des Deutschen Strafrechts, 10th ed., 1900, p. 36.

26 *Franz v. Liszt,* Die Strafrechtliche Zurechnungsfähigkeit – Eine Replik von Prof. v. Liszt, ZStW 18 (1898), p. 229, p. 266.

so-called "motives" for it.[27] This time, it was reviewed by the Austrian professor *Heinrich Lammasch* (1853–1920), who opened his review by stating: "Unter den zahlreichen legislatorischen Versuchen, welche das Ende unsres Jahrhunderts zu Tage gefördert, dürfte kaum einer so hervorragende Bedeutung besitzen, in so hohem Maße die Aufmerksamkeit der Juristen aller Staaten verdienen (...)".[28]

In 1896, the criminal law commission delivered its final draft, and in 1902, the code was enacted.[29] But one did not have to wait that long before the *Liszt–Getz–Hagerup* interaction demonstrated its capacity to reform Norwegian criminal law. In his 1889 review of *Getz's* draft, *Liszt* considered it a weakness that it did not solve the problem of short prison sentences, which were too short to serve the aims of punishment, but sufficiently intrusive to have a negative impact on the convict.[30] This subject was one the IKV had a "besondere Vorliebe" for, and it was discussed at the first IKV conference the same year.[31] In 1890, on his personal initiative, *Hagerup* addressed the subject at the seventh Nordic jurist meeting in Copenhagen. Here, he advocated the conditional sentence, opting for the Continental form where the execution of a sentence is suspended pending

27 See Udkast til Almindelig borgerlig Straffelov for Kongeriget Norge, Udarbeidet af Dr. B. Getz, Straffelovkommissionens Formand, 1893, and Udkast til Almindelig borgerlig Straffelov for Kongeriget Norge: Motiver, Udarbeidet af Dr. B. Getz, Straffelovkommissionens Formand, 1893.

28 *Heinrich Lammasch,* Der norwegische Strafgesetzentwurf, ZStW 14 (1894), p. 505.

29 See Udkast til Almindelig borgerlig Straffelov for Kongeriget Norge, I: Udkast til Lov – Udarbeidet af den ved kgl. Resolution af 14de November 1885 nedsatte Kommission, 1896, and, for the motives, Udkast til Almindelig borgerlig Straffelov for Kongeriget Norge, II Motiver – Udarbeidet af den ved kgl. Resolution af 14de November 1885 nedsatte Kommission, 1896.

30 See *Liszt* (Kritik, Note 24), pp. 369–370. For Liszt's view on this issue, see e.g., *Wolfgang Frisch,* Franz v. Liszt – Werk und Wirkung, in: Arnd Koch/Martin Löhnig (eds.), Die Schule Franz von Liszts, 2016, p. 1, pp. 17–18.

31 See *Elisabeth Bellman,* Die Internationale Kriminalistische Vereinigung (1889–1933), 1994, p. 65, pointing out that in this case, "das Kind [war] älter als seine Mutter". When the IKV was formed, the conditional sentence had already become a part of criminal law in Europe, in England and Belgium notably. See also *Richard F. Wetzell,* Franz v. Liszt und die internationale Strafrechtsreformbewegung, in: Arnd Koch/Martin Löhnig (eds.), Die Schule Franz von Liszts – Sozialpräventive Kriminalpolitik und die Entstehung des modernen Strafrechts, 2016, p. 212, p. 214. Regarding the Norwegian development, see *Helge Røstad,* Innkast i straffefeltet – Utvalgte emner i strafferett, 1993, pp. 400–403.

on the offender not committing further crimes.[32] Next up, the subject was discussed at the first meeting of the Norwegian Criminalist Union in 1892. This time it was *Getz* who provided the opening talk, he too advocating the conditional sentence, considering it so important that one should not wait until the new criminal code was in place.[33] In his talk, *Getz* referred to *Hagerup's* 1890 lecture as well as *Hagerup's* article on the subject in his journal in 1891.[34] Not long after this meeting, in October 1892, *Getz* sent a letter including a legislative proposal to the Norwegian Ministry of Justice.[35] The ministry was then led by *Ole Anton Quam* (1834–1904), who had been part of the debates in the Norwegian Criminalist Union on the subject and who also chaired that meeting (the Norwegian Minister of Justice used to lead the Union's meetings). Next, the Ministry of Justice proposed to *Stortinget*, the Norwegian parliament, to amend the criminal code. When this proposal was debated in one of the chambers of the Parliament, *Hagerup* had become Minister of Justice, an early expression of the significant role he came to have in Norwegian politics. By legislative decision on the 2nd of May 1894, Norway became the first Nordic country to introduce the conditional sentence, which still has great practical importance.[36] In the 1894 meeting, *Getz* ascribed the Norwegian Criminalist Union a "by no means insignificant part" in the code of conditional sentences being enacted.[37] Already this example shows that the Norwegian branch of IKV was indeed

32 See *Francis Hagerup,* Om betingede straffedomme, Forhandlingsemne ved syvende nordiske juristmøte, 1890, p. 15. See also *Francis Hagerup,* De betingede Straffedomme – Nogle Ord om Spørgsmaalets nuværende litteraære og praktiske Stilling, TfR 4 (1891), p. 448.

33 Hagerup also touched upon the subject in the first lecture in the 1892 meeting, see *Francis Hagerup,* Nyere Strafferetsbevægelser, in: Francis Hagerup (ed.), Forhandlinger ved Den norske kriminalistforenings første møde i oktober 1892, 1893, pp. 13–14.

34 Getz and Hagerup did, however, not fully agree on all issues relating to conditional sentence, see the discussion in *Francis Hagerup* (ed.), Forhandlinger ved Den norske kriminalistforenings første møde i oktober 1892, 1893, pp. 155 ff.

35 See *Røstad* (Note 31), pp. 402–403.

36 The reform was communicated to the German audience by *Andreas Urbye,* Die bedingte Verurteilung im Norwegischen Recht, ZStW (15) 1895, p. 248. Regarding the use of conditional sentence today, see e.g., *Linda Gröning/Erling Johannes Husabø/Jørn Jacobsen,* Frihet, forbrytelse og straff – En systematisk fremstilling av norsk strafferett, 3rd ed., 2023, pp. 621–623.

37 Getz's opening remarks at the third meeting, in *Francis Hagerup,* Forhandlinger ved Den norske kriminalistforenings tredie møde i november 1894, 1895 p. 1, p. 2.

an important venue for the reform process.[38] However, before looking further into the Norwegian Union's proceedings, some more remarks about the outcome of the reform – the criminal code of 1902 – are called for.

The criminal code of 1902 has sometimes been spoken of as a positivistic code.[39] As, I will return to, this is an exaggeration. But in the system of sanctions, in particular, there are indeed positivistic inventions, such as the introduction of preventive detention in Norwegian criminal law. For such reasons, the code was seen as groundbreaking. As later pointed to by a Finnish observer: "With the new law Norway achieved the reputation of a forerunner in the Nordic countries. Also elsewhere in Europe references were readily made to Norway's progressive criminal policy."[40] Important in this regard is that the reform also led to several additional codes being developed, many of them enacted. This includes the code concerning socially vulnerable and neglected children (1896), apparently a response to an increase in youth criminality, a draft for a code concerning indecency and venereal contagion (1892), an enacted code concerning vagrants, begging and drunkenness (1893), and an enacted code concerning prisons (1900).[41] These additional codes were clearly influenced by positivistic ideas and emphasis on the importance of dealing with the roots of criminality, social or individual.[42] In the end, however, it was the criminal code itself that lasted the longest. It made huge impact on Norwegian criminal law, codifying key

---

38 See, for instance, Getz's status report about the reform project in *Bernhard Getz,* Straffelovgivningsreformen, in: Francis Hagerup (ed.), Forhandlinger ved Den norske kriminalistforenings tredie møde i november 1894, 1895 p. 3. See also the later discussion by Hagerup in *Francis Hagerup* (Note 22).

39 See e.g., *Ragnar Hauge,* Straffens begrunnelser, 1996, pp. 234–238. See also *Henry John Mæland,* Fra Kriminalloven til straffeloven, Tidsskrift for strafferett 2 (2002), p. 326, p. 330.

40 *Inkeri Anttila,* Incarceration for Crimes Never Committed – The Rise and Fall of Preventive Detention, in: Raimo Lahti/Patrik Törnudd (eds.), Inkeri Anttila – Ad Ius Criminale Humanius, Essays in Criminology, Criminal Justice and Criminal Policy, 2001, p. 91, p. 92. But, as also pointed to by Antilla, preventive detention was not used much in practice.

41 For a complete overview of the related codes, see *Francis Hagerup* (Note 22), p. 3, and, for further analysis, *Frode Ulvund,* «Dele af ét system»? Forebygging gjennom behandling eller uskadeleggjering i strafferettsreformene rundt 1900?, in: Geir Heivoll/Sverre Flaatten (eds.), Straff, lov, historie – Historiske perspektiver på straffeloven av 1902, 2014, p. 122.

42 See here, *Francis Hagerup* (Note 33), p. 16, stressing the importance of education and upbringing of children instead of punishment, and, generally, praising 'the sociological school' for its emphasis on such societal means. Here, Hagerup resembles Liszt: As upbringing of young offenders was *necessary*, it was also *justified.* See also

concepts and structures as well as remaining in force for more than 100 years – 113 years to be specific.[43]

III. The Norwegian Criminalist Union – a hub for reforming Norwegian criminal law

The Norwegian Criminalist Union played an important part in the reform resulting in the criminal code of 1902. The Union explicitly aimed to play that kind of role.[44] *Hagerup* acknowledged the Union's influence when opening its seventh meeting in 1912, stating that 'we [the Norwegian Criminalist Union] may claim to have had more than small influence' on the code of 1902.[45]

The Norwegian Criminalist Union was founded as a national department of the IKV. The decision to form it was made by the Norwegian participants at the IKV meeting in the spring that year, considering it a national group similar to larger groups of the kind found in Germany, Switzerland and several other countries.[46] The leader of the Norwegian Union – for many years, *Hagerup* – was present at several organising meetings ahead of IKV conferences.[47] Summaries of the Norwegian Union's meetings were provided by *Andreas Urbye* (1869–1955) for the "Mitteilungen der Internationalen Kriminalistischen Vereinigung".[48] When account-

---

the physician Paul Winge in the same volume (pp. 33–34), claiming the viewpoint relevant for more than this school of criminal law.

43 The current criminal code was enacted in 2005 but, for various reasons, did not enter into force before in 2015.

44 See e.g., Hagerup's opening remark at the fifth meeting in 1898 in *Francis Hagerup,* Forhandlinger ved Den Norske Kriminalistforenings femte møde i Marts 1898, 1898, p. 3.

45 *Francis Hagerup,* opening remark, p. 1 in Forhandlinger ved Den norske kriminalistforenings syvende møte i December 1912, utgit av foreningens bestyrelse, 1913.

46 See *Francis Hagerup* (Note 34), p. 17. See also *Andreas Urbye,* Der norwegische Kriminalistverein – Ein Überblick, in: Mitteilungen der IKV, vol. 7, 1899, p. 84, describing it as a "Landesgruppe" (p. 84).

47 See *Francis Hagerup* (Note 45), p. 4, who for his own part went twice to Berlin, once to Amsterdam, and once to Paris for this reason.

48 See *Andreas Urbye* (Note 46). Urbye is not as well-known as Getz and Hagerup but played important roles in the Norwegian criminal justice system. He was also closely connected to academia, and studied criminal law abroad as one of the more than 40 foreigners (one of two Norwegians, the other Jon Skeie) mentioned by Liszt as receiving 'ihre fachwissenschaftliche Ausbildung ganz oder zum Teil im kriminalistischen

ing for the founding of the Norwegian Union, *Urbye* highlighted *Getz* and *Hagerup* even if others were involved as well.[49]

The Norwegian Criminalist Union is still active. Still, its first decade was unique in more than one way.[50] The first meeting had 124 participants and went on for four days, resulting in the printed proceedings covering 200 pages of text.[51] Thereafter five more meetings were held within a decade, most of them lasting three days, while the sixth meeting in 1901 was prolonged for a fourth day. At the beginning of the sixth meeting, *Hagerup* accounted for the "long time" that had passed since the previous meeting three years before, a consequence of the "long-term illness of one whose presence we would not want to be without".[52] Clearly, he was referring to *Getz,* who passed away ten months later. The comment shows that the ambition was to have even more frequent Union's meetings. The year after the sixth meeting, the criminal code was enacted. After the sixth meeting, eleven years passed before a new meeting was held in 1912. The time that passed between the sixth and the seventh meeting made Norway lag behind the most active national group, the German Union which held fifteen meetings between 1890 and 1912.[53] After the Norwegian Union's meeting in 1912, a new meeting did not take place before 1925. Then one moved over to smaller annual meetings, and the number of members seems to have decreased.[54]

Seminar' organised by him, see *Franz v. Liszt,* in: Max Lenz (ed.), Geschichte der Königlichen Friedrich-Wilhelms-Universität zu Berlin, 1910 p. 28, p. 33. Urbye was secretary for the criminal code commission and as such involved in the drafting of the criminal code of 1902. Also, it was Urbye who replaced Hagerup as professor at the University of Kristiania while the latter was prime minister.

49 See *Andreas Urbye* (Note 46), p. 85. I have not been able to clarify who the other members of the Norwegian delegation at this IKV meeting were.

50 For a broader outline, see *Johs. Andenæs,* Den Norske Kriminalistforening gjennom 75 år, Nordisk Tidsskrift for Kriminalvidenskab 55 (1968) p. 1.

51 *Francis Hagerup* (Note 34).

52 *Francis Hagerup* (ed.), Forhandlinger ved Den norske kriminalistforenings sjette møde i januar 1901, 1901, p. 1.

53 See *Richard F. Wetzell* (Note 31), p. 212.

54 Regarding the decreasing number of members in the Norwegian Union, see Hagerup's remarks and comparison to the growth of members in the more recent Danish and Swedish criminalist unions, in *Francis Hagerup* (Note 45), p. 5, see also his concerns at p. 218. But it should be added that in a longer time perspective, the Norwegian union maintained a fairly high number of members. In 1970, for instance, the union had 287 members and was connected to 136 public offices, see note in Svensk Juristtidning 1971.

The fact that there were six meetings, each for several days, in the Union's first decade, and then, after the enactment of the criminal code, eleven years between the meetings, and then even longer before the next, is quite telling for the Norwegian Criminalist Union's intimate connection to the reform project: The Union provided a key institutional venue for the reform of the criminal code. As the example of the conditional sentence has already shown, the Union was part of changing Norwegian criminal law. This was very much in line with the ambitions of the IKV. It too, was fundamentally a reform project.[55]

Lists of the many participants at the first meetings of the Norwegian Union can be found at the end of printed proceedings. The meetings included a broad range of professions, including prominent members of the Norwegian political and legal system at the time. Two attending ministers from the government, as well as a representative of the Director of Public Prosecutions, were elected chairs for the first meeting.[56] A key figure in the Norwegian women's movement, *Gina Krog* (1847–1916), as well as lay persons, participated in that first meeting as well. The printed deliberations show us who contributed to the discussions. In addition to the obvious fact that *Getz* and *Hagerup* were active, judges, public prosecutors, attorneys, prison directors, prison chaplains, school inspectors, and teachers all took part in the debates.[57] This allowed for different kinds of perspectives and knowledge to influence the development of Norwegian criminal policy. This too was very much in line with the IKV idea. But keep in mind the state of the Norway and its criminal law science at the time. In view of that,

55 Regarding the IKV as reform project, see *Sylvia Kesper-Biermann,* Wissenschaftlicher Ideenaustausch und 'kriminalpolitische Propaganda' – Die Internationale Kriminalistische Vereinigung (1889–1937) und der Strafvollzug, in: Sabine Freitag/Désirée Schauz (eds.), Verbrecher im Visier der Experten. Kriminalpolitik zwischen Wissenschaft und Praxis im 19. und frühen 20. Jahrhundert, 2007, p. 79, pp. 89–96. Relatedly, a connection between the IKV and the Norwegian reform can be seen in *Francis Hagerup,* Moderne Kriminalpolitik. En ny international kriminalistisk Forening, TfR 3 (1890), p. 224, p. 242, where Hagerup, after having provided information about IKV and recommended it to Nordic jurists, points to its particular relevance for Norway and the reform of the "entire criminal law".

56 See *Francis Hagerup* (Note 34), pp. 18–19, outlining the proceedings.

57 See also *Francis Hagerup* (Note 34), p. 17 emphasising this kind of exchange as an aim for the Norwegian Criminalist Union. See also e.g., *Andreas Urbye* (Note 46), p. 88, who mentions these professions being present at the first meeting: "Professoren, Richter, Staatsanwälte, Rechtsanwälte, Geistliche, Ärzte, Lehrer, Gefängsnisbeamte". At this point, see also *Richard F. Wetzell* (Note 31), p. 207, for a broader international perspective on the international criminal law reform movement.

it is hard not to think of the Norwegian Criminalist Union as an impressive institutional achievement. For comparison: while the first Norwegian meeting had 124 participants, the IKV accounted for 200 members when it held its first congress in 1889.[58] Measured by its relative impact, the case of Norway should be seen as one of the IKV's success stories.

The importance of the international union – IKV – as background for what happened in Norway in this period is evident also from the topics discussed in the Norwegian Criminalist Union.[59] The first six meetings dealt with the following subjects: On the first day of the first meeting, *Hagerup,* chair of the Union's board for the entire period covering these six meetings, gave a lecture on "newer movements in criminal", before the physician *Deichen* addressed "the current position on modern criminal anthropology", stressing its relevance to doctors as well as jurists, and calling for their collaboration. Police physician *Winge,* a well-known Norwegian psychiatrist, commented on the lectures.[60] On the second day of this first meeting, deviant youth was discussed, starting with public prosecutor Smedal introducing a draft for a new code on this subject developed by *Getz.* On the third day, based on director *Solberg's* presentation, the subject discussed was neglected children. On the fourth day, the conditional sentence was discussed. In the second Union meeting, in 1893, the first subject was unlimited sentences, introduced by the public prosecutor Salomonsen, before the proceedings turned to the subject of insane offenders, introduced by *Winge,* and then, vagrancy, introduced by Professor *Hertzberg.*[61] In the third meeting in 1894, the main subject was whether drunkenness should be combated by the use of punishment or other means. But the Union also returned to the subject of insane offenders, and indefinite sentences.[62] In the fourth meeting in 1896, criminal insanity was once more on the agenda, while at the fifth meeting in 1898 issues relating to the administration of punishment and medical experts in legal proceedings were discussed, in

58 See *Richard F. Wetzell* (Note 31), p. 211. This first meeting was exceptional. Still, there were 96 participants at the second meeting, 70 participants at the third meeting, while, for instance, the sixth meeting had 81 participants.

59 See also *Andreas Urbye* (Note 46) for an overview of the proceedings at the first four meetings.

60 See *Francis Hagerup* (Note 34), pp. 120–122.

61 See *Francis Hagerup* (ed.), Forhandlinger ved Den norske kriminalistforenings andet møde i oktober 1893, 1894.

62 See *Francis Hagerup* (ed.), Forhandlinger ved Den norske kriminalistforenings tredie møde i november 1894, 1895.

addition to "criminal regulation of forgery of means of sustenance".[63] In the sixth meeting in 1901, after *Hagerup* had provided an overview and status report about the ongoing reform process, reform of the law of defamation was discussed. Issues relating to imprisonment, including prison food and its impact on prisoners, and "outdoor work", were also discussed.[64] As already mentioned, several of these topics could be related to the supplementary codes that were produced in the build-up to the enactment of the criminal code.

Not much needs to be said about the topics for us to see how the meetings were influenced by ongoing international discussions, in particular in the IKV context.[65] These connections were also pointed out in the Union's meetings.[66] However, it is less clear to what extent the viewpoints in the Norwegian discussions about criminal law and criminal policy conformed to those associated with the IKV movement. To begin with, the IKV movement and its participants had no uniform view of criminal law, and certainly not in regard to more specific issues of criminal policy. This was particularly so after the statutes were changed, so that joining the IKV no longer required commitment to the principles mentioned in the statutes, something we will return to.[67] However, for our purpose, we may start out from an "ideal-typical" conception of positivism, as contrast to the classical view of criminal law.[68] From that point of view, while the topics discussed in the Norwegian Criminalist Union were clearly IKV inspired, different participants had their own views about such issues, and, obviously, each participant had stronger interest and engagement in some topics than in others, preferences often reflecting their professional background and experience. On a general level, the discussions display nuanced viewpoints

63 See *Francis Hagerup,* Forhandlinger ved Den norske kriminalistforenings fjerde møde i oktober 1896, 1897, and, regarding the fifth meeting, *Francis Hagerup* (Note 43).

64 See *Francis Hagerup* (Note 52).

65 See also e.g., *Richard F. Wetzell* (Note 31) p. 214 on the subjects discussed at the IKV congresses.

66 See e.g., in the discussion of drunkenness, see *Francis Hagerup* (Note 62), pp. 16–50.

67 See further below in this section.

68 Briefly, the positivist point of view considers criminal law and punishment to be a means to tackle crime as a social problem, not primarily a matter of reacting to and censuring morally wrongful behaviour. Positivism rejects retributivism and its focus on proportionality as reference point and standard for punishment, favouring instead a differentiated system of punishment where the focus is on offender types and adapting the reaction to prevent these (and others) from committing further crimes.

relating to the "school conflict" between the classical and positivistic criminal law ideologies. Other points of view can be seen as well, such as the humanist perspectives of the prison chaplains, emphasising the good and potential for improvement they had witnessed in their encounters with offenders and vagrants. Also, the proceedings show an orientation towards "local" considerations relating to the Norwegian society and its criminal justice system, often with the pragmatic touch characteristic of Norwegian criminal law. These specific features of the Norwegian proceedings will be clearer to us as we now return to our three main characters. When juxtaposed, these three provide us with an apt prism for understanding how Norwegian criminal law, the Norwegian Criminalist Union, and the criminal code of 1902 were related to the positivistic ideology and the IKV as an institutional arrangement to (initially, at least) promote that kind of criminal law ideology.

IV. Liszt, Getz and Hagerup: Norwegian positivist criminal law?

Starting out with *Getz* and *Liszt,* these two seemed to have shared viewpoints at different levels, including an orientation towards a positivistic conception of knowledge, that is; one focused on facts, leaving aside the "metaphysical" normative dimensions of criminal law – a characteristic feature of *Getz's* theory of complicity and the importance it assigns to the causation.[69] As already mentioned, *Liszt* had a favourable view of *Getz's* theory of complicity.[70] *Liszt's* review of *Getz's* draft criminal code also shows that the two agreed on a number of issues. At the same time, *Getz's* viewpoints in the preparatory works as well as in the Union's proceedings strike one as not so much about applying theoretical ideas or a "program" of the kind *Liszt* had launched in his Marburg lecture in 1882. Rather, *Getz* was an independent mind, pragmatic in style, applying his intimate knowledge of Norway and Norwegian criminal law to improve it.[71] Then again, that too may be said to be quite in line with *Liszt's* project.[72] But we may at

69 In this regard, Getz seems to have inherited Schweigaard's negative view of Hegelian philosophy, see *Adler Vogt* (Note 11), pp. 62–63.

70 Regarding Getz's view of complicity, see also *Elisabeth Bellman* (Note 31), pp. 35–36.

71 This national perspective is visible for instance in the introduction of the conditional sentence in 1894, see, e.g., *Andreas Urbye* (Note 36).

72 See e.g., Liszt's disclaimer in the review of Getz's 1887 draft in *Franz v. Liszt* (Kritik, Note 24), p. 357.

least see a certain tension between a theoretical or ideological approach and a more pragmatic approach to criminal law, where theoretical distinctions and principled starting points are played down in favour of a more open and flexible approach to criminal law: In German criminal law science, *Liszt* worked in an intellectual context dominated by the former approach. *Getz's* intellectual style and legislative career seem best characterised by the pragmatic approach, even if his youth work on complicity is certainly theoretical in style.[73] It has even been claimed that *Getz* had a certain strategic "discursive repertoire", allowing him to adapt his arguments to what issue he spoke about and to whom he spoke, in order to gain political support for the proposals made by him and the criminal law commission.[74] This makes it difficult to pin down *Getz's* viewpoints and relate it to a scientific program of, for instance, the kind advocated by *Liszt.* Clearly, *Getz's* independent, pragmatic approach was representative of, and to some extent also model for the proceedings in the Norwegian Criminalist Union. As *Urbye* points out at the end of his report from the proceedings: "vor allem hat man die praktische Tragweite der Reformen im Auge; die theoretischen Erörterungen treten mehr – nach deutscher Auffassung vielleicht zu sehr – in den Hintergrund".[75]

At the same time, the Norwegian Criminalist Union was not merely positivism with a pragmatic touch. There is also a theoretical or ideological side to it, which we see more clearly when we bring *Hagerup,* who was "very different in temperament and nature", into the mix.[76] Already from the start, *Hagerup* underlined that participating in the Norwegian Criminalist Union did not require commitment to the positivistic criminal law ideology. This, he claimed in 1892, was in line with how the IKV itself had developed: The IKV as a union, according to *Hagerup,* had "in practice long ago given

73 See, for instance, his debate with Hertzberg regarding preventive interventions against vagrants, and his pragmatic view of whether such interventions should be seen as punishment or administrative reactions. In the end, Getz accepted Hertzberg more classical view, considering it not a form of punishment, but mainly for practical reasons. See *Francis Hagerup* (Note 61), pp. 113–119.

74 See *Frode Ulvund* (Note 41), pp. 139–140, including the expression quoted. It may here be added that a similar rhetorical style has been ascribed to Liszt as well, see *Gustav Radbruch,* Franz v. Liszt – Anlage und Umwelt [1938], in: Gustav Radbruch Gesamtasugabe, vol. 16, 1988, p. 25, p. 31. Thanks to Dr. Luka Breneselović for pointing this out to me.

75 *Andreas Urbye* (Note 46), p. 112.

76 Quote from *Adler Vogt* (Note 11), p. 132.

up" having a program of that kind as a "creed".[77] This comment occurred surprisingly early: The international union – IKV – had then existed only for three years, and it was not until the Lisbon congress in 1897 that the IKV formally changed its statutes no longer requiring commitment to positivistic criminal law ideology.[78] Anyhow, the reservation seems particularly relevant for *Hagerup* himself, more than for instance for *Getz. Hagerup* never fully embraced the positivistic ideology.

In addition to being our most important criminal law professor, *Hagerup* was a very influential figure in Norwegian politics. He was Minister of Justice, Minister of Finance, and even Prime Minister for two periods. In fact, *Hagerup* participated in the fourth union's meeting, addressing the issue of criminal insanity, as Prime Minister.[79] *Hagerup* was a conservative (the same as *Getz,* but who was not as politically high-profiled as *Hagerup*), contrary to *Liszt,* who was social-liberal minded. The difference in political views may not have been so great after all, keeping in mind cultural features of Nordic politics and law such as orientation towards equality, social integration, and social welfare, and also the strong belief in the state as an essential political institution and means in that regard. *Hagerup,* for instance, supported women's right to vote, and was considered an important ally of the women's movement in Norway at the time.[80] Still, his conservative position does indicate an ideological stance against too much social technique at the cost of individual liberty, and concern for the rule of law and the classical criminal law founded on these ideas. This, of course, brings us the core of the debates about positivist criminal law and *Liszt's* project, and how *Hagerup* related himself to this discussion.[81]

---

77 *Francis Hagerup* (Note 34), p. 17.

78 Article III of the statutes originally required that kind of commitment by stating: "Die Mitglieder der Vereinigung stimmen den in Art. 2 aufgeführten Grundsätzen bei", see *Franz v. Liszt* (Note 17), pp. 363–366. See further on the statutes in Elisabeth Bellman (Note 31), pp. 26–31.

79 See *Francis Hagerup* (Note 63), p. 75 ff. This relates to the intimate connection there was between legal science and politics in Norway at the time. For more on this issue, which cannot be further elaborated in this article, see e.g., the analysis of Norwegian "operational legal research" in *Dag Michalsen,* Universitetsjuristene og nasjonen – Operasjonell rettsforskning 1800–2000, Nytt norsk tidsskrift 22 (2005) 3, pp. 312–323.

80 This may of course explain the above-mentioned presence of Gina Krog at the Norwegian Union's first meeting. In 1913, Norway introduced the general right for women to vote in parliamentary elections.

81 I have discussed Hagerup's criminal law more in detail in *Jørn Jacobsen,* Hagerup og den strafferettslige ansvarslæra, 2017.

Hagerup's principled leaning towards classical criminal law and ambivalence towards positivism can be seen already in works from the early 1890s. While clearly recognising and respecting *Liszt* – in *Hagerup's* words, the IKV's 'genuine leader and the soul of its activity', and himself being an early member of the criminalist union – IKV –, *Hagerup* seems to have found more, or at least just as much, to admire in the works of the classical criminal law theorist *Adolf Merkel* (1836–1896).[82] *Hagerup's* ambiguous – or perhaps balanced – view of positivism is clear from his lecture on 'newer movements in criminal law'.[83] *Hagerup,* for instance, stressed the importance of the difference between punishment and preventive measures. As referred by *Urbye* in his report from the proceedings concerning "die Stellung H.s [Hagerups] zu den einzelnen Schulen":

> "Mit Rücksicht auf die Behauptung der *soziologischen Schule*, daß man den *Verbrecher* und nicht das *Verbrechen* bestrafen soll, macht *Hagerup* einerseits darauf aufmerksam, dass diese Auffassung folgerichtig zu Schutzmaßregeln gegen den antisozialen Menschen führen müsse, auch wenn dieser kein Verbrechen begangen hat. Sei die Strafe allein als ein Heilmittel gegen antisoziales Verhalten zu betrachten und habe das Verbrechen nur symptomatische Bedeutung für die Anwendung dieses Heilmittels, so entstehe mit Recht die Frage, warum denn das Verbrechen das einzige Symptom sein solle, das die Anwendung dieses Mittels begründe? Anderseits müßte unter jener Voraussetzung die Strafe überall dort wegfallen, wo sie dem einzelnen gegenüber keine Aufgabe hätte. Auch hier betont H. die Bedeutung der Strafdrohung, indem 'wir nur durch sie die Strafe in Übereinstimmung mit den Vorstellungen über Gerechtigkeit bringen können, die ihre Wurzel in den Tiefen des menschlichen Bewußtseins über Recht und Moral haben.'"[84]

Indeed, *Urbye* also reports that *Hagerup* did recognise the positivistic view and its relevance for the system of criminal sanctions ("das Strafensystem").

---

82 The quote is from *Francis Hagerup* (Note 55), p. 229. Regarding Hagerup's view of Merkel, see, for instance, Hagerup's review of Merkel's Lehrbuch des Deutschen Strafrechts from 1889, in TfR 3 (1891), p. 352. Merkel, it should be added, was well-recognised in contemporary criminal law scholarship, and Liszt studied under Merkel in Vienna and was influenced by his works, notably Merkel's 'Begriff der Entwicklung', see further *Gustav Radbruch* (Note 74), pp. 36–37. Thanks to Dr. Luka Breneselović for input at this point.

83 Cf. *Francis Hagerup* (Note 33).

84 *Andreas Urbye* (Note 46), pp. 86–87 (paragraph omitted). "H." means of course "Hagerup".

But it remains a fact that out of the one and a half pages that *Urbye* dedicated to *Hagerup's* view of different schools of criminal law, more than one – in this work written on commission of *Liszt* – concerns critical remarks to *Lombroso* as well as positivism, here described as the sociological school of law.

More generally, *Hagerup's* early position on criminal law and criminal policy is complex, blending elements of classical criminal law and positivism.[85] To it, we may also add a certain humanist touch. He showed for instance particular care and concerns for children, reflected in the proceedings when he embraced the viewpoints of prison chaplain Sommerfelt concerning neglected, deviant children: For *Hagerup,* decisive for these was "men, not measures" and the ability to meet these youngsters with "the right feeling" – or *love,* as the chaplain had expressed it.[86] Later, *Hagerup* developed his intellectual views in a number of publications. His political career ended with him resigning as Prime Minister in the process of Norway leaving the union with Sweden (*Hagerup* opposed a radical breach with Sweden which did not respect international law, but did not gain support for this). This must have provided him with much more time for academic engagement.[87] He produced several important works, including his textbook on the general part of criminal law from 1911, which displayed more of a principled commitment to classical criminal law. Towards the very end, *Hagerup* even seemed to have acknowledged that there might be something to *Kant's* Rechtsprinzip after all.[88] *Hagerup,* by the way, was

---

85 While I have stressed that Getz was more of a pragmatist, this blend can also be found in his view of criminal law. Classical elements can be seen for instance in Getz's emphasis on finding a "suitable and just' punishment for the crime, see Getz in *Francis Hagerup* (Note 34), p. 144. For more examples, see p. 163 where Getz warns against arbitrariness and 'compromising at the very least the appearance of justice, impartiality and equality before the law".

86 See *Francis Hagerup* (Note 34): Hagerup (the quote in italics is in English in the original) at p. 115, Sommerfelt at p. 72. More generally on "the protection of the weak in society in the new draft criminal code", seemingly an issue of importance to the criminal law commission, see *Andreas Urbye,* Beskyttelsen af de svage i samfundet i det nye straffelovudkast, 1898, part I, p. 102; part II, p. 7.

87 However, Hagerup spent much of the time after 1905 abroad, for instance in Copenhagen where he became the Norwegian ambassador in 1906. He was active as an expert on international law, and part of the committee drafting statutes for the International Court in Haag.

88 In an unfinished work (published posthumously), Hagerup, with reference to Kant, describes the overarching purpose of the law as "to secure each member of society as much freedom that is compatible with the freedom of all other members of society",

not the only one in the Norwegian criminal law environment to have reservations about positivism. For instance, *Peder Kjerschow* (1857–1944), who wrote an important commentary to the criminal code of 1902, and in 1911 became Director of Public Prosecutions, was a retributivist.[89]

The somewhat ambivalent view of *Liszt's* ideas displayed by *Hagerup* and others throughout the reform process can be seen also in the key outcome of this reform process, that is: in the criminal code of 1902. As already mentioned, some of the important inventions in this code were clearly inspired by the positivistic point of view. Other issues, such as *Getz's* rejecting a distinction between the core criminal law and "police offenses" of the kind seen for instance in the German system of *Ordnungswidrigkeiten*, may possibly be connected to, but are not as clearly derived from the positivist ideology, and more of an outcome of *Getz's* pragmatist inclinations.[90] At other points, the code of 1902 is firmly anchored in the principles of classical criminal law, including its foundational ideas about guilt and the importance of proportionality in sentencing. It is aptly characterised as a blend of classical and modern criminal law.[91]

V. The institutional importance of IKV for the Norwegian reform process

When we bring together the three points now unpacked – first, the influence of *Liszt,* his positivism, and the attention it attracted in European criminal law, Norwegian criminal law included, second, the independence of *Getz* and the local, pragmatic perspective displayed by him in the reform process, and third, the more principled, classical reservations to positivism

cf. *Francis Hagerup,* Indledning til studiet af den almindelige retslære, TfR 35 (1922) pp. 179–217.

89 *Andreas Urbye* (Note 46), p. 93 describes him as "ein Vertreter des Vergeltungsgedankens". This is also confirmed for instance by Kjerschow's classical-style rejection of indefinite punishments in the proceedings at the second meeting. As Kjerschow expressed it, it was "in more than one regard, not a fortunate idea", see *Francis Hagerup* (Note 61), pp. 46–49, quote from p. 46. Classical viewpoints are also advocated by for instance Hertzberg in the discussion concerning vagrants, see e.g., p. 105 in the same publication.

90 This subject has at the same time a more complex history and development on its own, see e.g., contributions in *Geir Heivoll/Sverre Flaatten* (eds.), Rettslige overgangsformer – Politi og kriminalrett i nordisk rettsutvikling, 2017.

91 This is very clear from Hagerup's eulogy for Getz, see also the discussion in *Jørn Jacobsen* (Note 19).

advocated by *Hagerup* – the result is a complex view of the code of 1902. We cannot say, for instance, that the code of 1902 was a "positivistic" code. But it was clearly influenced by that too. At the same time, this observation invites us to distinguish between the substantive importance of the positivist criminal law ideology and the institutional importance of the IKV as an impetus and model for the Norwegian Criminalist Union its importance.[92] Regarding the institutional importance of the IKV and the Norwegian Criminalist Union for modern Norwegian criminal law, this cannot be doubted. *Liszt* and the IKV, one may say, provided the fortunate historical framing for *Getz* and *Hagerup's* ingenuity and engagement, and thereby also the Norwegian Criminalist Union, to unfold.

It is of course hard to say what would have happened without the IKV being established in the first place. But we have every reason to believe that the IKV formed an important part of the very idea of meeting in this way in Norway, discussing topics by bringing together different forms of competence and expertise. The IKV inspired and formed the model for the Norwegian Criminalist Union. Here, we should once more keep in mind the state of Norway and Norwegian criminal law and criminal law science in the latter part of the 1800s. As mentioned in the introduction, Norway was (and is) a comparatively small country, then with one university and a criminal law science with a far lower number of contributors than, for instance, German criminal law science. The Norwegian Criminalist Union was a major leap.

After the reform process, not only did the meetings become less frequent. *Getz* had passed away, and *Hagerup* was at the peak of his political career, to end in 1905. That year was also the first time the number of international participants at the IKV congresses, this time in Hamburg, declined. Judging from *Bellman's* analysis, it seems as if the international union – IKV – at that point experienced a "Nordic shift" as well.[93] Prior to that, we hear about *Getz* and *Hagerup's* contributions to the proceedings. After 1905, it is Denmark and *Carl Torp* (1855–1929) who are most often mentioned. In 1913, the IKV congress was held in Copenhagen, related to the reform of the Danish criminal code, by some even described as a radical reform, resulting in the Danish criminal code of 1930.[94]

92 See also, on a more general level, *Richard F. Wetzell* (Note 31), p. 225.
93 Cf. *Elisabeth Bellman* (Note 31).
94 See *Elisabeth Bellman* (Note 31), p. 97: 'Der Kongreß fand zu einer Zeit statt, in der die radikale Reform der dänischen Strafgesetzgebung bevorstand.' Regarding the

The development in Norway towards the end of the 19th century was in many ways a unique and peculiar event, one that is hard to account for and explain. In any regard, it was a major step for Norwegian criminal law, bringing Norway onto the European stage.[95] In this way, the story I have told here testifies to the genius of *Liszt* in particular, to his understanding of the importance of academic facilities for communication and interaction, and his ability to put it into practice. *Getz* and, in particular, *Hagerup* may not have bought into all *Liszt* had to say. But the Norwegian Criminalist Union was inspired by and sought to achieve the ambitions of the IKV and its founders. And, it may be added, *Hagerup,* perhaps more than any, mirrored *Liszt* as a *scholar*, that is, as an internationalist, comparativist, theorist, writing our first, brilliant outline of the general part of criminal law, a journal founder and editor, and more.

VI. Epilogue

Despite the Norwegian criminal code of 1902 not (fully, at least) bringing *Liszt's* ideas into practice, challenged as they were by *Getz's* pragmatic independence and *Hagerup's* ideological objections, clearly, the code of 1902 represents the breakthrough of modernity in Norwegian criminal law. And while *Liszt* may not have seen his ideas fulfilled in Norwegian criminal law, the developments in Norway in recent decades may suggest that *Liszt* has the final laugh after all: There are trends and developments in the Norwegian system of criminal sanctions that can be viewed as fulfilling *Liszt's* idea about a three-tracked criminal law, distinguishing between dangerous offenders to be incapacitated, "normal" offenders to be subject to punishment for the purpose of deterrence, and offenders with a rehabilitative potential.[96]

Danish criminal code of 1930, see e.g., *Lars Bo Langsted/Peter Garve/Vagn Greve,* Criminal Law in Denmark, 2nd ed., 2004, pp. 26–27.

95 The attention the reform project had received was also underlined by Hagerup, see *Francis Hagerup* (Note 22), p. 4.

96 See further *Jørn Jacobsen,* Is the Last Laugh on Liszt? On the Development of the Norwegian System of Criminal Sanctions, ZStW 132 (2020), p. 223.

Aufbruch zu neuen Horizonten. Die schweizerische Landesgruppe der Internationalen Kriminalistischen Vereinigung und die Reform des nationalen Strafrechts

Urs Germann

I. Einleitung

Kurz vor Ausbruch des Ersten Weltkriegs würdigte der Genfer Strafrechtsprofessor *Alfred Gautier* in der „Schweizerischen Zeitschrift für Strafrecht" das 25jährige Jubiläum der Internationalen Kriminalistischen Vereinigung (IKV). Dabei erinnerte er besonders an die zweite Zusammenkunft der Vereinigung, die 1890 in Bern stattgefunden hatte. *Gautier* war nicht nur der Regen und Nebel in lebhafter Erinnerung geblieben, die damals den Ausflug der Kongressgesellschaft ins Berner Oberland beeinträchtigt hatten. Er beschrieb auch die geradezu euphorische Stimmung, die die Schweizer Beteiligten erfasst hatte: „Die Reform lag in der Luft und wir spürten alle, welche Unterstützung die Anwesenheit und die wohlwollende Aufmerksamkeit der berühmtesten Kriminalisten Europas für uns bedeutete." Besonders das Zusammentreffen mit *Franz v. Liszt* hatte *Gautier* beeindruckt. Er, der damals am Anfang seiner universitären Laufbahn gestanden hatte, bezeichnete sich im Rückblick gegenüber dem „Meister aus Marburg" bescheiden als „kleinen Jungen". Besonders die Lektüre der ersten Teile von *Liszts* „Kriminalpolitischen Aufgaben", die gerade erschienen waren, hätten ihm und seinen Schweizer Kollegen „neue Horizonte" für eine Reform des Strafrechts eröffnet.[1]

Tatsächlich markiert die Berner Versammlung der IKV von 1890 einen bislang eher wenig beachteten Schlüsselmoment der schweizerischen Strafrechtsgeschichte. 1887 hatte das Parlament den Bundesrat (d. h. die Bundesregierung) beauftragt, die Vereinheitlichung des Straf- und Zivilrechts in

1 *Alfred Gautier*, Le jubilé de l'Union internationale de droit pénal, Schweizerische Zeitschrift für Strafrecht 27 (1914), S. 119–143, hier S. 120 f. (Übersetzung auf Deutsch durch den *Verfasser*).

Angriff zu nehmen. Bis zum Inkrafttreten des schweizerischen Strafgesetzbuches (1942) gehörte die Strafgesetzgebung in den Zuständigkeitsbereich der Kantone. Dementsprechend groß waren die Unterschiede zwischen den verschiedenen Strafgesetzen. In einem ersten Schritt beauftragte der Bundesrat 1889 den Berner Strafrechtsprofessor und Richter *Carl Stooss* damit, eine systematische Zusammenstellung der kantonalen Strafgesetze zu erarbeiten. Bereits im Folgejahr konnte der erste Band den Mitgliedern der IKV auf der Berner Versammlung vorgestellt werden.[2] 1893 legte *Stooss* schließlich im Auftrag des Bundesrats einen Vorentwurf für ein schweizerisches Strafgesetzbuch vor.

Dass sich die Bezüge der Schweiz zur IKV nicht auf diese zeitliche Koinzidenz beschränkten, zeigt die Festansprache, die Bundesrat *Louis Ruchonnet* auf der IKV-Versammlung in Bern hielt. Obwohl er den nationalen Charakter des Rechts unterstrich, stellte *Ruchonnet* das anstehende Projekt eines schweizerischen Strafgesetzbuches ausdrücklich in die Reihe der Bestrebungen der Vereinigung. Ziel sei, so der schweizerische Justizminister, eine Reform, die die Strafe geeigneter mache „für den Kampf gegen das angreifende Verbrechertum".[3] Die Verwendung der Kampf-Metapher war nicht nur eine Reverenz an die Gäste aus dem Ausland, faktisch gab sie *Stooss* und seinen Mitstreitern grünes Licht, um die anstehende Rechtsvereinheitlichung für eine Strafrechtsreform im Geist der IKV zu nutzen. Tatsächlich, so die These dieses Beitrags, bildeten die Aktivitäten der IKV für die Schweizer Strafrechtsreformer einen wichtigen Referenzahmen, um erweiterte Präventions- und Schutzanliegen im Strafrecht etablieren zu können. Zumindest phasenweise übernahmen sie dabei sogar eine ausgesprochene Vorreiterfunktion, oder wie sich *Gautier* ein Vierteljahrhundert nach der Berner Versammlung ausdrücken sollte: „Wir waren [1890] die ersten, die sich an die Arbeit machten."[4]

Dieser Beitrag untersucht die Bedeutung der IKV für die strafrechtliche Reformdiskussion in der Schweiz vor dem Ersten Weltkrieg. Ein besonderes Augenmerk gilt dabei der Rolle der schweizerischen Landesgruppe der

---

2 Brief Louis Ruchonnet an Carl Stooss, 9. April 1890, zit. nach: *Stefan Holenstein*, Emil Zürcher (1850–1926). Leben und Werk eines bedeutenden Strafrechtlers, 1996, S. 386. Die Arbeiten von Stooss bildeten zugleich den Ausgangspunkt und das Modell für die rechtsvergleichenden Arbeiten, die die IKV auf der Berner Versammlung von 1890 beschloss; vgl. *Urs Germann*, Kampf dem Verbrechen. Strafrechtsreform und Kriminalpolitik in der Schweiz 1870–1950, 2015, S. 86–89.

3 Mitteilungen der IKV 2 (1890), S. 92 f.

4 *Alfred Gautier* (Fn. 1), S. 136 (Übersetzung durch den *Verfasser*).

IKV, deren Position und Rolle ich im kriminalpolitischen Spektrum der damaligen Zeit verorte. Hierzu werde ich die Aktivitäten und die Zusammensetzung der Gruppe genauer beleuchten. Zugleich bietet der Blick auf die Landesgruppe eine Möglichkeit, das analytisch schwer zu fassende Verhältnis zwischen transnationalen Wissenstransfers und nationalem Gesetzgebungsprozessen an einem konkreten Beispiel zu diskutieren. In diesem Zusammenhang werde ich besonders auf die Debatte um die Einführung von Sicherungs- und Präventionsmaßregeln ins Strafrecht eingehen. Solche Maßregeln gehörten, so *Gautier* in seinem Rückblick von 1914, tatsächlich zu den wichtigsten „Eroberungen" der schweizerischen Strafrechtsentwürfe.[5] Wie inzwischen zahlreiche (rechts-)historische Untersuchungen gezeigt haben, war das Verhältnis von Prävention und Repression zugleich eine der komplexesten „Dauerbaustellen" auf der Agenda der IKV.[6] Die Problematik bietet sich deshalb besonders an, um Bezüge zwischen transnationalen Reformdiskussionen und nationalen Entwicklungen herauszuarbeiten.

Der Beitrag stützt sich auf Recherchen, die ich für das Buch „Kampf gegen das Verbrechen. Kriminalpolitik und Strafrechtsreform in der Schweiz 1870–1950" unternommen habe.[7] Als Quellen, die die Tätigkeit der IKV-Landesgruppe dokumentieren, stehen Mitgliederlisten, einige summarische Tätigkeitsberichte und Rückblicke in den „Mitteilungen der Internationalen Kriminalistische Vereinigung" und der „Schweizerischen Zeitschrift für Strafrecht" zur Verfügung. Hinzu kommen einige Referate, die auf den Versammlungen der Landesgruppe gehalten und anschließend publiziert wurden. Ebenfalls relevant sind verschiedene Briefwechsel aus dem Nachlass von *Emil Zürcher*, die *Stefan Holenstein* im Rahmen seiner Dissertation über den prominenten Strafrechtler und Politiker der Forschung zugänglich gemacht hat.[8]

---

5 *Alfred Gautier* (Fn. 1), S. 138 (Übersetzung durch den *Verfasser*).

6 In der Schweiz spricht man bis heute von „Maßnahmen" statt von „Maßregeln". Um die Lektüre für das deutschsprachige Publikum zu vereinfachen, verwende ich in diesem Beitrag den in Deutschland gebräuchlichen Begriff der Maßregeln. Zur Debatte innerhalb der IKV: *Richard F. Wetzell*, About the concept of the 'dangerous individual' in turn-of-the-century penal reform: Debates on recidivism, état dangereux, indeterminate sentencing, and civil liberty in the International Union of Penal Law, 1889–1914, Glossae. European Journal of Legal History 17 (2020), S. 120–149, URL: https://www.glossae.eu/glossaeojs/article/view/396 (zuletzt aufgerufen am 1.5.2024).

7 *Urs Germann* (Kampf dem Verbrechen, Fn. 2), mit weiteren Verweisen.

8 *Stefan Holenstein* (Fn. 2).

II. Die Schweizer Kriminalisten im Bann der der IKV

Bis in die 1880er Jahre hinein dominierten Exponenten des Strafvollzugs die Diskussion um Verbrechen und Strafe in der Schweiz stark. Dies war auch eine Folge der andauernden Blockade bezüglich der Rechtseinheit auf der politischen Ebene. Ein Versuch, dem Bund die Zuständigkeit für Straf- und Zivilrecht zu übertragen, war zuletzt bei der Revision der Bundesverfassung 1872/74 gescheitert.

Eine frühe Schlüsselfigur der Strafdebatte war der Neuenburger Arzt und Gefängnisdirektor sowie spätere Direktor des Eidgenössischen Statistischen Amts *Louis Guillaume. Guillaume* vertrat die Schweiz seit 1879 in der internationalen Gefängniskommission und setzte sich bereits früh für eine erweiterte Verbrechensprophylaxe ein. So sah er in der mangelhaften Erziehung und „Verwahrlosung" von Kindern die Hauptursache des Verbrechens und engagierte sich, unter Berufung auf die Resolutionen der Gefängniskongresse von Cincinnati und London von 1870 und 1872, für die Einführung des Progressivsystems und zeitlich unbefristeter Strafurteile (letztere besonders für Jugendliche).[9]

Der Auftrag des Parlaments von 1887, die Rechtseinheit in Angriff zu nehmen, bedeutete in dieser Hinsicht eine markante Veränderung. Die prägende Rolle innerhalb der Strafrechtsdiskussion ging zunehmend von Vollzugspraktikern wie *Guillaume* auf eine jüngere Generation akademisch eingebundener Juristen über, die mit der Rechtsvereinheitlichung auch die Schaffung einer nationalen Strafrechtswissenschaft anstrebten. Dazu gehörte neben *Carl Stooss* und *Albert Gautier* insbesondere *Emil Zürcher*, der 1890 den Lehrstuhl für Strafrecht der Universität Zürich übernahm. Eine wichtige Etappe der Entwicklung stellte die Gründung der „Schweizerischen Zeitschrift für Strafrecht" (1888) dar. Die Zeitschrift war das erste Publikationsorgan der Schweiz, das sich spezifisch mit strafrechtlichen Fragen beschäftigte. Mit ihrem Untertitel, der zahlreiche Disziplinen und Berufsfelder ansprach, und einer breit abgestützten Auswahl von Beiträgen knüpfte sie ausdrücklich an das kriminal- und professionspolitische Leitbild der „Gesamten Strafrechtswissenschaft" an.[10] Bereits in den ersten Jahren ihres Bestehens druckte die Zeitschrift regelmäßig Beiträge und

9 *Urs Germann* (Kampf dem Verbrechen, Fn. 2), S. 45–48.

10 *Michele Luminati*, „dann wird es flott werden" – zur Entstehung der schweizerischen Strafrechtswissenschaft im späten 19. Jahrhundert, in: Jürg-Beat Ackermann (Hrsg.), Strafrecht als Herausforderung, 1999, S. 45–60. Bis in die 1880er Jahre wurde an den

Buchbesprechungen ab, die sich mit der Strafrechtsreformdiskussion in den umliegenden Ländern beschäftigten.

Die meisten Schweizer Gefängnisexperten und Juristen standen den Theorien und Forderungen der Kriminalanthropologie in den 1880er Jahren skeptisch gegenüber. Eine Ausnahme bildete diesbezüglich *Emil Zürcher*, der die Begeisterung für das Werk *Lombrosos* mit prominenten Psychiatern wie *Auguste Forel* oder *Eugen Bleuler* teilte. Für die Mehrheit überwogen hingegen Skepsis und Abwehr (was indes nicht verhinderte, dass sich das Bild des „geborenen Verbrechers" im politischen Diskurs und in der Populärkultur nachhaltig festsetzen konnte). *Stooss* anerkannte zwar die Anstöße, die *Lombroso* und *Ferri* für die Überwindung einer „scholastischen Begriffsjurisprudenz" gegeben hatten, stellte aber die Existenz eines „geborenen Verbrechers" in Abrede. Die Gefängnisexperten sahen im Determinismus der *scuola positiva* und der Psychiater zudem eine Gefahr für die Besserungsziele und damit für die Legitimation eines zeitgemäßen Strafvollzugs. Deutlich größer war die Offenheit der Justiz- und Vollzugspraktiker gegenüber Ansätzen zur Medikalisierung von Devianz, die sich auf zeitgenössische Vererbungs- und Degenerationstheorien stützten und für pragmatische Arrangements mit der Psychiatrie im Justizalltag anschlussfähiger waren.[11]

Gegenüber der IKV waren die Berührungsängste deutlich geringer. Dies hing nicht zuletzt damit zusammen, dass die Vereinigung stärker an bestehende juristische Diskurszusammenhänge anknüpfte und auch personell von Exponenten der Rechtswissenschaft geprägt war. Bereits kurz nach ihrer Gründung 1888 traten progressive Juristen wie *Stooss*, *Gautier* oder *Zürcher* der Vereinigung bei. Für die Juristen war damit durchaus ein gewisser Richtungsentscheid verbunden. *Zürcher* verglich seinen Beitritt zum Beispiel mit einem „Glaubensbekenntnis". *Gautier* bezeichnete das Statut der IKV rückblickend sogar kurzerhand als den „Schlachtplan" der Reformbewegung.[12]

In der deutschsprachigen Schweiz rührte vor allem *Karl von Lilienthal*, ein Vertrauter *v. Liszts* und *Zürchers* Vorgänger auf dem Lehrstuhl der Universität Zürich, die Werbetrommel. Anfang 1889 präsentierte er das

Schweizer Universitäten vor allem deutsches oder französisches Strafrecht gelesen. Vielfach stammten auch die Dozenten aus dem umliegenden Ausland.

11 *Urs Germann* (Kampf dem Verbrechen, Fn. 2), S. 68 f.

12 Brief Emil Zürchers an Eugen Huber, 30. Dezember 1888, zit. nach: *Stefan Holenstein* (Fn. 2), S. 291; *Alfred Gautier* (Fn. 1), S. 122.

Statut der IKV in der „Schweizerischen Zeitschrift für Strafrecht". Dabei propagierte er die Präventionslogik, die dem Strafrechtsverständnis der IKV zugrunde lag, und unterstrich die Notwendigkeit einer Individualisierung der Sanktionen und einer verstärkten Berücksichtigung der Täterpersönlichkeit: „Gibt man den präventiven Charakter der Strafe zu, so folgt daraus, dass Art und Mass derselben im Einzelfall nicht ausschliesslich nach der Art des Verbrechens, sondern sehr wesentlich nach der Persönlichkeit des Verbrechers richten müssen." Nicht die Schwere der Tat, sondern die Gefährlichkeit des Täters solle maßgebend sein.[13]

Eine schweizerische Landesgruppe der IKV konstituierte sich im Februar 1890. Präsidiert wurde die Gruppe von *Joseph Morel*, einem Bundesrichter. Eine als „Landesausschuss" bezeichnete Gruppe aus sieben Personen übernahm die Aufgabe, die Versammlung der IKV in Bern vorzubereiten. Zu dieser Gruppe gehörten neben *Morel*, *Stooss*, *Gautier*, *Zürcher* und *Guillaume* auch der Basler Jurist *Alfred Teichmann* und ein Vertreter der Kantone.[14] Die Zahl der Mitglieder der Landesgruppe stieg im Vorfeld der Berner Versammlung rasch auf knapp 100 Personen an (dazu ausführlicher der nächste Abschnitt). Wieweit die Mehrzahl der Mitglieder die Programmpunkte der IKV teilte oder vor allem Interesse an einer Kongressteilnahme hatte, ist schwer zu sagen. Der rasche Rückgang der Mitgliederzahlen in den Folgejahren lässt vermuten, dass der Anstieg zu einem guten Teil tatsächlich ein „Tagungseffekt" war, wie er sich in ähnlicher Weise 1902 auf russischer Seite anlässlich der Sankt-Petersburger-Versammlung der IKV wiederholen sollte.[15] In die gleiche Richtung deuten auch die weiteren Tätigkeiten der Landesgruppe. Nebst der Organisation der Berner Versammlung beschränkten sich die Aktivitäten der Gruppe in den frühen 1890er Jahren auf gerade mal eine weitere Zusammenkunft im Juni 1891.

Bereits im Vorfeld der Versammlung von 1890 hatte *Stooss* auf die Bedeutung der IKV für das anstehende Gesetzesprojekt hingewiesen (und nahm damit *Gautiers* Rückblende von 1914 vorweg): „Es darf nicht übersehen werden, dass die Schweiz ein unmittelbares praktisches Interesse besitzt, den Arbeiten der kriminalistischen Vereinigung volle Beachtung

13 *Karl v. Lilienthal*, Internationale Kriminalistische Vereinigung, Schweizerische Zeitschrift für Strafrecht 2 (1889), S. 1–12, hier S. 7.

14 Schweizerische Zeitschrift für Strafrecht 3 (1890), S. 107.

15 Vgl. *Sylvia Kesper-Biermann*, Die Internationale Kriminalistische Vereinigung. Zum Verhältnis von Wissenschaftsbeziehungen und Politik im Strafrecht, in: Petra Overath (Hrsg.), Die Internationalisierung von Strafrechtswissenschaft und Kriminalpolitik. Deutschland im Vergleich, 2007, S. 85–107, hier S. 91.

zu schenken. Die Fragen, deren Besprechung auf der Tagungsordnung stehen, gehören zu denjenigen, welche bei der Aufstellung eines einheitlichen schweizerischen Strafgesetzbuches besondere Schwierigkeiten bieten werden." Als konkrete Fragestellungen nannte er die „Behandlung jugendlicher Verbrecher", den „Kampf gegen die Gewohnheitsverbrecher", die „Beschränkung der kurzzeitigen Freiheitsstrafen" sowie die Besserstellung der Geschädigten im Verfahren.[16] Auf der Zusammenkunft der Landesgruppe vom Juni 1891 verortete *Stooss* die Bestrebungen zur Vereinheitlichung des Strafrechts erneut ausdrücklich auf der Agenda der IKV. Dabei nutzte er das Forum gleichsam als „Echoraum", um die Grundzüge des geplanten Strafgesetzbuchs zu skizzieren.

Das Referat mit dem bezeichnenden Titel „Welche Anforderungen stellt die Kriminalpolitik an ein eidgenössisches Strafgesetzbuch" wurde später in der „Schweizerischen Zeitschrift für Strafrecht" veröffentlicht; es gibt einen wichtigen Einblick in die damaligen kriminalpolitischen Positionsbezüge von *Stooss*. Gleich zu Beginn seiner Ausführungen nahm *Stooss* eine programmatische Selbstverortung vor und stellte das nationale Reformprojekt in den Rahmen der internationalen Reformbewegung, indem er auf die „Kriminalpolitischen Aufgaben" *v. Liszts* verwies und eine „zweckentsprechende" Gestaltung der Strafen in Aussicht stellte. Mit der Forderung, minderjährige Rechtsbrecher zu erziehen, „Berufsverbrecher" unschädlich zu machen, „Vaganten, Bettler und Arbeitsscheue» an regelmäßige Arbeit zu gewöhnen und Geldstrafen auf die Einkommensverhältnisse der Verurteilten abzustimmen, nahm er ebenfalls wesentliche Postulate der IKV auf.[17]

Über die Reaktionen der Mitglieder der Landesgruppe auf *Stooss'* Ausführungen ist nichts bekannt.[18] Aufgrund des Umstands, dass wesentliche Punkte, die im Referat von 1891 als Postulate der Reformbewegung ange-

---

16 [Carl Stooss], Internationale Kriminalistische Vereinigung, Schweizerische Zeitschrift für Strafrecht 3 (1890) S. 60–65, hier S. 60.

17 Versammlung der Schweizerischen Landesgruppe der Internationalen Kriminalistischen Vereinigung [vom 16. Juni 1891], Schweizerische Zeitschrift für Strafrecht 4 (1891), S. 231–244; *Carl Stooss*, Welche Anforderungen stellt die Kriminalpolitik an ein eidgenössisches Strafgesetzbuch, Schweizerische Zeitschrift für Strafrecht 4 (1891), S. 245–267. Eine ausführliche Analyse der straftheoretischen Positionsbezüge von Stooss findet sich bei: *Peter Kaenel*, Die kriminalpolitische Konzeption von Carl Stooss im Rahmen der geschichtlichen Entwicklung von Kriminalpolitik und Straftheorien, 1984.

18 Das publizierte Protokoll dokumentiert lediglich ein Referat über die Geldstrafe, das Emil Zürcher im Anschluss an Stooss' Beitrag hielt, sowie eine daran anschließende Diskussion.

sprochen wurden, später Eingang in den Vorentwurf finden sollten, lässt sich vermuten, dass *Stooss'* Ausführungen innerhalb der Gruppe kaum auf großen Widerstand gestoßen waren. Gleichzeitig zeigt das Referat aber auch, dass *Stooss* zu diesem Zeitpunkt noch stark auf der programmatischen Ebene argumentierte. Jedenfalls war er noch weit davon entfernt war, die Reformpunkte in Gesetzesform gebracht zu haben. Dies gilt, worauf noch zurückzukommen ist, insbesondere für die Maßregeln zur Sicherung und Besserung, die den Vorentwurf von 1893 in den Augen vieler Beobachter zum „schärfsten Ausdruck" (*v. Liszt*) der Reformbewegung machen sollten.[19]

Die Spuren der Landesgruppe verlieren sich nach 1891 für ein knappes Jahrzehnt in den Quellen. Ein wesentlicher Grund dafür war die Dynamik, die das Projekt für die Vereinheitlichung des Strafrechts in dieser Phase annahm. Mit der Etablierung der „Schweizerischen Zeitschrift für Strafrecht" war es *Stooss* gelungen, einen Kreis von Reformern zu bilden, dem Juristen aus Akademie und Praxis, Strafvollzugsbeamte und Psychiater, aber auch Sozialpolitiker und Exponenten der Justizverwaltung angehörten. Den Kern bildete eine vergleichsweise kleine Gruppe akademisch profilierter Juristen, die sich selber gern als „Kriminalisten" bezeichneten. Die Gruppe um *Stooss*, das Umfeld der Zeitschrift und die Landesgruppe waren zwar nicht deckungsgleich, es gab aber, gerade im Kern der verschiedenen Personengruppen, deutliche Überschneidungen.

Zu Beginn der 1890er Jahre stellte die Landesgruppe der IKV die erste und einzige Vereinigung in der Schweiz dar, die sich ausschließlich mit der Strafrechtsreform beschäftigte. Das Näherrücken der Rechtseinheit hatte jedoch zur Folge, dass sich andere Organisationen der Thematik ebenfalls annahmen. Dazu gehörte insbesondere der „Schweizerische Juristenverein" (SJV), der sich bis in die 1890er Jahre hinein nur punktuell mit strafrechtlichen Themen beschäftigt hatte. Auch der „Schweizerische Verein für Straf- und Gefängniswesen", die Organisation der Strafvollzugsdirektoren, begann sich vermehrt mit Gesetzgebungsfragen zu beschäftigen, die über vollzugspraktische Aspekte hinausgingen. Auch die Standesorganisation der Psychiater, der „Verein Schweizerischer Irrenärzte", entwickelte Anfang der 1890er Jahre ein großes Interesse an rechtspolitischen Fragen. Erst mit einiger Verzögerung folgte um 1900 der Aufbau eines breiten Netzwerks im Bereich des Kinder- und Jugendschutzes, das sich für die Schaffung

19 *Urs Germann* (Kampf dem Verbrechen, Fn. 2), S. 89 f.

eines eigenständigen Jugendstrafrechts einsetzte (und dem wiederum viele Exponenten der Kriminalisten angehören sollten).

Die Vervielfachung der kriminalpolitischen Debatten, die Integration der Reformproblematik in die Agenden anderer Organisationen und die insgesamt dünne Personaldecke der Reformer dürften dazu beigetragen haben, dass die Landesgruppe der IKV ihre Aktivitäten zugunsten der Meinungsbildung in einem breiteren Rahmen vorübergehend einstellte. Dies ist umso mehr für die Jahre nach 1893 der Fall, als der Bundesrat zur Diskussion des Vorentwurfs von *Stooss* eine Expertenkommission einsetzte. Die Kommission diskutierte die Vorlage bis 1896 und publizierte dann eine neue Version des Vorentwurfs. Die Zusammensetzung der Expertenkommission zeigt, dass die Anhänger der IKV ihren Einfluss auch auf dieser Ebene geltend machen konnten: tatsächlich gehörten von den 19 Mitgliedern der Expertenkommission 13 der Landesgruppe an.[20] Unter diesen vergleichsweise komfortablen Umständen scheinen sich weitere Aktivitäten der Landesgruppe schlicht erübrigt zu haben.

III. Die Mitglieder der Landesgruppe: Freunde der Strafrechtseinheit und der Strafrechtsreform

1922 bezeichnete *Emil Zürcher* die Landesgruppe kurz und bündig als „Freunde der Strafrechtseinheit und der Strafrechtsreform".[21] Wie weit traf diese ebenso wohlwollende wie vereinnahmende Charakterisierung auch tatsächlich zu? Wie bereits erwähnt, nahm die Zahl der Mitglieder der Landesgruppe im Vorfeld der IKV-Versammlung in Bern von 1890 rasch zu, in den Folgejahre pendelte sich der Bestand bis 1914 bei ungefähr 40 Mit-

---

20 Die Angaben beruhen auf einem Vergleich der Protokolle der Expertenkommission und den Mitgliederverzeichnissen der Landesgruppe in den „Mitteilungen der Internationalen Kriminalistischen Vereinigung". Eine breit abgestützte und die Zivilgesellschaft repräsentierende Zusammensetzung von Expertenkommissionen für die Vorbereitung der Gesetzgebung ist für die Schweiz zu jener Zeit nicht außergewöhnlich. Die Einführung des Gesetzesreferendums (1874) hatte zur Folge, dass der vorparlamentarische Interessensausgleich an Gewicht zunahm. Expertenkommissionen, Eingaben an die Regierung oder Konsultationen von Gesetzesentwürfen stellten beliebte Instrumente dafür dar.

21 Einladungsschreiben zur Versammlung vom 10. September 1922, zitiert nach: *Stefan Holenstein* (Fn. 2), S. 293 f.

gliedern ein.[22] Zum Vergleich: der „Schweizerische Juristenverein" wies in den 1890er Jahren etwa 800 und im ersten Jahrzehnt des 20. Jahrhunderts knapp 1000 Mitglieder auf.[23] Aus dieser Perspektive betrachtet, war die Landesgruppe der IKV ein vergleichsweise esoterischer Kreis.

Bis auf eine Ausnahme – die erste in der Schweiz zugelassene Rechtsanwältin, *Anna Mackenroth* – waren die für die hier ausgewerteten Stichjahren erfassten Mitglieder alles Männer. Ein Blick auf den beruflichen Hintergrund (Tabelle 1) zeigt, dass die Gruppe zu einem großen Teil ein Zusammenschluss von Juristen war, wobei zunächst Hochschullehrer und später Justizpraktiker wie Richter, Staatsanwälte oder Rechtsanwälte die Reihen dominierten. Die Dominanz der Rechtswissenschaft tritt noch deutlicher hervor, wenn man berücksichtigt, dass auch der Großteil der in politischen Ämtern oder in der Verwaltung tätigen Mitglieder über eine juristische Ausbildung verfügte. Exponenten der Medizin und Psychiatrie sowie des Strafvollzugs waren demgegenüber in einer deutlichen Minderzahl. Mit Blick auf das Leitbild der „Gesamten Strafrechtswissenschaft", wie es *Stooss* mit der „Schweizerischen Zeitschrift für Strafrecht" propagierte, kann somit nur beschränkt von einer interdisziplinären Gruppe gesprochen werden. Vielmehr dürfte es darum gegangen sein, einzelne maßgebende Vertreter des Strafvollzugs und der Psychiatrie in juristische Diskussionszusammenhänge einzubinden.

22 Alle nachfolgenden Angaben beruhen, soweit nicht anders angegeben, auf den Mitgliederlisten, die in den „Mitteilungen der Internationalen Kriminalistischen Vereinigung" abgedruckt sind. Ausgewertet wurden die Stichjahre 1889, 1894, 1899, 1904, 1909 und 1913.

23 *Hans Fritsche*, Der Schweizerische Juristenverein 1861–1960, 1961, S. 381.

Berufsgruppen	*1889*	*1894*	*1899*	*1904*	*1909*	*1913*
1. Akademisch tätige Juristen	40	18	18	21	24	19
2. Justizpraktiker	33	36	40	41	30	30
3. Anwälte, Notare	0	18	22	28	38	30
4. Strafvollzugspraktiker	7	5	2	3	3	3
5. Politische Mandatsträger	7	8	7	0		3
6. Mediziner		3	2	3	3	5
7. Verwaltung	13	7	2	0		5
8. Übrige		5	7	5	3	5

Übersicht: Berufszugehörigkeit der Mitglieder der schweizerischen Landesgruppe der IKV für die Stichjahre 1889, 1894, 1899, 1904, 1909, 1913 (alle Angaben in Prozent).[24]

Deutlich breiter war das repräsentierte Spektrum innerhalb der Rechtswissenschaft. Dies gilt, soweit dies anhand der verfügbaren Personenangaben feststellbar ist, auch für die kriminalpolitischen Positionsbezüge. Die Gruppe umfasste sowohl erklärte Anhänger der „modernen Schule" wie *Zürcher* oder *Forel* und progressive Reformer wie *Gautier*, *Stooss* oder später *Ernst Hafter*. Aber auch Juristen, die eher dem Lager der klassischen Strafrechtswissenschaft zuzuordnen sind, wie die Bundesanwälte *Alfred Scherb* oder *Otto Kronauer* gehörten der Gruppe an. Sogar der Luzerner Richter *Placid Meyer von Schauensee*, der die straftheoretische Grundlage des Vorentwurfs und *Stooss'* fachliche Kompetenz Mitte der 1890er Jahren in der Öffentlichkeit kritisierte, erschien in den 1890er Jahren zeitweise auf der Mitgliederliste. Andere erklärte Verfechter des Vergeltungsgedankens wie *Xaver Gretener* und *Heinrich Pfenninger*, der 1890 anlässlich der IKV-Versammlung in Bern die „Übertragung der Sätze der Internationalen Kriminalistischen Vereinigung" auf die Schweiz in der „Neuen Zürcher Zeitung" heftig kritisiert hatte, oder später *Eduard Thormann* gehörten der Gruppe jedoch nicht an.

Etwas anders sieht das Bild aus, wenn man den Vorstand der Gruppe, das „Comité national", betrachtet. Diesem gehörten in den 1890er Jahren,

24 Eigene Berechnungen aufgrund der Mitgliederlisten für die Stichjahre 1889, 1894, 1899, 1904, 1909 und 1913, die in den „Mitteilungen der Internationalen Kriminalistischen Vereinigung" abgedruckt sind.

nicht zuletzt zu Repräsentationszwecken im Zusammenhang mit der IKV-Versammlung von 1890, zwei Bundesrichter sowie die Strafrechtsprofessoren *Gautier* und *Zürcher* an. Nach der Neubestellung des Vorstands 1899 nahmen *Gautier* und *Zürcher* die Leitung zu zweit wahr. *Gautier* stellte auch die Vertretung der Schweizer Landesgruppe im Gesamtvorstand der IKV sicher. *Stooss* seinerseits trat mit der Übernahme einer Professur an der Universität Wien und der Übersiedelung nach Österreich 1896 aus der Landesgruppe und auch aus der IKV aus. Differenzen gegenüber *v. Liszt* hielten ihn davon ab, sich der 1898 gegründeten Österreichischen Landesgruppe anzuschließen.[25]

Zürchers Charakterisierung von 1922 war somit zutreffend, was das Engagement der Mitglieder der Landesgruppe für die Rechtseinheit anbelangt. Bezüglich der Strafrechtsreform, die mit der Rechtseinheit verbunden werden sollte, repräsentierte die Landesgruppe allerdings keine homogene Position – und sie bildete schon gar keine institutionalisierte „Schule" im Sinn des viel zitierten „Schulenstreits" im Deutschen Kaiserreich.[26] Die Reformbedürftigkeit des bestehenden Rechts stand für die Großzahl der Mitglieder kaum in Frage. Auch Präventionsanliegen dürften wenig bestritten gewesen sein. Dazu ist zu sagen, dass Forderungen nach einer wirksameren Bekämpfung des Verbrechens und einer verstärkten Kontrolle sozialer Devianz vor dem Ersten Weltkrieg politisch breit abgestützt und keineswegs auf eine kleine Gruppe progressiver Experten beschränkt waren. Strittig war vielmehr, welche Formen die angestrebten Reformen annehmen und wieweit sie in das strafrechtliche Regelwerk eingreifen sollten.[27] Und gerade diesbezüglich dürfte die Meinungen der Mitglieder der Landesgruppe teilweise deutlich auseinandergegangen sein.

25 *Stefan Holenstein* (Fn. 2), S. 293. Zum Verhältnis von Stooss gegenüber v. Liszt, mit weiteren Verweisen: *Urs Germann*, Zweispurige Verbrechensbekämpfung. Kriminalpolitik und Gesetzgebung im transnationalen Diskurs: Franz von Liszt, die schweizerische Strafrechtsreform und die Zweispurigkeit von Strafen und Massnahmen, Rechtsgeschichte 14 (2009), S. 84–121.

26 Zur kritischen Bewertung des Schulenstreit-Arguments siehe bereits: *Monika Frommel*, Präventionsmodelle in der deutschen Strafzweck-Diskussion. Beziehungen zwischen Rechtsphilosophie, Dogmatik, Rechtspolitik und Erfahrungswissenschaften, 1987.

27 *Urs Germann* (Kampf dem Verbrechen, Fn. 2), S. 150 f. Zum breiteren Kontext des Präventionsdiskurses: Unabhängige Expertenkommission Administrative Versorgungen (Hrsg.), Organisierte Willkür. Administrative Versorgungen in der Schweiz 1930–1981, 2019.

IV. Zwischen nationaler Agenda und transnationalem Austausch

Die Landesgruppe der IKV erlebte 1899 einen Neuanfang. Eine Versammlung der Gruppe, die im September 1899 am Rand des Schweizerischen Juristentags in Freiburg i.Ü. stattfand, bestellte einen neuen Vorstand unter dem Co-Präsidium von *Gautier* und *Zürcher*. Damit erfolgte zugleich der Übergang zu einer regelmäßigen Versammlungskadenz, die bis zum Ausbruch des Ersten Weltkriegs anhalten sollte.[28]

Aufgrund der Quellen ist nicht klar, welche Gründe zum Neuanfang geführt hatten. Eine mögliche Erklärung bietet wiederum der Blick auf den damaligen Stand der Strafrechtsdiskussion. 1898 hatten Volk und Kantone eine Teilrevision der Bundesverfassung angenommen, die dem Bund die Gesetzgebungskompetenz auf dem Gebiet des (materiellen) Straf- und Zivilrechts gab. Damit war der Weg zur Erarbeitung eines schweizerischen Strafgesetzbuches (und eines Zivilgesetzbuches) frei geworden. Die Strafrechtsreform, die seit dem Abschluss der Arbeiten der Expertenkommission 1896 pausiert hatte, kam damit in die nächste Phase. Es ist gut denkbar, dass die Reformer die Landesgruppe für die weiteren Rechtsetzungsarbeiten wieder als Forum nutzen wollten. Darauf deutet zumindest der Beschluss der Freiburger Versammlung hin, den Mitgliedern den in Kürze erwarteten Entwurf für ein Strafgesetzbuch baldmöglichst zuzustellen.[29]

Die Politik machte den Kriminalisten allerdings einen Strich durch die Rechnung. 1901 beschloss das Parlament, die Vereinheitlichung des Zivilrechts vorzuziehen. Der Vorentwurf für ein Strafgesetzbuch wurde daraufhin zwar in einem kleineren Expertenkreis weiterdiskutiert; erst 1912, als das Zivilgesetzbuch in Kraft getreten war, setzte der Bundesrat wieder eine große Expertenkommission ein. Die Kommissionsarbeiten dauerten bis 1916. Zwei Jahre später verabschiedete der Bundesrat schließlich den Entwurf des Gesetzes zuhanden des Parlaments.[30]

Mit Blick auf diese Entwicklung, die im Herbst 1899 allerdings noch kaum abzuschätzen war, erscheint die Rückkehr der Landesgruppe zu einer regelmäßigen Veranstaltungskadenz nochmals in einem anderen Licht. Tatsächlich liegt die Vermutung nahe, dass die Landesgruppe in der Phase, als die Strafrechtsreform in der Schwebe lag, die Funktion einer Lückenbüßerin übernahm, die den Verfechtern der Rechtseinheit und der Strafrechtsre-

---

28 Schweizerische Zeitschrift für Strafrecht 12 (1899), S. 448.
29 Schweizerische Zeitschrift für Strafrecht 12 (1899), S. 448.
30 *Stefan Holenstein* (Fn. 2), S. 452 ff.

form einen organisatorischen Rahmen bot, in dem die Diskussion über die Ausgestaltung der künftigen Kriminalpolitik trotz der Blockade auf der politischen Ebene weitergeführt werden konnte.

Damit komme ich auf die Frage nach dem Verhältnis der Schweizer Kriminalisten und der Landesgruppe zur IKV zurück. Hierzu ist ein kurzer Blick auf die Rezeption des Vorentwurfs von *Stooss* innerhalb der „Internationalen" der Strafrechtsexperten hilfreich. *Stooss'* Arbeit war nämlich vom Beginn an vom Bemühen um grenzüberschreitende Resonanz getragen gewesen. Durch den persönlichen Austausch mit renommierten Fachkollegen aus dem Ausland wollte er einer günstigen Rezeption vorspuren und die Publikation des Schweizer Vorentwurfs zu einem kriminalpolitischen Ereignis von europaweiter Tragweite machen. *Stooss'* Rechnung ging insofern auf, als der Vorentwurf und die darin vorgesehenen Maßregeln zur Sicherung und Besserung Mitte der 1890er Jahre Gegenstand zahlreicher Besprechungen in der europäischen Fachliteratur waren. Zu den Rezensenten gehörten auch namhafte Exponenten der Reformbewegung und der IKV wie *v. Liszt*, *Lilienthal*, *Enrico Ferri* oder *Emile Garçon*.[31]

Deutlich geringer war die Resonanz allerdings in der internationalen Kongressöffentlichkeit. Dies gilt auch für die Versammlungen der IKV; die substanziellen Beiträge von Mitgliedern aus der Schweiz und Hinweise auf die Reformentwicklung in der Schweiz lassen sich in den Kongressberichten der IKV tatsächlich an einer Hand abzählen. 1894 referierte *Gautier* zusammen mit *Adolphe Prins* in Antwerpen und brachte die im schweizerischen Vorentwurf vorgesehenen „mesures préventives" für bestimmte Gruppen von Straftätern als Alternative zur zeitlich unbestimmten Haftdauer ins Spiel. Die Diskussionen der Versammlung endeten jedoch ohne konkrete Ergebnisse.[32] Die Diskussion über präventive Maßregeln im Strafrecht (als Alternative zu zeitlich unbestimmten Strafen) sollte in der internationalen Kongressöffentlichkeit tatsächlich erst nach der Jahrhundertwende richtig Fahrt aufnehmen. Die IKV diskutierte 1910 in Brüssel und 1913 in Kopenhagen über Strafen und Maßregeln in den Vorentwürfen

31 *Urs Germann* (Kampf dem Verbrechen, Fn. 2), S. 89–95; *Jean Graven*, Franz von Liszt et le code pénal suisse, Revue internationale du droit pénal 22 (1951), S. 209–257.

32 Mitteilungen der IKV 5 (1896), S. 62–76; vgl. auch: *Urs Germann* (Kampf dem Verbrechen, Fn. 2), S. 94; *Richard F. Wetzell* (Fn. 6), S. 132.

Deutschlands, Österreichs und der Schweiz, die bezüglich des Verhältnisses der beiden Sanktionsspuren unterschiedlich weit gingen.[33]

Bezeichnend ist, dass diese, hier sehr gerafft wiedergegebenen, Diskussionen weitgehend ohne Beteiligung von IKV-Mitgliedern aus der Schweiz stattfanden. Wie *Stooss* 1895 mit Rückblick auf den Gefängniskongress in Paris gegenüber dem Bundesrat festhielt, waren besondere Anstrengungen nötig, um bestimmte Themen auf den Agenden internationaler Kongresse zu platzieren.[34] Für eine Lobbyarbeit, vergleichbar etwa mit jener der Franzosen für die Relegation von Rückfalltätern 1895 auf der IKV-Versammlung in Paris, hatten die Mitglieder der schweizerischen Landesgruppe offensichtlich weder die nötigen personellen noch organisatorischen Mittel. „Beschickungen" mit offiziellen Delegationen (was die Übernahme der Reisekosten und eine Berichterstattung einschloss) durch den Bundesrat beschränkten sich auf die IKV-Versammlungen von 1894 in Antwerpen und 1902 in St. Petersburg.[35] Die Landesgruppe verzichtete ab 1901 zudem auf eine Teilnahme an den Gesamtvorstandssitzungen – und damit auch auf die Einflussnahme auf das „Agendasetting" der Vereinigung.[36] Wie *Ernst Hafter* 1914 selbstkritisch bemerken sollte, gehörte die Schweizerische Landesgruppe in dieser Zeit nicht zu den „rührigen Töchtern" der IKV.[37]

Ein Blick auf die Aktivitäten der Landesgruppe in den ersten beiden Jahrzehnten des 20. Jahrhunderts zeigt allerdings, dass die dort behandelten Themen durchaus zum Diskurshorizont der internationalen Reformbewegungen gehörten. 1903 diskutierte die Versammlung über das System sichernder Maßregeln, 1908 über die Einführung von Jugendgerichten, 1910 über die Vorentwürfe Deutschlands, Österreichs und der Schweiz, 1913 über Maßregeln gegenüber geisteskranken und vermindert zurechnungsfähigen Verbrechern. 1910 hielt *Gautier* eine Gedenkrede auf den verstorbenen *Lombroso*, in der er dessen „gewaltigen und nachhaltigen Anstoss" für die Reform der Gesetzgebung würdigte. Hinzu kam eine Reihe von Referaten,

33 *Richard F. Wetzell* (Fn. 6), S. 132 ff.; *Urs Germann* (Kampf dem Verbrechen, Fn. 2), S. 95.

34 *Urs Germann* (Kampf dem Verbrechen, Fn. 2), S. 93.

35 *Urs Germann* (Kampf dem Verbrechen, Fn. 2), S. 45. Vgl. hierzu auch: *Madeleine Herren/Sacha Zala*, Netzwerk Aussenpolitik. Internationale Kongresse und Organisationen als Instrumente der schweizerischen Aussenpolitik 1914–1950, 2002.

36 Vgl. die Angaben in den Mitteilungen der IKV.

37 *Ernst Hafter*, Bericht über die Tätigkeit der Schweizerischen Landesgruppe 1911–1913, Mitteilungen der IKV 21 (1913), S. 499–502, hier S. 499.

die sich mit dem nationalen Recht und sogar mit dem Recht der Kantone befassten.[38]

Bei genauerer Betrachtung zeigt sich, dass selbst bei den kriminalpolitisch relevanten Themen primär die Ausgestaltung der schweizerischen Vorentwürfe im Fokus stand. Hinweise, dass Kontroversen über die Verankerung präventiver Maßregeln im Strafrecht, die auf den Versammlungen der IKV in Hamburg (1905), Brüssel (1910) oder Kopenhagen (1913) aufbrachen, aufgegriffen worden wären, gibt es keine. Eine Ausnahme stellte die Diskussion über die Einführung von Jugendgerichten von 1908 dar, die Teil einer europaweiten Popularisierungswelle zur Einführung solcher Spezialgerichten war. Juristen, Lehrer und gemeinnützige Kinderschützer warben um diese Zeit auch in der Schweiz intensiv und auf allen Ebenen für das amerikanische Modell und die geografisch näher gelegenen Vorbilder in Deutschland, Frankreich und England.[39]

Wie subtil sich transnationale Wissenstransfers und nationale Reformagenden im Einzelfall überlagern und gegenseitig beeinflussen konnten, zeigt beispielhaft die Diskussion über sichernde und bessernde Maßregeln, die die Landesgruppe 1903 führte. Um diese Diskussion einordnen zu können, ist erneut ein kurzer Rückblick nötig: bekanntlich sah bereits *Stooss*' Vorentwurf von 1893 eine Reihe von sichernden Maßregeln vor, etwa die Verwahrung von geisteskranken oder wiederholt rückfälligen Straftätern. *Stooss* hatte dabei zu einem guten Teil auf bestehende Rechtsinstitute zur „administrativen Versorgung" von geisteskranken, „arbeitsscheuen" oder „trunksüchtigen" Personen zurückgegriffen, die in den Kantonen bereits in ähnlicher Form existierten. Die Übernahme solcher Maßregeln ins Strafrecht zog innerhalb der internationalen Reformgemeinschaft sowohl Bewunderung für die gefundene Kompromissformel als auch Skepsis über die damit verbundene „Abschlagszahlung" (*v. Liszt*) gegenüber den Vergeltungstheoretikern auf sich.[40] Wenn man die verschiedenen Reaktionen genauer anschaut, zeigt sich rasch, dass *Stooss*' Arrangement eine Reihe von

38 Bericht über die Tätigkeit der Schweizerischen Landesgruppe 1899–1910, Mitteilungen der IKV 18 (1911), S. 499–505; *Ernst Hafter* (Fn. 37).

39 *Urs Germann* (Kampf dem Verbrechen, Fn. 2), S. 232.

40 *Urs Germann* (Kampf dem Verbrechen, Fn. 2), S. 128–135, 154. Für eine ausführliche Analyse der Entwicklung der verschiedenen Vorentwürfe siehe: *Michele Rusca*, La destinée de la politique criminelle de Carl Stooss, 1981.

Inkonsistenzen aufwies und juristische Folgefragen über die Rechtsnatur sichernder Maßregeln und ihr Verhältnis zu „ordentlichen" Strafen aufwarf.[41]

Just diesen Punkt griff *Ernst Hafter* auf der Versammlung der Landesgruppe von 1903 auf. *Hafter* war zu diesem Zeitpunkt gerade von einem Studienaufenthalt am Kriminalistischen Seminar *v. Liszts* in Berlin zurückgekehrt und war mit dem internationalen Diskussionsstand und auch mit dem Lavieren seines Berliner Mentors im Zusammenhang mit dem „legislativen Kompromiss" in Deutschland bestens vertraut. Vor diesem Hintergrund kritisierte *Hafter* die Abgrenzung von Maßregeln und Strafen, die seiner Ansicht nach im schweizerischen Vorentwurf bisher zu wenig deutlich vorgenommen worden war. Im Gegenzug verlangte er ein klar geschiedenes „Nebeneinander" von „zwei Systemen", die entweder Vergeltung (Strafe) oder den Schutz der Gesellschaft (Maßregeln) bezweckten.[42] Dasselbe hatte *v. Liszt* ein Jahr zuvor in einem Gutachten für den Deutschen Juristentag vorgeschlagen (wobei er die Grenze allerdings leicht anders zog als *Hafter*, der auch „Gewohnheitsverbrecher" dem Maßregelrecht überantworten wollte).[43] *Hafters* straftheoretische Bedenken zeitigten insofern Folgen, als *Stooss* das Sanktionensystem des Vorentwurfs im Anschluss an die Versammlung der Landesgruppe überarbeitete und dabei definitiv zu einem in sich geschlossenen System von zeitlich unbegrenzten Maßregeln der Sicherung und Besserung überging. Diese Neuordnung sollte zur Grundlage der weiteren Diskussionen in der Schweiz werden.[44]

Überblickt man die Aktivitäten der schweizerischen Landesgruppe zwischen der Jahrhundertwende und dem Ersten Weltkrieg, zeigt sich insgesamt eine starke Konzentration auf die nationale Agenda, die von der Blockade bezüglich der Strafrechtseinheit geprägt war. Hinweise, dass die Landesgruppe als aktives Bindeglied zur IKV gedient hätte, finden sich dagegen kaum. Ein Grund dafür dürfte auch der Verzicht auf eine Vertretung im Zentralvorstand der IKV gewesen sein. Der primäre Bezugspunkt der

---

41 *Urs Germann*, Die späte Erfindung der Zweispurigkeit, Schweizerische Zeitschrift für Strafrecht 127 (2009), S. 152–176.

42 *Ernst Hafter*, Strafe und sichernde Massnahme im Vorentwurfe zu einem schweizerischen Strafgesetzbuche, Schweizerische Zeitschrift für Strafrecht 17 (1904), S. 211–232; Internationale Kriminalistische Vereinigung. Schweizerische Landesgruppe. Bericht über die Verhandlungen vom 9./10. Oktober 1903 in Zürich, Schweizerische Zeitschrift für Strafrecht 16 (1913), S. 339–347. Ausführlich zu dieser Diskussion: *Urs Germann* (Fn. 41), S. 171 f. Hafter prägte bei dieser Gelegenheit, soweit ich aufgrund der Quellen sehen kann, erstmals den Begriff der „Zweispurigkeit".

43 *Urs Germann* (Fn. 25), S. 105 f.

44 *Urs Germann* (Fn. 41), S. 174 f.

Landesgruppe bildete die Reform des nationalen Rechts und die Vorentwürfe zu einem schweizerischen Strafgesetzbuch. Die Gruppe übernahm in dieser Zeit die Funktion eines gut vernetzten Think Tank, der dazu beitrug, die Anliegen der Strafrechtsreformbewegung am Leben zu erhalten und weiterzuentwickeln. Auch wenn die direkten Beziehungen letztlich lose blieben oder sich – wie im Fall von *Hafter* – auf persönliche Wissenschaftskontakte beschränkten, bildete die internationale Reformbewegung für die Schweizer Kriminalisten auch in dieser Phase einen wichtigen Referenzrahmen. So gingen *Hafter* und *Stooss*, ungeachtet ihrer straftheoretischen Differenzen, gleichermaßen davon aus, dass ein „zweispuriges" Strafrecht auf der Richtung lag, die die Reformbewegung eingeschlagen hatte.

V. Konzentration der Kräfte

1914 feierte die IKV ihr 25-Jahre-Jubiläum. Auch dabei glänzten die Vertreter der Schweiz weitgehend durch Abwesenheit, wie *Gautier* in seinem Beitrag in den „Mitteilungen" entschuldigend festhielt. *Gautier* machte die „Aufgabenüberlastung" durch die wieder angelaufenen Reformarbeiten der 1912 eingesetzten zweiten (großen) Expertenkommission für den Absentismus seiner Kollegen verantwortlich.[45] *Hafter* hatte kurz zuvor ins gleiche Horn geblasen: „Die kleine Zahl der literarisch [d. h. wissenschaftlich] arbeitenden Schweizer Kriminalisten ist durch die Arbeiten der Expertenkommission für das eidgenössische [Strafgesetzbuch] stark beansprucht. Es gilt, das nationale Werk endlich zu vollenden. Nur durch eine Konzentration der Kräfte wird das möglich sein." Anders als *Gautier* deutete aber *Hafter* zumindest an, dass das Hintanstellen der grenzüberschreitenden Kontaktpflege durchaus das Ergebnis eines bewussten Kalküls war: „Aber es handelt sich im *jetzigen Zeitpunkt* darum, die Erörterung kriminalpolitischer Fragen in Vereinigungen anzuregen, die, weil sie nationalen Charakter haben, Gewähr dafür bieten, dass sie auf grössere Kreise des Landes anregend und aufklärend wirken."[46]

Gautier wie *Hafter* verwiesen damit auf Sachzwänge, die für die schweizerische Landesgruppe über die Zeit hinweg prägend gewesen waren. Die schwache Stellung der zentralstaatlichen Verwaltung und der verbreitete Einbezug zivilgesellschaftlicher Akteure in die Rechtsetzung (das viel be-

45 *Alfred Gautier* (Fn. 1), S. 126.
46 *Ernst Hafter* (Fn. 37), S. 499 (Hervorhebung im Original).

schworene schweizerische „Milizprinzip") hatten zur Folge, dass die maßgebenden Exponenten der Landesgruppe durch den Reformprozess und ihre akademischen Verpflichtungen stark beansprucht waren. Hinzu kam, dass der Pfad der schweizerischen Strafrechtsreform durch *Stooss'* Vorentwurf von 1893 weitgehend vorgespurt und die Aussichten auf Resonanz innerhalb der internationalen Kongressöffentlichkeit eher gering waren. Betrachtet man die Strafrechtsreform als ein rechtspolitisches Projekt, bei dem es letztlich um die Gestaltung nationaler Gesetzgebungen ging, erscheint die Fokussierung auf den nationalen Rahmen, die *Gautier* und *Hafter* einräumten, durchaus nachvollziehbar.

Dass der internationale Wissenschaftsaustausch zwar nicht prioritär, aber auch kein Lippenbekenntnis war, zeigt die Beteiligung der schweizerischen Landesgruppe an den Versuchen um eine „Wiederbelebung" der IKV nach dem Ersten Weltkrieg und vor dem Hintergrund des „Wissenschaftsboykotts" gegenüber Deutschland. Nachdem *v. Liszt* seinen Schüler *Ernst Delaquis* bereits im Oktober 1918 gebeten hatte abzuklären, ob nicht ein Schweizer die Leitung der IKV übernehmen könne, sondierten *Hafter* und *Zürcher* 1920 bei den vormaligen Landesgruppen für eine Wiederaufnahme der Beziehungen vor. „Von überall her", so *Hafters* Bilanz, „kam ebenso höflich wie kühl die Ablehnung".[47] Trotz der verhärteten Fronten beschloss die Landesgruppe im September 1922, unter einem neuen Vorstand weiter zu bestehen. In den Folgejahren nahmen deutschsprachige Mitglieder der schweizerischen Landesgruppe regelmäßig an Sitzungen der deutschen Landesgruppe der IKV teil. Über die weiteren Aktivitäten der Landesgruppe in dieser Zeit ist dagegen wenig bekannt; sicher ist, dass sie zu Beginn der 1930er-Jahre an Sondierungen über eine Annäherung der *Association internationale du droit pénal* und der deutschen Landesgruppe der IKV beteiligt war.[48]

VI. Fazit

Die Bezüge zwischen der Strafrechtsreform der Schweiz und der IKV sind vielschichtig und nicht einfach auf einen Nenner zu bringen. Auf der einen

47 *Ernst Hafter*, Internationale Kriminalistische Vereinigung. Schweizerische Landesgruppe, Schweizerische Zeitschrift für Strafrecht 35 (1922), S. 265–268, hier, S. 266; *Stefan Holenstein* (Fn. 2), S. 295.

48 *Ernst Delaquis*, Internationale Zusammenarbeit auf dem Gebiete des Strafrechts, Schweizerische Zeitschrift für Strafrecht 46 (1932), S. 401–422, hier S. 407.

Seite war das Programm der IKV für die Schweizer Strafrechtsreformer in den 1890er Jahren ein wichtiger Referenzpunkt für die Begründung einer Kriminalpolitik, die präventive Anliegen im Strafrecht verankern, die Freiheitsstrafe reformieren und Strafjustiz und -vollzug enger verzahnen wollte. Auf der anderen Seite folgte die Reformdiskussion in der Schweiz einer weitgehend entkoppelten Agenda, die stark von der politischen Diskussion um die nationale Rechtseinheit geprägt war. Hinzu kam, dass mit dem Vorentwurf von 1893 bereits früh ein ausdifferenziertes Gesetzesprojekt vorlag, dessen Weiterentwicklung für die Schweizer Reformer gegenüber dem internationalen Wissenschaftsaustausch von prioritärer Bedeutung war. Dennoch wurden weder Schweizer Juristen noch Exponenten der IKV aus dem Ausland müde, das schweizerische Gesetzgebungsprojekt als ein „Kind" der internationalen Strafrechtsreformbewegung zu bewerben.

Dass die nationale Perspektive für die beteiligten Schweizer Strafrechtsexperten bereits früh in den Vordergrund rückte, zeigt auch die vergleichsweise geringe Beteiligung der Mitglieder der schweizerischen Landesgruppe an den Hauptversammlungen der IKV. Die Entwicklung in der Schweiz unterscheidet sich durch das zeitliche Zusammentreffen der transnationalen Strafrechtsdebatten mit Reformanstößen auf der nationalen Ebene, aber auch durch die direkte Einbindung der Reformkräfte in den nationalen Gesetzgebungsprozess von der Situation in anderen Staaten. Dies trifft besonders auf das Deutsche Reich zu, wo das Projekt für eine Reform des Reichsstrafgesetzbuches vor dem Ersten Weltkrieg zeitweise zwischen die Fronten der Ministerialbürokratie (Vorentwurf von 1909) und der Reformbewegung (Gegenentwurf von 1912) geriet. Für die historische Forschung lässt sich aus dieser Feststellung das Desiderat ableiten, die Positionsbezüge der verschiedenen Exponenten der Reformbewegung innerhalb der internationalen Kongressöffentlichkeit noch stärker als bisher vor dem Hintergrund der Entwicklung in den jeweiligen Herkunftsländern zu analysieren und die Wechselwirkungen zwischen beiden Ebenen herauszuarbeiten.

Das erwähnte Spannungsfeld widerspiegelt sich auch in der Agenda und der Zusammensetzung der schweizerischen Landesgruppe der IKV. Auch hier ergibt sich ein Bild, das auf einen großen Pragmatismus verweist. Die Gruppe diente zunächst als Organisationskomitee für die Hauptversammlung, die 1890 in Bern stattfand. Die Veranstaltung bescherte der Gruppe einen raschen Mitgliederzuwachs, der jedoch nicht von Dauer war. Es ist zu vermuten, dass die Gruppe, das Interesse vieler Juristen und Vollzugspraktiker auf sich zog, die sich zwar für die Belange der Strafrechtsreform interessierten, jedoch nicht zum Kern der Reformgruppe gehörten. Die Landesgruppe diente um 1890 und dann wieder nach der Jahrhundertwende als Forum für die Strafrechtsreformdiskussion. Dabei handelte es sich um Phasen, in denen sich die Diskussion um die Vereinheitlichung und Reform des Strafrechts eher außerhalb des rechtspolitischen Mainstreams verliefen. Die Landesgruppe dürfte in diesen Phasen die Funktion einer nützlichen, wenn auch wenig resonanzstarken Lückenbüßerin gehabt haben. Die Themen und Fragestellungen, die die Gruppe in diesen Jahren diskutierten, bewegten sich allerdings durchaus im Horizont der transnationalen Reformbewegung. Im Vordergrund standen auch hier meist direkte Bezüge zu den laufenden (oder vom Unterbruch bedrohten) Gesetzgebungsarbeiten auf nationaler oder sogar kantonaler Ebene. Dass es dabei aber auch zu direkten Verknüpfungen mit der transnationalen Diskusagenda kommen konnte, zeigt die um 1903 von *Ernst Hafter* initiierte Diskussion über die Weiterentwicklung der sichernden und bessernden Maßregeln von *Stooss'* Vorentwurf.

Die Landesgruppe war auch in kriminalpolitischer Hinsicht eine vergleichsweise heterogene Gruppe, wobei die akademisch verankerten Reformer um *Gautier* und *Zürcher* allerdings die Agenda bestimmten. Auf jeden Fall wäre es verfehlt, von einer geschlossenen Strafrechtsschule zu sprechen. Einigkeit dürfte in der Gruppe darüber bestanden haben, dass das künftige Recht präventive Elemente aufweisen und die verschiedenen Täterkategorien unterschiedlich behandeln sollte. Hierzu bestand allerdings auch in Kreisen konservativer Juristen und Politikern ein gewisser Konsens. Die Diskussionen um die Verankerung sichernder und bessernder Maßregeln im Strafgesetzbuch zeigt, dass die Positionen weniger bezüglich der Frage, ob die Gesellschaft präventiv vor dem Verbrechen geschützt werden sollte, sondern bezüglich der Art der Umsetzung auseinandergingen. Wollten progressive Reformer wie *Zürcher* oder *Hafter* Präventionsanliegen möglichst nahtlos ins strafrechtliche Regelwerk integrieren, strebten die Verteidiger des Vergeltungsgedankens eher ein Nebeneinander verschiedener (kumulativer) Spuren der sozialen Kontrolle an (und griffen hierzu, um bestehende Sicherheitsbedürfnisse abzudecken, nur allzu gern auf freiheitsentziehende Sanktionen im kantonalen Verwaltungsrecht zurück). Für die historische Forschung heißt dies, dass das verbreitete Bild eines Aufeinanderprallens zweier „Strafideologien" im späten 19. Jahrhundert vermutlich zu einfach ist. Was die Forschung stärker untersuchen müsste, ist der überraschend eklektizistische Mix aus verschiedenen Logiken und Instrumenten der sozialen Kontrolle, mit denen moderne Wohlfahrtsstaaten ihre teils gleichförmigen, teils divergenten Sicherheits- und Präventionsanliegen durchsetzen und welchen Raum sie dabei dem Schutz individueller Grund- und Menschenrechte einräumen. Dabei handelt es sich um Fragen, die sich – angesichts der aktuellen Diskussionen über ein risikobasiertes Strafrecht, über „*Zero-Toleranz*" gegenüber Rückfalltätern oder über präventive Terrorbekämpfung – in veränderter Form bis in die Gegenwart hinein stellen.

Die Rolle der deutschen Landesgruppe der IKV in den Strafrechtsreformbestrebungen im Deutschen Kaiserreich. Dargestellt anhand ihrer Debatten über sichernde Maßnahmen für „geistig Minderwertige“ und „unsoziale Elemente“

Richard F. Wetzell

I. Übersicht

Als *Franz v. Liszt* auf der vierzehnten Landesversammlung der Landesgruppe Deutsches Reich der Internationalen Kriminalistischen Vereinigung (IKV) im April 1911 über den vom Reichsjustizamt 1909 vorgelegten Vorentwurf eines Strafgesetzbuchs referierte, bezeichnete er diesen als „die unerwartet reiche Erfüllung aller der wichtigen kriminal-politischen Forderungen, die im Laufe der letzten 20 Jahre aufgestellt worden sind.“ „Die Frucht [der] über 20-jährigen Arbeit“ der IKV sei „reif“. „Alle die harten Kämpfe“ hätten, so *v. Liszt*, „zu einem entscheidenden Sieg, zu einem Sieg auf der ganzen Linie geführt.“[1] Die kriminalpolitischen Ziele der IKV beschrieb *v. Liszt* in diesem Zusammenhang wie folgt:

> „Mittel und Wege zu finden um erstens dort (...) wo die Besserung noch möglich ist, auch die helfende Hand zu reichen, dass also zunächst die Durchführung von bessernden Maßnahmen eine Hauptaufgabe des künftigen Gesetzgebers sein würde, und dass andererseits dort, wo eine solche Zurückführung in die Gesellschaft nicht möglich ist, dann mit Ruhe, ohne Rachsucht, aber mit unnachsichtiger Strenge die Ausscheidung aus der Gesellschaft erfolgen müsse. Bessernde Maßnahmen auf der einen Seite, eliminierende Maßnahmen auf der anderen Seite, das war das legislative Programm, das wir uns von allem Anfang an gestellt haben.“[2]

Auch aus der kritischen Distanz des Historikers kann man *v. Liszts* Behauptung zustimmen, dass die zentralen Neuerungen des Vorentwurfs von 1909

---

1 *Franz v. Liszt*, Einleitendes Referat über den Vorentwurf zum Strafgesetzbuche, Mitteilungen der IKV 18 (1911), S. 233, 230.

2 *Franz v. Liszt* (Fn. 1), S. 231.

im Großen und Ganzen die Reformforderungen der IKV reflektierten. Dieses Resultat wiederum spiegelt den langjährigen Einfluss wider, den die von *v. Liszt* 1889 zusammen mit dem Belgier *Adolphe Prins* und dem Niederländer *G.A. van Hamel* gegründete IKV und ihre deutsche Landesgruppe auf die Diskussion über Strafrechtsreform im deutschen Kaiserreich und auf den 1906 vom Reichsjustizamt in Gang gesetzten offiziellen Strafrechtsreformprozess hatten. Dieses Urteil bedeutet nicht, dass *v. Liszt* und seine Kollegen in der IKV mit allen Bestimmungen des Vorentwurfs zufrieden waren. Dies geht schon daraus hervor, dass *v. Liszt* – zusammen mit *Wilhelm Kahl*, *James Goldschmidt* und *Karl von Lilienthal* – Anfang des Jahres 1911, noch vor seinem Referat, einen Gegenentwurf vorgelegt hatte, der ebenfalls Gegenstand der Diskussion auf der Landesversammlung von 1911 war.

Für die großen Grundsatzdebatten über kriminalpolitische Ziele waren die internationalen Tagungen der IKV wichtiger als die Versammlungen der nationalen Landesgruppen.[3] Die Debatten auf den internationalen Tagungen der Vereinigung haben auch in die deutschen Reformdiskussionen hineingewirkt. Die spannenden und kontroversen Debatten der internationalen IKV-Kongresse zum Thema Rückfall und unbestimmte Verurteilung habe ich an anderer Stelle dargestellt und analysiert.[4] Dieser Aufsatz hingegen soll die Rolle der deutschen Landesgruppe in den deutschen Strafrechtsdiskussionen beleuchten.[5] Um einen möglichst differenzierten Blick auf die Debatten in der deutschen Landesgruppe zu ermöglichen, konzentriert sich dieser Beitrag auf zwei bedeutende Momente in der Geschichte der fünfzehn Landesversammlungen der deutschen Landesgruppe (von

3 Zur Geschichte der IKV: *Sylvia Kesper-Biermann*, Die Internationale Kriminalistische Vereinigung. Zum Verhältnis von Wissenschaftsbeziehungen und Politik im Strafrecht 1889–1932, in: Sylvia Kesper-Biermann/Petra Overrath (Hrsg.), Die Internationalisierung von Strafrechtswissenschaft und Kriminalpolitik. Deutschland im Vergleich, 2005. S. 3–13; *Elisabeth Bellmann*, Die Internationale Kriminalistische Vereinigung (1889–1914), 1994.

4 *Richard F. Wetzell*, About the Concept of the 'Dangerous Individual' in Turn-of-the-Century Penal Reform: Debates on Recidivism, État Dangereux, Indeterminate Sentencing, and Civil Liberty in the International Union of Penal Law, 1889–1914, Glossae. European Journal of Legal History 17 (2020), S. 120–149.

5 Zur Geschichte der deutschen Strafrechtsreform im Kaiserreich: *Richard F. Wetzell*, Penal Reform in Imperial Germany: Conflict and Compromise, in: Michel Pifferi (Hrsg.), The Limits of Positivism: Movement for Criminal Law Reform in the West, 1870–1940, 2022, S. 42–73; auch *Christian Müller*, Verbrechensbekämpfung im Anstaltsstaat. Psychiatrie, Kriminologie und Strafrechtsreform in Deutschland 1871–1933, 2004.

1890 bis 1912): Erstens, auf die Debatten zur strafrechtlichen Behandlung der verminderten Zurechnungsfähigkeit – oft auch als Frage der Behandlung der „geistig Minderwertigen" bezeichnet – auf den Landesversammlungen 1903 und 1904, die dann auch zu einer Diskussion des Themas auf dem Deutschen Juristentag von 1905 führten; und zweitens, auf die Diskussion über die strafrechtliche Behandlung der sogenannten „unsozialen Elemente" – Rückfällige, gewohnheitsmäßige und gewerbsmäßige Verbrecher – im Vorentwurf und Gegenentwurf des StGB auf der eingangs erwähnten Landesversammlung 1911. Die Diskussionen zu diesen beiden zentralen kriminalpolitischen Fragen sind besonders gut geeignet, um sich ein Bild von den Diskussionen und Positionen innerhalb der deutschen Landesgruppe zu machen.

II. Die strafrechtliche Behandlung der verminderten Zurechnungsfähigkeit (1903–1905)

In den 1890er Jahren begann sich ein psychiatrischer Konsens abzuzeichnen, dass geistige Gesundheit und Geisteskrankheit keineswegs streng voneinander geschieden, sondern durch ein Kontinuum sogenannter „geistiger Minderwertigkeiten" miteinander verbunden seien – und dass diese bei Straftätern besonders häufig anzutreffen seien. Diese psychiatrische Lehrmeinung begann die gerichtliche Praxis in deutschen Gerichtssälen zu beeinflussen. So verdoppelte sich in den zehn Jahren zwischen 1895 und 1905 die Zahl der Angeklagten, die von den preußischen Gerichten unter psychiatrische Beobachtung gestellt wurden; und es häuften sich die Fälle, in denen Strafgerichte die Diagnose eines psychiatrischen Gutachters akzeptierten, dass der Angeklagte weder geisteskrank noch gesund, sondern „geistig minderwertig" sei. Da geistige Minderwertigkeit die Zurechnungsfähigkeit des Angeklagten zu mindern schien, betrachteten viele Gerichte sie als mildernden Umstand und verringerten das Strafmaß in den Fällen, in denen das Gesetz dies zuließ. Da die Diagnose der Minderwertigkeit immer häufiger gestellt wurde, riefen solche Strafminderungen der Gerichte öffentliche Kritik hervor.[6]

Diese Kritik, die in den 1890er Jahren begann, unterschied sich vom klassischen antipsychiatrischen Vorwurf, Psychiater würden Angeklagten

6 Siehe *Richard F. Wetzell*, Psychiatry and criminal justice in modern Germany, 1880-1933, Journal of European Studies 39 (2009), S. 270–289.

aus fadenscheinigen Gründen Unzurechnungsfähigkeit attestieren und ihnen damit zu einem Freispruch verhelfen. Denn die Öffentlichkeit hatte begonnen die Behauptung der Psychiater, dass geistige Defizite unter Straftätern weit verbreitet seien, zu akzeptieren. Aber die Überzeugung, dass viele Straftäter nicht voll zurechnungsfähig seien, machte die Aussicht auf ihre Entlassung nach einer reduzierten Strafe nur noch beunruhigender. Die Behandlung von sogenannten „Minderwertigen" durch die Strafjustiz wurde genau deshalb als problematisch empfunden, weil „minderwertige" Straftäter als weniger zurechnungsfähig, aber gleichzeitig als gefährlicher für die öffentliche Sicherheit galten.[7]

v. Liszt und die IKV hatten jahrelang auf den hohen Anteil an Wiederholungstätern hingewiesen, der zeigte, dass die existierenden Gefängnis- und Zuchthausstrafen viele Verurteilte nicht davon abhalten konnten, neue Straftaten zu begehen. Ihre Argumente hatten jedoch weder die Juristen noch die Öffentlichkeit davon überzeugen können, die unbefristete Verwahrung von Wiederholungstätern zu befürworten. Nun aber löste das Bild des „geistig minderwertigen" Straftäters Ängste aus, die der gewöhnliche Rückfalltäter nicht hervorgerufen hatte. Die Vorstellung, dass pathologische Faktoren bei kriminellem Verhalten eine Rolle spielten, beunruhigte die Öffentlichkeit mehr als die soziologischen und statistischen Erkenntnisse über die hohe Rückfallquote „normaler" Straftäter. Liszt und die IKV nutzten diese Gelegenheit, um ihre Sache voranzutreiben.

Da der geistige Zustand von sogenannten „Minderwertigen" nur teilweise beeinträchtigt war, griffen die Debatten über ihre rechtliche Behandlung eine ältere Debatte über die verminderte Zurechnungsfähigkeit auf. Diese frühere Debatte drehte sich um die Frage, ob das Strafgesetzbuch die binäre Unterscheidung, wonach Angeklagte entweder zurechnungsfähig oder unzurechnungsfähig waren, durch die Wiedereinführung einer Zwischenkategorie der „verminderten Zurechnungsfähigkeit" ergänzen sollte, die im deutschen Recht eine lange Geschichte hatte. Vor der deutschen Einigung im Jahr 1871 hatten die Strafgesetzbücher der meisten deutschen Staaten eine verminderte Zurechnungsfähigkeit anerkannt, die aber im Reichsstrafgesetzbuch (RStGB) von 1871 fehlte, weil das RStGB eng an das preußische

7 Zu den prominenten Gerichtsfällen, die diese Art von öffentlicher Kritik hervorriefen, gehörten der Dippold- und der Arenberg-Prozess. Siehe *Woldemar von Rohland*, Der Prozess Dippold. Eine juristische Betrachtung, DJZ 8 (1903), S. 486-488; *Carl Pelman*, Bemerkungen zu dem Prozesse des Prinzen Prosper Arenberg, Monatsschrift für Kriminalpsychologie und Strafrechtsreform 1 (1904), S. 60–63.

Strafgesetzbuch angelehnt war, das keine verminderte Zurechnungsfähigkeit kannte. Somit waren psychiatrische Sachverständige verpflichtet, die Frage der Zurechnungsfähigkeit mit „Ja" oder „Nein" zu beantworten. In der Praxis konnten sie, wenn sie den Angeklagten für vermindert zurechnungsfähig hielten, dies erwähnen, und der Richter konnte dies berücksichtigen; aber für viele Delikte waren gesetzlich keine mildernden Umstände vorgesehen.[8]

1898 legte der 1894 gegründete Forensisch-Psychiatrische Verein Dresden, ein Zusammenschluss von Juristen und Psychiatern, den ersten Entwurf eines Gesetzes über die verminderte Zurechnungsfähigkeit vor, der drei zentrale Bestimmungen enthielt. Erstens sollten „Straftäter, die sich zur Zeit der Tat in einem Zustand befanden, in dem die [freie] Willensbestimmung zwar nicht ausgeschlossen, aber doch erheblich eingeschränkt war", in den Genuss der gleichen Strafmilderung kommen wie jugendliche Straftäter.[9] Zweitens: Da die „eiserne Disziplin" der deutschen Gefängnisse den Minderwertigen schade, sollten sie ihre Strafe in speziellen Einrichtungen unter psychiatrischer Aufsicht verbüßen. Drittens: Wenn der Zustand der verminderten Zurechnungsfähigkeit chronisch sei und künftige Straftaten wahrscheinlich mache, solle der Straftäter über das Ende seiner Strafe hinaus interniert bleiben, solange die Gefahr bestehe, dass er weitere Straftaten begehe. Die Vereinigung ging davon aus, dass ein hoher Anteil der „unverbesserlichen Mehrfachrückfälligen" in diese Kategorie fallen würde.[10]

Die Veröffentlichung des Vorschlags des Forensisch-Psychiatrischen Vereins in juristischen und psychiatrischen Zeitschriften in den Jahren 1898/99 hatte zur Folge, dass die Frage der verminderten Zurechnungsfähigkeit auf

---

8 Zur Rechtsgeschichte des Begriffs der verminderten Zurechnungsfähigkeit siehe *Wilhelm Kahl*, Gutachten über die strafrechtliche Behandlung der geistig Minderwertigen, Verhandlungen des siebenundzwanzigsten Deutschen Juristentages, Bd.1, 1904, S. 138–184, insbesondere S. 152–155 auch S. 196–201; *Alfred Gottschalk* (Hrsg.), Materialien zur Lehre von der verminderten Zurechnungsfähigkeit, 1904, S. 24 f., S. 112–121; *F. Jolly*, Über geminderte Zurechnungsfähigkeit, Allgemeine Zeitschrift für Psychiatrie (= AZP) 44 (1888), S. 461–478; *Albert Weingart*, Die verminderte Zurechnungsfähigkeit, ZStW 19 (1899), S. 136–139; *Erardo Rautenberg*, Verminderte Schuldfähigkeit. Ein besonderer, fakultativer Strafmilderungsgrund?, 1984.

9 Protokolle der 28. Sitzung der Forensisch-psychiatrischen Vereinigung zu Dresden am 29. April 1897, der 30. Sitzung am 17. Juni 1897 und der 39. Sitzung am 30. Juni 1898, veröffentlicht in: AZP 56 (1899), S. 442–447, S. 451–452.

10 Protokoll der 39. Sitzung der Forensisch-psychiatrischen Vereinigung zu Dresden am 30. Juni 1898 in: AZP 56 (1899), S. 451–452; *Georg Ilberg*, Über verminderte Zurechnungsfähigkeit, AZP 56 (1899), S. 474–484; *Albert Weingart* (Fn. 8), S. 133–148.

die Tagesordnung verschiedener Vereinigungen – so des Verbands Deutscher Psychiater, der Rheinisch-Westfälischen Gefängnisgesellschaft und der deutschen Landesgruppe der IKV – gesetzt wurde.[11] Als die deutsche Landesgruppe der IKV im April 1902 in Bremen tagte, lud sie den Psychiater *Anton Delbrück*, Direktor der städtischen Irrenanstalt in Bremen, ein, einen Vortrag zum Thema „Verminderte Zurechnungsfähige und deren Verpflegung in besonderen Anstalten" zu halten, in dem er den Juristen in der IKV die neueren Debatten unter Psychiatern vermittelte.[12]

Durch diesen Vortrag angeregt, setzte die deutsche Landesgruppe – der vornehmlich Juristen, aber auch Strafvollzugsbeamte sowie einige Psychiater, angehörten – das Thema der verminderten Zurechnungsfähigkeit auf die Tagesordnung ihrer nächsten Jahresversammlung, die 1903 in Dresden stattfand. Dort präsentierte *Delbrück*, als erster Referent zum Thema, den Vorschlag des Dresdner Forensisch-Psychiatrischen Vereins, minderwertige Straftäter in speziellen gemischten Anstalten unterzubringen, in denen sie gleichzeitig bestraft und behandelt würden und, falls sie zu künftigen Straftaten neigten, auf unbestimmte Zeit in Verwahrung genommen werden sollten. *Franz v. Liszt*, als zweiter Referent zum Thema, plädierte dafür, dass Strafe und Behandlung nacheinander erfolgen sollten. Der geistig minderbemittelte Straftäter sollte zunächst eine reduzierte Strafe verbüßen, gegebenenfalls unter medizinischer Aufsicht, aber in einer regulären Strafvollzugsanstalt. Wenn der Straftäter als „gemeingefährlich" anzusehen sei, sollte auf diese Strafe die Einweisung in eine Heilanstalt folgen. Die Versammlung befürwortete *Liszts* Position und setzte eine kleine Kommission ein, der *Delbrück*, *v. Liszt* und *Friedrich Leppmann* (leitender Arzt am Gefängnis in

11 Die von der Dresdner Gesellschaft platzierten Artikel waren *Georg Ilberg* (Fn. 10) und *Albert Weingart* (Fn. 8). Zu den genannten Jahrestagungen siehe *Wollenberg*, Die Grenzen der strafrechtlichen Zurechnungsfähigkeit bei psychischen Krankheitszuständen, AZP 56 (1899), S. 615–637 (Vortrag auf der Tagung des Vereins der deutschen Irrenärzte, Halle, 21.–22. April 1899); *Carl Pelman* und *Finkelnburg*, Die verminderte Zurechnungsfähigkeit, 1903 (Vorträge auf der Tagung der Rheinisch-Westfälischen Gefängnisgesellschaft 1902); weitere Belege für ein erneutes Interesse an dem Thema finden sich in *Schrenck-Notzing*, Die Frage nach der verminderten Zurechnungsfähigkeit, ihre Entwicklung und ihr gegenwärtiger Standpunkt und eigene Beobachtungen, Archiv für Kriminalanthropologie und Kriminalistik 8 (1901), S. 57–83; *Gerlach*, Zur Revision des deutschen Strafgesetzbuches, AZP 60 (1903), S. 673–683; *Carl Pelman*, Strafrecht und verminderte Zurechnungsfähigkeit, Politisch-Anthropologische Revue 2 (1903/04), S. 63–72.

12 *Anton Delbrück*, Die vermindert Zurechnungsfähigen und deren Verpflegung in besonderen Anstalten, Mitteilungen der IKV 10 (1902), S. 628–648.

Berlin-Moabit), angehörten, um einen Gesetzesentwurf auszuarbeiten, der auf der nächsten Jahrestagung vorgelegt werden sollte.[13]

Während die IKV-Kommission im Herbst 1903 ihre Arbeit aufnahm, brachte ein vielbeachteter Prozess in Bayreuth das Problem der rechtlichen Behandlung geistig Minderwertiger an die Öffentlichkeit. Ein kleiner Junge war an den Folgen monatelanger grausamer körperlicher Misshandlungen durch seinen Erzieher, einen 24-jährigen Studenten namens *Andreas Dippold*, gestorben. Ein psychiatrisches Gutachten legte nahe, dass der Angeklagte geistig minderwertig sei, und dies schien der Hauptgrund dafür zu sein, warum das Gericht ihn zu acht Jahren Zuchthaus verurteilte, anstatt zur Höchststrafe von fünfzehn Jahren. Teile der Öffentlichkeit waren empört, vor allem in konservativen Kreisen. Nicht weil sie bezweifelten, dass der Angeklagte tatsächlich geistig minderwertig war, sondern weil das Urteil angesichts der Grausamkeit des Verbrechens zu milde erschien.[14]

Der Strafrechtsprofessor *Woldemar von Rohland*, der der klassischen Strafrechtsschule angehörte, kritisierte das Urteil in der „Deutschen Juristen-Zeitung" als viel zu milde, obwohl er nicht bezweifelte, dass der Angeklagte an geistigen Defekten litt. *v. Rohland* argumentierte, dass die Brutalität des Verbrechens die Verhängung der Höchststrafe erfordere, die durch Hungerrationen und körperliche Züchtigung noch verschärft werden solle. Im Übrigen, so *v. Rohland*, beweise die öffentliche Forderung nach einer härteren Strafe, dass das Gerechtigkeitsempfinden der Öffentlichkeit eher auf Vergeltung als auf Zweckstrafe und Schutz der Gesellschaft ausgerichtet sei.[15]

In einer Replik in der „Deutschen Juristen-Zeitung" entgegnete *v. Liszt*, dass es gerade die Logik der vergeltenden Gerechtigkeit sei, die eine geringere Strafe für diejenigen fordere, deren geistige Fähigkeiten beeinträchtigt seien. Die moderne Schule hingegen lege die Strafmaße strikt auf der Grundlage der künftigen Gefährlichkeit des Einzelnen fest, ohne Rücksicht

---

13 Protokoll der 9. Landesversammlung der deutschen Gruppe der IKV in Dresden, 4. bis 7. Juni 1903, in: Mitteilungen der IKV 11 (1904), S. 593–613. Siehe auch *F. Leppmann*, Die Eigenart des heutigen gewerbsmäßigen Verbrechertums, Mitteilungen der IKV 9 (1901), S. 149–171 (Vortrag auf der IKV-Landesversammlung in Straßburg im Jahr 1900) und *Delbrück* (Fn. 12).

14 Zum Dippold-Prozess siehe *Michael Hagner*, Der Hauslehrer. Geschichte eines Kriminalfalls, 2010. Der psychiatrische Sachverständige erklärte Dippold für „geistig minderwertig", aber rechtlich verantwortlich. Das Urteil erwähnte die Minderwertigkeit des Angeklagten nicht ausdrücklich als einen der mildernden Gründe.

15 *Woldemar v. Rohland*, Der Prozess Dippold: Eine juristische Betrachtung, Deutsche Juristen-Zeitung (=DJZ) 8 (1903), S. 486–488.

auf frühere Straftaten oder rechtliche Verantwortung. War die Milde der Gerichte in Fällen von Minderwertigen wie *Dippold* nicht der beste Beweis für den Bankrott der Vergeltungstheorie und die Richtigkeit des Schutzstrafe? Schließlich, so argumentierte *v. Liszt*, zeige die Tatsache, dass *v. Rohland* und das Bayreuther Gericht sich über die richtige Strafe uneinig waren, dass das Vergeltungsprinzip nicht in der Lage sei, Kriterien für die Strafzumessung zu entwickeln. *v. Liszt* schloss mit den Worten:

> „Getrost können wir jeden, dem die Gelehrsamkeit nicht den Blick für das Leben getrübt hat, vor die Wahl stellen: dort die Anhänger der Vergeltung, die einen Menschen wie Dippold Jahre hindurch im Zuchthaus halten, die Freiheitsstrafe durch Prügelstrafe schärfen und ihn dann nach Ablauf der Strafdauer wieder als wildes Tier auf die menschliche Gesellschaft loslassen; hier die Anhänger der Schutzstrafe, die den gemeingefährlichen Minderwertigen unschädlich machen und so die Gesellschaft von ihm und ihn vor sich selbst schützen wollen."[16]

Im Frühjahr 1904 veröffentlichte *v. Liszt* im Auftrag der IKV-Kommission einen Gesetzesentwurf zur verminderten Zurechnungsfähigkeit, der die von ihm im Jahr zuvor vorgeschlagene sequentielle Lösung darstellte. Alle vermindert zurechnungsfähigen Straftäter sollten zunächst eine gemilderte Strafe verbüßen; anschließend sollten diejenigen, die das Gericht nach Einholung eines Sachverständigengutachtens als „gemeingefährlich" erachtet, in „vorläufige Verwahrung" in „besonderen Abteilungen der Strafanstalten (...) unter ärztlicher Beaufsichtigung" genommen werden. Während frühere Vorschläge die unbefristete Verwahrung auf mehrfach vorbestrafte *Minderwertige* beschränkt hatten, ließ *v. Liszts* Entwurf die Rückfallerfordernis fallen und dehnte diese Maßnahme auf alle Minderwertigen aus, die als „gemeingefährlich" eingestuft wurden.[17] Explizit merkte *v. Liszt* an, dass für

16 *Franz v. Liszt*, Nochmals zum Falle Dippold, DJZ 8 (1903), S. 540–541. Ähnlich äußerte sich auch v. Liszts ehemaliger Schüler *Eduard Kohlrausch*, Der Kampf der Kriminalistenschulen im Lichte des Falles Dippold, Monatsschrift für Kriminalpsychologie und Strafrechtsreform 1 (1904), S. 16–25. Zum weiteren Verlauf der Kontroverse auf den Seiten der Deutschen Juristen-Zeitung siehe *Carl Stooss*, Zur Falle Dippold, DJZ 8 (1903), S. 517–518 und *Moritz Liepmann*, Vergeltungsstrafe und Zweckstrafe, DJZ 9 (1904), S. 93–98.

17 Spätere Diskussionen legten nahe, dass v. Liszt und andere die Mehrheit der minderwertigen Straftäter als „gefährlich" einstuften. In der Diskussion über v. Liszts Entwurf auf der IKV-Tagung in Stuttgart 1904 erklärte Karl Krohne: „Wie behandeln wir strafrechtlich die geistig Minderwertigen: (...). der überwiegend größte Teil ist gemeingefährlich." Mitteilungen der IKV 12 (1905), S. 269.

die Feststellung einer solchen Gemeingefährlichkeit keine Straftat notwendig sein sollte.

> „Gemeingefährlich im Sinne dieses Gesetzes ist dasjenige Individuum, von welchem, und zwar infolge seiner Geisteskrankheit oder seiner geistigen Minderwertigkeit, die Begehung strafbarer Handlungen zu besorgen ist. Die auf geistige Beschaffenheit zurückzuführende verbrecherische Neigung rechtfertigt das Einschreiten der Staatsgewalt. Die Anwendung dieses Begriffes wird der Rechtsprechung keine besonderen Schwierigkeiten bereiten. Mag auch das Vorliegen eines bereits begangenen Verbrechens der zuverlässigste Beweis für die verbrecherische Neigung sein, so wird doch in zahlreichen Fällen aus dem Gutachten der Sachverständigen ein sicherer Schluss auch dort sich ableiten lassen, wo es infolge günstiger äußerer Umstände noch nicht zur Begehung eines Verbrechens gekommen ist."[18]

Da die Verwahrung nicht an eine Straftat gebunden war, folgte, dass diese nicht von einem Strafrichter sondern von einem Vormundschaftsgericht in einem regulären Verfahren zur Feststellung der Geschäftsunfähigkeit angeordnet werden sollte.[19]

Als er seinen Entwurf auf der Jahrestagung der deutschen Landesgruppe der IKV im Juni 1904 in Stuttgart, an der ca. 85 IKV-Mitglieder teilnahmen, vorstellte, sagte *v. Liszt*, er rechne damit, dass sein Vorschlag, die Verwahrung auf Nicht-Straftäter auszuweiten, eine lebhafte Kontroverse auslösen werde. Bemerkenswerterweise rief dieser Aspekt von *v. Liszts* Vorschlag auf der Tagung jedoch keinerlei Kritik hervor. Dieses Ausbleiben von Kritik

---

18 *Franz v. Liszt*, Entwurf eines Gesetzes betreffend die Verwahrung gemeingefährlicher Geisteskranker und verminderter Zurechnungsfähiger, Mitteilungen der IKV 11 (1904), S. 637–658, 644.

19 *Franz v. Liszt*, Entwurf eines Gesetzes betreffend die Verwahrung gemeingefährlicher Geisteskranker (Fn. 18), S. 640; *ders.*, Vorentwurf eines Gesetzes betreffend die Verwahrung gemeingefährlicher Geisteskranker und verminderter Zurechnungsfähiger, Ärztliche Sachverständigenzeitung (15. Januar 1904 und 14. Februar 1904); *ders.*, Schutz der Gesellschaft gegen gemeingefährliche Geisteskranke und vermindert Zurechnungsfähige, Monatsschrift für Kriminalpsychologie und Strafrecht 1 (1904), S. 8–15. Siehe auch *Friedrich Oetker*, Entwurf eines Reichsgesetzes, betreffend die vorläufige Verwahrung und die Internierung gemeingefährlicher Geisteskranker und die Bestrafung, vorläufige Verwahrung und Internierung im Falle geminderter Schuldfähigkeit, Mitteilungen der IKV 12 (1905), S. 58–75. v. Liszt und die IKV organisierten auch eine Bibliographie und einen Sammelband mit Materialien zu diesem Thema, der als *Gottschalk*, Materialien zur Lehre von der verminderten Zurechnungsfähigkeit, 1904, veröffentlicht wurde.

zeigt, dass es innerhalb der deutschen Landesgruppe der IKV – sowohl unter den Juristen als auch unter den Psychiatern – einen weitreichenden Konsens gab, dass man die Rechte des Einzelnen beschneiden müsse, um den Schutz der Gesellschaft zu verbessern. Auf medizinischer Seite zeigte diese Haltung, dass viele Psychiater ihre Hauptaufgabe nicht mehr darin sahen, dem kranken Individuum zu helfen, sondern die Gesundheit und Sicherheit der Gesellschaft zu gewährleisten.[20] Bei den politisch liberalen, reformorientierten Strafrechtlern spiegelte diese Haltung einen Wandel in ihrem Verständnis des Liberalismus wider. Während der klassische Liberalismus den Schutz der Freiheit des Einzelnen gegen die Willkür der Staatsgewalt priorisierte, begannen Liberale wie *v. Liszt* jetzt dem Schutz der Gesellschaft mehr Bedeutung zuzumessen. Wie *v. Liszts* eigene Bedenken zeigten, bedeutete dies nicht, dass die Reformer bereit waren, grundlegende Garantien für die bürgerliche Freiheit aufzugeben; es bedeutete jedoch, dass sie bereit waren, dem Staat wesentlich mehr Macht zu geben.

Die Diskussion über *v. Liszts* Vorschläge auf der Tagung der deutschen Landesgruppe im Jahre 1904 offenbarte eine interessante Meinungsverschiedenheit über die Rolle humanitärer Erwägungen. Da Anhänger der Vergeltungsstrafe *v. Liszt* und der modernen Schule des Öfteren vorwarfen, dass ihre Vorschläge ein Übermaß an humanitärer Sorge um den Verbrecher widerspiegelten, sah *v. Liszt* in seinem Vorschlag die perfekte Gelegenheit, um zu demonstrieren, dass die moderne Schule härter gegen Verbrechen vorging als die Vergeltungstheoretiker der „klassischen Schule." Die von ihm vorgeschlagenen Maßnahmen gegen *Minderwertige*, so argumentierte er, griffen so tief in das Leben der Menschen ein, dass man kaum von Humanität sprechen könne.[21] Der zweite Redner der Tagung widersprach *v. Liszt* jedoch und zeigte damit die Existenz einer selbstbewussten humanitären Tradition innerhalb der Strafrechtsreformbewegung, die aus der Gefängnisreformbewegung hervorgegangen war. *Karl Krohne*, Leiter der Strafvollzugsbehörde im preußischen Innenministerium und Gründungsmitglied der IKV, vertrat nämlich die Auffassung, dass die unbe-

---

20 Siehe *Heinz-Peter Schmiedebach*, The Mentally Ill Patient Caught between the State's Demands and the Professional Interests of Psychiatrists, in: Manfred Berg/Geoffrey Cocks (Hrsg.), Medicine and Modernity. Public Health and Medical Care in Nineteenth and Twentieth-Century Germany, 1997, S. 99–119.

21 Protokoll der zehnten Landesversammlung der Deutschen Landesgruppe des IKV in Stuttgart, 25.–28 Mai 1904, in: Mitteilungen der IKV 12 (1905), S. 264–286, insbes. S. 267–268.

fristete Sicherungsverwahrung *minderwertiger* Straftäter in der Tat als ein humanitärer Akt der Nächstenliebe zu sehen sei, denn

> „Die Gesellschaft verfährt grausam mit diesen Leuten [geistig Minderwertigen]. Die Armenverwaltung wirft sie der Polizei in die Arme, die Polizei der Armenverwaltung, dann begehen Sie eine Straftat und werden in das Gefängnis geworfen. Die Armenverwaltung reibt sich die Hände: jetzt sind sie hinter Schloss und Riegel unschädlich und die Justizverwaltung muss die Kosten tragen. (...) Aus dem Gefängnis wandert [der geistig minderwertige Straftäter] auf die Vagabundenstraße, von da in das Korrektionshaus, in das Hospital, man wirft ihn herum bis er immer schlechter und minderwertiger wird."[22]

Daher, so schloss *Krohne*, wäre eine unbefristete Inhaftierung tatsächlich humaner.[23]

Der Hauptstreitpunkt der IKV-Tagung von 1904 betraf die Frage, ob Gewohnheitsverbrecher in den Genuss der vorgeschlagenen Bestimmungen kommen sollten oder nicht. *v. Liszts* Entwurf sah vor, dass die Bestimmungen dann gelten sollten, wenn die „Zurechnungsfähigkeit [des Täters] nicht ausgeschlossen, wohl aber erheblich vermindert ist", und bezeichnete die betreffenden Personen als „vermindert Zurechnungsfähige".[24] *Karl Krohne* bemängelte, dass der Begriff der verminderten Zurechnungsfähigkeit weder rechtlich noch medizinisch eindeutig definiert sei, und schlug daher die Verwendung des medizinischen Begriffs der „geistigen Minderwertigkeit" vor. Die in Erwägung gezogenen Sonderregelungen sollten seiner Meinung nach dann greifen, „wenn der Täter bei Begehung der strafbaren Handlung sich in einem andauernden Zustande geistiger Minderwertigkeit befunden hat, welcher das Verständnis für die Bestimmungen des Strafgesetzbuches oder die Widerstandskraft gegen strafbares Handeln verminderte."[25] Dieser Vorschlag rief heftige Einwände von *v. Liszt* hervor, der argumentierte, dass *Krohnes* Formulierung auch Gewohnheitsverbrecher einschließen würde, deren Widerstand gegen kriminelle Impulse zweifellos verringert sei. Aber wolle irgendjemand, so fragte *v. Liszt*, dass Gewohnheitsverbrecher in den

---

22 *Karl Krohne*, Protokoll der zehnten Landesversammlung der Deutschen Landesgruppe des IKV (Fn. 21), S. 267.

23 Protokoll der zehnten Landesversammlung der Deutschen Landesgruppe des IKV (Fn. 20), S. 267–268.

24 *Franz v. Liszt* (Entwurf eines Gesetzes, Fn. 18), S. 640.

25 Protokoll der zehnten Landesversammlung der Deutschen Landesgruppe des IKV (Fn. 20), S. 274.

Genuss der Bestimmungen des Gesetzentwurfs, wie z. B. der Strafmilderung, kämen? *v. Liszt* machte deutlich, dass er dies nicht wollte.[26]

Gustav Aschaffenburg teilte *v. Liszts* Einwand und nutzte seine medizinische Kompetenz, um *v. Liszts* Hypothese zu bestätigen, dass eine Formulierung mit Bezug auf geistige Minderwertigkeit auch Gewohnheitsverbrecher einschließen würde:

> „Eine genaue intellektuelle Prüfung und psychologische Analyse des Charakters unserer Verbrecherwelt zeigt uns, dass die Verbrecher fast durchweg intellektuell hinter dem Durchschnitte der Bevölkerung zurückbleiben, und zwar meist recht erheblich. Wir sehen ferner, dass sie haltlos und leicht bestimmbar (...) sind, kurz, wir können uns nicht verhehlen, dass sie durchweg geistig minderwertig sind im Vergleich mit den gesunden, vollwertigen Angehörigen gleicher Berufsklassen. Es müsste (...) eine entsprechende Frage des Verteidigers fast stets bejaht werden, und das entspricht doch wohl nicht dem was wir wollen."[27]

Überzeugt, dass die meisten Gewohnheitsverbrecher minderwertig seien, versuchten *Aschaffenburg* und *v. Liszt*, subtile Unterscheidungen zwischen zwei verschiedenen Arten von Minderwertigkeit einzuführen, um Gewohnheitsverbrecher von den Vorteilen des vorgeschlagenen Gesetzes auszuschließen. *Aschaffenburg* schlug vor, dass nur wirklich „pathologische" Minderwertigkeit für eine Strafminderung in Frage kommen sollte, nicht aber Minderwertigkeit aufgrund schlechter Erziehung oder anderer sozialer Umstände. Ein Jahr später, auf der internationalen Tagung der IKV 1905, erläuterte *v. Liszt* diese Unterscheidung wie folgt:

> „Wir können uns sehr gut denken, daß eine verminderte Zurechnungsfähigkeit (...) im Einzelfalle bei dem vor uns stehenden Angeklagten gegeben ist infolge äußerer Einwirkungen, infolge seines ganzen bisherigen Lebensganges, infolge etwa der Verwahrlosung, die er in Kindheit und Jugend erfahren, infolge des schlechten Verkehrs, in den er als Erwachsener hineingekommen ist ... etwa. Und wenn es sich nur darum handelt, daß infolge dieser äußeren Einwirkung ... eine Verminderung der Zurechnungsfähigkeit eingetreten ist, wenn es sich also um die un-

26 Protokoll der zehnten Landesversammlung der Deutschen Landesgruppe des IKV (Fn. 20), S. 274.

27 *Karl Krohne*, Protokoll der zehnten Landesversammlung der Deutschen Landesgruppe des IKV (Fn. 20), S. 275–276.

verbesserlichen Rückfälligen handelt, so spreche ich von ihnen an dieser Stelle nicht."[28]

Stattdessen sollten die Sonderbestimmungen seines Gesetzentwurfs nur für Personen gelten, deren Zurechnungsfähigkeit aus „inneren Gründen" vermindert war, d.h. als Folge eines „angeborenen sei es erworbenen physiologischen und psychischen Zustands".[29] Da der Begriff der Minderwertigkeit auf der Degenerationstheorie beruhte, die Anlagen und Milieu als untrennbare Faktoren des Degenerationsprozesses miteinander verband, war diese Unterscheidung zwischen „inneren" und „äußeren" Gründen der Minderwertigkeit nach den Maßstäben der medizinischen Wissenschaft der Zeit eigentlich unhaltbar.

In der Abstimmung über die vorgelegten Thesen lehnte die Versammlung *Krohnes* Vorschlag ab, den Begriff „geistige Minderwertigkeit" zu verwenden, und votierte für *v. Liszts* ursprüngliche Formulierung der „verminderten Zurechnungsfähigkeit". Damit drückte die Mehrheit auch ihre Zustimmung zu *v. Liszts* Position aus, dass Gewohnheitsverbrecher von den Bestimmungen des Gesetzes ausgenommen werden sollten.

Das Bestreben, Gewohnheitsverbrecher von den Bestimmungen über verminderte Zurechnungsfähigkeit auszuschließen, ist bemerkenswert, denn man hätte ja eigentlich annehmen können, dass *v. Liszt* und seine Kollegen in der IKV darauf bedacht gewesen wären, die Neuerungen des Gesetzesvorschlags auf eine möglichst große Kategorie von Straftätern auszuweiten. Schließlich spiegelte der Vorschlag im Grunde das wider, was sie für alle Straftäter forderten: eine unbefristete Verwahrung auf der Grundlage der Gefährlichkeit des Täters. Stattdessen zeigt sich, dass *v. Liszt* und die Mehrheit der Strafrechtsreformer in der IKV in gewisser Weise in der Logik der Vergeltung gefangen blieben. Denn sie wollten unbedingt verhindern, dass „gewohnheitsmäßige" Straftäter, deren „geistige Minderwertigkeit" angeblich durch ihr Milieu oder ihren Lebenswandel bedingt war, in den Genuss von Strafminderungen kämen.

v. Liszts „Entwurf eines Gesetzes betreffend die Verwahrung gemeingefährlicher Geisteskranker und vermindert Zurechnungsfähiger" wurde von der Landesversammlung der deutschen Landesgruppe einstimmig an-

---

28 *Franz v. Liszt*, Verhandlungen der Zehnten Internationalen Tagung der IKV in Hamburg (1905), Mitteilungen der IKV 13 (1906), S. 474–475.

29 *Franz v. Liszt*, Verhandlungen der Zehnten Internationalen Tagung der IKV (Fn. 28), S. 474–475.

genommen. Außerdem beschloss die Versammlung, eine Petition an den Bundesrat und den Reichstag zu richten, um auf der Grundlage des Entwurfs ein neues Gesetz auszuarbeiten.[30]

Außerhalb der IKV stieß *v. Liszts* Vorschlag jedoch auf zwei Arten von Kritik. Im ersten Heft der von Gustav Aschaffenburg 1904 begründeten „Monatsschrift für Kriminalpsychologie und Strafrechtsreform" kritisierte der Psychiater *Eugen Bleuler v. Liszts* Vorschlag, minderwertige Straftäter einer reduzierten Strafe zu unterwerfen, bevor sie in einer medizinischen Anstalt in Sicherungsverwahrung genommen werden. *v. Liszt* selbst hatte eingeräumt, dass diese Kombination von Strafe und Behandlung ein inkonsequenter Kompromiss mit dem Vergeltungsgedanken sei, verteidigte sie aber als notwendiges Zugeständnis an die herrschende populäre Auffassung von Gerechtigkeit.[31] *Bleuler* hingegen argumentierte, dass die Strafe den meisten „geistig minderwertigen" Straftätern schaden würde, und bestand deshalb darauf, dass Minderwertige überhaupt nicht bestraft, sondern als Kranke sofort in einer Anstalt untergebracht und behandelt werden sollten.[32]

Während *Bleuler* kritisierte, dass *v. Liszt* nicht weit genug ging, stellte der österreichische Staatsanwalt *Hugo Hoegel* wenige Monate später in der derselben Monatsschrift in Frage, ob geistig Minderwertige überhaupt privilegiert werden sollten. Warum, fragte *Hoegel*, sollten pathologische geistige Mängel gegenüber anderen mildernden Umständen wie besondere Verlockung oder Not bevorzugt werden? *Hoegel* wandte sich gegen die Annahme, dass Beeinträchtigungen der geistigen Gesundheit Strafmilderungen rechtfertigten, die man äußeren Umständen, wie z. B. dringender Not, nicht zubilligte.[33] Die Tatsache, dass *Hoegel* der einzige war, der diese Annahme in Frage stellte, zeigt, dass der besondere Status von Geisteskrankheit im vorherrschenden Rechtssystem eine starke Wirkung auf die Strafrechtsreformbewegung ausübte. Obwohl man hätte annehmen können, dass die Reformer aufgrund ihrer Auffassung, dass kriminelles Verhalten sowohl von biologischen als auch von sozialen Faktoren bestimmt werde, den

30 Protokoll der zehnten Landesversammlung der Deutschen Landesgruppe des IKV (Fn. 20), S. 265–266, S. 285–286.

31 *Franz v. Liszt* (Schutz der Gesellschaft gegen gemeingefährliche Geisteskranke, Fn. 18).

32 *Eugen Bleuler*, Zur Behandlung Gemeingefährlicher, Monatsschrift für Kriminalpsychologie und Strafrechtsreform 1 (1904), S. 92–99.

33 *Hugo Hoegel*, Die Behandlung der Minderwertigen, Monatsschrift für Kriminalpsychologie und Strafrechtsreform 1 (1904), S. 333–340.

Sonderstatus geistiger Krankheit in Frage stellen würden, bevorzugten auch sie weiterhin das entlastende Potenzial biologischer gegenüber sozialen Faktoren.

Drei Monate später, im September 1904, wurde die Frage der rechtlichen Behandlung minderwertiger Straftäter auf dem 27. Deutschen Juristentag aufgegriffen. Schon dies war ein Zeichen dafür, dass die kriminalpsychologische Forschung über den Kreis der Strafrechtsreformer hinaus in die Juristenschaft hineinwirkte. Denn anders als die IKV, die eine Organisation engagierter Strafrechtsreformer war, vertrat der Juristentag die gesamte deutsche Juristenschaft, unter denen viele Anhänger des Vergeltungsgedankens waren, die der modernen Schule *v. Liszts* kritisch gegenüberstanden. Im Vorfeld der Tagung verfasste *Wilhelm Kahl*, ein Kollege *v. Liszts* an der Juristischen Fakultät der Universität Berlin und gemäßigter Vergeltungstheoretiker, einen ausführlichen Bericht über die rechtliche Behandlung von geistig Minderwertigen. *Kahl* stimmte mit den Reformern darin überein, dass das Ziel der Reform nicht so sehr in der Verringerung der Strafen für geistig Minderwertige lag, sondern in der Individualisierung der Strafe entsprechend den besonderen medizinischen Bedürfnissen dieser Gruppe und, in vielen Fällen, in der Ergänzung ihrer Strafe durch eine unbefristete Verwahrung, die medizinische Behandlung mit dem Schutz der Gesellschaft verbinden würde. Diese Äußerung eines prominenten, wenn auch gemäßigten Mitglieds des vergeltungstheoretischen Lagers zeigt, wie weitreichend der juristische Mainstream sowohl die Behauptung der Kriminalpsychologie, dass es eine hohe Zahl geistig minderwertiger Straftäter gebe, als auch die Forderung der Reformer nach präventiven Maßnahmen auf der Grundlage der Gefährlichkeit eines Straftäters akzeptiert hatte.

Kahls Vorschlag war eine implizite Antwort auf *Bleuler* und andere Kritiker von *v. Liszts* IKV-Entwurf, die vorgebracht hatten, es sei unzulässig, Minderwertige zunächst mit der Begründung zu inhaftieren, sie seien gesund genug, um eine reguläre Strafe zu verbüßen, und sie dann mit der Begründung zu internieren, ihr Gesundheitszustand stelle eine Gefahr für die Öffentlichkeit dar. Um diesen Widerspruch zu vermeiden, schlug *Kahl* vor, minderwertige Straftäter in zwei Kategorien einzuteilen: solche, die in der Lage seien, eine reguläre Freiheitsstrafe zu verbüßen und keiner zusätzlichen Verwahrung bedürften, und solche, die nicht in der Lage seien, eine reguläre Strafe zu verbüßen und aufgrund ihrer Gefährlichkeit und ihres Gesundheitszustands in unbefristete Sicherungsverwahrung zu nehmen seien. Straftäter der ersten Kategorie würden ihre verkürzte Strafe in einer regulären Haftanstalt verbüßen und dann entlassen werden. Straftäter der zweiten Kategorie würden sofort in eine gemischte strafvollzugsmedizinische Einrichtung eingewiesen, in der sie so lange verbleiben würden, wie sie gefährlich erschienen.[34]

In der Diskussion gelang es dem Gefängnisarzt *Friedrich Leppmann*, *Kahl* davon zu überzeugen, die Kombination von Strafe und Behandlung in hybriden strafmedizinischen Einrichtungen aufzugeben. Stattdessen sollten „gefährliche" minderwertige Straftäter zunächst ihre Haftstrafe verbüßen, bevor sie auf unbestimmte Zeit in einer Irrenanstalt untergebracht wurden. In dieser Form ähnelte die Resolution des Juristentags dem Vorschlag *v. Liszts*, der drei Monate zuvor von der deutschen Sektion der IKV angenommen worden war.

Die Empfehlungen des Juristentages und der IKV führten nicht zu einer sofortigen Sondergesetzgebung über die rechtliche Behandlung von Minderwertigen, da sowohl das Reichsjustizministerium als auch das preußische Justizministerium eine solche Gesetzgebung ablehnten. Trotz der Skepsis der Behörden bildeten die Vorschläge von IKV und Juristentag zur Einführung der „verminderten Zurechnungsfähigkeit" und der Behandlung minderwertiger Straftäter jedoch die Grundlage für die entsprechenden Bestimmungen der Strafgesetzentwürfe, die von 1906 bis 1914 und erneut in der Weimarer Republik von amtlichen Strafvollzugskommissionen erarbeitet wurden.

Die Debatten von 1904 der deutschen Landesgruppe der IKV und des Deutschen Juristentags über die rechtliche Behandlung von Minderwertigen verdeutlichen eine Reihe wichtiger Punkte. Erstens zeigt die Zustimmung des Juristentags zu *Kahls* Vorschlägen für die besondere Behandlung von Minderwertigen, dass *v. Liszt* und die IKV einen bedeutenden Einfluss auf den Mainstream der deutschen Juristenschaft entwickelt hatten. Die Mehrheit der auf dem Juristentag versammelten Juristen akzeptierte nicht nur die Lehrmeinung der kriminologisch forschenden Psychiater, dass Minderwertigkeit ein erhebliches Problem unter Straftätern darstellte, sondern auch die Forderung der IKV, dass minderwertige Straftäter aufgrund ihrer individuellen Gefährlichkeit eine besondere Behandlung erfahren sollten. Die Diskussion der Frage, wie diese besondere Behandlung aussehen sollte, wurde von drei gegensätzlichen Forderungen beherrscht: Die Logik der vergeltenden Gerechtigkeit verlangte, dass Personen, deren

34 *Wilhelm Kahl* (Gutachten DJT, Fn. 8), S. 137–248, insbesondere S. 141, 199, 208, 233, 236, 247.

Zurechnungsfähigkeit durch eine psychische Störung gemindert war, eine geringere Strafe erhalten sollten; die Anerkennung ihrer psychischen Störung legte nahe, dass Minderwertige medizinisch behandelt werden sollten; schließlich führte die Überzeugung, dass minderwertige Straftäter mit größerer Wahrscheinlichkeit in Zukunft wieder straffällig werden würden, zur Forderung, dass sie zum Schutz der Gesellschaft in unbefristete Verwahrung zu nehmen seien.

Es ist aufschlussreich, wie diese widersprüchlichen Forderungen verhandelt wurden. Während die meisten Psychiater in diesen Debatten – darunter *Emil Kraepelin*, *Eugen Bleuler* und *Friedrich Leppmann* – kategorisch darauf bestanden, dass Minderwertige eine medizinische Behandlung erhalten und von der Strafe befreit werden sollten, waren die Anhänger der Vergeltungstheorie generell nicht bereit, den minderwertigen Straftätern zu erlauben, sich jeglicher Strafe zu entziehen. In dieser Situation war die Position von *Liszt* und der Mehrheit seiner Kollegen in der deutschen Landesgruppe der IKV entscheidend. Im Bestreben, einen Kompromiss mit den Anhängern der Vergeltungstheorie zu schließen, ließen sie die Forderung nach medizinischer Behandlung *anstelle* von Gefängnis fallen und erklärten sich bereit, Minderwertige eine reduzierte Gefängnisstrafe verbüßen zu lassen, wenn die andere Seite im Gegenzug zustimmte, dass „gefährliche" Minderwertige nach Verbüßung ihrer Strafe auf unbestimmte Zeit inhaftiert würden. Der Charakter dieses Kompromisses zeigt, dass es den Strafrechtsreformern in der deutschen Landesgruppe der IKV vorrangig um den Schutz der Gesellschaft – und nicht um eine humanere Behandlung des einzelnen Straftäters – ging. Denn die gewählte Lösung – Gefängnishaft und anschließende unbefristete Unterbringung in einer Anstalt – brachte für minderwertige Straftäter das Schlechteste aus beiden Welten mit sich: Obwohl ihre psychische Störung einerseits nicht als so schwerwiegend angesehen wurde, dass sie von einer Gefängnisstrafe befreit werden konnten, wurde sie andererseits doch also so schwerwiegend angesehen, dass eine unbefristete Unterbringung gerechtfertigt war. In der Reformagenda der Strafrechtsreformer in der deutschen Landesgruppe der IKV dienten die Ergebnisse kriminalpsychologischer Forschung in erster Linie dazu, die Ausweitung staatlicher Eingriffe zu rechtfertigen, und nicht dazu, die strafrechtliche Sanktion in eine therapeutische zu verwandeln.

III. Die strafrechtliche Behandlung der „unsozialen Elemente". Die Tagung der deutschen Landesgruppe von 1911 und die Debatte über Rückfälligkeit, gewerbs- und gewohnheitsmäßige Straftäter, sichernde Maßnahmen und unbestimmte Verurteilung

Nach der Veröffentlichung der Protokolle der amtlichen Sachverständigenkommission zur Reform des Strafprozessrechts im Jahre 1905 ging es auf den drei nächsten Tagungen der Deutschen Landesgruppe (1906, 1908 und 1909) um die Reform des Strafprozesses, die allerdings – obwohl die Regierung im März 1909 dem Reichstag den Entwurf für eine Gesamtreform des Strafprozessrechts zukommen ließ – scheiterte. Indessen schritt die Reform des materiellen Strafrechts voran. Nachdem das Reichsjustizamt 1909 den von einer Sachverständigenkommission erarbeiteten amtlichen „Vorentwurf zu einem deutschen Strafgesetzbuch" vorgelegt hatte, beschloss die deutsche Landesgruppe der IKV ihre nächste, für 1911 angesetzte Tagung der Diskussion des Vorentwurfs zu widmen. Als diese Tagung im April 1911 in Berlin stattfand, lag auch schon der „Gegenentwurf" vor, der von drei Mitgliedern der deutschen Landesgruppe – den Strafrechtsprofessoren *Franz v. Liszt*, *James Goldschmidt*, und *Karl v. Lilienthal* – zusammen mit *Wilhelm Kahl*, erarbeitet worden war. Drei der Autoren des Gegenentwurfs (*v. Liszt*, *Kahl* und *Goldschmidt*) lehrten an der Juristischen Fakultät der Universität Berlin und waren auf der Berliner IKV-Tagung anwesend.

Wie anfangs erwähnt, bewertete *Franz v. Liszt* in seinem einleitenden Referat auf dieser Tagung den amtlichen Vorentwurf von 1909 als „unerwartet reiche Erfüllung" der kriminalpolitischen Forderungen der IKV. Dies bedeutete selbstverständlich nicht, dass es keine Kritikpunkte gab, wie schon die Ausarbeitung eines „Gegenentwurfs" zeigte. Unmittelbar nach *v. Liszts* Referat ergriff sein Berliner Kollege *Wilhelm Kahl* das Wort, der der IKV-Tagung als Gast beiwohnte; er war kein Mitglied der IKV. *Kahl* wies darauf hin, dass er bereits

> „seit dem Jahre 1902 gemäß einer gemeinschaftlichen Erklärung mit Herrn von Liszt der Überzeugung gewesen [sei], dass für die bevorstehende große legislative nationale Aufgabe der Schulenstreit allerdings zurückzutreten habe." [35]

35 *Wilhelm Kahl*, Diskussionsbeitrag auf der 14. Landesversammlung der Landesgruppe Deutsches Reich, Mitteilungen der IKV 18 (1911), S. 261 f.

Obwohl er an seiner „grundsätzlichen Stellung zur prinzipiellen Frage der Probleme des Strafrechts nichts geändert habe", habe er doch „aus dieser gemeinschaftlichen Arbeit viel Nutzen und Gewinn ziehen können" und wolle hervorheben,

> „dass die Verdienste der modernen Schule, die ja doch als eine Mutter der IKV bezeichnet werden kann, auch von den Vertretern der klassischen Schule wohl voll anerkannt werden können und müssen."[36]

Die Diskussion des Vorentwurfs (und des Gegenentwurfs) auf der dreitägigen Tagung von 1911, an der ungefähr 75 IKV-Mitglieder teilnahmen und deren Verhandlungen fast 300 gedruckte Seiten füllen, war in vier Referaten organisiert. Auf ein einleitendes Referat über den Vorentwurf *v. Liszts* folgten drei thematische Referate, deren Diskussion jeweils ein Tag gewidmet war: ein Referat über Freiheitsstrafen und Strafvollzug, eines über die Behandlung der „unsozialen Elemente", und schließlich ein Referat über die Behandlung der Jugendlichen.

Am aufschlussreichsten für das Verständnis des kriminalpolitischen Diskurses in der Deutschen Landesgruppe ist die Diskussion über die Behandlung der „unsozialen Elemente" – d.h. Rückfällige, gewohnheitsmäßige und gewerbsmäßige Verbrecher – die hier analysiert werden soll. Das Referat zu diesem Thema wurde von *Wolfgang Mittermaier* (1867–1956), Enkel des berühmten Juristen *Karl Josef Anton Mittermaier* (1787–1867), gehalten. *Mittermaier* war 1897 der IKV beigetreten und lehrte seit 1903 an der Juristischen Fakultät in Gießen. Wie sein Großvater, konzentrierte sich *Mittermaier* in Forschung und Lehre auf Strafrecht und Gefängniskunde.[37]

1. Gewohnheitsverbrecher und gewerbsmäßige Verbrecher

In seinem Referat erklärte *Mittermaier*, dass er vier Klassen von „Unsozialen" unterschied: Erstens, die „gefährlichen geistigen Anormalen"; zweitens, Bettler, Landstreicher und Arbeitsscheue; drittens, „Haltlose", sogenannte Gewohnheitsverbrecher; viertens, „positiv Asoziale", d.h. „berechnende, gewerbsmäßige" Verbrecher. Das Referat und die Diskussion konzentrierten sich im Wesentlichen auf die letzten beiden Gruppen: gewohnheitsmäßige und gewerbsmäßige Verbrecher. Der Vorentwurf eines StGB von 1909 ging

---

36 *Wilhem Kahl* (Fn. 33), S. 261 f.

37 Zu Mittermaier siehe *Jochen Wolf*, Das Leben und das strafrechtliche Werk Wolfgang Mittermaiers, 1998.

bei diesen beiden Gruppen von Straftätern von einer erhöhten Schuld aus und belegte sie deshalb mit einer Strafverschärfung. § 89 des Vorentwurfs bestimmte:

> „Begeht jemand, der schon vielfach, mindestens aber fünfmal, wegen Verbrechen oder vorsätzlicher Vergehen mit erheblichen Freiheitsstrafen, darunter mindestens einmal Zuchthaus, bestraft ist und die letzte Strafe vor nicht länger als drei Jahren verbüßt hat, aufs neue ein Verbrechen oder vorsätzliches Vergehen, das ihn in Verbindung mit seinen Vorstrafen als gewerbs- oder gewohnheitsmäßigen Verbrecher erscheinen lässt, so ist, wenn die Tat ein Verbrechen ist, auf Zuchthaus nicht unter fünf Jahren und, wenn sie ein Vergehen ist, auf Zuchthaus von zwei bis zu zehn Jahren zu erkennen. (...) Die aufgrund dieses Paragraphen Verurteilten werden in besonderen, für sie ausschließlich bestimmten Strafanstalten verwahrt."[38]

Mittermaier kritisierte die Annahme des Vorentwurfs, „dass jede Gewerbs- oder Gewohnheitsmäßigkeit eine erhöhte Schuld bedeute". Er vermisse im Vorentwurf „jegliche Begründung für die Behauptung der höheren Schuld der unsozialen Elemente."[39] „Schuld, so wie wir sie verstehen und wie sie auch der [Vorentwurf] sonst versteht" sei „von der Einzeltat nicht loszulösen; sie [sei] mit der allgemeinen Gesinnung zwar eng verbunden, aber nicht identisch (...)". Weil sich aus der Gewerbs- oder Gewohnheitsmäßigkeit keine erhöhte Schuld ableiten ließe, könne das Strafrecht gewerbs- und gewohnheitsmäßigen Verbrechern auch nicht mit einer erhöhten Schuldstrafe beikommen, sondern müsse gegen sie „sichernde Maßnahmen" ergreifen, die nicht durch erhöhte Schuld, sondern durch eine „gefährliche Gesinnung" gerechtfertigt würden.[40] Diese Gefährlichkeit allerdings liege nicht immer vor. Insbesondere bei „haltlosen, willensschwachen, unsteten Verbrechern", die man üblicherweise Gewohnheitsverbrecher nenne, für die *Mittermaier* aber die Bezeichnung „haltlos-schwache Zustandsverbrecher" bevorzugte, sei es – so *Mittermaier* – weder gerechtfertigt, von erhöhter Schuld zu sprechen, noch durchweg Gefährlichkeit anzunehmen.

---

38 Vorentwurf zu einem Deutschen Strafgesetzbuch, bearbeitet von der hierzu bestellten Sachverständigen-Kommission. Veröffentlicht auf Anordnung des Reichs-Justizamts. 1909, S. 18–19.

39 *Wolfgang Mittermaier*, Die Behandlung der unsozialen Elemente im Vorentwurf, Referat auf der 14. Landesversammlung der Landesgruppe Deutsches Reich der IKV zu Berlin, Mitteilungen der IKV 18 (1911), S. 335–360, hier S. 339.

40 *Wolfgang Mittermaier* (Fn. 37), S. 340, 343.

> „Bei Ihnen von erhöhter Schuld zu sprechen, ist ganz verkehrt. Dann muss man jede natürliche Charakterschwäche Schuld nennen. Hier zeigt sich der große psychologische Fehler unseres Entwurfes. Aber sichern müssen wir uns gegen sie oft genug. Nicht immer, denn gerade unter ihnen gibt es so harmlose Naturen, vielleicht mehr als bei den Landstreichern, dass wir ihre Fehler ruhig ertragen können. Auch das ist dem Vorentwurf zum Vorwurf zu machen, dass er diese wichtige Unterscheidung nicht kennt."[41]

Anders bei den „berechnenden gewerbsmäßigen" Verbrechern:

> „Gegen diese Leute hilft uns nur die Sicherung. Sie sind stets gefährlich; sie begnügen sich nicht mit harmlosen Kleinigkeiten. (...) Aber so sehr ich hier regelmäßig von erhöhter Schuld sprechen kann, so entschieden trete ich auch hier für ein Ablassen von jeder mit der reinen Sicherung und Disziplin nicht notwendig verbundenen Härte ein. Auch hier ist diese auf die Dauer grausam, ja direkt schädlich, da sie immer mehr verbittert. Ich sehe nicht ein, warum nicht auch diese Leute abends eine Pfeife, ja am Sonntag einen Schoppen Bier haben sollen (...)."[42]

In seinen Thesen forderte *Mittermaier* deshalb sowohl für „haltlose" als auch für „gewerbsmäßige" Kriminelle „einheitliche, mit der Strafe systematisch zu verbindende Sicherungsnachhaft, aber nur bei Gemeingefährlichkeit. Zu verwerfen ist der Gedanke des [Vorentwurfs], dass diese Klassen stets erhöht schuldig und daher streng zu bestrafen seihen."[43] Das entscheidende Kriterium für die Sicherungsnachhaft sollte nicht eine bestimmte Zahl von Rückfällen, sondern die Gefährlichkeit sein. Gerade weil man sich aber bei der „Diagnose" der Gefährlichkeit „täuschen könne", müsse „jede Sicherung die Möglichkeit probeweiser Entlassung im weitesten Umfang besitzen."[44]

Nach den Debatten über diese Fragen auf den internationalen Tagungen der IKV, war *Mittermaier* bewusst, dass es – insbesondere bei den französischen und russischen Juristen in der IKV – erhebliche Bedenken dagegen gab, die Sicherungsmaßregeln nicht am konkreten juristischen Kriterium des Rückfalls sondern an einer Prognose von Gefährlichkeit festzumachen. Aber er teilte diese Bedenken nicht:

41 *Wolfgang Mittermaier* (Fn. 37), S. 349.
42 *Wolfgang Mittermaier* (Fn. 37), S. 351.
43 *Wolfgang Mittermaier* (Fn. 37), S. 360.
44 *Wolfgang Mittermaier* (Fn. 37), S. 354.

> „Ich bin (...) in der Frage nach der Feststellung der Unsozialität nicht sehr ängstlich und verstehe die Furcht insbesondere der Franzosen hierin nicht; erstlich wird schon kein Richter in einer so schwerwiegenden Frage leichtsinnig sein, und sodann hilft unter allen Umständen die ständige Nachprüfung aus."[45]

Unmittelbar im Anschluss an *Mittermaiers* Referat stellte *James Goldschmidt* die relevanten Bestimmungen des von ihm mitverfassten Gegenentwurfs vor. *Goldschmidt* lehrte seit 1901 als Privatdozent und seit 1908 als außerordentlicher Professor für Zivilprozess, Strafrecht und Strafprozess an der Juristischen Fakultät der Berliner Universität. Er stand im sogenannten Schulenstreit auf der Seite der modernen Schule und betonte den Besserungs- und Sicherungsgedanken; 1908 hatte er für die „Vergleichende Darstellung des deutschen und ausländischen Strafrechts" das Kapitel über „Strafen und verwandte Maßregeln" geschrieben.[46]

Goldschmidt wies zunächst darauf hin, dass auch der Gegenentwurf die Gewerbs- und Gewohnheitsmäßigkeit als Strafschärfungsgrund benutzte. Der zentrale Unterschied zwischen Vorentwurf und Gegenentwurf in Bezug auf die Behandlung der gewerbs- oder gewohnheitsmäßigen Straftäter bestand *Goldschmidt* zufolge darin, dass der Gegenentwurf, nach Verbüßung der Strafe, Verwahrung auf unbestimmte Zeit in einer Verwahrungsanstalt vorsah, allerdings nur unter den „größtmöglichen Kautelen", nämlich nur wenn drei Kriterien gleichzeitig erfüllt waren: Rückfall, Gewerbs- und Gewohnheitsmäßigkeit und Gemeingefährlichkeit.[47] Die relevante Bestimmung in § 98 des Gegenentwurf lautete:

> „Begeht jemand, der schon vielfach, mindestens aber fünfmal, wegen Verbrechen oder vorsätzlicher Vergehen Freiheitsstrafe, darunter mindestens einmal Zuchthaus, erlitten (...) hat, aufs neue ein Verbrechen oder vorsätzliches Vergehen, das ihn in Verbindung mit seinen Vorstrafen als gewerbs- oder gewohnheitsmäßigen und für die Rechtssicherheit gefährlichen Verbrecher erscheinen lässt, so kann das Gericht neben der Strafe auf Unterbringung des Verurteilten in eine[r] Verwah-

---

45 *Wolfgang Mittermaier* (Fn. 37), S. 354 f.

46 *Martin Heger*, James Goldschmidt (1874–1940), in: Stefan Grundmann et.al. (Hrsg.) Festschrift 200 Jahre Juristische Fakultät der Humboldt-Universität zu Berlin, 2010, S. 477–495.

47 *James Goldschmidt*, Diskussionsbeitrag auf der 14. Landesversammlung der Landesgruppe Deutsches Reich, Mitteilungen der IKV 18 (1911), S. 361 f., 366.

> rungsanstalt erkennen. (...) Aufgrund der gerichtlichen Entscheidung hat die Landespolizeibehörde für die Unterbringung zu sorgen. (...) Die Landespolizeibehörde bestimmt auch über die Dauer der Verwahrung und über die Entlassung."[48]

Interessant ist, dass *Goldschmidt*, im Gegensatz zu *Mittermaier* – der die staatsbürgerlichen Bedenken „der Franzosen" nicht teilte – ausdrücklich darauf hinwies, dass die Aufnahme des Rückfalls als drittes Kriterium im Gegenentwurf dem „Gedanken der staatsbürgerlichen Freiheit" „Rechnung tragen" sollte.[49]

Was die Zielgruppe der Verwahrung in einer Sicherungsanstalt betraf, erklärte *Goldschmidt*, ging der Gegenentwurf wesentlich über den Vorentwurf hinaus:

> „Während der § 89 des Vorentwurfs immer nur von der großen Kriminalität ausgeht, haben wir im § 98 dafür gesorgt, dass die sichernde Verwahrung auch für die kleine Kriminalität fruchtbar gemacht werden kann. (...) Wir haben von vornherein damit gerechnet, dass nicht nur die großen Kriminellen in diese Verwahrungsanstalt gebracht werden können, sondern auch die kleinen."[50]

Die auf *Mittermaiers* und *Goldschmidts* Referate folgende Diskussion auf der Landesversammlung von 1911 drehte sich vor allem um drei Themen: den Schuldbegriff; das Verhältnis von Strafe und Sicherungsverwahrung; und die Ausgestaltung der Sicherungsverwahrung. Zum Schuldbegriff wurden diametral entgegengesetzte Meinungen geäußert. Der deutschösterreichische Jurist *Wenzel Graf von Gleispach*, Professor des Strafrechts in Prag, konnte *Mittermaiers* Meinung, dass Gewohnheitsmäßigkeit und Gewerbsmäßigkeit „keine Momente erhöhter Schuld" seien, nicht teilen. Stattdessen vertrat er den Standpunkt, „dass eben die individuellen Faktoren, die individuellen Ursachen des Verschuldens, dass also die Charakteranlagen des Täters mitbestimmend sind für die Größe der Schuld."[51] Auch *Ernst Delaquis*, Privatdozent an der Universität Berlin, und enger Mitarbeiter *v. Liszts*, konnte der Auffassung der Kollegen *Mittermaier* und *Kriegsmann*, „dass die Schuld in der Einzeltat basiere" nicht zustimmen.

48 Gegenentwurf zum Vorentwurf eines deutschen Strafgesetzbuchs, aufgestellt von W. Kahl, K. v. Lilienthal, F. v. Liszt, J. Goldschmidt, 1911, S. 32 f.
49 *James Goldschmidt*, Diskussionsbeitrag, in: (Fn. 47), S. 366.
50 *James Goldschmidt*, Diskussionsbeitrag, in: (Fn. 47), S. 368.
51 *Wenzel v. Gleispach*, Diskussionsbeitrag, in: (Fn. 47), S. 370.

Dies sei weder der Standpunkt des Vorentwurfs noch der „Standpunkt der Theorie“ im allgemeinen.“[52]

Es muss als bemerkenswert gelten, dass zwanzig Jahre nach der Gründung der IKV in der deutschen Landesgruppe immer noch kein Konsens darüber bestand, ob belastende Charakteranlagen oder Lebensführung – oft als „gewohnheitsmäßige“ oder „gewerbsmäßige“ Kriminalität bezeichnet – die strafrechtliche Schuld erhöhten oder nicht. Außerdem bestand auch kein Konsens darüber, ob und in welcher Weise der Schuldgedanke mit dem Sicherungsgedanken zu kombinieren sei. Während *Mittermaier* insistierte, dass man sich hüten müsse, „bei dem Sicherungsgedanken den Schuldgedanken mit hereinzuziehen“, verwandte der Gegenentwurf Gewerbs- und Gewohnheitsmäßigkeit gleichzeitig als Kriterium für erhöhte Schuld und als Kriterium für sichernde Verwahrung.[53]

2. Strafe und Sicherungsverwahrung

Das zweite große Thema der Debatte war das Verhältnis von Strafe und Sicherungsverwahrung. Der Vorentwurf von 1909 kannte nur die Strafschärfung für rückfällige, gewohnheits- oder gewerbsmäßige Kriminelle; der Gegenentwurf von 1911 führte die Sicherungsverwahrung als zusätzliche Maßnahme ein, die nach der Strafe anzuwenden ist (die sogenannte Zweispurigkeit). In seinem Diskussionsbeitrag bezeichnete *v. Liszt* die unbestimmte Verurteilung unverhohlen als sein eigentliches Ziel und charakterisierte die Einführung von sichernden Maßnahmen als pragmatischen Kompromiss:

> „Unbestimmte Verurteilung setzen wir heute nicht durch. Ich bedaure das sehr lebhaft, aber wir setzen sie eben nicht durch. Unbestimmte sichernde Maßnahmen können wir heute durchsetzen. Folglich ist der Ausweg aus den gegebenen Schwierigkeiten der, den wir in unserem Gegenentwurf gewählt haben.“[54]

Dieses Eingeständnis *v. Liszts* rief bei *Carl Finkelnburg*, Direktor der Strafanstalt Moabit (und später Präsident des Strafvollzugsamtes in Berlin), die Besorgnis vor, dass die Sicherungsverwahrung am Ende nicht viel anders ausgestaltet sein würde als die Strafe:

---

52 *Ernst Delaquis*, Diskussionsbeitrag, in: (Fn. 47), S. 380.
53 *Wolfgang Mittermaier*, Diskussionsbeitrag, in: (Fn. 47), S. 375.
54 *Franz v. Liszt*, Diskussionsbeitrag, in: (Fn. 47), S. 384.

> „Nun hören wir gerade (...), dass Herr Geheimrat von Liszt sagte: was wir mit der Sicherung erstreben, das ist eigentlich, wenn wir so ganz unser Herz öffnen, doch eine Strafe. (Geheimrat Professor Dr. von Liszt: Das habe ich schon oft gesagt.) Ja damit meine ich, dass das, was zu der Einführung dieses Instituts geführt hat, worauf ich vor allem Wert lege, den Geist der Handhabung dieses Instituts, wie ich fürchte, beeinflussen und entscheidend bestimmen wird, dass man es nämlich als Strafe betrachtet. Diese Sicherung würde also in der Praxis und sogar ganz leise versteckt ja schon in der Theorie, eine ganz ungeheure Strafverschärfung bedeuten."[55]

Und mit dieser Strafverschärfung für eine sehr große Kategorie von Straftätern war der Strafanstaltsdirektor *Finkelnburg* ganz und gar nicht einverstanden, eine Position die auch *Mittermaier* vertrat. Die Position, dass sich die sichernde Verwahrung von der Strafe unterscheiden sollte, vertrat auf der Tagung auch *Carl Krohne*, der Dezernent für das Gefängniswesen im preußischen Ministerium des Innern:

> „Mir liegt bei der Sicherungsnachhaft oder bei der besonderen Behandlung der unsozialen Elemente alles fern, was irgend an Vergeltung oder Rache oder wie sie es sonst nennen wollen, erinnert. Für mich hat diese Sache nur die Bedeutung: wie können wir die Menschen, nachdem sie ihre Strafe abgesessen haben, wieder in das geordnete soziale Leben einführen? Es ist für mich eine Maßnahme der Resozialisierung (...)."[56]
> „Wenn Sie Sicherungsmaßnahmen schaffen wollen (...) halten Sie den Gedanken fest; nicht um der Sicherheit willen allein und um etwa die Strafe noch intensiver zu gestalten, sondern um der Barmherzigkeit willen. Wenn wir keine Barmherzigkeit gegen die Leute üben, können wir auch keine Barmherzigkeit von ihnen verlangen."[57]

3. Sichernde Verwahrung

Und damit sind wir beim dritten großen Thema, das in der Diskussion der deutschen Landesgruppe immer wieder aufschien: der Frage der Ausgestaltung der sichernden Verwahrung. In dieser Frage gab es im Grunde genommen zwei entgegengesetzte Positionen. Die erste Position wurde am

55 *Finkelnburg*, Diskussionsbeitrag, in: (Fn. 47), S. 407 f.
56 *Carl Krone*, Diskussionsbeitrag, in: (Fn. 47), S. 411.
57 *Carl Krone*, Diskussionsbeitrag, in: (Fn. 47), S. 415.

nachdrücklichsten von *v. Liszt* und *Goldschmidt* vertreten. *v. Liszt* sagte ganz offen, dass die sichernden Maßnahmen für ihn nur ein Kompromiss waren, weil sein eigentliches Ziel, die unbestimmte Verurteilung, zurzeit nicht erreichbar war. Damit war offensichtlich, dass *v. Liszt* kein besonderes Interesse daran hatte, die sichernden Maßnahmen anders auszugestalten als die normale Gefängnis- oder Zuchthausstrafe. Als Mit-Autor des Gegenentwurfs betonte *Goldschmidt* außerdem, dass die sichernden Maßnahmen des Gegenentwurfs nicht nur die „großen" sondern auch die „kleinen" gewohnheits- oder gewerbsmäßigen Kriminellen treffen sollten, also auch diejenigen, die *Mittermaier* als „haltlose- schwache" bezeichnete; sie sollten also sehr breit angewandt werden.

Die Gegenposition wurde vor allem vom offiziellen Referenten, dem Strafrechtler *Mittermaier* und den Strafvollzugspraktikern *Krohne* und *Finkelnburg*, vertreten, die alle darauf bestanden, dass die sichernde Verwahrung so human wie möglich gestaltet werden sollte, unter Vermeidung aller Härten. Außerdem insistierten die drei darauf, dass es falsch sei, die dort zu verwahrenden gewohnheits- oder gewerbsmäßigen Kriminellen als unverbesserlich zu betrachten. Wie *Mittermaier* ausführte:

> „Der Begriff der Unverbesserlichkeit ist nicht nur theoretisch ... unbrauchbar, sondern auch praktisch insofern unbrauchbar, als ich es für durchaus falsch halten würde, unsere Maßnahmen lediglich auf die Unverbesserlichkeit zu gründen, sondern wir sollten Sie so einrichten, dass wir immer den Gedanken der Resozialisierung im Auge haben."[58]

IV. Schluss

Ich habe die in den „Mitteilungen der IKV" auf 90 Seiten dokumentierte Debatte von 1911 über die „Behandlung der unsozialen Elemente" deshalb so ausführlich dargestellt and analysiert, weil sie exemplarisch zentrale Elemente des kriminalpolitischen Diskurses in der IKV erhellt. Es herrschte in der deutschen Landesgruppe der IKV zwar ein weitgehender Konsens, dass für eine bestimmte Gruppe von Kriminellen – die meistens mit den Begriffen „gewerbsmäßige Verbrecher" und „gewohnheitsmäßige Verbrecher" umschrieben wurde – eine Haft von unbestimmter Dauer notwendig war. Aber in Bezug auf drei Fragen gab es gravierende Meinungsverschiedenheiten.

58 *Wolfgang Mittermaier*, Diskussionsbeitrag, in: (Fn. 47), S. 417.

Erstens gab es große Meinungsunterschiede darüber, wie diese Zielgruppe zusammengesetzt war. Während die Autoren des Gegenentwurfs Gewerbsmäßigkeit und Gewohnheitsmäßigkeit gleichermaßen als Kriterien für sichernde Verwahrung betrachteten, gab es für *Mittermaier* einen riesigen Unterschied zwischen „haltlos-schwachen" Gewohnheitsverbrechern und „energischen Berufsverbrechern". Auch der Begriff der Gefährlichkeit als Kriterium für sichernde Maßnahmen wurde ganz verschieden interpretiert. Für *Mittermaier* ging nur von den energischen Berufsverbrechern eine große Gefahr aus; deshalb waren gegen diese Gruppe sichernde Maßnahmen notwendig; aber mit den Taten der Haltlosen könne die Gesellschaft leben. Die Autoren des Gegenentwurfs hingegen verstanden das Kriterium der Gefährlichkeit ganz anders. Der Gegenentwurf sprach von „für die Rechtsordnung gefährlichen Verbrechern" und definierte Gefährlichkeit damit als Gefährdung der Rechtsordnung; und diese konnte ja auch schon durch kleinere Straftaten gefährdet werden. *Goldschmidt* erklärte explizit, dass diese Bestimmung nicht nur die „großen", sondern auch die „kleinen" gewohnheits- und gewerbsmäßigen Straftäter erfassen sollte, eine Ausweitung der Zielgruppe, die nicht nur *Mittermaier* gegen den Strich ging, sondern auch über den Vorentwurf hinausging. Auch über „Unverbesserlichkeit" als Kriterium für die Zielgruppe bestand kein Konsens. Während *Goldschmidt* die Meinung vertrat, „wir wissen alle wer unverbesserlich ist",[59] bestand *Mittermaier* darauf, dass der Begriff der Unverbesserlichkeit unbrauchbar sei. Diese Meinung wurde von den Strafvollzugspraktikern *Krohne* und *Finkelnburg* geteilt, die beide darauf drängten, dass auch die sichernde Verwahrung das Ziel der Resozialisierung verfolgen müsse.

Zweitens war man sich uneinig über das Verhältnis von Strafe und sichernder Verwahrung. Während sichernde Verwahrung für *v. Liszt* ein pragmatischer Kompromiss war, war es *Mittermaier*, *Krohne* und *Finkelnburg* ein wichtiges Anliegen, dass die sichernde Verwahrung, gerade weil sie von unbestimmter Dauer war, alle Härten einer Strafe vermeiden sollte; und dass sie nicht nur das Ziel der Sicherung, sondern auch das Ziel der Resozialisierung verfolgen sollte.

Drittens schließlich gab in der deutschen Landesgruppe diametral entgegengesetzte Meinungen zur Schuldtheorie, insbesondere zur Frage, ob Gewerbs- oder Gewohnheitsmäßigkeit die strafrechtliche Schuld erhöhe oder nicht. Sowohl der Vorentwurf als auch der Gegenentwurf bejahten dies und benutzten das Kriterium der Gewerbs- oder Gewohnheitsmäßigkeit

59 *James Goldschmidt*, Diskussionsbeitrag, in: (Fn. 47), S. 365.

deshalb als Strafschärfungsgrund. *Mittermaier* hingegen machte Ernst mit dem Gedanken, dass sichernde Verwahrung sich allein auf die Gefährlichkeit des Täters für die Rechtsordnung und nicht auf erhöhte Schuld stützte.

Die starken Meinungsunterschiede zu diesen Punkten deuten darauf hin, dass sowohl die empirische Erforschung der Kriminellen als auch die konkrete Ausgestaltung von Strafe und sichernden Maßnahmen ernste Schwachstellen in der IKV und insbesondere auch in ihrer deutschen Landesgruppe waren. Außerdem zeigt die Debatte, dass die Kompromisse mit der klassischen Schule zu Unsicherheiten und Widersprüchen in der Schuldtheorie führten. In Bezug auf die empirische Erforschung von Kriminalität und Kriminellen nenne ich hier nur das Stichwort „Begriffskriminalpolitik" – ein in Anspielung auf „Begriffsjurisprudenz" brillant formulierter Kritikpunkt von *Friedrich Kitzinger* in seiner Publikation zur IKV von 1905.[60]

Während des Kaiserreichs tagte die deutsche Landesgruppe der IKV nur noch ein weiteres Mal, Ende Mai 1912. Auf dieser Tagung, die in München stattfand, referierte *Franz v. Liszt* über die Arbeiten der Strafrechtskommission, die von April 1911 bis Ende September 1913 den sogenannten Kommissionsentwurf zu einem Strafgesetzbuch ausarbeitete, der allerdings erst 1920 veröffentlicht wurde. Mit dem Ausbruch des Ersten Weltkrieges scheiterte die Strafrechtsreform vorerst.

Wenn wir die beiden in diesem Aufsatz analysierten Debatten von 1904 und 1911 vergleichen, fällt sofort ein formaler Punkt ins Auge. Die Debatte von 1904 endete mit einer Abstimmung über Thesen und einer Resolution, die dann auch dem Reichstag zugeleitet wurde. 1911 hingegen gab es keine Abstimmung und keine Resolution. Während die Landesgruppe 1904 noch als Beschlussfindungsgremium fungierte, war sie das 1911 nicht mehr. Das lag vor allen Dingen daran, dass der Gegenentwurf bereits vorlag. Und dieser Gegenentwurf war nicht von einer Arbeitsgruppe der IKV ausgearbeitet worden, sondern von vier prominenten Juristen. Von diesen vier Autoren waren nur drei (*v. Liszt*, *v. Lilienthal*, *Goldschmidt*) Mitglieder der IKV und Vertreter der „modernen Schule". Im Gegenentwurf spiegelte sich die zunehmende Zusammenarbeit zwischen *Franz v. Liszt* als führendem Kopf der „modernen" und *Wilhelm Kahl* als Vertreter des gemäßigten, kooperationswilligen Flügels der „klassischen" Schule wider. Beide erhofften sich sicherlich, dass ein Gegenentwurf, der von Vertretern beider Schulen

60 *Friedrich Kitzinger*, Die Internationale Kriminalistische Vereinigung. Betrachtungen über ihr Wesen und ihre bisherige Wirksamkeit, 1905, S. 83.

erarbeitet worden war, größere Chancen haben würde, Einfluss auf den nächsten amtlichen Entwurf auszuüben.

Die Zusammenarbeit zwischen moderner und klassischer Schule hatte sich 1902 mit einer öffentlichen Erklärung von *Kahl* und *v. Liszt* angebahnt und hatte schon 1904 in den Debatten über die Frage der Behandlung der geistig Minderwertigen Früchte getragen. Schon damals hatten sich die deutsche Landesgruppe der IKV und der Juristentag koordiniert; beide hatten für das Jahr 1904 die Frage der Behandlung der geistig Minderwertigen bzw. der verminderten Zurechnungsfähigen auf ihre Tagesordnung gesetzt. Und die Resolutionen des Juristentages zu dieser Frage unterschieden sich nicht grundsätzlich von denen der deutschen Landesgruppe der IKV.

Es ist ebenfalls instruktiv, die Debatten in der deutschen Landesgruppe mit den Debatten auf den internationalen Hauptversammlungen der IKV zu vergleichen. In den internationalen Debatten über die Frage des Komplexes der „Behandlung der Unsozialen" – also des Rückfalls, der Gewohnheitsmäßigkeit, der unbestimmten Verurteilung, und der sichernden Maßnahmen – spielten zwei kritische Perspektiven auf unbestimmte Verurteilung oder sichernde Maßnahmen mit unbegrenzter Dauer eine große Rolle: erstens das empirische Argument, dass die Rückfälligkeit von Straftätern nicht so sehr ein Zeichen von Unverbesserlichkeit sondern eher ein Zeichen dafür sei, dass die Resozialisierungsbemühungen untauglich seien; und zweitens die politische Befürchtung, dass sowohl ein unbestimmtes Strafurteil als auch sichernde Maßnahmen von unbestimmter Dauer eine Gefahr für die bürgerliche Freiheit darstellten.

Das erste Argument spielte auch in der deutschen Landesgruppe eine Rolle. *Mittermaier* lehnte den Begriff der Unverbesserlichkeit ab und auch andere Redner und Referenten bestanden darauf, dass auch die sichernde Verwahrung der Resozialisierung dienen und die Entlassung immer eine reale Möglichkeit bleiben müsse. In der deutschen Landesgruppe hatten dezidierte Vertreter der Idee des Resozialisierungsgedankens und der Humanität im Strafvollzug – wie *Krohne*, *Finkelnburg* und *Mittermaier* – eine starke Präsenz; und es war sicherlich kein Zufall, dass sie als Referenten zu zentralen Themen ausgewählt wurden.

Anders steht es mit dem zweiten Argument, das in der internationalen Diskussion so eine wichtige Rolle spielte. Die Argumentation, dass Strafen oder sichernde Maßnahmen von unbestimmter Dauer eine Gefahr für die bürgerliche Freiheit darstellten, war in den Debatten der deutschen Landesgruppe sehr viel weniger prominent. In der Diskussion war es allein *James Goldschmidt*, der auf den Schutz der Freiheit des Einzelnen hinwies, als er erklärte, dass der Gegenentwurf die Sicherungsnachhaft mit dreifachen Kautelen versehen habe, um die bürgerliche Freiheit zu schützen. *Mittermaier* erwähnte zwar die Befürchtungen der „Franzosen“ in dieser Hinsicht, machte aber klar, dass er sie nicht teilte. *v. Liszt* selbst äußerte in diesen Debatten keinerlei Bedenken bezüglich staatsbürgerlicher Freiheit und vertrat in den Debatten von 1904 sogar die extreme Position, dass selbst geistig Minderwertige, die noch keine Straftat begangen hatten, in Verwahrung zu nehmen seien, wenn von Ihnen strafbare Handlungen zu erwarten waren.

Auf der Tagung der deutschen Landesgruppe im folgenden Jahr (1912) äußerte sich *v. Liszt* in seinem Referat über die Arbeiten der Strafrechtskommission wie folgt über die „Stellung der Staatsgewalt zur Freiheit des Staatsbürgers“:

> „Aus dem Rechtsstaat, dem Nichts-als-Rechtsstaat, der sich damit begnügt hat (...) dem freien Spiel der Kräfte den ruhigen Ablauf zu sichern (...) hat sich im Laufe der Jahrzehnte der moderne Verwaltungsstaat entwickelt, der durch bewusste Zwecksetzung eingreift in das freie Spiel der Kräfte (...) um auf der einen Seite den Schwachen gegenüber dem Überstarken zu schützen, um auf der anderen Seite die Interessen der Gesamtheit gegenüber dem Übermut des Einzelnen wahrzunehmen. Dieselbe große geistige Strömung, die uns die Sozialpolitik gebracht hat, hat uns auch den Begriff der Kriminalpolitik gebracht. Und sie hat damit den Sieg der neuen Anschauung (...) über die klassische Schule entschieden. Denn der klassischen Schule (...) war es ja allein darauf angekommen, die Freiheit des einzelnen Staatsbürgers gegenüber der Übermacht des Staates zu schützen (...) Unsere moderne strafrechtliche Schule erscheint als Übertragung wirtschaftlicher und politischer Gedanken und Forderungen auf unser spezielles Arbeitsgebiet. (...) Sie stellt an den Staat das Verlangen, den einzelnen, solange es möglich ist, zu schützen, zu heben, wieder anzupassen an die (...) sich ändernden gesellschaftlichen Verhältnisse, und die Gesamtheit zu schützen, wenn es nötig ist, gegen den einzelnen, der anpassungsunfähig ist, indem man ihn aus der Gesellschaft ausscheidet.“[61]

Dies sind Worte, über die sich nachzudenken lohnt. *v. Liszt* reflektierte hier als Liberaler und als Anhänger des Rechtsstaates über ein sich wan-

61 *Franz v. Liszt*, Referat, 15. Landesversammlung der Landesgruppe Deutsches Reich zu München, 29. Mai bis 1. Juni 1912, Mitteilungen der IKV 19 (1912), S. 377–378.

delndes Verständnis von Liberalismus und Rechtsstaatlichkeit. In seinem Verständnis hatte der Schutz der Freiheit des einzelnen Bürgers nicht mehr die absolute Priorität, die er im klassischen Liberalismus hatte; die neue Priorität war der Schutz der Gesellschaft. Dies bedeutete selbstverständlich nicht, dass *v. Liszt* die Rechte des einzelnen Staatsbürgers egal waren; nicht umsonst prägte *v. Liszt* das Wort vom Strafgesetzbuch als „magna carta" des Straftäters. Aber *v. Liszt* und die moderne Schule forderten eine deutliche Verschiebung der Prioritäten im Verhältnis zwischen dem Schutz des Individuums und den Machtbefugnissen der Gesellschaft, vertreten durch die Strafjustiz.

Dass solch eine Verschiebung in der Weimarer Republik und dann unter dem Naziregime diametral entgegengesetzte politische Dynamiken entwickeln würde, konnten weder *v. Liszt* noch seiner Mitstreiter in der Deutschen Landesgruppe der IKV ahnen. Aber dass ein großer Teil der französischen und russischen Mitglieder der IKV die Gefahren, die sichernde Maßnahmen von unbestimmter Dauer für die individuelle Freiheit darstellten, durchaus erkannten, hätte auch den deutschen Mitgliedern der IKV zu denken geben können. Die Erklärung dafür, dass die Deutschen diese Frage anders wahrnahmen, ist allerdings nicht in der lange als Teil eines deutschen „Sonderwegs" beschworenen „Obrigkeitsstaatlichkeit" des Kaiserreichs zu suchen, sondern, umgekehrt, in der sehr weitgehenden liberalen Rechtsstaatlichkeit des Kaiserreichs. Gerade weil die Strafrechtsreformer davon überzeugt waren, dass der moderne Rechtsstaat staatlicher Willkür ein für alle Mal einen Riegel vorgeschoben hatte, waren sie bereit, die strafrechtlichen Sanktionen durch Maßnahmen wie „sichernde Maßnahmen auf unbestimmte Zeit" zu flexibilisieren.

Franz v. Liszt – der Erste Weltkrieg, das Ende des Deutschen Kaiserreichs und der Beginn einer neuen Epoche

Arnd Koch

I. Übersicht

Der Ausbruch des Ersten Weltkriegs beendete das „lange 19. Jahrhundert“ (*Hobsbawn*), er bedeutete zugleich das Ende der Internationalen Kriminalistischen Vereinigung (IKV). Wie nahm *Franz v. Liszt* (1851–1919) die Epochenwende wahr, wie positionierte sich der Mitbegründer der IKV während des Krieges und welche Lehren zog er aus dem Zusammenbruch des Deutschen Kaiserreichs und der alten europäischen Ordnung? Zur Beantwortung dieser Fragen werde ich in drei Schritten vorgehen. Zunächst gilt es, *Franz v. Liszts* späte Hinwendung zur (Partei-) Politik zu skizzieren (unten, II.). In einem zweiten Schritt rücken seine „Kriegsschriften“ in den Blick. Unter den Gelehrten des Kaiserreichs nahm *v. Liszt* in seinen kriegsbegleitenden Publikationen, so viel sei vorweggenommen, eine Minderheitenposition ein (unten, III.). Abschließend geht es um die Konsequenzen, die *v. Liszt* aus dem Krieg und der Niederlage Deutschlands zog, nämlich nichts weniger als die Forderung nach einer umfassenden „Demokratisierung“ des Straf- und Strafprozessrechts sowie des Völkerrechts (unten, IV.).

II. Franz v. Liszt als Politiker

1. Auf dem Zenit

Als *Franz v. Liszt* 1899 im Alter von 48 Jahren den Ruf nach Berlin annahm, war er einer der bekanntesten Strafrechtswissenschaftler Europas. In den 1880er Jahren hatte er eine Reihe von Institutionen geschaffen, welche die Reformdiskussion der nächsten Jahrzehnte prägten und ihn als Wissenschaftsorganisator und „Netzwerker“ zu einer „Zentralgestalt“ des europäischen kriminalwissenschaftlichen Diskurses werden ließen.[1] Hierzu zählen das in zahlreichen Auflagen erschienene „Lehrbuch des Deutschen Strafrechts"[2], die Gründung der bis heute maßgeblichen „Zeitschrift für die gesamte Strafrechtswissenschaft" sowie des „Kriminalistischen Seminars"[3], das sich als Anlaufstelle für aufstrebende in- und ausländische Strafrechtswissenschaftler erwies.[4] Die wohl bedeutendste wissenschaftsorganisatorische Leistung aber gelang ihm mit der 1889 gemeinsam mit dem Belgier *Prins* (1845–1919) und dem Niederländer *van Hamel* (1842–1917) begründeten „Internationalen Kriminalistischen Vereinigung", die unmittelbar vor Ausbruch des Krieges nicht weniger als 1148 Mitglieder aus 27 Staaten zählte.[5]

Nach seiner Habilitation in Graz hatte *v. Liszt* zunächst an den Universitäten Gießen, Marburg und Halle gelehrt. Mit dem Wechsel in die Reichshauptstadt erreichte er den Zenit seiner akademischen Laufbahn. An der Friedrich-Wilhelms-Universität forschte *v. Liszt* bis zum Frühjahr 1916. Nach Feststellung einer schweren Krebserkrankung nahm er zunächst einen einjährigen Urlaub. Zum 1. April 1917 ließ er sich von seinen Dienstpflichten befreien und übersiedelte in die süddeutsche Provinz (Seeheim/Bergstraße), wo er am 21. Juni 1919 verstarb.

Das Berliner Spätwerk *Franz v. Liszts* weist markante Neuerungen bzw. Weiterentwicklungen gegenüber früheren Perioden auf. Zum einen wandte sich *v. Liszt* der Politik zu, zum anderen bildete das Völkerrecht fortan einen weiteren Arbeitsschwerpunkt.[6] Die elf Auflagen seines erfolgreichen Lehrbuchs zum Völkerrecht erschienen allesamt nach 1898. *v. Liszts* Bedeu-

---

1 Hierzu *Arnd Koch*, „v. Liszt-Schule". Personen, Institutionen, Gegner, in: Arnd Koch/ Martin Löhnig (Hrsg.), Die Schule Franz von Liszts, 2016, S. 27 ff., S. 33 ff.

2 *Franz v. Liszt*, Das deutsche Reichsstrafrecht, 1881, ab der zweiten, stark erweiterten Auflage umbenannt in Lehrbuch des Deutschen Strafrechts. Die 21./22. und zugleich letzte Auflage erschien 1919.

3 Zur Entwicklung des Kriminalistischen Seminars und seiner wechselnden Konzepte eingehend *Luka Breneselović*, Die wissenschaftskritischen Zuordnungen von Franz von Liszt, 2000, S. 217 ff.

4 Namensliste der Teilnehmer bei *Franz v. Liszt*, Das kriminalistische Seminar, in: Lenz (Hrsg.), Geschichte der Königlichen Friedrich-Wilhelms-Universität zu Berlin, Bd. 3, 1910, S. 29 ff. Ohne falsche Bescheidenheit merkte v. Liszt an, dass die 30.000 Bände umfassende Seminarbibliothek „in ihrer Vollständigkeit (...) von keiner Bibliothek des Deutschen Reiches oder eines der übrigen Kulturstaaten übertroffen wird", ebd., S. 32.

5 Vgl. das letzte veröffentlichte Mitgliederverzeichnis: Mitteilungen der IKV 20 (1913), S. V ff.

6 Lesenswert *Florian Herrmann*, Das Standardwerk. Franz von Liszt und das Völkerrecht, 2001.

tung als linksliberaler Politiker wurde im rechtshistorischen Schrifttum lange Zeit ignoriert. *Ostendorf* verfasste in den 1980er Jahren eine wichtige Pionierstudie; weitere Details erfährt man in einer Monographie des Argentiniers *Carlos Elbert* sowie in der preisgekrönten Münchener Dissertation von *Luka Breneselović.*[7] Einen zusammenfassenden Überblick über „Liszt als Politiker" gibt schließlich ein Beitrag des *Verfassers*, der jüngst in einer ungarischen Festschrift erschienen ist.[8]

2. Tagespolitik

v. Liszts tagespolitisches Engagement während des Kaiserreichs spiegelt sich in der Beteiligung an einer bis heute nicht vollständig erschlossenen Vielzahl an Aufrufen, Petitionen, Zeitungsartikeln und Resolutionen wider. Einige dieser Initiativen verdienen besondere Hervorhebung:[9] So zählte *v. Liszt* zu den ersten Unterzeichnern der von dem Sexualwissenschaftler *Magnus Hirschfeld* (1868–1935) angestoßenen Resolution zur Reform des § 175 RStGB und der damit einhergehenden Forderung nach Entkriminalisierung männlicher homosexueller Handlungen. Mitunterzeichner waren Schriftsteller und Künstler wie *Gerhard Hauptmann*, *Max Liebermann*, *Rainer Maria Rilke* und *Arthur Schnitzler.*[10] Außerdem kämpfte er gegen jedwede Form von Theaterzensur und forderte die Beseitigung des preußischen Dreiklassenwahlrechts zu Gunsten eines vermögensunabhängigen, allgemeinen (männlichen) Wahlrechts. Besonders hervorzuheben ist schließlich *v. Liszts* Einsatz gegen den Antisemitismus,

7 *Heribert Ostendorf*, Franz v. Liszt als Kriminalpolitiker, in: Kriminalsoziologische Bibliografie 1984, Heft 42, S. 1 ff.; nunmehr *Luka Breneselović* (Fn. 3), S. 237 ff.; auch *Carlos Elbert*, Franz von Liszt: Teoría y Práctica en la Política-Criminal, 2018; *Arnd Koch*, Der unbekannte Franz v. Liszt. Schlaglichter auf das Spätwerk anlässlich des 100. Todestages, ZStW 131 (2019), S. 451, S. 457 ff.; *ders.*, Franz v. Liszt und das Ende des Kaiserreichs, in: Arnd Koch/Michael Kubiciel/Martin Löhnig (Hrsg.), Strafrecht zwischen Novemberrevolution und Weimarer Republik, 2020, S. 195 ff.

8 *Arnd Koch*, v. Liszt als Politiker, in: Bódiné Beliznai/Gosztonyi (Hrsg.), Jogtörténeti Parerga III. Ünnepi tanulmányok Mezey Barna 70. Születésnapja tiszteletére (Festschrift für Barna Mezey zum 70. Geburtstag), 2023, S. 199 ff.

9 Weitere Hinweise bei *Arnd Koch* (Spätwerk, Fn. 7), S. 457 ff.; *ders.* (Ende des Kaiserreichs, Fn. 7), S. 200 ff.

10 Petition, in: Jahrbuch für sexuelle Zwischenstufen unter besonderer Berücksichtigung der Homosexualität, 1899, S. 239 ff.; v. Liszt blieb seiner Position bis zuletzt treu, vgl. *Franz v. Liszt*, Lehrbuch des Deutschen Strafrechts, 21./22. Aufl. 1919, S. 369.

für dessen Ausbreitung er reaktionäre Politik und die konservative Presse mitverantwortlich machte.[11] Der Weg zu „besseren, glücklicheren Zuständen" führte nach seiner Auffassung allein über den politischen Liberalismus, wobei er als Credo den Satz formulierte:

„Das Wesen des Liberalismus ist die tief im Herzen wohnende, nicht bloß intellektuell erfaßte Ueberzeugung von der Gleichberechtigung aller Rassen, von der wirklichen Gleichwertigkeit all dessen, was Menschenantlitz trägt."[12]

In einer mehrteiligen Artikelserie über die „Zukunft des Liberalismus" entfaltete *v. Liszt* sein politisches Programm.[13] Neben der Reform des preußischen Wahlrechts standen die schrittweise Gleichberechtigung der Frau, die Gewährung gleicher Rechte für die Sozialdemokratie, der Ausbau der kommunalen Selbstverwaltung sowie eine volkstümliche Rechtspflege auf seiner Agenda. Bezeichnend für einen überzeugten Liberalen des Kaiserreichs sah er den politischen Gegner neben den Konservativen vor allem in den „Neothomisten" des katholischen Zentrums, wo man kein Mittel scheue, „um Anhänger der Reformbewegung herabzusetzen und zu verdächtigen"[14]. Eine Strafrechtsreform könne, so *v. Liszt*, niemals mit dem politischen Katholizismus, sondern nur gegen ihn durchgesetzt werden.[15]

Überblickt man *v. Liszts* tagespolitische Stellungnahmen, so erweist sich die Charakterisierung als „fortschrittlicher Liberaler" als zutreffend.[16] Mit seiner politischen Einstellung musste er unter seinen „ziemlich weit rechts stehenden"[17] Berliner Fakultätskollegen ein Außenseiter bleiben. So bekannte *v. Liszt* in einem Brief, dass er „mit den Berliner Kollegen gar keine politische Fühlung habe."[18]

---

11 *Franz v. Liszt*, Mitteilungen aus dem Verein zur Abwehr des Antisemitismus, 1913, S. 193 ff.; vgl. außerdem *dens.*, Vorwort zu Arthur Nussbaum, Der Polnaer Ritualmordprozeß, 1906.

12 *Franz v. Liszt* (Mitteilungen, Fn. 11), S. 194.

13 *Franz v. Liszt*, Die Zukunft des deutschen Liberalismus, Der Tag, 8.5.1908 (Tl. 1: „Der Niedergang des deutschen Liberalismus"); 9.5.1908 (Tl. 2: „Der Niedergang des deutschen Liberalismus. Schluss"); 16.5.1908 (Tl. 3: „Der Liberalismus als Staatsnotwendigkeit"); 26.5.1908 (Tl. 4: „Die liberale Partei").

14 *Franz v. Liszt*, Kulturfortschritt und Strafgesetzgebung, März 1 (1907), S. 77.

15 *Franz v. Liszt*, Zentrum und Strafrechtsreform, Frankfurter Zeitung, 19.1.1907, S. 3.

16 So *Rüdiger vom Bruch*, Wissenschaft, Politik und öffentliche Meinung. Gelehrtenpolitik im wilhelminischen Deutschland, 1980, S. 144, auch S. 40.

17 So *Gerhard Anschütz*, Aus meinem Leben, hrsg. v. Walter Pauly, 2. Aufl. 2008, S. 119.

18 *Florian Herrmann* (Fn. 6), S. 72.

3. Parteipolitik

In seiner Berliner Zeit begab sich der „Hochschullehrer von Weltrang"[19] in die Niederungen der Kommunalpolitik. Für die Unabhängige liberale Fraktion gehörte er zwischen 1903 und 1912 der Charlottenburger Stadtverordnetenversammlung an.[20] Zwischen 1908 und 1913 war er außerdem Mitglied des Preußischen Abgeordnetenhauses.[21] Nach einem gescheiterten Versuch zog er schließlich 1912 – als Höhepunkt seiner parteipolitischen Karriere – als Abgeordneter in den Reichstag ein, wo er der linksliberalen Fortschrittlichen Volkspartei angehörte. Als einer der letzten „politischen Professoren" gelang es ihm freilich nicht, sich innerhalb seiner Fraktion oder im Plenum des Reichstags nennenswert zu profilieren.[22] So ergriff er während der bis November 1918 andauernden Legislaturperiode lediglich bei sieben Gelegenheiten das Wort, wobei er ausschließlich zu straf- oder völkerrechtlichen Themen sprach.[23] Die konservative Presse hatte *v. Liszts* politische Ambitionen von Beginn an mit Häme begleitet. So bemerkte die „Neue Preußische Zeitung" mit Blick auf seine Person,

> „dass eine hervorragende wissenschaftliche Begabung und ihre Betätigung noch lange nicht den Nachweis für das Vorhandensein auch nur mäßigen Geschicks für Teilnahme an politischer Arbeit gewährt."[24]

Weshalb aber begann der wissenschaftlich mehr als ausgelastete Gelehrte im reifen Alter eine politische Karriere? Schon der Wissenschaftler *v. Liszt* hatte stets betont, dass die Strafrechtswissenschaft, „als hervorragend praktische Wissenschaft", ohne Kriminalpolitik in „öd-unfruchtbares Formelspiel versinke"[25]: „Das Wissen allein befriedigt (die Wissenschaft, A.K.) nicht; sie will die Tat."[26] Für *v. Liszt*, der von seinen Schülern als unermüd-

---

19 *G. Th. Kempe*, Franz von Liszt und die Kriminologie, ZStW 81 (1969), S. 813.

20 *Florian Herrmann* (Fn. 6), S. 80 ff., eingehend *Carlos Elbert* (Fn. 7), S. 189 ff.

21 Hierzu *Carlos Elbert* (Fn. 7), S. 215 ff.

22 *Rüdiger vom Bruch* (Fn. 16), S. 288.

23 Zsf. *Heribert Ostendorf* (Fn. 7), S. 21 f.; eingehend *Carlos Elbert* (Fn. 7), S. 311 ff. Zu v. Liszts Aktivitäten im Preußischen Abgeordnetenhaus *Luka Breneselović* (Fn. 3), S. 242 ff.

24 Neue Preußische Zeitung (Kreuzzeitung), 11.2.1903, in: GStA PK, I. HA Rep. 76 Kultusministerium, Vf Lit. L Nr. 34 Bd. 1 (Personalakte v. Liszt), Bl. 275.

25 *Franz v. Liszt*, Lehrbuch des Deutschen Strafrechts, 5. Aufl. 1892, S. 2, 6 f.

26 *Franz v. Liszt* (Kulturfortschritt, Fn. 14), S. 73 ff.

lich angriffslustiger Kämpfer beschrieben wurde,[27] war der Intellektuelle nur dann „ein ganzer Mann (...), wenn er zugleich auch ein Mann der Tat ist."[28] Seinen Studenten rief er nach seinem Einzug in den Reichstag zu, dass es für das politische Leben eines Volkes ein schwerer Fehler sei, „wenn alle diejenigen Männer, die sich so gerne die Intellektuellen nennen hören, abseits vom politischen Leben stehen."[29] In einer flammenden Rede, gehalten auf einer Kundgebung des Goethebundes, forderte er die anwesenden Künstler und Wissenschaftler zum gemeinsamen Kampf gegen die „rücksichtslose konservativ-klerikale Mehrheit" auf:

> „Wollen wir für Kunst und Wissenschaft die Freiheit, wollen wir für unser ureigenes Lebenswerk die Freiheit, dann müssen wir eintreten in den Kampf um die politische Macht."[30]

III. Kriegsschriften

1. Vom Doppelmord in Sarajevo bis zur Auslieferung des Kaisers

Kurz nachdem *v. Liszt* die große politische Bühne des Kaiserreichs betreten hatte, wenn auch nur als „Nebendarsteller" bzw. Hinterbänkler im Reichstag, brach der Erste Weltkrieg aus. *v. Liszt* begleitete den Krieg mit zahlreichen politischen und völkerrechtlichen Schriften – vom Attentat in Sarajevo über den U-Bootkrieg und die Kriegszielfrage bis hin zu Deutschlands Niederlage, den Ausbruch der Novemberrevolution und schließlich die Auseinandersetzung um die Auslieferung des Deutschen Kaisers.[31] *v.*

---

27 *Gustav Radbruch*, Der innere Weg, 2. Aufl. 1961, S. 54: „Ich dachte mir als seine Vorfahren immer jene zähen Reiter, die eins waren mit den mageren Rossen aus den Steppen und in wilder Jagd gen Westen stürmten. Liszt war ein Tatmensch, auch in der Wissenschaft (...)."

28 *Franz v. Liszt*, Aufruf, in: Im Kampf um die Weltanschauung. Kundgebung des Goethebundes, 1908, S. 46.

29 Berliner Tageblatt, 26.1.1912, in: GStA PK, I. HA Rep. 76 Kultusministerium, Vf Lit. L Nr. 34 Bd. 1 (Personalakte v. Liszt), Bl. 338.

30 *Franz v. Liszt* (Goethebund, Fn. 28), S. 46. Die Rede endete mit dem Appell: „Bleiben Sie Männer des Gedankens, werden Sie aber Männer der Tat! Führen Sie den Kampf Schulter an Schulter mit den Männern aus dem Volk, und gemeinsam mit ihnen" (S. 47).

31 Am Anfang seiner Befassung mit Kriegsthemen stand *Franz v. Liszt*, Die Rechtsfolgen des Doppelmordes von Sarajewo, Deutsche Strafrechts-Zeitung, 1914, Sp. 377; seine letzten einschlägigen Publikationen waren: *ders.*, Völkerrechtliche Haftung Rußlands

Liszts literarischer Kriegseinsatz war als solcher keineswegs ungewöhnlich. Er reihte sich ein in die Phalanx wilhelminischer Gelehrter, die am Schreibtisch mit der Feder für den deutschen Sieg fochten.[32] Kriegsschriften verfassten beispielsweise auch *v. Liszts* Gegenspieler *Karl Binding* (1840–1920)[33] oder seine Berliner Fakultätskollegen *Otto v. Gierke* (1841–1921)[34], *Wilhelm Kahl* (1849–1932)[35] und *Josef Kohler* (1849–1919)[36]. Augenfällig ist freilich die Intensität, mit der *v. Liszt* das Kriegsgeschehen publizistisch begleitete, sei es in Reden, Aufrufen, Zeitungsartikeln, wissenschaftlichen Fachbeiträgen oder kleinen Monographien.[37] Zudem warf er sein internationales Renommee in die Waagschale, um etwa in der „New York Times", im „Pennsylvania Law Review" oder in der „Neuen Zürcher Zeitung" für seine Positionen zu werben.[38]

Überblickt man die Kriegsschriften *v. Liszts*, so lassen sich deutlich zwei Phasen unterscheiden. Bis Ende 1915 erschienen patriotisch-euphorisch gefärbte Aufrufe und Abhandlungen.[39] So zählte *v. Liszt* zu den Erstunterzeichnern des Aufrufs „An die Kulturwelt", in dem sich die geistige Elite des Kaiserreichs vorbehaltlos mit dem deutschen Heer und der

für spartakistische Gewalttaten auf deutschem Boden, DJZ 24 (1919), S. 208 ff. (v. Liszt sah die sowjetische Regierung völkerrechtlich zum vollen Ersatz aller durch die „spartakistische Aufruhrbewegung" verursachten Schäden verpflichtet) sowie ein von ihm mitunterzeichneter Aufruf deutscher Staats- und Völkerrechtslehrer gegen die Auslieferung Kaiser Wilhelm II. („völliger Bruch der völkerrechtlichen Ordnung"), in: Neue Preußische Zeitung (Kreuz-Zeitung), 21.2.1919, S. 1.

32 Hierzu *Hinnerk Bruhns*, Max Weber und der Erste Weltkrieg, 2017, S. 134 ff.; *Kurt Flasch*, Die geistige Mobilmachung. Die deutschen Intellektuellen und der Erste Weltkrieg, 2000, passim.

33 Eingehend *Daniela Westphalen*, Karl Binding (1841–1920), 1989, S. 461 ff. Vgl. etwa *Karl Binding*, Der Lusitaniafall im Urteile der Gelehrten, Zeitschrift für Völkerrecht 9 (1916), S. 135 ff.; *ders.*, Die absolute Nichtigkeit der Artikel 227/228 des Versailler Friedensvertrages, Der Tag, 14.2.1929, S. 1 f.

34 Z.B. *Otto v. Gierke*, Der deutsche Volksgeist im Kriege, 1915; *ders.*, Unsere Friedensziele, 1917.

35 Näher *Kolja Appel*, Der Strafrechtler und Strafrechtsreformer Wilhelm Kahl (1849–1932), 2014, S. 26 ff.

36 Übersicht in Arthur Kohler (Hrsg.), Josef Kohler Bibliographie, 1931, S. 120 ff., S. 126 ff.

37 Zu v. Liszts Kriegsschriften zsf. *Arnd Koch* (Spätwerk, Fn. 7), S. 451, S. 463 ff.

38 *Franz v. Liszt*, Noted German suggests European Union, New York Times, 21.2.1915, S. 11; *ders.*, The Reconstruction of International Law, University of Pennsylvania Law Revue 64 (1916), S. 764 ff.; *ders.*, Gewaltfrieden oder Völkerbund. Ein Mahnwort in letzter Stunde, Neue Zürcher Zeitung, 27.10.1918, S. 1.

39 *Arnd Koch* (Spätwerk, Fn. 7), S. 464 ff.

Heeresleistung solidarisierte.[40] Als Völkerrechtler fand er juristische Gründe für die Rechtmäßigkeit des Einmarschs deutscher Truppen in das neutrale Belgien[41], für die Legitimität des sog. „Tauchbootkrieges"[42] und für die von ihm vorgeschlagene Bombardierung englischer Städte durch Zeppeline als zulässige und gebotene Repressalmaßnahme.[43] Selbst sein Glaube an die Zukunft der internationalen wissenschaftlichen Zusammenarbeit schien ihn in den ersten Kriegsmonaten verlassen zu haben. Angesichts der „Schmutzflut von Haß und Lüge, die alle Kulturwerte mit sich hinweggespült hat" schrieb er *van Hamel*, dem niederländischen Mitbegründer der IKV:

> „Ob ein volles Menschenalter ausreichen wird, um den Schutt hinwegzuräumen – wer vermag das heute zu sagen? Wir Deutschen werden nach Ende des Krieges unsere Kulturarbeit wieder aufnehmen, mit verstärkter Kraft und mit weiter gestecktem Ziel. Gern werden wir dabei mit unseren Freunden zusammenarbeiten, auch mit denen, die wenigstens nicht unsere Feinde gewesen sind. Aber die `internationale Stimmung´, die ist uns ausgetrieben auf Jahrzehnte hinaus."[44]

Nach 1916 dominierte bei *v. Liszt* hingegen die Idee einer friedlichen Nachkriegsordnung gleichberechtigter Staaten, wobei die Gründung eines mitteleuropäischen Staatenbundes sowie eines friedenssichernden Völkerbundes sein Denken beherrschten. In einem Beitrag in der „New York Times" wies *v. Liszt* verbreitete Forderungen nach einem „Siegfrieden" mit umfangreichen Gebietsannexionen scharf zurück. Wer in Deutschland nach Weltherrschaft strebe „may confuse some heads that are already

40 Abgedruckt in *Hermann Kellermann*, Der Krieg der Geister, 1915, S. 64 ff.; monographisch *Jürgen v. Ungern-Sternberg/Wolfgang v. Ungern-Sternberg*, Der Aufruf „An die Kulturwelt!" Das Manifest der 93 und die Anfänge der Kriegspropaganda im Ersten Weltkrieg, 1996. Mitunterzeichner waren etwa Wilhelm v. Bode, Gerhard Hauptmann, Max Liebermann, Max Planck, Max Reinhardt, Wilhelm Röntgen und Franz v. Stuck. Kurz vor seinem Tod bekannte v. Liszt, dass er „jederzeit bereit sei, seine Unterschrift unter den damaligen Aufruf zurückzuziehen, wenn eine Gesamtaktion des Bundes deutscher Gelehrter und Künstler herbeigeführt werden könnte", hierzu *Hans Wehberg*, Wider den Aufruf der 93, 1920, S. 10.

41 *Franz v. Liszt*, Das Völkerrecht, 10. Aufl. 1915, S. 202; *ders.*, Gibt es noch ein Völkerrecht?, Dresdner Anzeiger, 23.9.1914, S. 1.

42 So noch *Franz v. Liszt*, Wilson und das Völkerrecht, DJZ 22 (1917), S. 257 ff.

43 *Franz v. Liszt*, Die Zerstörung des deutschen Dampfers „Kaiser Wilhelm der Große" durch die Engländer, JW 43 (1914), S. 803 ff.

44 *Franz v. Liszt*, Nachwort zu van Hamel, Internationale Stimmung, in: Vossische Zeitung, 25.12.1914 (fünfte Beilage zur Vossischen Zeitung).

not very clear"[45]. Vorrangiges Ziel müsse der Aufbau einer dauerhaft den Frieden sichernden Nachkriegsordnung sein. Schnell fand *v. Liszt* seinen Optimismus und Fortschrittsglauben wieder, indem er nicht müde wurde zu betonen, dass auf den Weltkrieg notwendigerweise eine „gewaltige Fortentwicklung" des Völkerrechts folgen werde:[46]

> „Die Sehnsucht nach einem Dauerfrieden (…) wird schließlich stärker werden als der blutüberströmte Völkerhass und über die im Kampf entstandenen Gegensätze der Einzelstaaten hinausführen zu einer neuen Organisation der Völkergemeinschaft."[47]

Doch wie sollte die friedenswahrende Neuorganisation der Völkergemeinschaft aussehen? *v. Liszt* entwickelte im Verlauf des Krieges sich ergänzende nationale, europäische und globale Konzepte. Auf der ersten Stufe plädierte er für den Zusammenschluss Deutschlands und Österreich-Ungarns zu einer wirtschaftlichen Einheit,[48] einschließlich der Schaffung eines gemeinsamen Strafgesetzbuchs.[49] Als zweites sei ein mitteleuropäischer Staatenverband zu bilden, der so stark sei, dass er „den Weltherrschaftsgelüsten auch des mächtigsten Weltstaats erfolgreich entgegenzutreten imstande ist."[50] Das entstehende Gebilde solle sich vom Nordkap bis nach Sizilien erstrecken und über eine einheitliche Währung, einheitliche Maße und Gewichte und über ein Ständiges Schiedsgericht zur Beilegung interner Streitigkeiten verfügen.[51] Nur ein solcher

---

45 *Franz v. Liszt* (New York Times, Fn. 38), S. 1.

46 *Franz v. Liszt* (Gibt es noch ein Völkerrecht, Fn. 41), S. 1. *ders.*, Der amerikanische Friedensbund, Die Zeit (Wien), 26.11.1916, S. 4.

47 *Franz v. Liszt.* (Friedensbund, Fn. 46), S. 4.

48 *Franz v. Liszt*, Nibelungentreue, 1914, S. 23.

49 *Franz v. Liszt*, Einheitliches mitteleuropäisches Strafrecht, ZStW 38 (1917), S. 4; *ders.*, Die Rückwirkung der November-Revolution auf das Straf- und Strafprozessrecht, JW 47 (1918), S. 786. Schon 1894 hatte v. Liszt die Ausarbeitung eines europäischen Strafgesetzbuchs nicht für gänzlich utopisch gehalten (*Franz v. Liszt*, Rückblick und Zukunftspläne, in ders. [Hrsg.], Das Strafrecht der Staaten Europas, 1894, S. XII). Zwei Jahrzehnte später löste seine Forderung nach einem mitteleuropäischen Strafgesetzbuch eine lebhafte Debatte aus; hierzu eingehend *Michael Kubiciel*, Franz v. Liszt und das Europäische Strafrecht, in: Koch/Löhnig (Fn. 1), S. 229 ff.; *David v. Mayenburg*, Mitteleuropäische Strafrechtsvereinheitlichung. Internationale Zusammenarbeit versus Großraumkonzeption (1914–1922), in: Vanessa Duss et. al. (Hrsg.), Rechtstransfer in der Geschichte, 2006, S. 129 ff.

50 *Franz v. Liszt*, Ein Mitteleuropäischer Staatenverband als nächstes Ziel der deutschen und auswärtigen Politik, 1914, S. 18.

51 *Franz v. Liszt* (Mitteleuropäischer Staatenverband, Fn. 50), S. 36 ff.

Staatenverband mit einem – anachronistisch gesprochen – harmonisiertem Wirtschaftsraum sei im Stande, den europäischen Frieden zu sichern – „gegen England, ohne Rußland, wenn möglich mit Frankreich."[52]

Den Schlussstein des Liszt'schen Konzepts einer friedlichen Völkergemeinschaft bildete der Gedanke eines Völkerbundes, bei welchem die großen Mächte in Gruppen (Kurien) zu organisieren seien.[53] Die Idee eines „Völkerbundes" avancierte in den Jahren seit 1916/17 zu einem beherrschenden Thema unter pazifistischen Politikern und liberal-gemäßigten Völkerrechtlern.[54] *v. Liszt* unternahm den Versuch, sein Mitteleuropa-Konzept in eine künftige globale Staatenorganisation zu integrieren. Dem mitteleuropäischen Block standen hiernach ein amerikanischer und ein russisch-japanischer Block gegenüber sowie eine diffuse vierte Gruppe aus neutralen und mittleren Staaten.[55] Als zentrale Neuerung des Völkerrechts müsse die Pflicht der Staaten zum Versuch einer gerichtsförmigen Beilegung von Konflikten durch Anrufung eines internationalen Schiedsgerichts (bei Rechtsstreitigkeiten) oder Einigungsamtes (bei Interessenskonflikten) eingeführt werden.[56] Auch in der neuen Staatenorganisation müsse der demokratische Gedanke verwirklicht werden. So seien etwa die von den einzelnen Staaten in die Völkerbundorganisation zu entsendenden Dele-

---

52 *Franz* v. Liszt (Mitteleuropäischer Staatenverband, Fn. 50), S. 26. Der Ruf nach einem zentraleuropäischen Staatenverband war geradezu avantgardistisch. Erst Friedrich Naumanns Beststeller „Mitteleuropa" aus dem Folgejahr (*Fredrich Naumann*, Mitteleuropa, 1915), verbreiterte die Diskussion und regte die Ausarbeitung weiterer Mitteleuropa-Konzepte an. Zur Diskussion: *Steffen Bruendel*, Volksgemeinschaft oder Volksstaat. Die „Ideen von 1914" und die Neuordnung Deutschlands im Ersten Weltkrieg, 2003, S. 99 ff., S. 236 ff.; *David v. Mayenburg* (Fn. 49), S. 142 ff. Die Vorschläge reichten bis hin zur Gründung der „Vereinigten Staaten von Europa", hiergegen aber *Franz v. Liszt*, Vom Staatenverband zur Völkergemeinschaft. Ein Beitrag zur Neuorientierung der Staatenpolitik und des Völkerrechts, 1917, S. 48.

53 *Franz v. Liszt* (Vom Staatenverband zur Völkergemeinschaft, Fn. 52), S. 48 ff. Aufgrund eines Verlagsfehlers gelangte der sinnwidrige Titel „Vom Völkerbund zur Staatengemeinschaft" auf den Bucheinband.

54 *Wilhelmus van der Linden*, The International Peace Movement during the First World War, 2006, S. 816 ff.; *Ursula Fortuna*, Der Völkerbundgedanke in Deutschland während des Ersten Weltkriegs, 1974, S. 82 ff., 105 ff. Vgl. etwa *Walther Schücking*, Der Weltfriedensbund und die Wiedergeburt des Völkerrechts, 1907; *ders.*, Die völkerrechtlichen Lehren des Weltkrieges, 1918, S. 205 ff.

55 *Franz von Liszt* (Vom Staatenverband zur Völkergemeinschaft, Fn. 52), S. 52 ff.

56 *Franz v. Liszt* (Friedensbund, Fn. 46), S. 4; *Franz v. Liszt* (Vom Staatenverband zur Völkergemeinschaft, Fn. 52), S. 69 ff.; *Franz v. Liszt*, Das Völkerrecht, 11. Aufl. 1918, S. 366 f., auch S. 135.

gierten von den nationalen Volksvertretungen zu bestimmen, nicht von den jeweiligen Regierungen.[57]

IV. Zusammenbruch des Deutschen Kaiserreichs und die Folgen

1. Das Ende

Das Ende des Krieges und damit auch seiner hochfliegenden europäischen und völkerrechtlichen Visionen kam auch für *v. Liszt* völlig unerwartet. *v. Liszt* zählte zu dem kleinen Kreis von Reichstagsabgeordneten, denen gegenüber die Oberste Heeresleitung am 2. Oktober 1918 mitteilen ließ, dass der Krieg für Deutschland nicht mehr zu gewinnen sei. *v. Liszt* schilderte seine Eindrücke in einem Brief an seinen Berliner Fakultätskollegen, den Staatsrechtler *Gerhard Anschütz*:

> „Der Krieg ist verloren, und zwar in einem Ausmaß, das keiner von uns für möglich gehalten hatte; die Erklärung der Obersten Heeresleitung erfüllte uns alle mit starrem Entsetzen."[58]

2. Strafrechtsreform

Die Schockstarre währte bei *v. Liszt* nur kurz. In der ihm verbleibenden Lebenszeit publizierte der bereits Schwerkranke weiterhin in hoher Frequenz. Bis zu seinem Tod im Juni 1919 stritt *v. Liszt* für eine grundlegende Reform des Straf- und Völkerrechts sowie für die Errichtung eines neuartigen, friedenssichernden Völkerbundes. Vehement forderte er eine „Demokratisierung unserer Strafgesetzgebung"[59] und die „Schaffung eines von demokratischem Geiste erfüllten deutschen Strafverfahrens"[60]. Im Allgemeinen Strafrecht müsse „der Zweckgedanke zu seinem vollen Rechte kommen" und der „Kompromiss mit dem Vergeltungsprinzip aufgegeben werden". „Anpassung an die Gesellschaft und Ausscheidung aus der Gesellschaft muß das Strafensystem, die Strafrahmen, die Zumessung der Strafe bestim-

57 *Franz v. Liszt* (Vom Staatenverband zur Völkergemeinschaft, Fn. 52), S. 74 ff.
58 *Gerhard Anschütz* (Fn. 17), S. 222.
59 *Franz v. Liszt* (Rückwirkung der November-Revolution, Fn. 49), S. 785.
60 *Franz v. Liszt*, Demokratisierung des Strafprozesses, Hamburger Fremdenblatt, 24. 2. 1919, S. 1.

men".[61] Die Demokratisierung des Strafrechts verlange die Beseitigung aller „Kautschukbegriffe" aus dem politischen Strafrecht, die unmittelbare Beteiligung der politischen Parteien an der Reformdiskussion, die Sicherung der freien Meinungsäußerung, die Einschränkung der Religions- und Sittlichkeitsdelikte, die Beseitigung aller Nebenstrafgesetze und die Aufnahme der wesentlichen Strafvollzugsvorschriften in das RStGB.[62] Im Bereich des Strafverfahrens gehe es nunmehr um die Mitwirkung von Laien in allen erstinstanzlichen Gerichten und in den Berufungsinstanzen sowie vor allem um die „folgerichtige Durchführung des Anklageprinzips" – „auch hier ist die Zeit der Kompromisse vorüber"[63]. Nur ein Parteiprozess entspreche der demokratischen Staatsform: „Unser von Grund auf umgestaltetes politisches Leben verlangt gebieterisch nach der schleunigen Einführung einer neuen Strafprozeßordnung."[64] Zu verlangen seien etwa die Streichung der gerichtlichen Voruntersuchung, die Einschränkung der Haftgründe, die Stärkung der Verteidigerrechte sowie die Untersagung des richterlichen Zugriffs auf die Ermittlungsakten.[65]

3. Bekenntnis zum „deutschen demokratischen Freistaat"

Umfassende „Demokratisierung" – das also war die Forderung, die der Wissenschaftler *v. Liszt* aus dem Untergang des Kaiserreichs für das Strafrecht, das Strafprozessrecht und das Völkerrecht ableitete. Entsprechende Konsequenzen zog der Parteipolitiker *v. Liszt.* Wenige Tage nach der Novemberevolution von 1918 gehörte er mit Unternehmern, führenden Journalisten und Wissenschaftlern – wie übrigens auch *Albert Einstein* – zu den Unterzeichnern des Gründungsaufrufs für eine neue liberale Partei, der Deutschen Demokratischen Partei.[66] Die DDP bildete später

61 *Franz v. Liszt* (Rückwirkung der November-Revolution, Fn. 49), S. 786.

62 *Franz v. Liszt* (Rückwirkung der November-Revolution, Fn. 49), S. 786.

63 *Franz v. Liszt* (Rückwirkung der November-Revolution, Fn. 49), S. 786.

64 *Franz v. Liszt* (Demokratisierung, Fn. 60), S. 1.

65 *Franz v. Liszt* (Demokratisierung, Fn. 60), S. 1. Schon während des Kaiserreichs war v. Liszt für eine konsequente Umsetzung der Prinzipien des reformierten Strafprozesses eingetreten, vgl. etwa *Franz v. Liszt*, Die Reform des Strafverfahrens, 1906, S. 36: „Dieses stete Zurückgreifen auf die Protokolle, dieses Kleben an den Ergebnissen des Vorverfahrens ist der Krebsschaden unserer heutigen Hauptverhandlung".

66 Die große demokratische Partei, in: Berliner Tageblatt, Nr. 555 v. 16.11.1918, 1; hierzu *Lothar Albertin*, Liberalismus und Demokratie am Anfang der Weimarer Republik, 1972, S. 54 ff.

mit dem Zentrum und der SPD das Rückgrat diverser Weimarer Koalitionsregierungen. Der Aufruf enthielt neben dem Bekenntnis zur republikanischen Staatsform und der Forderung nach Einberufung einer Nationalversammlung einige durchaus „linke" Positionen. Hierzu zählten der Gedanke der Sozialisierung von Industrien, die Einschränkung des Großgrundbesitzes und die Forderung nach einer (einmaligen) progressiven Vermögensabgabe. In unmissverständlicher Deutlichkeit erklärte der Aufruf das gestürzte monarchische Regierungssystem für „unrettbar tot. Niemand weckt es mehr auf."[67] *v. Liszt* gehörte damit zu den ganz wenigen deutschen Rechtswissenschaftlern, die sich im Herbst 1918 vorbehaltlos zur Demokratie und zur Republik bekannten.[68] Sein Bekenntnis zum „deutschen demokratischen Freistaat"[69] geht weit über den abwartenden „Vernunftrepublikanismus" hinaus, welchen die reformerische-bürgerliche Avantgarde der Kriegszeit (*Delbrück*, *Meinecke*, *Troeltsch* und *M. Weber*), seine vormaligen Mitstreiter in zahllosen politischen Aufrufen, nach dem Ende des Kaiserreichs an den Tag legten.[70] Und Welten trennen *v. Liszt* von *Karl Binding*, seinem Kontrahenten aus Zeiten des „Schulenstreits", dessen als Reaktion auf den Ersten Weltkrieg verfasste, menschenverachtende Euthanasie-Schrift „Von der Freigabe der Vernichtung lebensunwerten Lebens" (1920) den Nachruhm ihres Verfassers nachhaltig verdunkelte.[71]

67 Die große demokratische Partei, in: Berliner Tageblatt, Nr. 555 v. 16.11.1918, 1.

68 *Hans Peter Bleuel*, Deutschlands Bekenner. Professoren zwischen Kaiserreich und Diktatur, 1968, S. 99.

69 *Franz v. Liszt*, Besprechung von Hugo Hofmann, Die Reform des deutschen Strafrechts, JW 48 (1919), S. 283.

70 *Kurt Töpner*, Gelehrte Politiker und politisierende Gelehrte. Die Revolution von 1918 im Urteil deutscher Hochschullehrer, 1970, S. 234 f.

71 *Karl Binding/Alfred Hoche*, Die Freigabe der Vernichtung lebensunwerten Lebens. Ihr Maß und ihre Form, 1920, Neuausgabe mit einer Einführung von Wolfgang Naucke, 2006. Mit Blick auf die Millionen Tote des Weltkrieges schrieb *Binding*, ebd., S: 26: „Denkt man sich gleichzeitig ein Schlachtfeld bedeckt mit Tausenden toter Jugend, oder ein Bergwerk, worin schlagende Wetter Hunderte fleißiger Arbeiter verschüttet haben, und stellt man in Gedanken unsere Idioteninstitute mit ihrer Sorgfalt für ihre lebenden Insassen daneben – und man ist auf das tiefte erschüttert von diesem grellen Mißklang zwischen der Opferung des teuersten Gutes der Menschheit im größten Maßstabe auf der einen und der größten Pflege nicht nur absolut wertloser, sondern negativ zu wertender Existenzen."

V. Fazit

v. Liszt nahm nicht nur unter den Strafrechtlern, sondern überhaupt unter den Wissenschaftlern des späten Kaiserreichs eine Ausnahmestellung ein. Als einer der letzten „politischen Professoren“ findet sich sein Name mit der Kulturprominenz des Kaiserreichs unter zahlreichen obrigkeitskritischen Aufrufen. Als einziger Wissenschaftler von Rang saß *v. Liszt* in der Sitzungsperiode zwischen 1912 und 1918 als Abgeordneter im Deutschen Reichstag. Auch wenn er dort nicht reüssierte, blieb er in der Öffentlichkeit durch seine politische Publizistik als linksliberaler Intellektueller sichtbar. Es kann vermutet werden, dass die strikte Ablehnung seines kriminalpolitischen Programms durch die Nationalsozialisten auch darauf beruhte, dass die Erinnerung an den liberalen, demokratischen, völkerbundfreundlichen und gegen den Antisemitismus ankämpfenden Politiker *v. Liszt* in den frühen 1930er Jahren – anders als heute – nicht verblasst war.

Die Ausnahmestellung *v. Liszts* gründet sich weiter in seinem Ruf nach einer umfassenden Demokratisierung des Straf- und Strafverfahrensrechts sowie des Völkerrechts. 1917 meinte er hoffnungsfroh:

> „Wie auch immer der Krieg ausgehen mag – das eine steht schon heute fest: Sieger auf der ganzen Linie, bei den Freunden wie bei den Feinden, ist die demokratische Idee.“[72]

Einerseits war der machtvolle Wissenschaftler *v. Liszt* ein typischer Vertreter der von *Fritz K. Ringer* beschriebenen „deutschen Mandarine“, jener kleinen Kaste von Großordinarien, welche den Wissenschaftsbetrieb des Kaiserreichs dominierten.[73] Andererseits zählte *v. Liszt* zu den ganz wenigen Rechtswissenschaftlern, die sich nach der Novemberrevolution vorbehaltlos zur Republik bekannten. Der Glaube an aufstrebende Entwicklungsgänge verlieh *v. Liszt* scheinbar unanfechtbare Selbstgewissheit und unerschütterlichen Optimismus.[74] Sein Fortschrittsglaube überdauerte den Ausbruch des Weltkriegs, mit dem zugleich sein wissenschaftliches Le-

---

72 *Franz v. Liszt* (Vom Staatenverband zur Völkergemeinschaft, Fn. 52), S. 74.

73 *Fritz K. Ringer*, Die Gelehrten. Der Niedergang der deutschen Mandarine 1890–1933, 1983.

74 Hierzu *Arnd Koch* (Spätwerk, Fn. 7), S. 475 f.; zum Entwicklungsgedanken eingehend *Florian Herrmann* (Fn. 6), S. 186 ff.; *Michael Pawlik*, v. Liszt im Kontext zeitgenössischer philosophischer Strömungen, in: Koch/Löhnig (Fn. 1), S. 57 ff., S. 67 ff.

benswerk, die Internationalisierung des Strafrechts, zerbrach und Freundschaften zerrissen.[75] Dennoch glaubte er weiterhin fest

> „an die aufwärtsführende Entwicklung der Menschheit, in der auch der Weltkrieg nur eine scheinbare und vorübergehende Hemmung, in Wahrheit eine dauernde Förderung des Fortschritts bedeutet."[76]

Ganz auf dieser Linie liegt der wenige Wochen vor seinem Tod geschriebene Schlusssatz des Vorworts zur letzten Auflage seines Strafrechtslehrbuchs, mit dem ich schließen möchte:

> „Glücklich das Geschlecht, das die Wiederaufrichtung der internationalen Arbeitsgemeinschaft auch auf dem Gebiet der Wissenschaft erlebt"![77]

75 *Franz v. Liszt*, Volk und Krieg, 1915, S. 64.

76 *Franz v. Liszt* (Vom Staatenverband zur Völkergemeinschaft, Fn. 52), S. 48 ff.; ähnlich das Bekenntnis des bereits Sterbenskranken, in: *ders.*, Besprechung von: Nelson, Die Rechtswissenschaft ohne Recht, JW 47 (1918), S. 755: „Dieser Überzeugung danken wir, daß auch im Weltkrieg der Optimismus uns nicht verloren ging, dem auch das Sterben nur der Übergang zu neuerem und besserem Leben bedeutet".

77 *Franz v. Liszt*, (Lehrbuch, Fn. 10), Vorwort, S. IV.

Gibt es einen Einfluss des wissenschaftlichen Positivismus auf die spanische Strafrechtswissenschaft?

José Franco-Chasán

I. Die Frage des Positivismus: eine Analyse des Stands der Technik

1. Zwei ontologisch entgegengesetzte Schulen

Die Struktur des modernen Strafrechts in Europa von seiner Entstehung in der zweiten Hälfte des 18. Jahrhunderts bis zum 19. Jahrhundert ist mit leichten Variationen und logischen Weiterentwicklungen mehr oder weniger einheitlich geblieben. Dieser Zeitraum entspricht dem der „klassischen Schule". Ende des 19. Jahrhunderts und zu Beginn des 20. Jahrhunderts trat jedoch ein direkter Konkurrent auf: die sogenannte „positive Schule". Damit wurde die Hegemonie der alten Schule in Frage gestellt.

2. Die neoklassische Schule

Der größte Vertreter dieser Bewegung ist *Cesare Beccaria* mit seinem berühmten Werk „Dei delitti e delle pene", das 1764 veröffentlicht wurde. Andere Autoren wie *Howard*, *Mirabeau*, *Marat*, *Grolman*, *Muyart de Vouglans*, *Séquier*, *Frénon*, *Bexon*, *Carmignani*, *Immanuel Kant*, *Hegel*, *Voltaire*, *Montesquieu*, *Filangieri*, *Romagnosi*, *Jeremy Bentham*, *Feuerbach*, *Lardizábal* und *Marcos Gutiérrez* können der klassischen Schule zugerechnet werden. Das maßgebliche Ereignis, das den Wendepunkt des mittelalterlichen und nachmittelalterlichen Systems markiert, war die Französische Revolution.

Diese Schule zeichnet sich durch die absolute Achtung des Legalitätsprinzips, die Abschaffung und konsequente Beseitigung der Willkür der Gerichte, die Willensfreiheit und das Prinzip der Vergeltung aus. Sie entstand als Gegenpol zu den Ungerechtigkeiten des vorherigen Systems, nämlich: unzulässige Mittel zur Beweiserhebung (Folter, physische und psychische Nötigung oder Erpressung), unterschiedliche Behandlung je nach Status usw.

3. Die positivistische Schule

Die positive oder positivistische Schule entstand als Gegenpol zur vorherigen. Ihre wichtigsten Vertreter waren *Cesare Lombroso*, *Enrico Ferri* und *Raffaele Garofalo*. Sie sind nicht die einzigen: *Quintiliano Saldaña*, *Concepción Arenal*, *Rafael Salillas* und *Castejón* sind weitere namhafte Autoren.

Wenn wir jedoch den Purismus in der Beschreibung beibehalten wollen, müssen wir darauf hinweisen, dass es mehrere Schulen gibt. Ich werde eine sehr kurze Unterteilung vornehmen, um den Boden zu bereiten, ohne zu weit vom Thema abzuweichen. Es gibt die technisch-juristische Schule (*Beling* und *Arturo Rocco*), den Kritischen Positivismus (mit *Adolphe Prins*, *v. Hamel* und *v. Liszt*, welche die Internationale Kriminalistische Vereinigung gegründet haben), die Terza Scuola (*Carnevale* und *Alimena*), die Humanistische Schule (*Vicente Lanza*), den Neopositivismus (*Grispigni*, *Puglia* und *Florián*), den Correccionalismo (mit dem reinen Correccionalismo [*Röder*], der gesetzlichen Vormundschaft [*Francisco Giner de los Ríos*] und dem Schutzgesetz [*Dorado Montero*]). Zu letzterem können wir seine berühmtesten Anhänger hinzufügen: *Constancio Bernaldo de Quirós* und *Jiménez de Asúa*.

Nach Ansicht vieler Autoren muss die Strafe nützlich sein. Wir befinden uns mitten im Zeitalter des Utilitarismus und die Konzepte von Autoren wie *Jeremy Bentham*, *John Stuart Mill*, *William Godwin*, *John Austin* oder *Henry Sidgwick* sind auf dem Vormarsch. Obwohl der Utilitarismus heftig kritisiert wurde, kann er potenziell nützlich sein, da er zur Humanisierung der Strafe beiträgt. In diesem Zusammenhang ist es interessant, sich die Überlegungen in Erinnerung zu rufen, die sich aus einem Bericht von Professor *Robert Martison* vor fast einem halben Jahrhundert ergeben. Daraus geht hervor, dass Gefängnisstrafen (selbst die humansten, erzieherischsten und reintegrativsten) nicht in der Lage sind, künftige Rückfälle zu verhindern:

> „Für junge Männer als Ganzes machte der Grad des Erfolgs, der im regulären akademischen Erziehungsprogramm des Gefängnisses erzielt wurde, gemessen an der Veränderung des Leistungsniveaus, keinen signifikanten Unterschied in der Rückfallquote.“[1]

1 *Robbert Martinson*, What Works? Questions and Answers about Prisons Reform, The Public Interest 35 (1974), S. 25.

Daraus folgt, dass auch in der heutigen Rechtswissenschaft bestimmte Strömungen vorherrschen, die für eine Änderung der Behandlung des Strafrechts eintreten, für Maßnahmen, die sich mehr an einer biologisierenden Analyse[2] der neurologischen und psychiatrischen Wissenschaften orientieren.

Wenn, wie wir gesehen haben, die traditionellen strafrechtlichen Maßnahmen bei der Resozialisierung der Person versagen oder nicht die geringste Effizienz aufweisen, für welche Art von Strafen wird sich die positive Schule dann entscheiden? In der Tat wird sie mit den allgemeinen traditionellen Strafen früherer Epochen brechen: entweder humanisierte Gefängnisstrafen (Strafrecht der klassischen Schule) oder Gefängnisstrafen mit Misshandlungen, Folter und Willkür aller Art (Strafrecht vor der Französischen Revolution). Die positivistische Schule wird sich für die sogenannten „strafrechtlichen Ersatzhandlungen" entscheiden.

Lombroso ist ein Vertreter der Kriminalanthropologie. Auch wenn es auf der Grundlage aktueller Daten nicht möglich ist, sich dieser Theorie anzuschließen, so war der gewählte Ansatz doch systematisch: Seine Theorie ist das Ergebnis von mehr als 400 Autopsien von Verbrechern und 6.000 Analysen lebender Verbrecher.[3] Die von ihm genannten, gemeinsamen Merkmale des Verbrechers sind allgemein bekannt (Schädelvorwölbungen, hervorstehende Wangenknochen, schräge Augen usw.), und es ist nicht notwendig, seine methodische Klassifizierung zwischen anrechenbaren (atavistischen oder angeborenen, gewohnheitsmäßigen, wahnsinnig-moralischen, gelegentlichen und professionellen) und nicht anrechenbaren (wahnsinnigen, epileptischen usw.) zu präsentieren. Es ist richtig, dass die Straftatkategorie „leidenschaftlich" (jemand, der so unbeherrscht handelt, dass sein Wille außer Kraft gesetzt wird) nicht automatisch als zurechenbar oder unanfechtbar eingestuft werden kann. Dies hängt von einer gründlichen psychologischen Analyse ab.

Ferri legt zweifellos eine Theorie des Kriminellen vor, die freundlicher und im Allgemeinen für unsere Zeit relevanter ist. Denn sein Katalog basiert auf den Faktoren, die das Verbrechen beeinflussen, und nicht auf der Vorstellung, dass Kriminalität pathogen oder angeboren ist. Die Klassifizierung von *Ferri*, die von allen studiert wird, besteht aus: anthropologischen Faktoren (Rasse, Geschlecht, körperliche Konstitution, Psyche, Alter usw.),

2 Der Begriff wurde von Dr. Yves Cartuyvels geprägt.
3 Die Daten stammen von der Website http://criminologiaken.blogspot.com.es/2011/04/clasificacion-de-los-delincuentes-segun.html. Letzter Zugriff am 2.8.2024.

physischen Faktoren (Temperatur, Klima usw.) und sozialen Faktoren (Religion, Bildung, Familie usw.). *Grispigni* schließt sich dieser Theorie an und unterscheidet lediglich zwischen biologischen und physischen Motiven innerhalb des anthropologischen Faktors.

Garofalo vertritt die Auffassung, dass es vier Arten von geborenen Kriminellen gibt.[4] Diese sind der Mörder, der Gewalttäter, der Dieb und der unzüchtige Straftäter.

Um auf den roten Faden zurückzukommen: Für den Positivismus gilt die Person, die ein Verbrechen begeht, als abnormal. Die Person wird fast ausschließlich in ihrer materiellen/biologischen Facette betrachtet (und nicht als moralisches Subjekt wie im klassischen Positivismus). Darüber hinaus ist die Behandlung der Strafe eine biologische Angelegenheit: Das Phänomen der Strafe als solches hat eine biologische, keine moralische Dimension. Der Mensch wird nie aufhören, ein Delinquent zu sein, denn so wird er von der Wissenschaft (damals Pseudowissenschaft – Phrenologie usw. –, probabilistische Wissenschaften und eine noch in den Kinderschuhen steckende Kriminologie) und als Produkt einer nicht-moralischen (und daher nicht-erschöpflichen) Verantwortung, nämlich der sozialen Verantwortung, verstanden.

Die Rehabilitierung von Straftätern ist einer der Kernpunkte der zentralen Politik dieser Schule. Andererseits gibt es zwei Punkte, die hervorzuheben sind. Der erste ist, dass diese Schule versucht, die Ursachen des Verbrechens zu finden (ein Ansatz, den es in der klassischen Schule nicht gibt). Der zweite ist, dass der Täter manchmal nicht bestraft wird.

Der Zweck der Strafe ist hier Repression und Prävention (sowohl speziell als auch allgemein). Es ist nicht verwunderlich, dass die ersten liberalen Strafgesetzbücher (z.B. das spanische von 1822) zwischen den Zielen der klassischen Schule und denen der positiven Schule schwanken, wobei der Ansatz der Vergeltung und die Perspektive der Prävention nebeneinander bestehen.

4. Die eklektische Schule

Wie alles im Leben, und erst recht im Bereich der Sozialwissenschaften, können die Debatten nicht aus einer dualistischen Perspektive geführt

4 Rangliste von http://itercriminis.com/raffaele-garofalo-creador-del-termino-criminologia/. Letzter Zugriff am 15.6.2024.

werden. Es stimmt, dass dies notwendig ist, um einen grundlegenden gedanklichen Rahmen zu schaffen und die Hauptlinien in einer systemischen Weise zu strukturieren. Wenn wir jedoch in die Tiefe gehen wollen, müssen wir die nicht-duale Natur der Themen, mit denen wir uns beschäftigen, anerkennen. Andernfalls laufen wir Gefahr, in einen vereinfachenden Reduktionismus zu verfallen, der die Forschung behindert.

Deshalb müssen wir feststellen, dass zwischen den beiden Theorien die sogenannten eklektischen Schulen entstanden sind. Diese nahmen Elemente der einen und der anderen auf, vermischten sie und bereicherten sie mit einer Reihe weiterer Argumente. Ein gutes Beispiel dafür ist die eklektische Schule von *Pellegrino Rossi* und *Carrara*, welche die moralische Vergeltung *Kants* (typisch für die klassische Schule) und den beginnenden Utilitarismus der Aufklärung (eher der positivistischen Schule zuzuordnen) miteinander verband.

Die eklektischen Schulen werden dazu tendieren, sich von revolutionären und aufklärerischen Ansätzen im Allgemeinen abzuwenden und zu der Kombination aus Recht und Moral früherer Zeiten zurückzukehren. In Spanien wurde sie vor allem von *Pellegrino Rossi* und seinem bahnbrechenden Werk „Traité de droit pénal" eingeführt, das sich für eine Hybridisierung ausspricht. Die Position von *Rossi* lässt sich wie folgt zusammenfassen:

> „Im Gegensatz zum Utilitarismus von Beccaria und der Aufklärung, die die Ideen der Moral und der Gerechtigkeit außer Acht lässt, gründet Rossi das Strafrecht auf die moralische Ordnung und die absolute Gerechtigkeit und setzt seine Grenzen in der Notwendigkeit, die soziale Ordnung zu erhalten. Damit schließt er sich dem damals vorherrschenden Trend an, Moral und Recht miteinander zu verbinden, und lehnt sowohl den aufklärerischen als auch den kontraktualistischen Ansatz ab."[5]

Einschüchterung und Schadensprävention werden als Strafzwecke ebenso akzeptiert wie die Wiedereingliederung von Straftätern (auch wenn, wie wir noch sehen werden, Ersteres den Vorrang hat). Es geht vor allem darum, den gemischten Charakter zu betonen, denn das Verbrechen ist eine Pflichtverletzung und diese wiederum ein Übel für die Gesellschaft. Der Vergeltungsgedanke ist jedoch nach wie vor präsent, und wenn die Strafe

5 *Emilia Iñesta Pastor*, La interpretación del eclecticismo en la doctrina y en la legislación de la España penal del siglo XIX, Ivs Fvgit 19 (2016), S. 214.

vollzogen ist, kann die moralische und soziale Ordnung wiederhergestellt werden.

Silvela gehörte zu den klaren Vertretern des Eklektizismus. Hervorzuheben ist, dass er zum Zweig des spanischen Correccionalismo gehörte. Für ihn war die Strafe eine notwendige Strafe und gleichzeitig eine Art staatliche Vormundschaft für diejenigen, die in der Gesellschaft fast gewohnheitsmäßig Verbrechen begingen. *Silvela* gab, etwas weniger diskret als das eklektische Bürgertum, das Konzept der staatlichen Prävention zugunsten einer Korrektur des Straftäters auf.

Joaquín Francisco Pacheco war zweifellos ein vollwertiger Eklektiker. Nicht nur wegen seiner klaren doktrinären Haltung, sondern auch wegen seiner Persönlichkeit. Er war ein Mensch mit tiefen moralischen Überzeugungen, aber gleichzeitig auch eine weitgehend pragmatische Persönlichkeit. Im Jahr 1836 gründete er den bekannten „Boletín de Jurisprudencia y Legislación“[6]. Die Besonderheiten seiner Lehre fallen in den allgemeinen Rahmen, der die Merkmale jeder eklektischen oder doktrinären Lehre enthält: Strafe mit einer vergeltenden Funktion über andere Ziele hinaus, Willensfreiheit als grundlegender Aspekt zur Rechtfertigung des Strafrechtssystems, die Rückverfolgbarkeit der Quelle des Strafrechts im Naturrecht, usw. Dieser letzte Punkt hat jedoch bei *Pacheco* noch einen zusätzlichen Aspekt, und zwar, dass die einzige Grundlage des Strafrechts nicht nur im Sittengesetz, sondern auch in der „Erhaltung der Gesellschaft“ zu finden ist. In Bezug auf strafbare Handlungen und deren Rechtfertigung glaubt *Pacheco* an die Verbindung von sozialem Interesse mit der Achtung von Sitten, Tradition und früheren Vorschriften.

Gómez de la Serna seinerseits bekräftigte, dass die Moral nicht die einzige Grundlage des Strafrechts sein könne und dass das notwendige utilitaristische Element vorhanden sein müsse:

> „Ich habe nicht das System der absoluten Moral als einzige Grundlage des Strafrechts verteidigt. Ich denke, es ist notwendig, das System der Moral zu respektieren, aber in Verbindung mit dem utilitaristischen System. Ich glaube nicht, dass irgendein absolutes System gut ist. Ich tadle

6 Erste spanische juristische Fachzeitschrift, die von Pacheco zusammen mit Juan Pérez Hernández, Juan Bravo Murillo, Vicente Hernández de la Rúa, Pascual Fernández Baeza und José María Huet und anderen gegründet wurde.

das System der Spiritualisten, genauso wie ich das exklusive System der Utilitaristen tadle."[7]

Diese Mischung aus Realismus und moralischer Grundlage ist eine Konstante in allen eklektischen Varianten. In diesem Sinne haben wir es, auch wenn die verwendeten Begriffe variieren mögen, mit einer gemischten Lösung der traditionellen Debatte zwischen Spiritualisten und Materialisten zu tun.

II. Späte Rezeption zwischen dem 19. und 20. Jahrhundert?

1. Correccionalismo

Eine der Hauptschwierigkeiten, die Institutionen wie die Internationale Kriminalistische Vereinigung hatten, um nach Spanien zu gelangen, war das hochentwickelte Stadium, in dem sich der Correccionalismo in diesem Land befand.[8] Die Anfänge des Strafvollzugs in Spanien lassen sich auf die spanische Präventivschule zurückführen. Auch wenn es sich dabei um eine spezifische spanische Strömung handelte, deren Postulat bereits existierte, ist es angebracht, die Entstehung der spanischen Korrektionistenschule in der zweiten Hälfte des 19. Jahrhunderts zu betrachten. Für *Antón Oneca* hatte die Besserungstheorie keine Anhänger in ihrem Heimatland (Deutschland), wo sie in den Werken, die sich mit Straftheorien befassten, „vergessen" oder „kaum erwähnt" schien.[9] Es scheint logisch, dass sie auf der iberischen Halbinsel stärker verankert ist, da sie in einem bestimmten Sektor der spanischen Wissenschaft sehr weit verbreitet war. Dieser Sektor bezog sich auf den Krausismus, dessen Tochter die deutsche Lehre der Besserungstheorie war. Im Laufe der Zeit begann die spanische Lehre jedoch, ihre eigenen Gedanken zu entwickeln: Anstatt die Lehre *Röders* weiterzuentwickeln, erkannte die spanische Rechtstradition mehrere Zwecke für die Strafe an. Die Tradition, die mit *Seneca* begonnen hatte, setzte sich mit den Theologen und Moralisten des 16. und 17. Jahrhunderts bis in die Zeit der Aufklärung fort.[10] Während die traditionelle Lehre der Korrektionisten den

7 *Diario Sesiones del Congreso*, 1847–48, 13. März 1848, S. 1748.

8 In der Tat stützte sie sich stark auf die Ideen von Seneca.

9 *José Antón Oneca*, La teoría de la pena en los correccionalistas españoles, Estudios Jurídico-Sociales, Homenaje al Profesor Legaz y Lacambra, 1960, S. 1016.

10 *Agustín Jorge Barreiro*, Las medidas de seguridad en el Derecho español, 1975, S. 45.

Zweck der Korrektur als einzigen Zweck der Strafe festgelegt hatte, änderte der spanische Correccionalismo (die neuere Form) gemäß *Jorge Barreiro* die Idee: die Korrektur sollte nicht der einzige Zweck der Strafe sein.[11] Meiner Meinung nach ist es das, was Spaniens Position zu einer Position sui generis machte. Die traditionelle Lehre stand völlig im Einklang mit dem Correccionalismo:

> „Es gibt keine andere Möglichkeit, das Recht mit Hilfe der Strafe wiederherzustellen, als die Korrektur als wesentlichen Zweck anzuerkennen."[12]

Es gibt jedoch nur wenige Autoren, die dem Positivismus nahestehen, die dieser Idee widersprechen. Eines der deutlichsten Beispiele dafür war *Dorado Montero*, der sich gegen die spanische Tradition wandte, die davon ausging, dass die Strafe mehrere Zwecke habe. Der spanische Autor war stark von *Krause* beeinflusst.[13] In dieser Hinsicht entwickelte der spanische Penalista eine sehr spezifische Version des Correccionalismo. Der Positivismus, der „in Italien unter dem Einfluss von Ardigò und Siciliani Gestalt annahm", und der „organische *Correccionalismo*", der sich in Spanien unter dem Einfluss von *Giner* entwickelte, wurden von *Dorado* „auf glückliche Weise miteinander verbunden" – eine „Fusion, die vielleicht nicht einmal bis heute verwirklicht wurde."[14]

2. Eklektizismus

Zwischen 1899 und 1919 war der Eklektizismus der beliebteste Ansatz in der Strafrechtslehre. Diese ius-philosophische Strömung wurde von dem italienischen Strafrechtler *Pellegrino Rossi* angeführt, dessen spanisches Pendant *Joaquín Francisco Pacheco* war. Damals entbrannte eine Lehrdiskussion über das Ausmaß von *Pachecos* Originalität: Einige Autoren verteidigten ihn (*Romero Girón*, *Gutiérrez Fernández* und *Calvo Rubio*), während andere behaupteten, er habe lediglich alle oder einige Ideen von *Rossi*

11 *Luis Silvela*, El Derecho penal español. Estudiado en los principios y en la legislación vigente en España, 1903, S. 8.

12 *Luis Silvela* (Fn. 11), S. 203.

13 *Karl Christian Friedrich Krause*, Abriss des Systems der Philosophie des Rechts, 1828. Die Ideen von Krause erinnern an Naglers Überlegungen zum sozialen Zweck der Strafe, vgl. *Johannes Nagler*, Die Strafe: eine juristisch-empirische Untersuchung (1918), Nachdruck 1970, S. 48–54.

14 *Constancio Bernaldo de Quirós*, Las nuevas teorías de la criminalidad, 1898, S. 136.

kopiert (u.a. *Dorado Montero* oder *Antón Oneca*).[15] Dies passte perfekt zur zeitgenössischen spanischen Politik, die auf Mäßigung, Mischung, kulturelle Abhängigkeit von Frankreich und Konservatismus Wert legte. Spanien entfernte sich vom Denken der Aufklärung und orientierte sich an Ideen, die eine Überschneidung von Recht und Moral vorsahen, um die empfundenen Missstände der älteren Zeit zu beseitigen. Bei den eklektischen Positionen handelt es sich um eine Gruppe von Theorien, die einen Mittelweg zwischen den Extremen der neoklassischen Schulen und der positivistischen Schulen fordern, da sie für eine gemäßigte Reaktion auf die Kriminalität eintreten.

Bestimmte Aspekte des Positivismus waren gut, und die Realität und der pragmatische Charakter der neoklassischen Schulen sollten ebenfalls berücksichtigt werden. In Italien wurde diese Strömung Terza Scuola benannt, und ihre wichtigsten Vertreter waren *Emanuele Carnevale*, *Bernardino Alimena*, *Michelangelo Vaccaro*, *Gabriel Tarde*, *Ferdinando Puglia* und *Giovanni Battista Impallomeni*. In Spanien war die Bewegung unter dem Namen Eclecticismo bekannt und wurde hauptsächlich durch den Einfluss des französischen Doktrinarismus angeführt. Zu letzterem gehörten *Constancio Bernaldo de Quirós*, *Francisco Pacheco* und *Alejandro Groizard*.

3. Die Theorie der Zurechenbarkeit

Der Diskurs im Spanien des 19. Jahrhunderts war stark von einer Theorie der Zurechenbarkeit geprägt, die fast ausschließlich auf dem freien Willen beruhte.[16] Das spanische Denken zu diesem Thema konzentrierte sich weiterhin auf absolute Theorien, aber einige Neuerungen führten mildernde und erschwerende Umstände ein und brachten die traditionellen strafrechtlichen Grundsätze ins Wanken.[17] Der Oberste Gerichtshof begann, mildernde Umstände und einen breiteren, weniger starren Begriff der Zurechenbarkeit zu akzeptieren.[18] Aus einem sehr einfachen, eindeutigen Kon-

15 Die wichtigste Möglichkeit, dies zu überprüfen, war die Lektüre seines Werkes „Estudios de Derecho penal. Lecciones pronunciadas en el Ateneo de Madrid".

16 *Joaquín González González*, La imputabilidad en el Derecho penal español. Imputabilidad y locura en la España del siglo XIX, 1994.

17 *Builla Alegre*, Teoría de las circunstancias atenuantes y eximentes de responsabilidad criminal según el Código español, 1885.

18 *Primitivo González del Alba*, Locura o imbecilidad incompletas. Doctrina del Tribunal Supremo, Revista General de Legislación y Jurisprudencia 90 (1897), S. 261.

zept wurde eine Reihe von Theorien der Verantwortlichkeit. Aus der „klassischen Theorie", die von einer „moralischen und sozialen Verantwortung ausgeht, die auf den Begriffen der Pflicht, des freien Willens und der Persönlichkeit beruht", entwickelten sich die „modernen Theorien"[19]. Letztere unterteilen sich in drei große Ansätze: eine „bloße soziale Verantwortung", die auf dem „Begriff der Verteidigung des sozialen Organismus" beruht, eine „soziale und moralische Verantwortung ohne die Unterdrückung des freien Willens" und eine „soziale und moralische Verantwortung, die auf ein einfaches Noumenon reduziert ist."[20] Der politische und juristische Eklektizismus ist auf dem Vormarsch. Auch wenn die positivistische Konzeption der Zurechenbarkeit noch lange nicht verwirklicht war, wurden doch gewisse Fortschritte erzielt und Ideen wie die Möglichkeit eines gefährlichen Zustands in Betracht gezogen.

4. Gefährlicher Zustand und bedingte Sentenzen

Nach einigen Jahren, im Jahr 1931, lehnte *Jiménez de Asúa* die Idee einer angeborenen gefährlichen Veranlagung ab, da das Konzept der Strafmündigkeit für das Strafrecht wesentlich sei. Im Jahr 1945 änderte er jedoch seine Meinung und fand einen Platz für die Idee innerhalb des Konzepts der Strafmündigkeit. Dies war ein kluger Schritt, denn er trug dazu bei, die alte Debatte „freier Wille vs. Determinismus" zu überwinden. *Asúa* unterteilte die Verantwortung in zwei Kategorien: subjektiv und objektiv. Er konzentrierte sich auf die Gefahren,[21] die der Lebensstil des Straftäters für die Gesellschaft mit sich bringt, und betonte die Notwendigkeit, die Schuldfähigkeit im Gegensatz zur Willensfreiheit zu betrachten, was eine wichtige Entwicklung war, da er die Schuldfähigkeit aus einer psychologischen Perspektive betrachtete – ein Ansatz, der heute vorherrscht. Damals bezog sich der Begriff „Geschäftsfähigkeit" ausschließlich auf die „Fähigkeit, seine eigenen Pflichten zu kennen", obwohl *Salillas* auf den „verrückten Verbrecher" aufmerksam gemacht hatte.[22] Nach und nach begannen die Rechtsschulen zu erkennen, dass ein unvermeidlicher Konflikt über die

19 *Constancio Bernaldo de Quirós* (Fn. 14), S. 143.
20 *Constancio Bernaldo de Quirós* (Fn. 14), S. 143.
21 *Enrique Roldán Cañizares*, Luis Jiménez de Asúa: un jurista en el exilio, 2018, S. 186.
22 *Rafael Salillas*, Los locos delincuentes en España, Revista General de Legislación y Jurisprudencia 64 (1899), S. 117–142.

Zurechenbarkeit bevorstand: Dies war zweifellos der Aspekt, in dem sich die beiden Schulen am meisten unterschieden.[23]

Die bedingte Verurteilung wurde in Boston für minderjährige Straftäter entwickelt und erst später auf erwachsene Straftäter ausgedehnt.[24] Sie ermöglichte es den Gerichten, in bestimmten Fällen die Aussetzung der Vollstreckung von Strafurteilen in ihrem Zuständigkeitsbereich anzuordnen. Dieser Ansatz stand im Widerspruch zur neoklassischen Auffassung von Strafurteilen:

> „Ebendarum sperrt man die Sträflinge noch oft genug ein, nicht nur ohne alle Rücksicht auf die Wahrscheinlichkeit oder auch nur Möglichkeit der Erreichung oder Förderung des allgemeinen und eigenen Besten, sondern man lässt die Sträflinge sogar nach Ablauf der vorgeblich dem Recht und Rechtszweck der Strafe entsprechend vorausbestimmten Strafzeit, *quasi re bene gesta* wieder frei, ohne nur danach zu fragen, ob die Sträflinge nicht gerade durch die Strafe weit schlechter und gefährlicher geworden sind, als sie es vorher waren."[25]

Dieser neue Ansatz hielt auch in Spanien Einzug. Im Jahr 1899 legte der Justizminister *Graf v. Torreanaz* dem Parlament einen Gesetzentwurf vor, der „die erste und einzige bedingte Verurteilung, die wir je hatten", enthielt.[26] Der spanische Strafrechtler *Dorado Montero* befürchtete, dass die Öffentlichkeit den Vorschlag des Ministers als eine vorübergehende Revolution betrachten würde, und veröffentlichte 1900 einen Artikel, in dem er über die Länder berichtete, die diese Regelung bereits eingeführt hatten oder im Begriff waren, sie einzuführen. Dies betraf England, das erste europäische Land, in dem die bedingte Verurteilung aus Nordamerika übernommen worden ist (durch den Probation of First Offenders Act vom 8.8.1887); Belgien, das erste Land des Kontinents, in dem die Institution der Verweisung eingeführt worden ist (durch das Gesetz vom 31.5.1888); Frankreich (Gesetz Bérenger vom 26.3.1891); Kanton Neuenburg (Art. 339 des Strafgesetzbuchs vom 29.5.1891); Herzogtum Luxemburg (Gesetz vom

23 *José García Romero de Tejada*, La imputabilidad ante las escuelas criminológicas, Revista de los Tribunales 30 (1886), S. 741–763.

24 *Pedro Dorado Montero*, Sobre la facultad de indultar las penas, concedida á los Tribunales, Revista Política y Parlamentaria 7 (1900), S. 1–2.

25 *Karl David August Röder*, Die herrschenden Grundlehren von Verbrechen und Strafe in ihren inneren Widersprüchen: eine kritische Vorarbeit zum Neubau des Strafrechts, 1867, S. 34.

26 Veröffentlicht in der „Gazeta Oficial" am 10.1.1900.

23.5.1892); Kanton Genf (Gesetz vom 29.10.1892); Portugal (Gesetz vom 6.7.1893); Norwegen (Gesetz vom 2.5.1894); Sachsen (Verordnung des Justizministeriums des Königreichs Sachsen vom 25.3.1895); Preußen (Königliche Verordnung des Königs von Preußen vom 23.10.1895); Württemberg (Reskript vom 24.2.1896); Bayern (Ministerialerlass vom 24.3.1891); Hamburg (Entschließung des Senats vom 30.4.1896); Kanton Waadt (Gesetz vom 13.5.1897).[27]

Bedingte Verurteilungen waren schon lange vor *Torreanaz*' Gesetzentwurf allgemein bekannt. Viele Gelehrte beklagten sich über die Verzögerung bei der Einführung in Spanien. Man könnte argumentieren, dass die Ursprünge des Vorschlags in Frankreich liegen, aber der eigentliche Ursprung der Idee liegt in Belgien. *Torreanaz* bezog sich auf das französische Gesetz über die Milderung und Verschärfung der Strafen (auch bekannt als Gesetz Bérenger), aber *Bérenger* war nicht der Urheber der bedingten Verurteilung gewesen, da er sie aus anderen Ländern, insbesondere Belgien, übernommen hatte – obwohl er 1884 in Frankreich einen entsprechenden Entwurf vorgelegt hatte. Wenn man sich in ganz Europa umschaut und den strafrechtlichen Fortschritt betrachtet, stellt man fest, dass die Länder, die an der Nordsee liegen, am besten abschneiden. An erster Stelle stehen skandinavische Länder, die Niederlande und Belgien; danach folgen England, Deutschland und Frankreich; dann die Schweiz, Italien, Österreich-Ungarn und Russland; schließlich Portugal, Spanien, Rumänien und die Staaten südlich der Donau; mit wenigen Ausnahmen schrumpft also der Fortschritt in diesem Bereich, je weiter man sich von der Nordsee entfernt.[28]

Sowohl die europäischen als auch die internationalen Kongresse und der Einfluss internationaler Organisationen sind in Spanien bei mehreren Gelehrten zu erkennen. *Dorado Monteros* Überlegungen zu unbestimmten Strafen wurden jedoch besonders von den Aufzeichnungen verschiedener Kongresse über bedingte Strafen beeinflusst:[29] der Internationalen Strafvollzugskongresse von Sankt Petersburg und Paris 1890 bzw. 1895, der

---

27 *Pedro Dorado Montero* (Fn. 24), S. 1–2.

28 *Albert Rivière*, Révue Pénitentiaire, 1897, S. 1253.

29 Er liest auch die Arbeiten von Rivière und M. Tallack, dem Sekretär der Howard Association, insbesondere dessen Buch „Penological and preventive principles". Er nimmt auch den Internationalen Strafvollzugskongress von Paris (1885) zur Kenntnis – insbesondere den Bericht der Kommissare aus den USA – sowie die Ausgabe XXI der „Révue Pénitentiaire".

Brüsseler Tagung der IKV 1889, des 21. deutschen Juristenkongresses in Köln 1891 und des ungarischen Juristenkongresses in Budapest 1896.[30]

5. „Revista de las prisiones" und das Strafvollzugssystem

Eine der wichtigsten Zeitschriften, die in dieser Zeit entstand, war die sogenannte „Revista de las Prisiones". Die spanische Nationalbibliothek (Biblioteca Nacional de España) berichtet, dass die „Revista de Prisiones y de policía" die Fortsetzung der „Revista de las Prisiones" war, die seit 1893 in Madrid erschien und weiterhin von *Fernando Cadalso* geleitet wurde. Die neue Zeitschrift verfügte über eine neue Rubrik, die der Polizei gewidmet war (da die Gerichtspolizei 1896 gegründet wurde). Nach einigen Jahren erhielt sie wieder ihren ursprünglichen Namen „Revista de las Prisiones" (1899–1903).

Was die Bemühungen um eine Reform des Strafvollzugs in Spanien zu Beginn des 20. Jahrhunderts und ihre spezifischen Instrumente betrifft, so sind einige von ihnen hervorzuheben: die Verordnung vom 5.5.1913, die Strafkolonie von Dueso, die Fortschritte zur Zeit von *Primo de Rivera* oder die Reformen von *Victoria Kent*.[31]

6. Nazismus und Faschismus

Das Hauptproblem bei der Rezeption von Postulaten der IKV in Spanien bestand darin, dass sie durch korrupte Regime instrumentalisiert werden konnten. Daher wurde die Einräumung eines hohen Maßes an Ermessen von den Wissenschaftlern mit Skepsis betrachtet. *Dorado Montero* und sein Schüler *Jiménez de Asúa* waren gute Beispiele dafür,[32] da sie befürchteten, dass ihre Theorien vom Totalitarismus missbraucht werden könnten (wie es später mit dem Faschismus und dem Nationalsozialismus geschehen sollte). Der Punkt, an dem es kein Zurück mehr gab, war erreicht: Die

30 *Pedro Dorado Montero* (Fn. 24), S. 1–2.

31 *Isabel Ramos Vázquez*, La reforma penitenciaria en la historia contemporánea española, 2013, S. 395–450.

32 v. Liszt übte den größten Einfluss auf Jiménez de Asúa aus, der der beste Schüler von Dorado Montero war. Jiménez de Asúa gehörte neben Mariano Ruiz-Funes dem Prüfungsausschuss an, als sich Antón Oneca um den Lehrstuhl für Strafrecht an der Universität Salamanca bewarb.

Spannungen schlugen sich in Gewalt, Militärausbrüchen und Revolten nieder und führten zu unerwünschten Ergebnissen wie der Machtübernahme durch *Primo de Rivera* im Jahr 1923 oder dem Staatsstreich *Francos* einige Jahre später. Die zunehmende Degeneration der Armeeideale führte den Alten Kontinent schließlich in den Ersten Weltkrieg, den Aufstieg des Faschismus, die Konsolidierung des Nationalsozialismus und den Zweiten Weltkrieg. Es ist weithin anerkannt, dass *Jiménez de Asúa* die Hauptfigur bei der Entwicklung der Rechtsdogmatik des Strafrechts war. Dennoch war es *Dorado Montero*, der den Grundstein für die frühe Entwicklung dieser Disziplin in Spanien gelegt hatte, und er war ein Vorreiter der Kriminalwissenschaf.t Selbst auf internationaler Ebene wählte ihn die „Révue internationale de sociologie" zum Vizepräsidenten für das Jahr 1918.[33] Die Zeitschrift widmete dem kastilischen Autor in einem ihrer Bände einen Abschnitt:

> „Wir haben vom Tod mehrerer Soziologen erfahren, die wir in Erinnerung behalten müssen. [...] Herr Pedro Dorado Montero wurde am 19. Mai 1861 in Navacarros geboren. [...] Er begrüßte die Gründung unserer Zeitschrift und stand von Anfang an auf der Liste ihrer wichtigsten Mitarbeiter. Im darauffolgenden Jahr schrieb er einen langen Artikel über die Verantwortung im Verbrechen und deren Ausweitung, der in unserer Ausgabe vom September 1894 veröffentlicht wurde. Außerdem war Herr Dorado einer der ersten Wissenschaftler, die dem Internationalen Institut für Soziologie nach seiner Gründung beitraten. [...] Zum dritten Kongress, der im Juli 1897 in Paris stattfand, schickte er eine sehr wichtige Studie: *The Role of Criminal Justice in the Future.* Sie löste eine große Diskussion aus, an der mehrere Persönlichkeiten teilnahmen, wie Ferdinando Puglia, Jacques Novicow, René Worms, Casimir de Kelles-Krauz, Paul de Llilienfeld, Oscar d'Araujo und Alfred Espinas."[34]

7. Akzeptanz der IKV-Theorien

Für diesen Zeitpunkt ist es nur folgerichtig zu behaupten, dass die spanische Lehre positivistische Prämissen bezüglich der „Mechanismen der Strafzumessung" akzeptierte, nicht aber die von dieser Theorie angebotene

33 Nur ein Jahr vor seinem Tod (1919).

34 *René Worms*, Chronique, Rev Int Sociol 28 (1920), S. 328–329.

Rechtfertigung für staatliches Strafen. Alles in allem gab es in Spanien eine Rechtsprechung, die sich eher für eklektische Positionen eignete, wie die überwältigende Verbreitung und Entwicklung eklektischer Schulen dort beweist: die von *Joaquín Francisco Pacheco* (ihm nahestehend: *Pellegrino Rossi* in Italien), *Alejandro Groizard y Gómez de la Serna* und *Luis Silvela y de Le Vielleuze*, und anderen. *Dorado Montero* war mit seinem Ziel erfolgreich, den Positivismus durch die Hintertür in Spanien einzuführen.

Der Einfluss der neuen Straftheorien auf das öffentliche Recht ist in vielen europäischen Staaten unübersehbar. In Spanien wurde dieser Einfluss jedoch nicht über die Gesetzgebung vermittelt. Unter der Flagge des Eklektizismus und eines angeblichen Geistes der Mäßigung wurde Spanien oft als eine Art „positivismusfreies" Land betrachtet, d.h. als ein Rechtssystem, in dem der Positivismus kaum akzeptiert wurde. Es wurden keine positivistischen Gesetzbücher erlassen, keine positivistischen Gesetze verabschiedet und keine positivistischen Verordnungen angenommen. Dennoch habe ich den Eindruck, dass der Positivismus in der Tat unsere Grenzen überquert und unser Land erreicht hat, wobei er so lange schlummerte, bis er die Gelegenheit fand, sich auf ein allgemeines Substrat nationaler Gelehrter auszudehnen: von Strafrechtlern zu Kriminologen, von Pädagogen zu Psychologen, von Soziologen zu Politikern.

Der Einfluss der durch die IKV entwickelten Ideen auf die europäischen Rechtsordnungen wuchs stetig. Eine der ersten Manifestationen war der Entwurf für das Schweizerische Strafgesetzbuch. Dessen Hauptautor, *Carl Stooss*, schlug eine methodische Struktur für verschiedene Maßnahmen im Umgang mit gefährlichen Personen (lernbehinderte, nicht strafmündige oder minderjährige Personen) vor:

> „Denn die Strafbarkeit des Versuches beruht auf seiner Gefährlichkeit, und diese nimmt zu, je mehr sich der Versuch der Vollendung nähert, sie nimmt ab, je mehr er davon entfernt ist."[35]

Dennoch wurde dies in der Strafgesetzgebung nicht offiziell umgesetzt, und die Konsolidierung ließ in den meisten europäischen Ländern bis zum Ende der Zwischenkriegszeit (zwischen dem Ersten und dem Zweiten Weltkrieg) auf sich warten:

---

35 *Carl Stooss*, Die Grundzüge des schweizerischen Strafrechts im Auftrage des Bundesrathes vergleichend, 1892, S. 215.

„Obwohl sie [die IKV] nach dem Ersten Weltkrieg aufgelöst wurde – um am 14. März 1924 in Paris als heutige Internationale Kriminalistische Vereinigung neu gegründet zu werden –, war sie eine Institution, die auch dazu diente, die Neue Schule in Europa im Allgemeinen und in Spanien im Besonderen zu rezipieren oder zu verstehen."[36]

8. Doktrinarismus und die Rolle der Vergeltung

Der untersuchte Zeitraum ist für Spanien von großer Bedeutung, da er sich über zwei Jahrhunderte erstreckte. Wichtige Ereignisse wie das Ende des spanischen Kaiserreichs im Jahr 1898, die Errichtung des spanischen Protektorats in Nordmarokko im Jahr 1912 und der anschließende Konflikt (der Rif-Krieg) sowie der Erste Weltkrieg (1914–1918) hatten Auswirkungen auf das iberische Land und die Art und Weise, wie es mit seinem Strafsystem umging. Der Einfluss dieser Ereignisse war nicht nur symbolisch: Sie schufen eine Zeit, in der Veränderungen möglich und erreichbar waren. Obwohl *Lombrosos* „L'Uomo delinquente" recht bekannt war und die Hauptwerke von *Ferri* und *Garofalo* bereits seit einigen Jahren im Umlauf waren, fand der Positivismus in Spanien wissenschaftlich wenig Beachtung:

„Bis zu diesem Zeitpunkt hatte die positivistische Schule keinen kompakten und definitiven Kern gebildet. Das hat sie nie getan. Wie wir gesehen haben, gab es nur wenige Juristen, die die italienische positivistische Schule gründlich verteidigt haben."[37]

Der Doktrinarismus war eine politische Doktrin, die die Monarchie mit den Idealen der Französischen Revolution verband. Er vertrat einen Zentrismus, der für eine Herrschaft des Bürgertums („Mesokratie") eintrat. Seine natürliche Tendenz war ein diskreter Moderatismus, der nach dem britischen „Conservatism" benannt wurde. Der Doktrinarismus war sowohl in Spanien als auch in Frankreich besonders wichtig. Diese Strömung vermied extreme Positionen, indem sie viele Ideen zusammenbrachte, die als gegensätzlich galten, wie z.B. Freiheit und Autorität, Elitenregierung und Volksmacht, Revolution und Konservatismus sowie eine unflexible, durch Institutionen, Autonomie und Ordnung begrenzte Autorität. Konkret wurde in Spanien eine Mischung aus einem erblichen System (das aus

---

36 *Aniceto Masferrer*, Criminal law and morality in the age of consent, 2020, S. 312.

37 *Aniceto Masferrer*, The Reception of the Positivist School in the Spanish Criminal Doctrine (1885–1899), Glossae, European Journal of Legal History 17 (2020), S. 345.

der Monarchie hervorging) und repräsentativen Regierungsstrukturen (wie den *Juntas*) vorgeschlagen.

Dies ermöglichte es dem positivistischen Denken, sich in einer Weise durchzusetzen, wie es sonst nicht möglich gewesen wäre. In einigen Ländern vollzog sich ein radikaler Wandel von der klassischen Schule zum reinen Positivismus (wie in Italien). In Spanien jedoch verhinderten kulturelle und philosophische Tendenzen dies: Entweder hielt der Positivismus als Teil des Eklektizismus Einzug in das spanische Denken oder er würde überhaupt keine Geltung entfalten. Die Rolle der Natur und des Naturrechts wurde in Spanien in der Strafrechtslehre des 19. Jahrhunderts betont. Es gab angeblich eine gemeinsame Grundlage, d.h. eine gemeinsame philosophische Kultur für alle Menschen. Der Doktrinarismus erleichterte die Rezeption des Positivismus, denn er führte zu Mäßigung in der Politik und Eklektizismus im Strafrecht.[38] *Donoso Cortés* pflegte zu behaupten, dass Doktrinarismus und Eklektizismus oft als politische Synonyme betrachtet wurden.[39]

Das Spanien des 19. Jahrhunderts war also von einem strafrechtlichen Eklektizismus geprägt, und der Eklektizismus nahm den Platz ein, den in anderen Ländern der Positivismus einnahm.[40] Der strafrechtliche Eklektizismus gewann in Spanien zwischen den Jahren 1844 und 1855 (das „gemäßigte Jahrzehnt“) an Dynamik. Damit wurden die Voraussetzungen für die Rezeption des Positivismus geschaffen und die Theorien von *Lombroso* mit dreißig Jahren Verspätung akzeptiert. Der Positivismus fand in Spanien jedoch keinen großen Anklang, und sein Einfluss kann als überschaubar betrachtet werden. Die meisten juristischen Handbücher weisen darauf hin: In Spanien gab es nur wenige Autoren, die in diesem Bereich forschten. Auch die Entwicklung der Gesetzgebung zeigt deutlich, dass die Lehre von *Lombroso* keinen Einfluss hatte. Das Strafgesetzbuch von 1822 enthielt einige eklektische Elemente und gab einen Hinweis darauf, wie ein zukünftiges Strafgesetzbuch aussehen würde.[41] Auch der überwiegend eklektische Charakter des Gesetzbuchs wurde deutlich:

38 *Isabel Ramos Vázquez* (Fn. 31), S. 261–273.

39 *Juan Donoso Cortés*, Lecciones de Derecho Político, 1984, S. 8.

40 *Emilia Iñesta Pastor*, La Comisión General de Codificación (1843–1997): De la codificación moderna a la descodificación contemporánea, Anuario de Historia del Derecho español 83 (2013), S. 65–103.

41 *José Ramón Casabó Ruiz*, El Código penal de 1822, 1968.

> „Teruel Carralero sieht im Gesetzbuch von 1848 den Einfluss der Strafrechtsreform von Beccaria, der Fortschritte im Strafvollzug von Howard sowie des französischen Enzyklopädismus, die dank Pacheco an die spanischen Verhältnisse angepasst wurden."[42]

Erst 1903 wurde der Eklektizismus von *Silvela* stark in Frage gestellt. Dies lag zum Teil daran, dass das Gesetzbuch von 1848 noch immer überwiegend strafend war. Eines seiner Hauptmerkmale war, dass es versuchte, die Strafe auf sehr systematische Weise (fast mathematisch) zu bestimmen, so dass sie die Art des Verbrechens widerspiegelte und verhältnismäßig war. Das Prinzip der „materiellen Akkumulation" wurde beibehalten. Dies ähnelte dem Ansatz der Lex Talionis,[43] die im frühen iberischen Strafrecht eine wichtige Rolle gespielt hatte, wie *Dorado Montero* feststellte.[44] Dieses Gesetzbuch sah ebenfalls Strafen vor, die auf ein korrigierendes Verhalten abzielten, doch die meisten waren auf Vergeltung ausgerichtet. Bei bestimmten Straftaten, z.B. Art. 238, der sich auf Falschaussagen bezog, erhielten die Sachverständigen, die falsche Aussagen machten, die gleiche Strafe wie der Täter einer solchen Straftat. Einschüchterung war ein Leitprinzip dieses Gesetzbuchs. Der Doktrinarismus beschrieb eine Hierarchie von Zielen bei der Bestrafung: Vergeltung (Sühne), Abschreckung, Unschädlichmachung und Resozialisierung des Verbrechers.

Von all diesen Zielen konnte der Gesetzgeber die ersten beiden, insbesondere die Vergeltung, nicht außer Acht lassen, da sie die Legitimität der Strafe begründet und das grundlegende Ziel ist, um das herum sich andere akzessorische, zufällige und variable Ziele ansiedeln.

Die vorherrschende Rolle der Vergeltung war klar. Auch die Einschüchterung war auffällig präsent: die Todesstrafe, das Anketten an einen Pfahl zur öffentlichen Demütigung, entwürdigende Strafen, schwere Strafen für politische Verbrechen, Verbrechen gegen die öffentliche Ordnung usw. Mehrere Verhaltensweisen wurden aufgrund des Grundsatzes der sozialen Wiedereingliederung als nicht strafbar angesehen. Letzterer bezog sich auf die herrschenden Vorstellungen über die Wiedereingliederung in die Gesellschaft und die Umerziehung, die für die damalige Zeit unvorstellbar modern waren. Die Resozialisierung eines Straftäters war schwierig, da

---

42 *Emilia Iñesta Pastor*, El Código Penal Español de 1848, 2011, S. 277.

43 *Larry May*, Ancient legal thought: equity, justice, and humaneness from Hammurabi and the Pharaohs to Justinian and the Talmud, 2019, S. 150–168.

44 *Pedro Dorado Montero*, Contribución al estudio de la historia primitiva España, 1901, S. 20–37.

die Haftstrafen in der Regel sehr lang waren. *Cadalso* erkannte die Härte solcher Strafen und ihre Unvereinbarkeit mit dem Ziel der Reform an.[45] Dennoch verteidigte er dieses Gesetzbuch, da es einen Präzedenzfall darstelle und die Grundlage für die künftige Entwicklung des Änderungsprinzips bilde. Dieser Grundsatz wurde in der Tat in späteren Gesetzbüchern verbessert, aber erst im 20. Jahrhundert. Das Gesetzbuch von 1848 bedeutete in der Tat einen enormen Rückschlag: Es war eine vorübergehende Verabschiedung von der Idee der Spezialprävention.

Calvo González wies auf den geringen Einfluss hin, den der Naturalismus in Spanien hatte, und damit auch auf die begrenzte Rezeption des Positivismus. Das Schicksal der „naturalistischen Bewegung in Spanien" bestand darin, nur eine begrenzte Anhängerschaft zu finden: ein „ziemlich entmutigendes" Ergebnis.[46] Jegliche „Unterstützung für die lombrosianische Lehre" ging kaum über eine „oberflächliche und indirekte Kenntnis" hinaus.[47] *Calvo González* stellte fest, dass *Pardo Bazán*, ein sehr bekannter spanischer Schriftsteller, von „bestimmten Kriminologen wie Rafael Salillas" eine nur begrenzte Kenntnis über die „italienische positive Schule" erlangt hatte.[48] Ein anderer bekannter Schriftsteller, *Ramón Pérez de Ayala* (1880–1962), räumte diesen Lehren ebenfalls nur eine begrenzte Rolle ein.[49] Zu dieser Zeit wurde die Theorie von *Lombroso* häufig entweder verwässert oder nicht systematisch angewandt, was eine ohnehin schon mangelhafte Theorie erheblich schwächte. Außerdem wurde auf dem fünften Kongress für Kriminalanthropologie in Amsterdam (1901) deutlich, dass die Schule von *Lombroso* eine Hinwendung zur Eugenik vollzogen hatte, die laut *Gadebusch Bondio* von *Lombroso* und *Ferri* zwar toleriert, aber nicht unterstützt wurde.[50]

III. Schlussfolgerungen

Die Schlussfolgerung lautet, dass die spanische Doktrin nie bereit war, die „Logik" der Sozialverteidigungsstrafe zu akzeptieren. Betrachten wir die

---

45 *Jorge Alberto Núñez*, Fernando Cadalso y Manzano: Medio siglo de reforma penitenciaria en España (1859–1939), 2013, S. 151.

46 *José Calvo González*, Naturalismo y direcciones criminológicas a finales del siglo XIX en España, Revista de Derecho Penal y Criminología 12 (2003), S. 260.

47 *José Calvo González* (Fn. 46), S. 260.

48 *José Calvo González* (Fn. 46), S. 260.

49 *José Calvo González* (Fn. 46), S. 260.

50 *Thomas Burk*, Geschichte der Degenerationstheorien, 2005.

beiden grundlegenden Argumentationslinien der beiden gegensätzlichen Doktrinen. Wenn Sie Positivist sind, akzeptieren Sie, dass die Macht vom Staat und dem Gesellschaftsvertrag ausgeht. All dies ist mit dem Utilitarismus verwoben und die einzige Rechtfertigung ist die Zwangsgewalt. Das ist geradezu lächerlich. Es erinnert an *Jeremy Benthams* Schüler *John Austin*, der behauptete, das Recht sei lediglich ein Mandat des Staates. Das ist offenkundig falsch, denn dem Recht wohnt eine gewisse Rationalität inne. Nur wenn Menschen sich nicht an diese Rationalität halten, wird notwendigerweise auf Zwangsgewalt zurückgegriffen, aber das ist keineswegs die letzte Rechtfertigung für das Recht. Wenn man Naturalist ist, glaubt man an Schuld als Folge des freien Willens, denn die Ausübung des freien Willens kann zu sozialem Schaden führen.

Was die Strafe betrifft, so sind zwei Dinge zu unterscheiden: Rechtfertigung und Festlegung. So ist es legitim zu behaupten, dass die spanische Doktrin irgendwann den Einfluss der sozialen Verteidigung in Bezug auf die Festlegung der Strafe (aus der positive Elemente extrahiert werden) akzeptieren wird, aber sie wird auf absehbare Zeit niemals die theoretische Rechtfertigung der Strafe auf Grundlage dieser Theorie übernehmen. Dies scheint im Übrigen eine Konstante in anderen lateinamerikanischen Ländern zu sein. Die britische Doktrin geht in die völlig entgegengesetzte Richtung: Sie ist völlig von der überschwänglichen Empirie des Augenblicks durchdrungen.

Andererseits ist festzustellen, dass diese Strömung in Spanien eine begrenzte Reichweite hatte. Dafür gab es zwei Hauptgründe. Der erste ist, dass es sich um eine Mindermeinung in Spanien handelte. Wir haben *Pedro Dorado Montero* eingehend analysiert, und die Wahrheit ist, dass er in der spanischen Doktrin eine Insel zu sein schien, ein Einzelfall. Der erwähnte Autor hatte also eine große Bedeutung in seinem Bereich, aber wenig oder keinen Einfluss auf die spanische Lehre im Allgemeinen. Der Einfluss, den er hatte (sein spezifisches Gewicht), war vernachlässigbar. Allerdings war er nicht der einzige: Es gibt auch *Jiménez de Asúa*, *Constancio Bernaldo de Quirós* und *Quintiliano Saldaña*. Vielleicht ist *Silvela* ein Schlüsselautor, der für eine weitere Analyse in einem möglichen späteren Buch berücksichtigt werden sollte. Der zweite Grund ist, dass die spanische Doktrin, die sich der Entwicklung bewusst war, diese energisch ablehnte. Erinnern wir uns daran, dass sie keinen Kompromiss bei der Grundlage der Strafe eingehen konnte. Warum? Weil, wenn man die Variable des freien Willens eliminiert, die Kategorie der Schuld entfällt und somit das ganze System des Strafrechts zusammenbricht.

Daraus ist zu schließen, dass es in Spanien keine strafrechtlichen Verteidigungsvorschriften gab. Die Grenzen der sozialen Verteidigung in Spanien waren offensichtlich. Sie beeinflusste weder Gesetze noch Institutionen oder Verordnungen. Es gibt jedoch eine anekdotische Rezeption in Form von Handbüchern und Doktrinen (wie oben erwähnt). Was jedoch zum Kern des spanischen Strafrechts geworden ist, sollte von der Doktrin der sozialen Verteidigung unberührt bleiben.

Schließlich ist zu beachten, dass beim Übergang von der klassischen Schule zur Doktrin der Sozialen Verteidigung der Schwerpunkt hauptsächlich auf den sozialen und politischen Entwicklungen lag, denen die gesamte Sozialwissenschaft unterworfen ist. Es wurde sogar pauschal gesagt, dass dies ein Ergebnis der grundlegenden soziologischen Trennung zwischen protestantischen und katholischen Ländern ist. Auch wenn dies zur Rechtfertigung bestimmter Unterschiede in anderen Lebensbereichen (Politik, Institutionen, Behandlung des religiösen Phänomens) dient, kann dies für die Sozialverteidigung nicht gelten: Italien, der größte Vertreter des Positivismus und die Wiege der Sozialverteidigung, ist wahrscheinlich das Land mit der katholischsten Tradition in Europa (mit Ausnahme der Vatikanstadt, versteht sich). Daher haben viele Autoren fast ausschließlich den sozialpolitischen Aspekt zur Erklärung dieses Wandels herangezogen. Die Wahrheit ist jedoch, dass auch dieser, so wichtig er auch sein mag, allein nicht den paradoxen Paradigmenwechsel erklären kann, der zwischen 1870 und 1920 in der kontinentalen Rechtstradition stattgefunden hat.

Verzeichnis der Autorinnen und Autoren

Dr. Luka Breneselović, LL.M.: Wissenschaftlicher Mitarbeiter am Lehrstuhl für Strafrecht, Strafprozessrecht, Risiko- und Präventionsstrafrecht sowie Juristische Zeitgeschichte, Universität Augsburg

Prof. Dr. Yves Cartuyvels: Professor für Strafrecht und Kriminologie, Université Saint-Louis, Brüssel

Prof. Dr. Dr. h.c. Cyrille Fijnaut: Emeritierter Professor für Kriminologie und Strafrecht, Katholieke Universiteit, Löwen

Prof. Dr. José Franco-Chasán: Professor für Rechtsgeschichte, Universidad Rey Juan Carlos, Madrid

Prof. Dr. Sabine Freitag: Professorin für Neuere und Neueste Geschichte unter Einbeziehung der Landesgeschichte, Universität Bamberg

Dr. Urs Germann: Assoziierter Forscher am Institut für Medizingeschichte, Universität Bern

Prof. Ph.D. Jørn Jacobsen: Professor für Strafrecht und Rechtstheorie, Universität Bergen

Mag. Dr. Nina Kaiser: Geschäftsführung und Projektleitung des Hans Gross Zentrums für interdisziplinäre Kriminalwissenschaften am Institut für Strafrecht, Strafprozessrecht und Kriminologie, Universität Graz

Prof. Dr. Sylvia Kesper-Biermann: Professorin für Historische Bildungsforschung, Universität Hamburg

Prof. Dr. Arnd Koch: Professor für Strafrecht, Strafprozessrecht, Risiko- und Präventionsstrafrecht sowie Juristische Zeitgeschichte, Universität Augsburg

Prof. Dr. Dr. h.c. Michael Kubiciel: Professor für Deutsches, Europäisches und Internationales Straf- und Strafprozessrecht, Medizin- und Wirtschaftsstrafrecht, Universität Augsburg

Prof. Dr. Dunja Milotić: Professorin für Rechtsgeschichte, Universität Zagreb

Prof. Dr. Martin Sunnqvist: Professor für Rechtsgeschichte, Universität Lund

Dr. Richard F. Wetzell: Research Fellow am German Historical Institute, Washington, D.C.